Musik in der Kita –
inklusiv und kooperativ

Lars Oberhaus

Musik in der Kita – inklusiv und kooperativ

Evaluation von Tandemarbeit im Bereich
frühkindlicher musikalischer Bildung

Waxmann 2020
Münster • New York

Die Publikation wurde gefördert vom Bundesministerium für Bildung und Forschung (BMBF) sowie vom Niedersächsischen Ministerium für Wissenschaft und Kultur.

Bibliografische Informationen der Deutschen Nationalbibliothek
Die Deutsche Nationalbibliothek verzeichnet diese Publikation in der Deutschen Nationalbibliografie; detaillierte bibliografische Daten sind im Internet über http://dnb.dnb.de abrufbar.

Print-ISBN 978-3-8309-4003-6
E-Book-ISBN 978-3-8309-9003-1

© Waxmann Verlag GmbH, 2020
www.waxmann.com
info@waxmann.com

Umschlaggestaltung: Anne Breitenbach, Münster
Druck: CPI books GmbH, Leck
Gedruckt auf alterungsbeständigem Papier, säurefrei gemäß ISO 9706

Printed in Germany

Alle Rechte vorbehalten. Nachdruck, auch auszugsweise, verboten.
Kein Teil dieses Werkes darf ohne schriftliche Genehmigung des Verlages in irgendeiner Form reproduziert oder unter Verwendung elektronischer Systeme verarbeitet, vervielfältigt oder verbreitet werden.

Inhalt

Vorwort 11

Einleitung 13

Hintergründe 17

I   Musikalisch-kulturelle Bildung 17
II   Stellenwert von Musik in der frühkindlichen Bildung 19
1   Frühkindliche Bildung 19
2   Musikalische Früherziehung & Elementare Musikpädagogik 21
3   Modelle und Konzepte 23
3.1   Juliane Ribke: Elementare Musikpädagogik 23
3.2   Michael Dartsch: Grundlagen einer Didaktik der Musikalischen Früherziehung ... 23
3.3   Anne Weber-Krüger: Bedeutungszuweisungen in der Musikalischen Früherziehung ... 24
III   Stellenwert von Musik in der Kita 25
1   Berufsstrukturen und Tätigkeitsbereiche von Erzieher*innen 26
2   Zur Ausbildungssituation von Erzieher*innen 28
2.1   Struktur der Ausbildung 28
2.2   Stellenwert von Musik innerhalb der Curricula 30
2.3   Bildungsweg des Ausbildungspersonals 33
IV   Musikbezogene Kooperations- und Tandemmodelle 36
1   Kooperationsbezogene Organisationsformen 36
2   Tandembezogene Lehrformen in der Musikpädagogik 36
2.1   Kita macht Musik – Singen und Musizieren in Kindertageseinrichtungen ... 39
2.2   Musik im Kita-Alltag (MiKA) 41
2.3   Musikalische Bildung für Kinder und Jugendliche in Nürnberg (MuBiKiN) ... 42
V   Konzeptionelle Schwerpunkte 45
1   Dreistufiges Pyramidenmodell 45
2   Lehren und Lernen im Tandem 46
3   Forschungsdesign 46
VI   Untersuchungsinstrumente 47
1   Überblick 47
2   Leitfadeninterviews 48
2.1   Tandems 49
2.2   Lehrgangsleitungen 50
2.3   Gruppendiskussionen 51
3   Dialogische Introspektion 52
4   Teilnehmende Beobachtung 52
5   Videographie 54
6   Fragebogenerhebung 54
6.1   Wissenstest 56
6.2   Selbstkonzept 57

VII	Auswertungsverfahren	59
1	Gruppeninterpretationen im Forschungsteam	59
2	Qualitative Inhaltsanalyse	61
2.1	Aufbereitung der Daten	61
2.2	Analyseschritte und Erstellung des Kategoriensystems	61
3	Videographische Analysen	62
4	Statistische Analysen	64

Projekt I: Vielfalt in der frühkindlichen musikalischen Bildung 67

I	Vielfalt in der frühkindlichen musikalischen Bildung	67
II	Begriffe & Definitionen	69
1	Behinderung & Beeinträchtigung	69
2	Integration	70
3	Heterogenität	70
4	Inklusion	71
5	Vielfalt & Diversität	73
6	Enges und weites Inklusionsverständnis	74
7	Inklusive Pädagogik – Pädagogik der Vielfalt	74
8	Förderbedarf und Förderschwerpunkte	76
III	Inklusion im Kindergarten	79
1	Rechtsgrundlagen	79
2	Selbstverständlichkeiten	81
IV	Inklusion in der Musikpädagogik	83
1	Musikpädagogische Ansätze im Bereich inklusiver Musikpädagogik	84
1.1	Probst, Piel, Moog & Josef: Instrumentalspiel mit Behinderten	85
1.2	Amrhein: Sensomotorische Förderung durch Musik	89
1.3	Mück: Ganzheitliche Förderung durch Musik im Grundschulalter	90
1.4	Tischler: Konzept des erlebnisorientierten Ansatzes	91
1.5	Probst, Schuchardt & Steinmann: Musik überall	92
1.6	Klauer: Klick!	93
1.7	Hinz & Kruse: Band ohne Noten	93
1.8	Theilen: Mach Musik!	94
1.9	Eberhard & Höfer: Inklusions-Material Musik	95
2	Inklusionsbezogene musikpädagogische Schwerpunktsetzungen	96
2.1	Kategorien-, Säulen- und Parameterkonzepte	96
2.2	Ganzheitliches und sensomotorisches Musikerleben	97
2.3	Körperbezogenes Musiklernen	97
2.4	Sprachförderung durch Musik	98
2.5	Singen und Musizieren	99
2.6	Medienbezug	100
2.7	Hörerziehung	100
2.8	Aufbauende Reflexionsfähigkeit	100
2.9	Musikbezogene Vielfalt und kulturelle Identität	101

V	Konzeption	102
1	Struktur der Weiterbildung	102
2	Ausschreibung und Bewerbung	103
3	Fragestellungen	103
VI	Evaluation	105
1	Konzeptionelle Planung der Weiterbildung	105
2	Teilnehmende	109
2.1	Gesamte Gruppe	109
2.2	Ausgewählte Tandems	111
3	Vorerfahrung der Teilnehmenden	113
3.1	Individueller Stellenwert von Musik	113
3.2	Musik in der Kita (und in der Ausbildung)	114
3.3	Inklusion in der Kita	115
4	Erwartungen in Bezug auf die Weiterqualifizierung	116
4.1	Musik	117
4.2	Inklusion und Vielfalt	118
4.3	Tandemarbeit	118
5	Veränderungen von Einstellungen, Kenntnissen und Fähigkeiten	119
5.1	Vielfalt und Inklusion	119
5.2	Fähigkeiten in den Modulen	120
5.3	Tandemarbeit	122
6	Bewertung der Weiterqualifizierung	125
6.1	Module	126
6.2	Konzeption	130
6.3	Stellenwert der Lerngruppe	132
6.4	Lerntagebuch und Selbstreflexion	133
6.5	Projekte	133
6.6	Zeit	134
VII	Diskussion	136

Projekt II: Musikalisch-kulturelle Bildung in der Kita		139
I	Kunst- und Kulturschaffende in Kitas	140
1	Zur Zielgruppe der Musiker*innen	140
2	Qualifizierungen von Musiker*innen für den Kita-Bereich	141
3	Zum Wandel künstlerischer Musikberufe	141
II	Transprofessionelle Zusammenarbeit	143
1	Kooperatives Lernen	143
2	Inter- und multiprofessionelles Lernen	145
3	Transprofessionelles Lernen	147
III	Konzeption	149
1	Struktur der Weiterbildung	149
1.1	Lehrgangsleitungen	152
1.2	Coach	153
1.3	Durchführung an zwei Standorten	153
2	Ausschreibung & Bewerbung	154

3	Fragestellung	155
IV	Evaluation	157
1	Teilnehmende	157
1.1	Gesamte Gruppe	157
1.2	Ausgewählte Tandems	160
1.3	Grundkonstellation der Tandembeziehung	165
1.4	Stellenwert von Musik	166
1.5	Musikbegriff	168
1.6	Erwartungen	169
1.7	Lerngruppe	170
1.8	Gender	170
2	Weiterbildung	171
2.1	Zufriedenheit mit der Weiterbildung allgemein	171
2.2	Organisatorische Rahmenbedingungen	179
2.3	Sichtweisen der Lehrgangsleitungen	204
2.4	Stellenwert der Lehrgangsleitungen	207
2.5	Fachdozierende	208
2.6	Atmosphäre	210
2.7	Gruppe	210
2.8	Inhalte und Didaktik	211
2.9	Binnendifferenzierung nach Bedürfnissen der Teilnehmenden	212
3	Zukunft	214
3.1	Transfer in die berufliche Praxis	214
3.2	Projektentwickelung und neue Anwendungsfelder	216
3.3	Bezahlung & Finanzen	216
3.4	Arbeitsbelastungen	217
3.5	Zukünftige Zusammenarbeit im Tandem und in der Gruppe	217
3.6	Veränderungen von Rollenbildern	219
4	Videographische Analysen	220
4.1	Videobeschreibungen und -interpretationen	220
4.2	Formen transprofessioneller Zusammenarbeit im Tandem	226
4.3	Vergleich	227

Methodenkritik		230
I	Datentriangulation	230
II	Wissenstest	231
III	Videographie	232
IV	Tandeminterviews	232
V	Teilnehmende Beobachtungen	232
VI	Musikpädagogische Arbeit und Sichtweisen der Kinder	233

		Diskussion	234
I		Spannungsfelder der Tandem- und Weiterbildungsarbeit	234
	1	Traditionelle versus neue Berufspraxen	234
	2	Berufsbezogene Differenzierung versus Begegnung im Tandem	235
	3	Didaktik versus Kunst	236
	4	Individuelle Vorerfahrung versus formale Vorgaben	237
II		Konsistenz und Stringenz der Themenschwerpunkte	238
III		Subjektivierung – Selbst- und Fremdzuschreibungen	239
IV		Zum Alleinstellungsmerkmal der EMP in der Kita	241
V		Einschätzungen zu den Weiterqualifizierungsprojekten	243
	1	Zum Verhältnis von Konzeption, Durchführung & Evaluation	243
	2	Zusammenhalt der Gruppe	244
	3	Innovative konzeptionelle Aspekte I: Dauer, Coach, Modulstruktur	245
	4	Innovative konzeptionelle Aspekte II: Transprofessionelle Zusammenarbeit	245
	5	Interpretative Forschung im Team	246
	6	Modulhandbuch	246
	7	Begleitung durch Lehrgangsleitungen	247
	8	Differenzierung	249
	9	Stellenwert und Umsetzung der Tandemarbeit	250
	10	Akquise der Teilnehmenden	251
	11	Die Kita als Lernort – Der Musiker als Gast	252
	12	Konzeptionelle Veränderung der zweiten Durchführung	253
	13	Zukunft	254

Literatur 255

VORWORT

In zahlreichen Gesprächen mit Erzieher*innen[1] ist mir einerseits die große Begeisterung aufgefallen, mit der sie sich der Vermittlung von Musik widmeten, und andererseits die Unzufriedenheit, die sie gegenüber der eigenen Ausbildungssituation verbunden mit dem eher geringen Stellenwert von Musik in der Kindertagesstätte (Kita) äußerten. Das gilt insbesondere vor dem Hintergrund aktueller Herausforderungen wie Inklusion oder der Öffnung gegenüber Institutionen aus dem Bereich der Kulturellen Bildung für neue Einsatzfelder in der Kita.

Ausgehend von diesen Erfahrungen ergaben sich verschiedene Möglichkeiten, den Stellenwert von Musik in der Kita auch vertiefend wissenschaftlich zu untersuchen, angefangen von Vorträgen über Vernetzungen mit Kolleg*innen bis hin zu der Möglichkeit, mit dem Landesverband niedersächsischer Musikschulen zwei Drittmittelprojekte im Bereich der frühkindlichen musikalischen Bildung zu evaluieren. Diese beiden Untersuchungen beschäftigten sich mit Weiterqualifizierungen von Erzieher*innen und Musiker*innen und untersuchten die Potenziale und Grenzen, wechselseitig im Tandem voneinander zu lernen. Die hier vorliegende Darstellung beider Projekte umfasst einen Zeitraum von sieben Jahren (2013 bis 2019), in denen Daten erhoben und ausgewertet wurden.

Mein größter Dank gehört zunächst Klaus Bredl vom Landesverband niedersächsischer Musikschulen, der federführend bei der Konzeption beider Weiterbildungen mit zuständig war. Wertvolle konzeptionelle Ideen für VimuBi lieferte auch Christel Wolf von der Agentur für Erwachsenen- und Weiterbildung in Niedersachsen. Ohne die Unterstützung durch die Projektkoordination von Dr. Rhea Richter und Niklas Perk wäre die Durchführung beider Weiterbildungen kaum denkbar gewesen. Ein besonderes Dankeschön für die Fragebogenentwicklung und statistische Auswertung des VimuBi-Projekts richte ich an Prof. Dr. Sonja Nonte von der Universität Osnabrück. Meine Oldenburger Kollegin und Projektpartnerin Prof. Dr. Ulrike-Marie Krause hat mich bei der quantitativen Evaluation des MuBiKi-Projekts unterstützt. Mein Dank gilt auch den wissenschaftlichen Mitarbeiter*innen Dr. Alexis Kivi, Ragnhild Eller, Christiane Leder sowie Zoë Schempp-Hilbert. Ein großes ‚Merci' geht auch an die studentischen Hilfskräfte Amelie Fee Heße, Lena Köbler, Sascha Meyer, Steffi Rocker, Eva Sachse, Christine Stahmann sowie Christopher und Niklas Stolz. Alexandra Wilken und Daniela Langer haben seitens des Waxmann Verlags die Publikation intensiv begleitet und waren stets zuverlässige Ansprechpartnerinnen. Das Niedersächsische Ministerium für Wissenschaft und Kultur sowie das Bundesministerium für Bildung und Forschung haben die Projekte finanziell großzügig unterstützt.

---

1 Auch wenn in beiden Weiterbildungen zum Großteil Erzieherinnen teilgenommen haben, wird im Folgenden die gendersensible Schreibweise gewählt (Gendersternchen).

EINLEITUNG

Der hohe Stellenwert frühkindlicher musikalischer Bildung wird nicht nur in Untersuchungen zur musikalischen Entwicklung und Begabung, sondern auch in bildungspolitischen Diskursen explizit hervorgehoben. Dabei herrscht großer Konsens, diesen Bereich zu stärken und zu fördern. Zahlreiche Studien verdeutlichen allerdings, dass die Ausbildung der Erzieher*innen reformbedürftig ist und insbesondere das Fach Musik eine untergeordnete Rolle spielt (OECD 2006). Viele fühlen sich instrumental und gesanglich schlecht ausgebildet und stufen ihre musikalische Kompetenz als gering ein (Rechlin 2009). Daher haben in den letzten Jahren Weiterqualifizierungen[1] für frühpädagogische Fachkräfte zunehmend an Bedeutung gewonnen. So untersucht die *Weiterbildungsinitiative Frühpädagogische Fachkräfte* (WiFF) das Angebot mit umfangreichen Erhebungen zur „Vermessung der Qualifizierungslandschaft" (Beher & Walter 2012, 5). Hierzu gehören Systematisierungen des Angebots, aber auch Befragungen frühpädagogischer Fachkräfte

Auch im musikbezogenen Bereich finden sich zahlreiche Weiterbildungen für Erzieher*innen. Eine Suche im *Deutschen Musikinformationszentrum* (miz) unter den Stichpunkten ‚Erzieher und Musik' für die Monate Juni und Juli 2019 ergab eine Trefferquote von über 80 Kursen, von der ‚Rhythmusklasse' bis hin zum ‚Trommeln auf Regentonnen'. Im Rahmen dieser Weiterbildungen werden seit einigen Jahren auch verschiedene Kooperationsprojekte zwischen Kitas und musikalischen Institutionen (v. a. Musikschule) angeboten und evaluiert (Kita macht Musik 2008). Die Ergebnisse verdeutlichen, dass Erzieher*innen durch die Fortbildungen mehr Musik machten, ohne allerdings dabei die Qualität des Angebots mit zu berücksichtigen. Zudem gibt es mehrere Versuche, durch Tandems mit Erzieher*innen und Musiker*innen kooperatives Lernen zu ermöglichen. Diese auch in anderen Kontexten bekannte Struktur (z. B. JeKi) ist hinsichtlich der Umsetzung problematisch, da die Aufgaben zwischen Erzieher*in und Musiker*in so verteilt werden, dass „der eine den Unterricht macht und der andere diszipliniert" (Lehmann et al. 2012). Auch wenn die Tandems das Fortbildungsangebot positiv bewerten, wird deutlich, dass Lehrende „zweier unterschiedlicher Professionen mit partiell unterschiedlichen Zielsetzungen aufeinandertreffen" (ebd., 209). Demnach entspricht der Unterricht dem Konzept ‚One Teach, One Drift' bzw. ‚One Teach, One Observe'. Zudem herrscht Unklarheit, ob und wie die Tandems in Zukunft zusammenarbeiten, da es räumliche und zeitliche Koordinationsprobleme gibt. Aus diesen Erfahrungen bieten sich zwei Konsequenzen an:
- Die Zusammenarbeit im Tandem wird arbeitsteilig aufgegliedert. Im Projekt *Singen macht Sinn* wurde so verfahren, dass die Musikschulkraft für eine Stunde wöchentlich zum Tandemunterricht in die Klasse kam und die Grundschullehrerkraft für ei-

---

[1] Im Folgenden wird der Begriff Weiterbildung verwendet, da neue Berufsfelder kennengelernt und vorhandene Qualifikationen durch neue Lerninhalte erweitert werden. Eine Fortbildung findet eher auf beruflicher Ebene statt, indem Wissen aufgefrischt oder angepasst wird (s. Berufsbildungsgesetz).

ne zweite wöchentliche Stunde des Projektunterrichts alleine zuständig war (Forge & Gembris 2012). In Form von Regiezeiten wurde festgelegt, wer wann für was zuständig ist. Allerdings kann dann im strengen Sinne nicht mehr von einem Tandem die Rede sein, da der Unterricht getrennt ‚auf zwei Rädern' durchgeführt wurde.
– Die gemeinsame Planung und Durchführung im Tandem erhält eine größere Bedeutung und ist nicht normativ an einzelne Personen und berufsbedingte Handlungen bzw. Zuschreibungen gekoppelt. In den in der vorliegenden Publikation vorgestellten Projekten *Vielfalt in der frühkindlichen musikalischen Bildung* (VimuBi) und *Musikalisch-kulturelle Bildung in der Kita* (MuBiKi) wurde großer Wert auf eine wechselseitige Ergänzung und Erweiterung beruflicher Erfahrungen zwischen Musiker*innen und Erzieher*innen gelegt. Diese als transprofessionell gekennzeichnete Zusammenarbeit berücksichtigt explizit die Veränderung stereotyper Rollenmuster im Sinne der Weiterentwicklung, Vermischung und Hybridisierung unterschiedlicher Handlungsformen. Es geht also darum, dass Erzieher*innen explizit auch für musikalische Lernarrangements zuständig sind (und umgekehrt) und ein gemeinsames Lehrangebot ermöglicht wird, das nicht auf einseitigen Berufszuschreibungen und daran gebundenen Tätigkeiten basiert. Es ist ein zentrales Anliegen der vorliegenden Publikation, den Bereich der transprofessionellen Zusammenarbeit, wie er v. a. im Projekt MuBiKi ausführlich entfaltet wird (s. Projekt II, Kapitel II), auch für weitere Projekte ‚stark zu machen' und zu verbreiten.

Um noch einmal auf die Professionalisierung von Erzieher*innen und die Einrichtung von Weiterbildungen im Bereich der frühkindlichen (musikalischen) Bildung zurückzukommen, sollte nicht außer Acht gelassen werden, dass hierdurch die desolaten Ausbildungsbedingungen der Erzieher*innen keinesfalls behoben werden. Anstatt eine „Standardisierung der Weiterbildungsmöglichkeiten" (Beher & Walter 2012, 67) festzuschreiben, müsste grundlegend die Ausbildungssituation der Erzieher*innen insbesondere im ästhetisch-musikalischen Bereich verändert werden. Auch wenn Weiterbildungen weitestgehend positiv bewertet werden, kann nicht deutlich genug hervorgehoben werden, dass nur diejenigen Erzieher*innen diese besuchen, die eine Affinität zur Musik besitzen und bereits grundlegende bzw. gute Fähigkeiten mitbringen. Sie fühlen sich im Bereich Musik gut ausgebildet und schätzen ihre Fähigkeit mit Kindern zu singen als gut ein (Heye et al. 2015; Oberhaus & Nonte 2016). Erzieher*innen, die im Kita-Alltag gar nicht musizieren oder singen, werden also gar nicht erreicht.

Wie bereits oben angeführt, werden im Folgenden zwei Weiterbildungen und deren Evaluationen vorgestellt, die sich beide auf die kooperative Zusammenarbeit von Musiker*innen und Erzieher*innen konzentrierten. Im ersten Projekt *Vielfalt in der frühkindlichen musikalischen Bildung* (VimuBi) wurde ein Fokus auf den Bereich Inklusion gelegt und untersucht, wie in der Kita ein musikbezogenes Angebot für Menschen mit Beeinträchtigungen etabliert werden kann. Das zweite Projekt *Musikalisch-kulturelle Bildung in der Kita* (MuBiKi) setzte sich unter Berücksichtigung der Ergebnisse des ersten Projekts verstärkt mit der Tandemarbeit und den Potenzialen der transprofessionellen Kooperation auseinander.[2] Während im ersten Projekt Musiklehrkräfte mit Erzieher*innen zusammenarbeiteten, wurde der Adressatenkreis im Anschlussprojekt erweitert und Weiterqualifizierungsmöglichkeiten von Kunst- und Kulturschaffenden mit berücksichtigt.

Beide Fortbildungen setzten sich also nicht nur mit der Berufssituation der Erzieher*innen auseinander, sondern thematisierten auch den gesellschaftlich bedingten Wandel in künstlerischen Musikberufen, der eine Erweiterung der Aufgabenfelder und der Arbeitsformen erfordert (Smilde 2017). Insbesondere Musiker*innen sind nicht allein durch sozioökonomische Rahmenbedingungen gezwungen, ihr professionelles Spektrum auf weitere Arbeitsfelder und Institutionen auszuweiten. Sie suchen gezielt neue Aufgabengebiete und Kooperationspartner, um ihre musikalischen Kompetenzen und Berufserfahrungen weiterzugeben bzw. zu entfalten. Hierzu gehören Einsatzmöglichkeiten in pädagogischen Kontexten wie z. B. Schule oder Kindergarten.

Das Projekt VimuBi wird im Folgenden als eine Art Pilotprojekt dargestellt, da die zur Verfügung stehenden Mittel und der Aufwand der Datenerhebungen geringer waren. Zudem konnten Erkenntnisse aus dem ersten Projekt bei der zweiten Weiterbildung mit einfließen und verschiedene Aspekte optimiert werden. Wenn in VimuBi die Formen der Zusammenarbeit zunächst kritisch beobachtet wurden, so konnte in MuBiKi ein Weg gefunden werden, diese durch transprofessionelle Kooperation zu verbessern.

Beide Weiterbildungen haben hinsichtlich der Tandemarbeit von Musiker*innen und Erzieher*innen in der Kita eine große Gemeinsamkeit; auch in der Konzeption ergeben sich viele Parallelen. Dennoch sind sie v. a. in der inhaltlichen Ausrichtung unterschiedlich. Daher werden im Folgenden die Evaluationsergebnisse nacheinander bzw. getrennt vorgestellt und abschließend miteinander verglichen. Auch wenn eine intensivere Gegenüberstellung in den Ergebnissen denkbar gewesen wäre und konzeptionelle Veränderungen stärker berücksichtigt werden könnten, wurde dieser Weg gewählt, da es zwei verschiedene Weiterqualifizierungen mit unterschiedlichen Teilnehmenden und deren Entwicklungen gab.

Im Zentrum der Publikation steht die gelingende transprofessionelle Zusammenarbeit von Musiker*innen und Erzieher*innen im Bereich der frühkindlichen musikalischen Bildung, um eine nachhaltige Perspektive für musikbezogene Arbeit an Kitas zu etablieren. Es werden Entwicklungen der Tandems dargestellt und ihre Erfahrungen, die sie gemeinsam ‚durchlebt' haben. Aufgrund des Schwerpunkts auf die kooperative bzw. transprofessionelle Zusammenarbeit wird nur ein geringer Fokus auf die Beschreibung musikalischer Aspekte gelegt. Es findet sich kein Praxismaterial zur direkten Erprobung im Kita-Alltag. Zudem wird wenig darauf eingegangen, wie die Musikprojekte inhaltlich und methodisch gestaltet wurden oder wie die einzelnen Module ausgerichtet waren. Zweifellos ist diese Perspektive wichtig und hinsichtlich der Bewertung der Wei-

---

2 Das VimuBi-Projekt wurde durch das Niedersächsische Ministerium für Wissenschaft und Kultur gefördert. Das MuBiKi-Projekt wurde durch das Bundesministerium für Bildung und Forschung unterstützt.

terqualifikationen relevant, sie stand aber nicht im Zentrum der Fragestellung und der Datenerhebungen bzw. -auswertungen. Die musikbezogenen Konzeptionen und daran gebundene musikpädagogische Implikationen können in den Modulhandbüchern zu beiden Weiterqualifizierungen, die zum Download zur Verfügung stehen, eingesehen werden.[3] Das Buch liefert also keine fertigen Rezepte für eine inklusionsbezogene und transprofessionelle musikalische Praxis an Kitas. Dennoch bietet es durch die Darstellung der Konzeptionen zahlreiche Anregungen, den Stellenwert von Musik an Kitas zu reflektieren und damit Veränderungen in der musikalischen Alltagspraxis der Erzieher*innen und Musiker*innen anzubahnen.

Die Publikation richtet sich zunächst an Personen, die sich über Potenziale und Grenzen der kooperativen Zusammenarbeit von Musiker*innen und Erzieher*innen in musikbezogenen Weiterqualifizierungen informieren möchten und ggf. darüber nachdenken, in Zukunft kooperativ und inklusiv zu arbeiten oder ihre Institution dementsprechend auszurichten. Natürlich sind auch Wissenschaftler*innen aus dem Bereich der Musikpädagogik und Kulturellen Bildung angesprochen, Ergebnisse der Evaluation kritisch zu reflektieren und mit übergeordneten theoretischen Bereichen, wie z. B. Musikalischer Früherziehung, inklusivem Musikunterricht oder Kooperation in der Kulturellen Bildung, in Bezug zu setzen.

---

3   Die Modulhandbücher können unter folgendem Link heruntergeladen werden: VimuBi: https://bit.ly/2IW7Szc; MuBiKi: https://bit.ly/2L65ZCr

HINTERGRÜNDE

I Musikalisch-kulturelle Bildung

Es wäre vermessen, den Begriff der kulturellen Bildung auch nur ansatzweise beschreiben oder gar skizzieren zu wollen, da seine Verortung im gesellschaftlich-wissenschaftlichen Kontext kompliziert ist und mit unterschiedlichen Zielsetzungen in Verbindung steht (Bockhorst et al. 2012). Zudem wird er oft als Modewort v. a. im Bereich der Bildungspolitik verwendet, um auf soziale Defizite und Herausforderungen aufmerksam zu machen. Dennoch scheint es angebracht, an dieser Stelle eine kurze historische Genese und ein spezifisches Verständnis von kultureller Bildung vorzustellen, wie es dann auch im Folgenden verwendet wird.

Die Wurzeln der kulturellen Bildung finden sich v. a. bei Vertretern geisteswissenschaftlicher Pädagogik (Herman Nohl, Wilhelm Flitner, Theodor Litt), die das Bildungsgeschehen in einen kulturgeschichtlichen Kontext stellten. Dabei wurde von einem tendenziell normierten Kulturbegriff ausgegangen, der auf zentralen Werten basiert, die pädagogisch erschlossen werden sollten. Dieses Verständnis bezog sich primär auf die formale Bildung, also auf den schulischen Kontext und weniger auf den Bereich der Bildung im Lebenslauf.

In den 1960er und 1970er Jahren hat sich dann der Begriff ‚Kulturpädagogik' im Bereich der politischen und pädagogischen Emanzipationsbewegung etabliert (Kunst- und Kulturkritik). Es ging dabei v. a. um kulturpolitische Initiativen, wobei die Kreativität des Einzelnen und die Erstellung kultureller Produktionen hervorgehoben wurden. Bis in die 1980er Jahre expandierte vor diesem Hintergrund ein Kulturboom, der sich auf Formen der Rezeptions-, Produktions- und Werkästhetik fokussierte. Im Zentrum standen sinnliche Wahrnehmung und Expressivität auf allen künstlerischen und gesellschaftlichen Ebenen. Dabei fokussierte sich die Kulturpädagogik auf Lern- und Erfahrungsfelder abseits traditioneller formaler schulischer Bildungsinstitutionen. Sie war primär im Bereich der Jugendarbeit und Erwachsenenbildung verwurzelt, aber auch in Aus- und Weiterbildungsinitiativen. Seit die UNESCO im März 2006 gemeinsam mit der portugiesischen Regierung eine Weltkonferenz *Kulturelle Bildung* in Lissabon organisierte, erfuhr das Thema internationale Aufmerksamkeit. So wurde es während der 34. Generalkonferenz im Jahr 2007 in das Kulturprogramm der UNESCO aufgenommen. Die koreanische Regierung und die UNESCO veranstalteten im Mai 2010 zudem eine zweite Weltkonferenz in Seoul unter dem Motto *Arts for Society – Education for Creativity*.

Auch im aktuellen Diskurs finden sich vermehrt Versuche, kulturelle Bildung verstärkt an den weiten Begriff der Kulturpädagogik anzuknüpfen. Dies hat v. a. mit einer Aufwertung bzw. mit einem verstärkten Interesse an den Kultur- und Sozialwissenschaften zu tun. Hierzu gehören auch Debatten zur Inklusion und transkulturellen Pädagogik sowie zu einer Aufwertung des Professionsverständnisses in der Sozialen Arbeit (Kulturarbeit). Auf gesamtgesellschaftlicher Ebene wird die Entwicklung der Kultur und Rückbezug auf die Künste durch innovative Vermittlungsformen thematisiert. Zudem stehen Kooperationen zwischen schulischen und außerschulischen Bildungsinstitutionen im Vordergrund. Vor diesem Hintergrund gibt Eckard Liebau eine Empfehlung, wie der Begriff kulturelle Bildung verstanden werden kann, die im Folgenden verwendet wird:

> Kulturelle Bildung verstehen wir […] als Bildung, in der der Zusammenhang von Wahrnehmung, Ausdruck, Darstellung und Gestaltung der Welt vorrangig unter ästhetischen Gesichtspunkten in Rezeption und Produktion zum Gegenstand wird (Liebau 2014, 26).

Kulturelle Bildung ereignet sich demnach sowohl in formellen als auch in informellen Kontexten. Sie kann in allen Professionen zur Geltung gelangen und findet bei Kunst- und Kulturschaffenden besonders hohe Verbreitung. Der Begriff der *musikalisch-kulturellen Bildung* basiert auf Formen künstlerisch-ästhetischer Bildung und thematisiert spezifisch musikalische Prozesse, die in verschiedenen gesellschaftlichen Praxen zum Einsatz kommen. Aus Sicht der beiden hier vorgestellten Projekte VimuBi und MuBiKi gehören hierzu drei Aspekte: erstens die *Zusammenarbeit unterschiedlicher musikbezogener und pädagogischer Professionen*, da der Begriff der kulturellen Bildung oftmals die Einbindung verschiedener Akteure umfasst, auch um traditionelle Berufsfelder zu erweitern. Zweitens besitzt die *Vermittlung* im Bereich der kulturellen Bildung einen großen Stellenwert, da musikalisch-kulturelle Bildung auf *Verständigungs- und Kommunikationsformen* basiert, die sich auf gesellschaftliche Ebenen auswirken. Drittens ergibt sich eine Bezugnahme auf einen *musikbezogenen gesellschaftlichen Wandel*, da die Künste auf verschiedene Herausforderungen und nicht zuletzt auch Veränderungen gesellschaftlicher Bereiche reagieren (Inklusion, Transkulturalität).

II Stellenwert von Musik in der frühkindlichen Bildung

1 Frühkindliche Bildung

Der Begriff frühkindliche Bildung lässt sich nur schwer definieren und findet in unterschiedlichen Kontexten Verwendung. Er steht im Zusammenhang mit der Betreuung und Erziehung von Kindern und verweist auf unterschiedliche Institutionen, insbesondere Kindergärten und Vorschulen. Abgrenzen lässt sich *frühkindliche Bildung* als übergeordnete Metaebene von der *Frühpädagogik* als Fachrichtung der Pädagogik sowie von der *Frühförderung,* welche pädagogisch-therapeutische Maßnahmen für Kinder mit Beeinträchtigung thematisiert. Frühkindliche Bildung gilt seit Anfang des 21. Jahrhunderts als Schlüsselbereich in der EU, um insbesondere die Sprachförderung benachteiligter Kinder zu unterstützen. Im Rahmen des Arbeitsprogramms der EU-Bildungsminister *Allgemeine und berufliche Bildung 2010* wird ausdrücklich auf die Bedeutung der Ausbildungsqualität von Frühpädagog*innen, der Curricula-Entwicklung und der personellen und finanziellen Ausstattung der Einrichtungen der frühkindlichen Bildung verwiesen.

Die wenigen Ausführungen verdeutlichen bereits, dass der Stellenwert frühkindlicher Bildung seit einigen Jahren zunehmend größer geworden ist. So wird z. B. im bildungspolitischen Kontext über Ansprüche an Kita-Plätze, Arbeitsbedingungen von Erzieher*innen, gemeinsame Betreuungen von Kindern mit und ohne Behinderung oder Formen der Zusammenarbeit von Kindergärten und Grundschulen diskutiert. Die Berichterstattung hat sich deutlich erweitert und die Diskussion ist Teilbereich verschiedener Wahlprogramme geworden. Außerdem wird die besondere Bedeutung der frühkindlichen Bildung auch als Reaktion auf Bildungsforschungen ersichtlich. Deren Ergebnisse verdeutlichen, dass die frühkindliche Förderung grundlegend für den Bildungserfolg ist und maßgeblich über Entwicklungs-, Teilhabe- und Aufstiegschancen entscheidet.

Viele Studien verweisen auf die hohe Bedeutung ästhetisch-kultureller Angebote (Musik-, Kunst- und Bewegungserziehung) und fordern, dass besonderer musikbezogener Förderbedarf frühzeitig erkannt wird. In diesem Kontext lässt sich das JeKI-Programm anführen, das sich zwar auf den Primarbereich konzentriert, aber durchaus wegweisende Richtungen aufgezeigt hat (Kranefeld 2015). Auch wenn die Rolle von Musik in der frühkindlichen Bildung in den vergangenen Jahren verstärkt in den Blick von Forschung und Politik gerückt ist und musikalische Bildung in ihrer interdisziplinären Verbindung und Wirkung gerne als „elementarer Bestandteil der Persönlichkeitsentwicklung des Heranwachsenden" (Goppel 2014, 6) verstanden wird, gibt es doch auffallend wenige wissenschaftlich fundierte Auseinandersetzungen mit dem Stellenwert von Musik in der frühkindlichen Bildung. Es scheint offensichtlich, dass bislang zu der Thematik zu wenig geforscht wurde, die Ergebnisse veraltet sind und eindimensional erscheinen (Büchner 2013).

In der Lebenswelt von Kindern spielt Musik eine große Rolle. Knapp ein Drittel aller Kinder zwischen drei und sechs Jahren nehmen an musikpädagogischen Angeboten teil (Autorengruppe Bildungsberichterstattung 2016). Allerdings sind Singen und Musizieren „als erste Stufe zur Heranführung an die Musik" (Goppel 2014, 6) in Familien nicht mehr selbstverständlich, was vermutlich auch bei den meisten Erzieher*innen, die als Vorbilder und Bezugspersonen die Kinder in den ersten Jahren intensiv begleiten, schon nicht mehr der Fall ist. Vor diesem Hintergrund wird eine Verbesserung der Qualität musikalischer Angebote im frühkindlichen Bereich gefordert. Diese Zielsetzungen stützen sich häufig auf mutmaßliche positive Transfereffekte, wie verbesserte kognitive Entwicklung, Sprachentwicklung, Sozialverhalten und emotionale Kompetenzen (Gruhn & Rauscher 2007). Die Argumente werden insbesondere in der öffentlichen Diskussion um die Relevanz musikalischer Bildung oft herangezogen, zeigen sich aber bei genauer wissenschaftlicher Betrachtung als nicht uneingeschränkt haltbar. Gembris et al. (2003) und Faas (2014) schlagen alternativ vor, die intensive Beschäftigung mit Musik im frühkindlichen Bereich mit dem Bildungsanspruch zu begründen, der die „Aneignung sozialer und kultureller Räume sowie den Erwerb von Handlungsfähigkeit" (Faas 2014, 113) in das Zentrum stellt. Folgt man dieser Argumentation, scheint es unabdingbar, dass die Musik als Bildungspotential, welches „kulturelle Gegenstände bzw. spezifische kulturelle Praxen" entfaltet (ebd., 134), eine zentrale Stellung im frühkindlichen Bereich erhält.

Im Rahmen zahlreicher Bestimmungs- und Differenzierungsvorschläge lässt sich frühkindliche Bildung auf die zwei Merkmale von Bildung als Selbstbildung bzw. Bildung als Ko-Konstruktion zurückführen. Bildung als Selbstbildung impliziert individuelle Sinnfindungen und eine Unvermittelbarkeit für Bildungsprozesse (Selbsttätigkeit). Es wird aber keine Isolation vom sozialen Kontext angenommen. Vielmehr erfolgt die Aneignung in Form „zwischenmenschlicher Erfahrungssituationen und Aushandlungsprozesse" (Weber-Krüger 2014, 102). Das Verständnis von Bildung als Ko-Konstruktion geht auf Wassilios E. Fthenakis zurück und hebt hervor, dass Kinder ihre Lernumwelt aktiv mitkonstruieren.

> Dem Ansatz der Ko-Konstruktion ist insgesamt stärker als dem Selbstbildungsansatz eine pädagogische Einflussnahme zuzuordnen. Dagegen können im Selbstbildungsansatz aufgrund des Schwerpunkts auf der Eigen-Tätigkeit und dem Eigen-Sinn der Kinder die sozialen Fremdeinflüsse zu wenig Berücksichtigung finden (ebd., 105).

Der in der frühkindlichen Bildung entfaltete Bildungsbegriff hat durch den Aspekt der Selbstbildung deutliche Ähnlichkeiten mit dem von Wilhelm von Humboldt entwickelten Bildungskonzept, das aber in einer anderen Tradition (Selbstbestimmung; Mündigkeit) verortet ist und dem ein anderes Bildungsverständnis zugrunde liegt. Entscheidend scheint, dass insbesondere im Diskurs der Frühpädagogik eine übergreifende und einheitliche Definition weder realistisch ist noch angestrebt wird. Vielmehr soll durch die Benennung verschiedener Teilbereiche bzw. daran gebundener Elemente von Bildungsprozessen zunächst eine spezifische Verständnisgrundlage geschaffen werden. Frühkindliche Bildung lässt sich somit als menschliche Disposition bezeichnen, die „Erfahrungs- und Wissensgehalte sowie Lernstrategien oder Prinzipien des Umgangs mit Welt umfasst, welche sich Menschen in ihrem Handeln und Denken zunutze machen und gleichzeitig modifizieren" (ebd., 107).

2 Musikalische Früherziehung & Elementare Musikpädagogik

In dem bereits 1969 verabschiedeten Strukturplan wird mit *Musikalischer Früherziehung* (MFE) die musikbezogene Arbeit mit Kindergruppen im vorschulischen Kontext bezeichnet (ca. 4- bis 6-Jährige). Es handelt sich um „grundlegende[n] Musikunterricht mit Gruppen von Kindern vor dem Schuleintritt" (Dartsch 2010b, 15; Weber-Krüger 2014, 19), der zur Vorbereitung der instrumentalen und vokalen Ausbildung dient (Ribke 1995, 29). Sie ist auf zwei Jahre ausgelegt und findet an Musikschulen und Kitas statt. Hinzu kommt für 6- bis 8-Jährige die so genannte *Musikalische Grundausbildung* (MAG) als eine Alternative nicht aufeinander aufbauender Eingangsmöglichkeiten. MFE und MAG lassen sich nicht klar voneinander abgrenzen und verfolgen ähnliche Ziele. Hierzu gehören die Sensibilisierung gegenüber Musik in den vielschichtigen sinnlichen Erfahrungsmöglichkeiten, aber auch übergeordnete Kompetenzen, wie die Förderung der Gesamtentwicklung der Kinder. Der Begriff Elementare Musikpädagogik (EMP) steht als „globale Bezeichnung" (Ribke 1995, 30) abseits einer Einteilung nach Altersstufen und hebt die Bedeutung von Musik für Menschen aller Altersstufen in der gesamten Lebensspanne hervor.

> Während die Prinzipien der EMP altersübergreifend gültig und in allen Altersgruppen anwendbar sind, bezieht sich der Begriff ‚Musikalische Früherziehung' auf die gesetzte Zielgruppe (Weber-Krüger 2014, 19).

Die Begriffe MFE, MAG und EMP stehen in einem (produktiven) Spannungsverhältnis und werden unterschiedlich hierarchisiert, wobei die EMP einen „übergeordneten Rahmen" (ebd.) bietet. Die MFE gehört eher zu den traditionellen Praxisfeldern der EMP. Der darin mitschwingende und schillernde Begriff des Elementaren hat eine lange Begriffsgeschichte (Johann H. Pestalozzi, Carl Orff), wobei grundsätzlich kein Bezug zum Einfachen (Simplifizierung) gemeint ist, sondern eher auf das Wesentliche abgehoben wird. Ulrike Jungmair zieht Querverbindungen zum Elementum und verweist auf ein „rational nicht faßbares auf geheimnisvolle Art mit natürlichem Geschehen in Verbindung stehendes Phänomen" (Jungmair 1992, 136), indem der Erlebnisanteil hervorgehoben wird. Elementarisierung bedeutet nicht die Zergliederung des Ganzen in Teilbereiche, sondern die „Freilegung des Grundsätzlichen" (Ribke 1995, 35). Juliane Ribke hat die verschiedenen Sachbereiche der EMP in Form einer Graphik dargestellt:

Abb. 1: Darstellung der Sachbereiche Elementarer Musikpädagogik, in: Ribke 1995, 34.

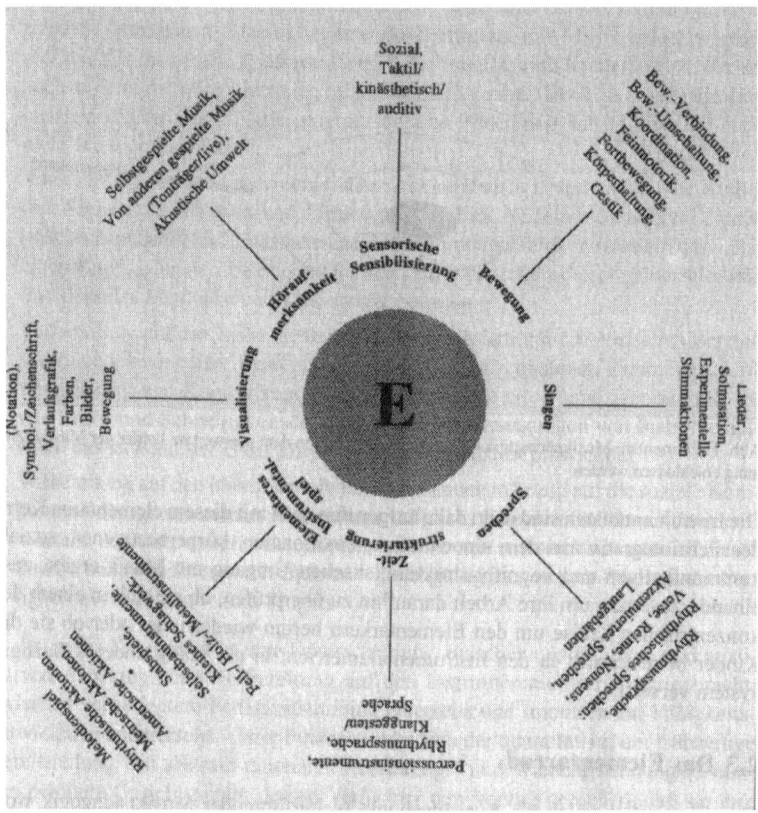

Eine wichtige Bedeutung spielen die Lernfelder Rhythmik und Musikalische Elementarerziehung, die in der Reformpädagogik verwurzelt und tendenziell ideologisch aufgeladen sind. Hierzu gehört das Verständnis von Rhythmus als sinnliches Lebenselement und ganzheitliche Ausrichtung von Musik und Bewegung. Im Zentrum steht das *improvisatorische* Wechselspiel zwischen Musik und Bewegung und die Entwicklung von Motorik, Kreativität, musikalischer Fähigkeiten und Ausdifferenzierung der Persönlichkeit. Die Musikalische Elementarerziehung greift Aspekte aus der Musiktherapie auf und fokussiert die Erweiterung und Differenzierung der Selbst- und Fremdwahrnehmung durch Reflexion musikbezogenen Handelns. Ähnlich wie bei der Rhythmik steht ein kreativer gruppendynamischer Umgang sowie eine bestimmte Haltung im Zentrum, die durch einen „persönlichkeitszentrierten Ansatz" (Pfaff & Schwabe 1997, 17) geprägt ist. Im Folgenden werden überblicksartig verschiedene Ansätze durch drei zentrale Schriften verschiedener Autoren dargestellt.

3 Modelle und Konzepte

3.1 Juliane Ribke: Elementare Musikpädagogik

Einen entscheidenden Einfluss und theoretisch-konzeptionelle Verankerung erhielt die MFE durch das Buch *Elementare Musikpädagogik. Persönlichkeitsbildung als musikerzieherisches Konzept* (1995) von Juliane Ribke. Bereits der Titel verdeutlicht, wie der Begriff der Persönlichkeit aufgegriffen und im Rahmen einer Identitätsbildung in ein größeres anthropologisches Konzept eingebunden wird. Auch hinsichtlich der Zielformulierungen wird klar, dass „ein für die Persönlichkeit bedeutsamer und die Identitätsbildung fördernder Umgang mit Musik nur dann möglich erscheint, wenn den Grundbedürfnissen Rechnung getragen wird" (Ribke 1995, 129), die im physischen, psychischen und sozialen Bereich liegen. Die Ziele, die dann auch didaktisch konkretisiert werden, liegen im Kontext der psychosozialen Ebene, der motorischen Ebene, der musikalischen Ebene und der Interdependenzen im Sinne der Vernetzung der drei vorigen Ebenen. Die erste ist allerdings besonders stark ausgeprägt und bildet ein „Superziel" (ebd., 137), wobei davon ausgegangen wird, dass die Kinder durch die Entwicklung von Selbstwahrnehmung und sozialer Beziehungsfähigkeit zunehmend an Ich-Identität gewinnen. So deutlich diese Zielebene herausgestellt wird, sind die Ausführungen von Ribke, wie sie selbst schreibt, „subjektiv aufgeladen" (ebd., 128) und entwerfen ein anthropologisch-psychologisches Verständnis der Elementaren Musikerziehung, an das weitere Autoren anknüpfen.

3.2 Michael Dartsch: Grundlagen einer Didaktik der Musikalischen Früherziehung

Nach Ribke hat insbesondere Michael Dartsch in zahlreichen wegweisenden Publikationen Grundlagen einer Didaktik der Musikalischen Früherziehung aufgezeigt. Es ist ein großer Verdienst seiner Schriften, den Stellenwert der EMP wissenschaftlich aufgewertet zu haben, indem an verschiedene Bezugsdisziplinen angeknüpft wird und auch empirische Erhebungen differenziert erläutert werden. Wie der Titel seines Hauptwerks *Mensch, Musik und Bildung* (2010) verdeutlicht, werden verschiedene Diskurse vorgestellt, die in Bezug zur musikalischen Früherziehung stehen und Orientierungen geben. Wie bereits bei Ribke werden ausführlich pädagogische und anthropologische Anknüpfungsmöglichkeiten vorgestellt, um daran anschließend musikdidaktische und empirische Aspekte zu beleuchten.

Vergleichend zu den Zielen von Ribke lassen sich nach Dartsch vier Zielkategorien unterscheiden. Hierzu gehören: 1.) Grunderfahrungen, 2.) Herausbildung und Ausdifferenzierung von Fühl-, Denk- und Verhaltensmustern, 3.) die Begegnung mit kulturellem Material sowie 4.) das Einbringen von Eigenem. Aus didaktischer Sicht erscheint Musikalische Früherziehung als vergleichsweise spielorientiert, experimentell, kreativ, prozessorientiert, intermedial, körperorientiert, beziehungsorientiert und offen (Dartsch 2010). Sie „soll den Kindern helfen, ihr Leben zu bejahen. Sie soll zur gestaltenden, orientierenden und gelassenen Lebensführung beitragen" (ebd., 322). Dabei sollen die Kinder aufgefordert werden, selbsttätig zu sein (Eigenaktivität). Dartsch geht auch auf Inhaltsbereiche ein und nennt hierbei Singen, Instrumentalspiel, Bewegen, Wahrnehmen und Erleben, Denken und Symbolisieren, Verbinden von Musik mit anderen Gestaltungsformen. Dabei wird die ‚Stimmigkeit' als zentrales Kriterium (frühkindlicher) Bildungsprozesse angeführt und das Zusammenwirken und Harmonisieren verschiedener Elemente hervorgehoben, die sich gegenseitig ergänzen (ebd., 159). So originell und geschickt der Begriff aus bildungstheoretischer Sicht gewählt ist, scheint die Rückbindung an Begriffe wie Integrität, Ganzheit oder Kohärenz reformpädagogisch aufgeladen. Die oben genannte Stärke lässt sich auch als Schwäche aufzeigen, da durch die vielen Querbezüge zu anderen Wissenschaften die Musikalische Früherziehung mit bestimmten Denkparadigmen aus den Bezugswissenschaften in Zusammenhang gebracht wird und somit als Sammelsurium unterschiedlicher Orientierungen erscheint. Der hohe Anspruch der EMP verwandelt sich dann tendenziell in Beliebigkeit, da nahezu alle Wissenschaften adaptierbar erscheinen. Zudem erinnert die anthropologische Ausrichtung an reformpädagogische Ansätze, von der sich die Musikalische Früherziehung ursprünglich lossagen wollte.

3.3 Anne Weber-Krüger: Bedeutungszuweisungen in der Musikalischen Früherziehung

Einen besonderen Ansatz verfolgt Anne Weber-Krüger, indem sie aus konstruktivistischer Sicht nach den kindlichen Bedeutungszuweisungen an Musik fragt und „didaktische Impulse zur Integration der kindlichen Perspektive in musikalische Bildungsprozesse entwickelt" (Weber-Krüger 2014, 15). Der zentrale Begriff der Bedeutungszuweisung steht in Bezug zu entwicklungs- und sozialpsychologischen Aspekten. Er bildet die theoretische Grundlage einer qualitativen Erhebung, in der in Form von Interviews subjektive Sichtweisen von Kindern auf das Musikangebot an Kitas untersucht werden. Die Ergebnisse verdeutlichen ein Modell dynamischer Ebenen kindlicher musikbezogener Bedeutungszuweisungen, wobei in den Bereichen (künstlerischen) Ein- und Ausdrucks ein handelnder Zugang zur Musik ermöglicht wird. Einen hohen Stellenwert besitzen dabei so genannte „Versatzstücke aus der eigenen Erfahrungswelt" (ebd., 306) der Kinder, die im Sinne von spezifischen Vorerfahrungen intersubjektiv anschlussfähig sind. Unter Kritik gerät ein lehrkraftzentrierter Frontalunterricht, der wenig Raum für Impulse der Kinder lässt. Demnach plädiert Weber-Krüger für eine größere Relevanz des musikbezogenen Alltags der Kinder. Dies hat Konsequenzen für die Rolle der Lehrkraft als Lern-Coach und Beobachter sowie für die Kinder als Partizipanten (Teilnahme und Teilhabe) an der Musikkultur. Aus forschungsmethodischer Sicht werden Gespräche, Lehr-/Lernlabore, Kleingruppenarbeit und Portfolios ausgewertet. Zentraler Bestandteil ist die „Integration der kindlichen Perspektive" als „genuin kindlicher Inszenierungsanstoß" (ebd., 350) durch Einbindung der individuellen Versatzstücke. Dies können Ideen sein, mitgebrachte Objekte oder Inhalte der Portfolios. Darüber hinaus lassen sich außerinstitutionelle Lernorte mitberücksichtigen wie Musikschule, städtisches Umfeld oder Natur.

III Stellenwert von Musik in der Kita

Auch wenn Ausbildungskonzepte und -strukturen für die professionelle Arbeit in frühpädagogischen Tageseinrichtungen „derzeit im Umbruch sind" (Oberhuemer & Schreyer 2009, 4), kann festgehalten werden, dass das Fach Musik in der Ausbildung der Erzieher*innen eine untergeordnete Rolle spielt (Janssen 2011; OECD 2006). Dieses musikpädagogische Defizit in der Kita ist v. a. den Ausbildungsbedingungen der Erzieher*innen geschuldet, da dort Musik einen geringen Stellenwert besitzt. Es scheint umso erstaunlicher, da zahlreiche Studien explizit die zentrale Rolle bzw. Wirkung von Musik für die kindliche Entwicklung hervorheben, weil musikalische Fähigkeiten mit anderen Fähigkeiten vernetzt sind und verschiedene (z. B. kognitive, motorische und soziale) Lernprozesse erleichtern. Ferner lässt sich auch auf einer Metaebene aufzeigen, dass die Auseinandersetzung mit Musik die Koordination, Bewegung, Konzentration und Aufmerksamkeit fördern bzw. verbessern kann und somit für andere kulturelle Praktiken (Lesen, Schreiben) von Bedeutung ist. Insbesondere der Stellenwert des Singens (für den Spracherwerb) und die emotionale Bedeutung der Musik ist vielfältig erforscht worden (Stadler Elmer 2002). Wichtig erscheint es, frühzeitig Lernumgebungen und ein positives Lernklima bereitzustellen, um musikalische Fähigkeiten zu schulen und effektiv sowie nachhaltig zu fördern. Auch aus bildungspolitischer Sicht werden diese Argumente angeführt, um den Bereich der frühkindlichen Bildung zu stärken und zu fördern. So wichtig die Nennung der Zusammenhänge insbesondere auch zur Begründung von Musik in der Kita bzw. in der Schule ist, sollten solche Transfertheorien immer auch kritisch gesehen werden, da sie populistisch verbreitet werden (Bastian 2001) und nicht eindeutig bewiesen sind (Mozart-Effekt).

Ein Blick in Forschungsergebnisse zum Stellenwert von Musik in der Kita verdeutlicht, dass bei den Erzieher*innen die Lust zum eigenen emotionalen Ausdruck mit der Stimme vorhanden ist. Allerdings haben vor allem jüngere Generationen wenig Erfahrung mit einem kindgerechten Umgang mit der Stimme, da durch die eigene Sozialisation und medienvermittelte Singaktivitäten zum Teil schädliche Singverhaltensweisen internalisiert wurden. Hierzu gehört v. a. ein Singen in der Bruststimme und in zu tiefer Lage und mit zu viel Druck (Brünger 2003). Die Kinder und im Übrigen auch die Erzieher*innen besitzen also selbst geringe Erfahrungen mit der Stimme aus der eigenen Kindheit, zumal Veränderungen der Präferenzen im Bereich Stimmklang auch die Entdeckung der eigenen natürlichen Singstimme verhindern. Auch wenn in der Kita fast täglich gesungen wird (42 %), sind die Singanlässe primär funktions- und situationsorientiert, seltener prozessorientiert. In der Regel werden v. a. Lieder als Ritual oder Ausschmückung außermusikalischer Tätigkeiten gesungen.

Es kann nicht deutlich genug hervorgehoben werden, dass sich die vokale Praxis und die vokalen Fähigkeiten (Tonumfang) für heutige Kinder gravierend verändert haben. Während das Liedrepertoire bis Anfang der 1970er Jahre noch aus traditionellen Kinder-, Volks- und Brauchtumsliedern bestand, ist es durch die Verbreitung Neuer Medien derzeit unüberschaubar geworden. Im Kindergartenbereich finden sich v. a. neue Kinderlieder von Liedermachern (z. B. Fredrik Vahle, Detlef Jöcker und Rolf

Zuckowski) und viele Bewegungslieder; „weit abgeschlagen rangieren deutsche Volkslieder" (Brünger 2003, 18). Die Kita ist also nicht mehr die Basis, in der Volks- und Gruppenlieder vermittelt werden (Klusen 1974). Die pädagogischen Fachkräfte bringen vielmehr ihr eigenes Repertoire ein, mit dem sie sich identifizieren und das v. a. durch Medien und durch Materialien von Kollegen verbreitet wird. Dadurch hat sich die mündliche Überlieferung von Kinderliedern verändert, und es besteht kaum noch ein allgemein gültiges Kinderliedgut. Auch hier zeigt sich der Einfluss der Ausbildung von Erzieher*innen, da die Kenntnis des Repertoires oftmals nicht mehr vermittelt wird. Diese Entwicklung muss aber nicht nur kritisch gesehen werden, da die Erzieher*innen selbst explizit hervorheben, dass durch Neue Medien und individuelle Vernetzungen auch gewinnbringende Perspektiven in die Kita eingebracht werden. Insbesondere durch elektronische Medien (iPads; Tablets) lassen sich musikalische Grundlagen aneignen, was aber wiederum eher konträr zur traditionellen EMP-Ausbildung liegt, die den Umgang mit elektronischen Medien nicht explizit thematisiert. Allerdings muss einschränkend hervorgehoben werden, dass onlinebezogene Materialien oder Netzwerke im Bereich Kita noch nicht ausreichend vorhanden sind.

Viele Untersuchungen verdeutlichen, dass durch einen gesundheitsbewussten und vielseitigen Umgang mit der Stimme sowie durch ein gutes Singvorbild der Erzieher*in viele Kinder unproblematisch in der hohen Stimmlage singen können. Insofern auch die Familie ihrer Aufgabe als „kulturelle Keimzelle des Singens" (Brünger 2003, 16) nicht mehr gerecht wird, erhält die Kindergartenzeit für die Entwicklung von Stimme und Singen herausragende Bedeutung. Ihr kommt die Aufgabe zu,

> Kindern die Entdeckung der Lust am eigenen Stimmausdruck auf vielfältige Weise zu ermöglichen, sie als natürliche ganzkörperliche Ausdrucksweise zu akzeptieren, emotionale Beziehungen zu den Liedern zu stiften, in dieser so sensiblen Phase die Entwicklung der Kinderstimme unter Beachtung stimmhygienischer Gesetzmäßigkeiten zu fördern (ebd., 26).

Insofern die hierzu notwendigen Voraussetzungen von pädagogischen Fachkräften aus der eigenen musikalischen Sozialisation nicht mehr mitgebracht werden, sind in besonderem Maße die Aus- sowie Weiterbildungen dazu angehalten, diesen Bereich zu fördern. Die vornehmlich theoretisch gehaltene Ausbildung an Fachakademien und Fachschulen ist aber weniger geeignet, Defizite aus der eigenen musikalischen Sozialisation aufzuarbeiten.

1 Berufsstrukturen und Tätigkeitsbereiche von Erzieher*innen

Im Jahr 2013 arbeiteten in Deutschland 338.298 staatlich anerkannte Erzieher*innen, davon 327.312 Frauen und 10.978 Männer. Der hohe Frauenanteil um 97 Prozent liegt nicht nur am Image des Berufs, sondern hängt mit fachhistorischen Gründen zusammen, da die Ausbildung zur Kindergärtnerin in Zusammenhang mit einer Mädchenschulreform stand, um Frauen den Weg zum Abitur zu eröffnen. Erzieher*innen gehören zu einer nachgefragten Berufsgruppe. Dennoch waren im Jahr 2016 insgesamt

107.000 Arbeitsstellen unbesetzt geblieben. Im Durchschnitt werden im Kindergarten aktuell neun Kinder von einer pädagogischen Fachkraft betreut (Stand 2017). Die Personalschlüssel zwischen den Kreisen bzw. Bundesländern unterscheiden sich aber sehr stark. Es existieren ca. 420 Fachschulen für Sozialpädagogik in Deutschland, die rund 16.600 staatlich anerkannte Erzieher*innen ausbildeten (Stand 2008; ausführlich hierzu s. Janssen 2011). Seit einigen Jahren ist ein Trend zu beobachten, verschiedene Studiengänge im Bereich der frühkindlichen Bildung einzurichten. Im Jahr 2015 gab es in Deutschland 89 Bachelor- und 11 Masterstudiengänge für die Arbeit mit Kindern. Absolvent*innen dieser Studiengänge tragen die Bezeichnung Kindheitspädagog*innen. Trotz Regelungen der Ausbildung von Erzieher*innen durch Rahmenvereinbarungen der Kultusministerkonferenz gibt es aufgrund länderspezifischer Unterschiede (und fehlender Absprachen) keine einheitliche Ausbildungssituation. Folglich ist nicht nur die inhaltliche Gestaltung auslegungsbedürftig; auch die Qualität und Dauer der Ausbildung (und der fachtheoretischen bzw. fachpraktischen Ausrichtung) ist uneinheitlich.

Der Tätigkeitsbereich von Erzieher*innen ist nur schwer klar abzugrenzen und zu definieren. Dies liegt unter anderem daran, dass die Aufgaben zunehmend durch gesellschaftlichen Wandel und berufliche Anforderungen größer geworden sind (Ballusek & Netwig-Gesemann 2008). In der Kita arbeiten nicht (mehr) nur Personen, die an einer Berufsfachschule studiert haben. Hierzu gehören z. B. Heilpädagog*innen, Kinderpfleger*innen, Sozialassistent*innen oder Sozialpädagog*innen. Die Berufe sind hinsichtlich der Ausbildungsstrukturen schwer zu unterscheiden und zu bezeichnen. Das gilt auch für den ‚schwammigen' Begriff Erzieher*in oder Kindergärtner*in.

Erzieher*innen sind pädagogische Fachkräfte, die eine Ausbildung an einer Fachschule, einer Fachakademie oder einem Berufskolleg durchlaufen haben. Der Begriff Kindergärtner*in ist eine veraltete und tendenziell abwertende Berufsbezeichnung. Das Gehalt bewegt sich zwischen ca. 20.000 Euro brutto (1.667 Euro im Monat) im ersten Berufsjahr und rund 28.000 Euro (2.333 Euro im Monat) mit 35 Jahren Erfahrung im Beruf. Die Ausbildung erfolgt je nach Bundesland an Fachschulen für Sozialpädagogik, Fachakademien für Sozialpädagogik, Oberstufenzentren oder Berufsfachschulen für Sozialwesen beziehungsweise Berufskollegs. Die Dauer variiert, je nach Land und Vorbildung oder Praxiserfahrung, zwischen zwei und fünf Jahren. Hierzu gehören ein ein- bis zweijähriges Vorpraktikum mit Theorieanteilen mit einem anschließenden, meist zweijährigen Schulbesuch in Vollzeit und einem abschließenden Anerkennungsjahr. Andere deutsche Länder regeln die Ausbildung über eine rein schulische Ausbildung mit integrierten, länger andauernden Praktika. Für einzelne Bundesländer ist für die Aufnahme in die entsprechende Schule zwingend eine vorausgegangene Ausbildung zum Sozialassistenten oder zum Kinderpfleger vorgeschrieben. Die Ausbildung wird teilweise auch berufsbegleitend oder in Teilzeitform angeboten. Sie endet mit der staatlichen Anerkennung, die – trotz der Unterschiedlichkeit der Ausbildungsgänge – von allen Bundesländern akzeptiert wird. Erzieher*innen haben verschiedene Möglichkeiten, sich nach Abschluss der Ausbildung, während oder vor der ersten Berufserfahrung, weiterzubilden. Unterschieden wird hier zwischen Spezialisierungsweiterbildung und Aufstiegsweiterbildung. Lehrgänge zur Spezialisierung dienen der Anpassung der

Kenntnisse an die tatsächlich ausgeübte Tätigkeit, z. B. wenn ein bestimmter Bereich innerhalb der Ausbildung kein Schwerpunkt war. Bei der Aufstiegsfortbildung handelt es sich um einen Lehrgang, der für einen größeren Verantwortungsbereich bzw. mit einer höheren Vergütung qualifiziert.

2   Zur Ausbildungssituation von Erzieher*innen

2.1   Struktur der Ausbildung

Auch wenn mit dem Beschluss der Ständigen Konferenz der Kultusminister der Länder (Kultusministerkonferenz) vom 07.11.2002 ein möglicher einheitlicher Rahmen für die Ausbildung zur/zum Erzieher*in geschaffen wurde, gibt es aufgrund länderspezifischer Unterschiede dennoch keine einheitliche Ausbildungssituation in Deutschland (Kultusministerkonferenz 2018). Jedes Bundesland bestimmt individuell über die Ausbildungsgestaltung, so dass Inhalte und Strukturen jeweils stark variieren.

Grundsätzlich kann die Ausbildung zur/zum staatlich anerkannten Erzieher*in in Niedersachsen an Berufsfachschulen, Fachschulen, Berufskollegs und anderen Bildungseinrichtungen im Rahmen einer schulischen Ausbildung absolviert werden.[4] Die Ausbildung ist in zwei Abschnitte gegliedert, die eng miteinander verzahnt sind und sich zusammen über einen Zeitraum von insgesamt vier Jahren erstrecken. So ist zunächst eine zweijährige Ausbildung zur/zum sozialpädagogischen Assistentin bzw. Assistenten mit dem Schwerpunkt Sozialpädagogik zu absolvieren. Im Anschluss daran haben die Sozialassistent*innen die Möglichkeit, aufbauend eine weitere zweijährige schulische Ausbildung zu absolvieren, um sich zur/zum Erzieher*in zu qualifizieren.

*2.1.1   Berufsfachschule Sozialpädagogische/r Assistent*in*

Zugangsvoraussetzung für die zweijährige Berufsfachschule zur/zum Sozialpädagogischen Assistent*in ist der Nachweis eines Realschulabschlusses (Niedersächsisches Kultusministerium 2016a, 1). Sofern nicht ohnehin ein höherer schulischer Abschluss vor Beginn der Ausbildung nachgewiesen werden kann, wird mit dem Abschluss der zweijährigen Berufsfachschule automatisch der erweiterte Sekundarabschluss I erworben.

Curricularer Ausgangspunkt für die Ausbildung zur/zum sozialpädagogischen Assistent*in sind die vom Niedersächsischen Kultusministerium verabschiedeten *Rahmenrichtlinien für die berufsbezogenen Lernbereiche – Theorie und Praxis – in der Berufsfachschule Sozialpädagogische Assistentin/Sozialpädagogischer Assistent* aus dem Jahr 2016 (vgl. Niedersächsisches Kultusministerium 2016b). Dabei beschreiben die geltenden Rahmenrichtlinien die zu entwickelnden Kompetenzen, zeigen Mindestanforderungen auf und benennen didaktische Grundsätze, die für den Unterricht gelten. Dabei

---

4   Da beide Weiterbildungen in Niedersachsen stattfanden, fokussiert sich die Darstellung auf dieses Bundesland.

zielen die Vorgaben darauf ab, Schüler*innen „grundlegende Kompetenzen für die Tätigkeit in verschiedenen sozialpädagogischen Arbeitsfeldern zu vermitteln" (Niedersächsisches Kultusministerium 2016b, 1), indem die Lernenden darin unterstützt werden, die „erforderlichen Kenntnisse, Fähigkeiten und Fertigkeiten für den sozialpädagogischen Erziehungs-, Bildungs- und Betreuungsprozess" (Niedersächsisches Kultusministerium 2016b, 1) zu erwerben. Die beruflichen Handlungsfelder sind unterschiedlichen Lernfeldern zugeordnet und zielen auf den Erwerb von verschiedenen Kompetenzen ab. Konkret sollen Handlungs-, Sozial-, Fach-, Selbst-, Methoden-, Kommunikations-, Lern-, und Personalkompetenzen von den Berufsfachschüler*innen im fächerübergreifenden Lernen erworben werden, die dann auf konkrete berufliche Situationen angewendet werden.

Inhaltlich ist die Berufsfachschule in unterschiedliche Lernbereiche unterteilt, aus denen sich wiederum insgesamt verschiedene Module ergeben. Für die Klasse 1 sind dabei für die theoretische Ausbildung am Lernort Schule folgende Module vorgesehen: *Erwerb der sozialpädagogischen Berufsrolle, Vielfalt in der Lebenswelt von Kindern, Erziehung als pädagogische Beziehungsgestaltung, Pädagogische Begleitung von Bildungsprozessen I* sowie *Optionale Lernangebote*. Für die Klasse 2 ergeben sich darauf aufbauend die Module *Entwicklung beruflicher Identität, Entwicklungs- und Bildungsprozesse von Kindern, Pädagogische Konzepte, Pädagogische Begleitung von Bildungsprozessen II, Arbeit mit Familien und Bezugspersonen* sowie erneut *Optionale Lernangebote*. Diese Module sind so konzipiert, dass sie durchaus offen sind für schulspezifische Profilbildungen, etwa aufgrund standortbezogener Besonderheiten (vgl. Niedersächsisches Kultusministerium 2016b, 3). Solche Aspekte können dann in das schulische Curriculum aufgenommen werden. Das angesprochene Modul *Optionale Lernangebote*, das sowohl im ersten als auch im zweiten Jahr stattfindet, trägt ebenfalls zur individuellen Profilierung der Ausbildung bei, da die Schüler*innen zwischen verschiedenen Angeboten wählen können.

Jedes der Module ist mit einem Zeitrichtwert versehen, so dass die Gewichtung bereits durch das Ordnungsmittel selbst vorgenommen wird. Dabei zeigen die Zeitrichtwerte, die sich zwischen 40 und 240 Unterrichtsstunden bewegen, eine deutliche Priorisierung der zuvor dargestellten Module. Sowohl in Klasse 1 als auch in Klasse 2 nimmt dabei die pädagogische Begleitung von Bildungsprozessen mit Zeitrichtwerten von 240 bzw. 200 Stunden die größte Rolle ein. Insgesamt durchlaufen die Schüler*innen in beiden Ausbildungsjahren zusammen 1400 Unterrichtsstunden im theoretischen Lernbereich, dazu kommen 960 Stunden praktischer Ausbildung inklusive Reflexion, sodass der theoretische Ausbildungsteil mit knapp 60 % quantitativ betrachtet überwiegt.

2.1.2 Fachschule Sozialpädagogik

Darauf aufbauend umfasst die, ebenfalls zweijährige, Fachschule Sozialpädagogik weitere elf Module (Niedersächsisches Kultusministerium 2016c, 6f.). Dabei werden im ersten Jahr folgende theoretische Module unterrichtet: *Entwicklung professioneller Perspektiven, Diversität und Inklusion, Professionelle Entwicklungs- und Bildungsbe-*

gleitung, Pädagogische Arbeit mit Gruppen, Professionelle Gestaltung von Bildungsprozessen I sowie *Optionale Lernangebote*. Im zweiten Jahr kommen dann die Module *Netzwerkarbeit und Qualitätsentwicklung, Individuelle Lebenslagen, Professionelle Gestaltung von Bildungsprozessen II, Erziehungs- und Bildungspartnerschaften* sowie *Optionale Lernangebote* hinzu (Niedersächsisches Kultusministerium 2016c, 6). Die Ausführungen zeigen, dass auch im Rahmen der Fachschule optionale Lernangebote vorgesehen sind. Hierbei liegt es dann im Verantwortungsbereich der Schule, Angebote für Schüler*innen bereitzustellen. Die Berufsbildenden Schulen I in Leer bieten den angehenden Erzieher*innen beispielsweise Lernangebote in den Bereichen *Darstellendes Spiel*, *Kunst* oder auch *Musik* an (Berufsbildende Schule Leer 2019). Damit ist die genannte Schule eine der wenigen in Niedersachsen, die Musik als optionales Lernangebot aufführt. An den berufsbildenden Schulen in Emden, Oldenburg, Cloppenburg oder Papenburg gibt es dieses musikalische Angebot für angehende Erzieher*innen beispielsweise nicht. Hier werden etwa Schwerpunkte wie *Krippenpädagogik, Medienpass, Religionspädagogisches Grundseminar, erste Hilfe für das Kind* oder *Balu und Du* angeboten (Berufsbildende Schule am Museumsdorf 2019).

Die Gewichtung der Theorie- und Praxisstunden ist im Rahmen der Fachschule etwas anders verteilt als in der Berufsfachschule. So entfallen gemäß der curricularen Vorgaben insgesamt 1.680 Unterrichtsstunden auf die theoretischen Lernbereiche und 720 Stunden auf die praktische Ausbildung inklusive der dazugehörigen Reflexion, sodass hier der theoretische Anteil mit 70 % noch stärker überwiegt.

In der Ausbildung zur/zum Erzieher*in liegt der Fokus in Abgrenzung zur vorangestellten Berufsfachschule stärker auf der Selbstständigkeit und der Eigenverantwortlichkeit bei Betreuungs-, Bildungs- und Erziehungsaufgaben. Neben Tageseinrichtungen gehören auch Institutionen wie Jugendheime, Jugendämter, Jugendzentren, Einrichtungen für Menschen mit Behinderung und Schulen mit sozialpädagogischer Arbeit zu den Arbeitsfeldern von Erzieher*innen. Die in den Rahmenrichtlinien der Fachschule Sozialpädagogik festgeschriebenen Ziele sehen zunächst vor, „die Persönlichkeit der Schülerinnen und Schüler zu entwickeln" und eine vertiefte berufliche Weiterbildung der Schüler*innen zu erreichen (Niedersächsisches Kultusministerium 2016c, 1).

2.2 Stellenwert von Musik innerhalb der Curricula

Ein gezielter Blick in verschiedene länderspezifische Curricula zur Erzieher*innen-Ausbildung hinsichtlich des Stellenwerts von Musik verdeutlicht ein Sammelsurium unterschiedlicher Begriffe. Hierzu gehört v. a. „musikalisch-kreative Gestaltung" (Hamburg; ausführlich hierzu s. Janssen 2011). Gerne wird auch die ideologisch anmutende Floskel des „musisch-rhythmischen Gestaltens" angeführt. Überhaupt ist auffallend, dass Musik wenig als selbständiges Fach aufgeführt, sondern entweder als „Musik- und Bewegungserziehung" (Bayern) oder aber als Trias von „Musik, Bewegung, Sport" (Bremen) oder „Bewegung, Spiel, Musik" (Hamburg) genannt wird. Kurios ist zudem, dass in einigen Ländern Musik unter dem Kompetenzbereich „Medien sozialpädagogischen Handelns" (Hessen) geführt, der Medienbegriff aber nicht differenziert oder reflektiert wird. Die Angaben über das Angebot sind sehr allgemein formuliert: „Musikalisch aktiv wahrnehmen, singen und musizieren – rhythmisch musikalische Tätigkeit ausüben" (Baden-Württemberg). Gerne wird auf den Stellenwert von Musik als rhythmisch-musikalisches Ausdrucksmittel verwiesen. Hinsichtlich musikalischer Grundkenntnisse und Voraussetzungen werden bei der Zulassung keine Angaben gemacht. Nur in Mecklenburg-Vorpommern werden „Grundfertigkeiten im Spiel eines Musikinstrumentes" als ‚wünschenswert' bezeichnet. Da die Inhalte sehr vage ausgerichtet sind, bleibt unklar, wer Musik in Fachschulen unterrichten darf und wie die Curricula umgesetzt werden. Auch Fachbereichsleitungen an Fachschulen bescheinigen, dass musikalische Bildung inhaltlich wenig bis gar nicht ausreichend erscheint, so dass die Absolvent*innen unzureichend auf die musikpädagogische Praxis in der Kita vorbereitet sind, zumal das Erlernen eines Instruments „nur teilweise bis eher gar nicht im Lehrangebot verankert" ist (Brinker et al. 2010, 9). Auch musiktheoretische Kenntnisse als Voraussetzung für die spätere eigenständige Ausweitung des Repertoires werden „nicht zufriedenstellend vermittelt" (ebd.; Brünger 2003).

Zum Lernfeld *Musisch-kreative Kompetenzen* gehört laut Rahmenrichtlinien die Förderung von divergentem Denken, schöpferischen Tätigkeiten sowie Medien- und Methodenkompetenzen der Auszubildenden. Jene Fähigkeiten sollen in sozialpädagogischen Einrichtungen dazu genutzt werden, kommunikative und sprachliche Fähigkeiten der Kinder zu fördern. Die Lerninhalte werden diesbezüglich gegliedert in *Kreativität und Medien, Mediengestaltung* sowie *Medieneinsatz*. Der Bereich *Kreativität und Medien* fokussiert unter anderem die Mediensozialisation und ästhetische Bildung. Inhalte, Arbeitstechniken und Methoden anhand verschiedener Handlungsmedien aus Bereichen wie Musik & Tanz, Literatur oder Theater werden im Bereich *Mediengestaltung* vermittelt. Innerhalb des Moduls *Medieneinsatz* sollen beispielsweise der differenzierte Umgang mit Medien für unterschiedliche Zielgruppen und rechtliche Rahmenbedingungen gelehrt werden (ebd., 26). Darüber hinaus geben die Rahmenbedingungen des Niedersächsischen Kultusministeriums wenig Umsetzungshinweise für den Unterricht. Diesbezüglich wird dazu angehalten, eigene Erfahrungen im Rahmen von außerschulischen kulturellen Angeboten, wie Oper- oder Theaterbesuche, oder innerhalb von Projekten in Zusammenarbeit mit Kitas oder Grundschulen zu sammeln.

Grundsätzlich bleibt offen, inwieweit konkrete musikbezogene Inhalte gelehrt werden (sollen), die für den alltäglichen Einsatz in der Kita relevant erscheinen, wie z. B. der Umgang mit Musikinstrumenten (Liedbegleitung) oder Kenntnisse in den Bereichen Instrumentenkunde, Gesangsunterricht und Chorleitung. Die aufgeführten Lerninhalte fokussieren sich auf ideologisch aufgeladene Begriffe, wie ‚musisch' und ‚schöpferisch', die beide auf eine nicht unproblematische Vergangenheit im Dritten Reich verweisen (Erziehung durch Musik). Auch die Begriffe ‚Medien' und ‚Kreativität' wirken unklar und werden begrifflich nicht weiter ausdifferenziert.

In Niedersachsen nahm noch im Jahr 2002 das Themenfeld Musik in der Berufsfachschule einen deutlich größeren Umfang als in den derzeitigen curricularen Vorgaben ein. So war das Lernfeld *Musisch-kreative Prozesse gestalten und Medien pädagogisch anwenden* mit 288 Unterrichtsstunden mit Abstand das größte Lernfeld, wie die untenstehende Tabelle zeigt:

Tab. 1: Zeitrichtwert der Lernfelder (Niedersächsisches Kultusministerium 2002, 11).

Übersicht der Lernfelder	Zeitrichtwert in Stunden
Lern- und Arbeitstechniken für das sozialpädagogische Handeln erwerben und berufliche Identität entwickeln	200
Beziehungen zu Kindern und Jugendlichen aufbauen und pädagogische Prozesse begleiten	80
Grundlegende Bedürfnisse von Kindern und Jugendlichen im sozialpädagogischen Handeln berücksichtigen	120
Verhalten von Kindern und Jugendlichen beobachten und in das sozialpädagogische Handeln einbeziehen	160
Musisch-kreative Prozesse gestalten und Medien pädagogisch anwenden	288
Bildungs-, Erziehungs- und Betreuungsprozesse planen, durchführen und evaluieren	200
Sozialpädagogische Arbeit strukturieren und organisieren	120
An konzeptionellen Aufgaben in sozialpädagogischen Einrichtungen mitarbeiten	80

Auch in der Fachschule Sozialpädagogik gehörte das gleichnamige Lernfeld zu den stundenintensivsten Bereichen in der Ausbildung (Niedersächsisches Kultusministerium 2016c). Auf knapp zwei Seiten werden in den Rahmenrichtlinien der Berufsfachschule von 2002 Erläuterungen, Zielformulierungen, Lerninhalte und Hinweise für den Unterricht hinsichtlich des Lernfeldes *Musisch-kreative Prozesse gestalten und Medien pädagogisch anwenden* gegeben (Niedersächsisches Kultusministerium 2002, 22). In den Mittelpunkt stellen die Vorgaben dabei „die erfahrungsorientierte Auseinandersetzung mit musisch-kreativen Prozessen zur Entwicklung der eigenen Persönlichkeit und zur Förderung der Handlungskompetenz als auch die Anwendung unterschiedlicher Medien und Methoden" (ebd.). Weiter wird in den Zielformulierungen auf die Reflexion der eigenen ästhetischen Erfahrungen sowie auf die Planung, Durchführung und Evaluation von ‚musisch-kreativen' Prozessen für Kinder und Jugendliche hingewiesen. Die Berufsfachschüler*innen sollen dabei verschiedene Ausdrucks- und Gestaltungsmöglichkeiten unter Rücksichtnahme auf die individuellen Entwicklungsbedürfnisse ihrer Adressat*innen erarbeiten. Die Rahmenrichtlinien schreiben darüber hinaus vor, mit welchen Inhalten die genannten Zielvorgaben realisiert werden sollen. In diesem Zusammenhang wird explizit der Bereich *Musik und Rhythmik* angesprochen, gleichwohl der Bereich nur einer unter vielen ist. Weitergehende inhaltliche oder methodische Konkretisierungen weisen die Rahmenrichtlinien von 2002 jedoch nicht auf, so dass beispielsweise das Singen mit Heranwachsenden oder das Begleiten von Liedern nicht explizit aufgegriffen werden. Daher verwundert es nicht, dass die Untersuchung von Peter Brünger über bayerische und niedersächsische Kindergartenfachkräfte schon zu Zeiten der alten Rahmenrichtlinien ergab, dass der Stellenwert des Singens in der Ausbildung von mehr als der Hälfte aller Befragten als defizitär wahrgenommen wurde (Brünger 2003). Trotz dieses Befundes kommt Musik in den aktuell gültigen Rahmenrichtlinien der Berufsfachschule von 2016 gar nicht mehr als expliziter Teil eines Moduls vor. In dem Dokument wird der Begriff Musik nur siebenmal innerhalb des Moduls *Pädagogische Begleitung von Bildungsprozessen I und II* erwähnt, ohne dass konkrete musikbezogene Inhalte oder Methoden genannt werden. Interessanterweise wird jedoch auf das Innovationsvorhaben *Neue Lernsituationen mit Musik* verwiesen, welches 2006 von Oberstudienrätin Beate Quaas erstellt worden ist (Quaas 2006). In Abstimmung mit dem Niedersächsischen Kultusministerium wird dort auf etwa 50 Seiten der Stellenwert von Musik in der sozialpädagogischen Praxis mit vielen praktischen Hinweisen zur Umsetzung herausgestellt. Hierbei handelt es sich um eine wichtige Hilfestellung insbesondere für Lehrkräfte, die sich als Fachfremde neu oder wieder neu mit Musik beschäftigen wollen. Gleichwohl ist darauf hinzuweisen, dass die Handreichung, anders als die Rahmenrichtlinien an sich, aus rechtlicher Perspektive nicht bindend ist.

In den Rahmenrichtlinien für die Fachschule Sozialpädagogik wird der Begriff Musik im Zusammenhang mit den Modulen *Professionelle Gestaltung von Bildungsprozessen I und II* insgesamt nur zweimal erwähnt. Dabei wird er jeweils im Bereich der Unterrichtshinweise in Kombination mit *Rhythmik* aufgegriffen, darüber hinausgehende Erläuterungen finden sich nicht (Niedersächsisches Kultusministerium 2016c). Ebenfalls wird hier jedoch auf das Innovationsvorhaben *Neue Lernsituationen mit Musik* hingewiesen. Ansonsten werden innerhalb Rahmenrichtlinien keine Angaben zum musikpädagogischen Bereich formuliert.

Zusammenfassend lässt sich festhalten, dass Musik innerhalb der zweigeteilten Ausbildung zur/zum Erzieher*in einen äußerst geringen Stellenwert einnimmt. So wird weder ein zeitlicher Mindestumfang angegeben noch werden Mindestinhalte festgeschrieben. Dieser Befund kann vor dem Hintergrund der in Kapitel 2.4 dargestellten wissenschaftlichen Untersuchungen als durchaus bedenklich betrachtet werden.

2.3 Bildungsweg des Ausbildungspersonals

Die angehenden Erzieher*innen werden an berufsbildenden Schulen von ausgebildeten Berufsschullehrer*innen unterrichtet. Ein auf berufsbildende Schulen ausgerichtetes Lehramtsstudium kann in Niedersachen an sechs unterschiedlichen Universitäten absolviert werden (Koordinierungsstelle für Studieninformation und -beratung in Niedersachsen). Aufgrund der Vielfalt an Studiengängen ist jedoch zu differenzieren hinsichtlich der Fachrichtung. So fallen die Ausbildungen zur/zum sozialpädagogischen Assistent*in sowie zur/zum Erzieher*in in die Fachrichtung der Sozialpädagogik. Das Studium dieser Fachrichtung wird in Niedersachsen lediglich an der Leuphana-Universität Lüneburg angeboten. Grundsätzlich wird im Studium neben der Fachrichtung Sozialpädagogik noch ein weiteres allgemeinbildendes Unterrichtsfach studiert, wobei zwischen Deutsch, Englisch, Evangelischer Religion, Mathematik, Politik oder Sport gewählt werden kann (Leuphana Universität Lüneburg 2019).

Im genannten zehnsemestrigen Studiengang wird im ersten Semester zunächst das obligatorische *Leuphana-Semester* durchlaufen, durch das die Studierenden studiengangsübergreifend die „wissenschaftlichen Denk- und Arbeitsweisen im Allgemeinen sowie die Einführung in die Fachrichtung im Konkreten" (Leuphana Universität Lüneburg 2019) kennenlernen. Dafür werden größtenteils fächerübergreifende Module absolviert, in denen kritisches Denken und wissenschaftliches Arbeiten erlernt wird. Ab dem zweiten Semester gliedert sich das Studium dann in die drei Bereiche *Fachrichtung Sozialpädagogik*, *Professionalisierungsbereich* sowie *Unterrichtsfach*.

In der Fachrichtung *Sozialpädagogik* werden überwiegend fachwissenschaftliche und fachdidaktische Lerninhalte angeboten. Exemplarisch können das Erarbeiten unterschiedlicher Bildungstheorien, das Kennenlernen qualitativer und quantitativer Verfahren der empirischen Sozialforschung, das Arbeiten mit dem bundesdeutschen Sozialgesetzbuch oder auch die Einführung in die Sozial- und Entwicklungspsychologie aufgeführt werden.

Der zweite Abschnitt umfasst den *Professionalisierungsbereich*, in dem die Studierenden ihre pädagogischen Kompetenzen erweitern, lern- und entwicklungstheoretische Voraussetzungen des beruflichen Lernens diskutieren und in einem mehrwöchigen Pflichtpraktikum an berufsbildenden Schulen praktische Erfahrungen sammeln.

Als dritten Baustein des Studiums ist das allgemeinbildende *Unterrichtsfach* zu nennen, durch das die Studierenden dazu befähigt werden, „den allgemeinbildenden Unterricht an einer Berufsbildenden Schule zu gestalten" (Leuphana Universität Lüneburg 2019). Bei der Wahl des Faches ist, wie bereits oben beschrieben, lediglich zwischen den Fächern Deutsch, Englisch, Evangelische Religion, Mathematik, Politik sowie Sport zu wählen. Hierbei wird deutlich, dass das Fach Musik für angehende Berufsschullehrende nicht angeboten wird. Dies ist zum einen bemerkenswert, da die Universität den Studiengang Musik für Grund-, Real- und Hauptschullehrkräfte durchaus anbietet. Zum anderen kommt hinzu, dass der Studiengang Musik zum Zeitpunkt der Einführung des Studienganges im Jahr 1996 von angehenden Berufsschullehrer*innen noch gewählt werden konnte (vgl. Karber 2014, 46).

Nach erfolgreicher Absolvierung des Bachelorstudiums folgen dann die Module des Master-Studiums, um damit die Voraussetzung zur Absolvierung des Vorbereitungsdienstes für den Lehramtsberuf erwerben zu können. In diesen vier Semestern werden „fachwissenschaftliche, fachdidaktische und erziehungswissenschaftliche Kenntnisse und Fertigkeiten aus dem vorangegangenen Bachelorstudium systematisiert und vertieft" sowie „Praxisprobleme von Lehrkräften an berufsbildenden Schulen in Verbindung mit schulpraktischen Studien und akademischen Reflexionen an der Universität" (Leuphana Universität Lüneburg 2019) thematisiert.

Zusätzlich gibt es an der Leuphana Universität die Möglichkeit, innerhalb des Masterstudiengangs ein sogenanntes *Erweiterungsfach* zu studieren. So können neben dem eigentlichen Unterrichtsfach, der Fachrichtung und dem Professionalisierungsbereich die Fächer Evangelische Religion, Mathematik oder Sport als Erweiterungsfach studiert werden. Für Grund-, Haupt- bzw. Realschulen stehen noch zwei weitere Fächer, Chemie und Musik, zur Verfügung.

Aus den fachspezifischen Anlagen der Leuphana Universität wird deutlich, dass weder im Verlauf des Bachelor- noch im Masterstudium musikpädagogische Inhalte für angehende Berufsschullehrkräfte vorgesehen sind. Auch auf Nachfrage bei Verantwortlichen der Universität wurde diese Aussage bestätigt. Auf Basis weiterer Nachfragen und Telefonate stellte sich heraus, dass bis zum Jahr 2003 Musik innerhalb des Studiengangs in Verbindung mit Bewegungslehre unterrichtet wurde, diese Inhalte im Zuge der Umstellung auf das Bachelor- und Mastersystem jedoch ersatzlos gestrichen wurden. Die Gründe dafür seien, laut telefonischer Aussage, vor allem finanzieller Natur gewesen.

Es ist festzuhalten, dass Berufsschullehrkräfte, die in Lüneburg studiert haben und später angehende Erzieher*innen unterrichten, kaum bis gar keine musikpädagogischen Kenntnisse während ihres Studiums erworben haben. Hier stellt sich die Frage, warum musikpädagogische Inhalte nicht entweder in das Studium der Fachrichtung integriert werden oder aber Musik als ein eigenes Unterrichts- bzw. Ergänzungsfach angeboten wird.

IV Musikbezogene Kooperations- und Tandemmodelle

Im Folgenden wird zwischen *musikbezogenen Kooperationsangeboten* und *Tandemmodellen* unterschieden. Während in den Ersteren verschiedene Institutionen miteinander kooperieren (z. B. Schule und Musikschule), arbeiten in einem interprofessionellen Tandem zwei Personen aus unterschiedlichen institutionellen Kontexten zusammen und führen gemeinsam ein musikalisches Angebot durch. Die Grenzen der beiden Begriffe sind fließend, da in Kooperationsangeboten zum Teil im Tandem geplant wird und auch in Tandemmodellen verschiedene Partner eingebunden sind. Allerdings unterscheiden sich die konzeptionellen Ausrichtungen, so dass es sinnvoll ist, die Begriffe zu unterscheiden.

1 Kooperationsbezogene Organisationsformen

Der Bedarf an qualifizierten Fachkräften für Förderungsangebote im Bereich der EMP in der Kita ist groß (VdM 2007). Die Nachfrage steigt auch durch zunehmende Kooperationen zwischen Musikschulen und Kitas, wie das niedersächsische Musikalisierungsprogramm *Wir machen die Musik!* seit 2009 unter Beweis stellt. Diese Weiterbildung wird von Musikschullehrkräften durchgeführt, die eine entsprechende EMP-Qualifizierung vorweisen können (Hochschulabschluss bzw. berufsqualifizierender Weiterbildungsabschluss). Allerdings kann der große Bedarf seitens der Erzieher*innen nicht ansatzweise mit diesem Lehrpersonal gedeckt werden, das einen Hochschulabschluss (oder einen berufsqualifizierenden Weiterbildungsabschluss) erworben hat (und an einer Musikschule arbeitet). So sinnvoll es auf der einen Seite ist, diesen Bereich deutlich zu fördern, ließe sich in Zukunft auch überlegen, Personal einzusetzen, das eher eine professionsbezogene Expertise besitzt, wie z. B. Kunst- und Kulturschaffende, die sich in einem bestimmten Berufsfeld hohes Fachwissen angeeignet haben, das unter dem Erwerb pädagogischen Handlungswissens aus dem Bereich der Kindheitspädagogik bzw. Elementaren Musikpädagogik auch sinnvoll in der Kita eingesetzt werden kann (s. dazu das Projekt MuBiKi ab S. 139).

2 Tandembezogene Lehrformen in der Musikpädagogik

Verschiedene Studien im Bereich der Allgemeinen Pädagogik haben aufgezeigt, dass Schüler*innen in Schulen mit funktionierenden Kooperationsstrukturen „überdurchschnittlich häufig bedeutsame Lernzuwächse erkennen lassen" (Cloppenburg & Bonsen 2012, 174). In interprofessionellen Lerngemeinschaften besteht die Möglichkeit, sich auf die entsprechenden Bedürfnisse der Schüler*innen einzustellen.

> Lehrerkooperation kann daher als wichtiges Merkmal der Organisationsqualität, die den Unterricht, die Lehr- und Lernkultur und die Lernergebnisse der Schüler verbessert, verstanden werden (ebd.).

Zur Klassifizierung von Teamteaching werden zwei Modelle unterschieden. Das Stützlehrer- oder Ambulanzlehrersystem basiert auf der Unterrichtsgestaltung einer einzelnen Lehrkraft, wobei eine sonderpädagogische Lehrkraft hauptsächlich für die Schülerschaft mit sonderpädagogischem Förderbedarf zuständig ist (Franz-Özdemir 2012, 134ff.; Jacobs 2005). Es wird primär arbeitsteilig zusammengearbeitet und die Rollen sowie Zuständigkeiten werden aufgeteilt. Das Zwei-Pädagogen-System ist von einer deutlich stärkeren Kooperationsbindung gekennzeichnet, indem das Tandem den Unterricht plant, gestaltet und reflektiert. Kooperatives Lernen und Teamteaching finden sich im zweiten Modell und stellen insbesondere die gemeinsame Verantwortungsübernahme im Unterricht bei gleichzeitiger Anwesenheit, gemeinsamer Planung, Durchführung und flexibler Aufgabenverteilung heraus. Vor diesem Hintergrund lassen sich weitere Qualitätskriterien der Lehrendenkooperationen anführen, die auf Formen des Teamteachings beruhen. Während eine eher formale Kooperation sich auf Materialaustausch, Gespräche und gemeinsames Erstellen von schulinternen Curricula beschränkt, beinhaltet die pädagogische Kooperation eine ‚echte' Zusammenarbeit mit einer verbindlichen Kollegialität. In der Literatur wurden unterschiedliche Stufenmodelle entwickelt, in denen „Informationsaustausch", „Synchronisation und Arbeitsteilung" sowie „Konstruktion" aufeinander aufbauen (Fussangel & Gräsel 2014). Diese Qualitätsaspekte sind auch für die hier vorgestellte MuBiKi-Evaluation bedeutsam, da im Tandem wechselseitig voneinander gelernt werden soll und sich die Kompetenzen ergänzen sollen.

Konkrete musikpädagogische Ergebnisse zum Bereich Teamteaching bzw. Tandemunterricht finden sich in der Evaluation von Grundschulprojekten, wobei hier explizit *JeKi (Jedem Kind ein Instrument)* und auch *SMS (Singen macht Sinn)* genannt werden sollen. Vor dem Hintergrund einer verstärkten Ausrichtung des Klassenmusizierens hat in den letzten Jahren eine große Verbreitung an institutionellen Kooperationen zwischen Musikschulen und allgemeinbildenden Schulen stattgefunden, die aus unterschiedlichen Gründen von der Vernetzung profitieren. Dieses Erfolgsmodell hat sich auch auf den Bereich der Kitas übertragen, indem Musikschullehrkräfte ein Musikangebot an Kitas etablieren.

Da das JeKi-Konzept ausführlich wissenschaftlich begleitet wurde und Kooperationsstrukturen zwischen den Tandems untersucht wurden, sollen im Folgenden kurz die zentralen Ergebnisse zur Tandemzusammenarbeit vorgestellt werden (Kranefeld 2015; Kulin & Özdemir 2011; Knigge & Niessen 2012). Das JeKi-Modell sieht vor, dass im ersten Schuljahr zwei Lehrkräfte im Unterricht anwesend sind (Grundschullehrkraft und Musikschullehrkraft) und den Unterricht im Tandem gestalten, um den Schüler*innen verschiedene Instrumente vorzustellen. Die JeKi-Lehrkraft kann ihr Wissen über die Instrumente einbringen und die Grundschullehrkraft ihre Fähigkeiten im Umgang mit der Lerngruppe. Es handelt sich hierbei also um ein Zwei-Pädagogen-System mit dem Ziel einer pädagogischen Kooperation. In den folgenden Jahren ändert sich die Form der Kooperation, indem die JeKi-Lehrkraft den Unterricht in Kleingruppen alleine in der Schule durchführt. Hierbei handelt es sich dann eher um eine technische Kooperation, die zudem institutionell gebunden ist (Musikschule und Schule).

Das JeKi-Modell ähnelt dem MuBiKi-Weiterbildungskonzept, da Lehrende mit unterschiedlichen Professionalitätsmerkmalen die Kooperation eingehen und davon profitieren sollen. Insbesondere für die Musikschullehrkräfte beinhaltet der schulische Unterricht ein ungewohntes Arbeitsfeld, das spezifische überfachliche Fähigkeiten abverlangt, wie z. B. Unterricht in großen Lerngruppen. Dagegen fehlt den (oftmals fachfremd unterrichtenden) Musiklehrenden das instrumentalpädagogische Know-How.

Die empirische Begleitung des JeKi-Programms verdeutlicht, „dass die tatsächliche Umsetzung des gemeinsamen Unterrichtens in einem Großteil der Tandems nicht als konstruktives Teamteaching per definitionem bezeichnet werden kann, da bestimmte Aufgabenbereiche durch eine Einzelperson, im Regelfall durch die Musikschullehrkraft übernommen werden" (Franz-Özdemir 2012, 147). Die musikpädagogische Arbeit wird durch die Musikfachkraft durchgeführt, während die Grundschullehrkraft v. a. zur Organisation des Unterrichts dient. Auch wenn die Lehrenden den Tandemunterricht positiv bewerten, wird deutlich, dass „Lehrende zweier unterschiedlicher Professionen mit partiell unterschiedlichen Zielsetzungen aufeinandertreffen" (Lehmann, Hammel & Niessen 2012, 209). Diese Diskrepanz unterschiedlicher Professionalisierungsformen wird auch in der fachunabhängigen Literatur bestätigt (Tuschel 2006). Demnach entspricht der wirkliche JeKi-Unterricht dem Konzept *One Teach, One Drift* bzw. *One Teach, One Observe*. Dies verdeutlichen auch Interviewstudien, in denen Teilnehmende beschreiben, dass „der eine den Unterricht macht und der andere diszipliniert" (Lehmann, Hammel & Niessen 2012, 201). Vor diesem Hintergrund lassen sich wichtige Rahmenbedingungen formulieren, welche die Zusammenarbeit im Tandem beeinflussen:

- die Ebene der beteiligten Lehrkräfte und deren biographischer Hintergrund sowie individuelle Voraussetzungen,
- die Ebene der Grundschule und die vorhandenen räumlichen und zeitlichen Ressourcen,
- die institutionelle Ebene der Musikschule und daran gebundene Fortbildungsmöglichkeiten, die im JeKi-Konzept vorgesehen sind (vgl. Lehmann, Hammel & Niessen 2012).

Wertvoll erscheint der Hinweis, die Tandems nicht in Form von Zwängen und Auflagen aneinander zu binden, sondern ihnen Spielräume zu geben, um sich an unterschiedliche individuelle und institutionelle Voraussetzungen anzupassen bzw. sich abzustimmen, um eigene Vorstellungen einer wertschätzenden Zusammenarbeit zu entwickeln.

Neben JeKi ist das Tandemkonzept auch in dem Projekt *Singen macht Sinn* (SMS) ausführlich evaluiert worden (Forge & Gembris 2012; Hammel 2014). Letzteres zielte darauf, „Grundschulkindern und Neigungslehrern des Fachs Musik einen Zugang zum Singen zu ermöglichen, die Freude am Singen zu vermitteln und somit wieder vielfältige Singanlässe in den Schulen zu schaffen" (Forge & Gembris 2012, 14). Eine zentrale Säule stellte dabei ein Tandem von einer Grundschul- und Musikschullehrkraft (Vokalpädagogik) dar. Das Konzept sah auch einjährige Wahlmodule zum Thema *Basiskompetenz Stimme* für Lehramtsstudierende und Lehramtsanwärter*innen ohne Fach Musik vor. Zeitgleich wurde ein Masterstudiengang *Singen mit Kindern* eingerichtet. Insgesamt waren einundzwanzig Grundschulen, zwei Universitäten (Paderborn und Bielefeld) sowie vier Studienseminare in Ostwestfalen-Lippe an dem Projekt beteiligt, das 2009 startete und 2011 offiziell abgeschlossen wurde. Als Evaluationsinstrumente kamen Interviews mit vier Grundschullehrenden und zehn Kindern sowie Fragebogenerhebungen zum Einsatz.

Hinsichtlich des Tandemunterrichts ergaben sich Ähnlichkeiten zur JeKi-Evaluation, da die Lehrerenden zwar vom Tandemunterricht profitierten, dieses aber nicht aktiv mitgestalteten. Als zukünftige Perspektive sollten die Lehrenden „mehr Information über die Prinzipien und den Nutzen des Teamteaching-Modells" (Forge & Gembris 2012, 189) erhalten. Zudem müsste mehr Zeit und Raum für einen intensiven Austausch (bezahlte Zeit) außerhalb der Unterrichtsstunden nötig sein. Inwiefern der Vorschlag, „den Musikunterricht so anzulegen, dass die Grundschulkraft eine Stunde im Tandem unterrichtet und eine weitere alleine, so dass sie dort das Kennengelernte zur Anwendung bringen kann" (Hammel 2014, 6), sich noch mit dem Modell des Tandemlernens in Bezug setzen kann, ließe sich kontrovers diskutieren, da der Unterricht alleine ‚auf einem Fahrrad' durchgeführt wird.

2.1 Kita macht Musik – Singen und Musizieren in Kindertageseinrichtungen

In dem von 2005 bis 2007 durchgeführten Projekt *Kita macht Musik – Singen und Musizieren in Kindertageseinrichtungen* wurde die Entwicklung, Erprobung und der Transfer eines Modells zur Verbesserung der Musikerziehung in Kindertageseinrichtungen in Niedersachsen an 30 Standorten evaluiert (Soretz & Carstensen 2008). Dabei bestand eine Kooperation zwischen Kita und Musikschule (sowie Volkshochschule), aber kein Tandemkonzept, in dem wechselseitig voneinander gelernt wurde. Allerdings erhielten Erzieher*innen von Fachkräften für EMP der örtlichen Musikschule eine Weiterbildung im Bereich musikpraktisches Musizieren. Die Lehrkräfte unterrichteten die Erzieher*innen, die Anregungen erhielten, wie sie mit den Kindern kleine musikalische Einheiten gestalten können" (Bertelsmann 2009, 25). Dabei wurde davon ausgegangen, dass nur eine EMP-Lehrkraft in der Lage ist, „eine Unterrichtseinheit methodisch-didaktisch zu entwerfen. [...] Eine Erzieherin kann dies nicht leisten. Sie ist in der Lage, eine im Kurs erlernte Einheit mit den Kindern in der Kita zu wiederholen" (ebd.). Dieses vorurteilshafte Bild von der Erzieherin wirkt stereotyp und normativ, da allen Erzieher*innen die Fähigkeit abgesprochen wird, musikvermittelnd tätig sein zu können. Dagegen kann davon ausgegangen werden, dass viele der Erzieher*innen musikbezogene und pädagogische Erfahrungen besitzen und demnach durchaus in der Lage sind, ein musikalisches Angebot anzubieten. Unklar bleibt in *Kita macht Musik*, inwieweit EMP-Lehrkräfte die Arbeit in der Kita begleitet haben. Grundlegend war angedacht, dass sie Anregungen für den Kita-Alltag geben. Es handelte sich also um einen Transfer der Weiterbildungsinhalte in die Kita-Praxis. Auch wenn diese Phase nicht direkt kooperativ in der Praxis durchgeführt wurde und so kein direktes Tandemmodell bestand, wird explizit hervorgehoben, dass „die Dozentinnen und Dozenten gemeinsam mit den Erzieherinnen eine neue Didaktik für die musikalische Bildung und Erziehung in der Kita" (Bertelsmann 2009, 26) entwickelten. Die Weiterbildung thematisierte aber auch kooperative Aspekte, indem Lehrkräfte nicht direkt mit den Kindern arbeiteten (EMP), aber sie gemeinsam mit den Erzieher*innen das Erlernte an die Kinder weitergaben. Das Hauptziel lag in der (Weiter-)Qualifizierung von Erzieher*innen im Hinblick auf einen sicheren und selbstbewussten Umgang mit den eigenen musikalischen Fähigkeiten. Hinzu kamen Möglichkeiten des Auf- und Ausbaus von Kooperationen zwischen Musikschulen und Volkshochschulen sowie zwischen Kitas, Volkshochschulen und Musikschulen.

Die Weiterbildung umfasste 120 Unterrichtsstunden und war in sieben Module gegliedert: Modul I: Einführung (5 Ustd.), Modul II: Musik und Bewegung (16 Ustd.), Modul III: Singen und Stimme (20 Ustd.), Modul IV: Elementare Rhythmuserfahrung (12 Ustd.), Modul V: Elementares Instrumentalspiel (16 Ustd.), Modul VI: Hören (16 Ustd.), Modul VII: Vernetzung und Vertiefung (20 UStd.) (vgl. Bertelsmann 2009, 24). Hinzu kam eine Abschlusspräsentation mit Praxisreflexion.

Mittels standardisierter Fragebögen wurden die kooperierenden Einrichtungen und die Kita-Leitungen zu vier verschiedenen Zeitpunkten befragt. Außerdem wurden zwei ausgewählte Kitas über einen längeren Zeitraum regelmäßig besucht, um dort konkrete Auswirkungen in der Praxis zu beobachten. Es wurde evaluiert, ob *Kita macht Musik* zu einer Veränderung der musikalischen Aktivität bei den Kita-Kindern führte (Wirkungsanalyse). Die Stichprobe bestand aus einer Experimentalgruppe (10 Kita-Gruppen mit musikalischer Weiterbildung) und einer Kontrollgruppe (10 Kita-Gruppen ohne musikalische Weiterbildung).

Bei der Fragebogenerhebung lagen Fallzahlen von 204 Teilnehmenden, 27 Dozent*innen, 34 Kooperationspartnern und 62 Kitas vor, wobei die Rücklaufquote in den verschiedenen Erhebungswellen deutlich zurückging. Die Ergebnisse verdeutlichen eine positive Bewertung der Weiterbildung sowohl seitens der Kooperationspartner (95% wünschten eine Wiederholung) als auch auf Seiten der Teilnehmenden (Verwertbarkeit mit der Durchschnittsnote 1,8; Unterricht der Dozent*innen: 1,7). Die Erwartungen der Teilnehmenden wurden erfüllt und die eigene Kompetenzerweiterung als wichtigster Teilnahmegrund angegeben. Hierzu gehörten: Sicherheit im Umgang mit der eigenen Stimme, Bewegung und Musik, Kindertänze, Einsatz von einfachen Musikinstrumenten für Kinder sowie Tipps von Profis für die Praxis. Die Teilnehmenden bezeichneten sich alle als musikliebend. Fast 80 Prozent hatten eine musikalische Vorbildung. Bei der Beurteilung der einzelnen Module nannten die Teilnehmenden *Rhythmuserfahrung* sowie *Musik und Bewegung* als besonders gelungen. Verbesserungsvorschläge wurden in den Modulen *Stimme und Singen* sowie *Vernetzung* genannt.

Hinsichtlich der Auswirkungen im Kita-Alltag zeigte sich zunächst, dass die Erzieher*innen durch die Weiterbildung offenbar mehr musizierten. Zu verschiedenen Zeitpunkten gaben zwischen 40 und 50 Prozent an, dass sich die musikalischen Aktivitäten erhöht hatten. Allerdings ermöglicht der *quantitative* Zuwachs an musikbezogenen Tätigkeiten keine Erkenntnisse über die *Qualität* des Musizierens sowie die Qualität der

Vermittlung. Es besteht die Möglichkeit, dass die Freude am Umgang mit Musik geringer wurde oder den Kindern falsche Anweisungen zum Musizieren gegeben wurden. Zudem ließe sich anführen, dass auch das Hören von Musik und Sprechen über Musik zu den Aufgaben eines Musikangebots im Bereich Kita gehören und explizit in den Modulbeschreibungen aufgeführt sind, aber im Rahmen der Evaluation nicht thematisiert wurden.

Tab. 2: Musizierzeit im Durchschnitt Experimental- und Kontrollgruppe (Bertelsmann 2009, 46).

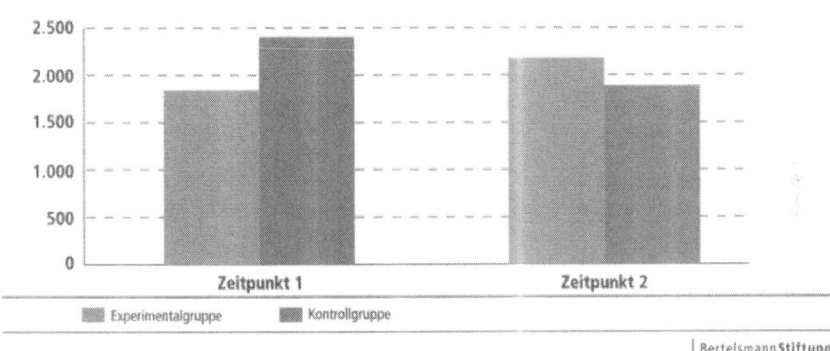

2.2 Musik im Kita-Alltag (MiKA)

Im Projekt *Musik im Kita-Alltag (MiKA)* wurde ebenfalls eine modulbasierte Weiterbildungsmaßnahme für Erzieher*innen evaluiert, welche die Stärkung der frühkindlichen Bildung in Ostwestfalen-Lippe zum Ziel hatte (Heye et al., 2015). Untersucht wurden die Wirkungen der Weiterbildung bei den Teilnehmenden sowie die Umsetzungen der Inhalte und Konzepte in der Praxis. Eine Besonderheit bildete die Berücksichtigung kollegialer Beratung sowie ein Multiplikatorenprogramm, das zur stärkeren Verbreitung von Musik an der Kita diente. Als Erhebungsinstrumente kamen ein Wochenplan, der musikalische Interventionen zwischen pädagogischen Fachkräften und Kindern erfasste, sowie ein Fragebogen zu grundsätzlichen Arbeitsbedingungen, Einstellungen und Erfahrungen im Umgang mit Musik im Kita-Alltag zum Einsatz. Auf der Basis eines Kontrollgruppendesigns haben insgesamt 189 pädagogische Fachkräfte aus 32 Kindertagesstätten teilgenommen (jeweils 16 Kitas mit bzw. ohne Weiterbildung). Die Ergebnisse verdeutlichen, dass sich die musikalischen Voraussetzungen und Qualifikationen in beiden Gruppen nicht signifikant unterscheiden: „Musizieren bzw. Singen ist in beiden Untersuchungsgruppen täglicher Bestandteil des Kita-Alltags" (ebd., 17). Auch hinsichtlich der Dauer des musikalischen Angebots (die Hälfte aller musikalischen Angebote zwischen 5 bis 20 Minuten) sowie der Rangfolge musikalischer Aktivitäten konnten keine signifikanten Unterschiede festgestellt werden. Interessant erscheint, dass die Fachkräfte sowohl der MiKA-Kitas als auch der Vergleichsgruppe ein hohes Interesse an Musik haben und sich kompetent und gut ausgebildet fühlen, um mit Kindern zu singen. Auch die Ausstattung im Bereich Musik wird positiv bewertet (Zustimmung: MiKA = 84 %; Vergleichsgruppe = 87 %).

2.3 Musikalische Bildung für Kinder und Jugendliche in Nürnberg (MuBiKiN)

Das noch laufende Projekt MuBiKiN (Musikalische Bildung für Kinder und Jugendliche in Nürnberg) zielt darauf, Kinder in der Zeit vom vorletzten Kindergartenjahr bis zur zweiten Grundschulklasse vier Jahre durchgehend musikalisch zu fördern. Die Weiterbildung des Kindergartenpersonals übernimmt die Hochschule für Musik Nürnberg. Die Weiterbildung der Grundschullehrkräfte erfolgt durch die Friedrich-Alexander-Universität Erlangen-Nürnberg. Den Unterricht in den Einrichtungen erteilen examinierte, bei der Musikschule Nürnberg angestellte, Musikschullehrende. Das Projekt existiert seit 2012. Ab Betriebsjahr 2016/2017 nehmen ca. vierzig Kindergärten und acht Grundschulen daran teil.

Im Kindergarten wird zunächst die Freude am Musikhören und Musikmachen angebahnt. Neben Erfahrungen aus dem Bereich der EMP (Stimme, Körper und Instrumenten; Zuhören, Mitmachen und Nachmachen) gehört auch die Teilnahme an moderierten, interaktiven Kinderkonzerten zum Programm. Die Grundschulkinder erhalten zunächst in Jahrgangsstufe 1 eine musikalische Grundausbildung und vertiefen ihre Erfahrungen in Jahrgangsstufe 2 durch eine intensivierte praktische Instrumentenkunde. Die pädagogischen Fachkräfte werden zunächst in einer achtteiligen und einjährigen Weiterbildungsreihe für ein musikalisches Angebot an Kitas geschult. Hierzu gehören musikalisches Basiswissen, Liedbegleitung (Orff-Instrumente) bis hin zu konkreten Gestaltungsaufgaben. In einer darauffolgenden Einheit werden die Erfahrungen in der Kita reflektiert. Zudem werden Nachbereitungstreffen zur Beratung angeboten. Im Kontext der Kinderkonzerte werden professionelle Musiker*innen in die Kita eingeladen.

Laut einer Informationsbroschüre wird im Projekt *MuBiKiN* explizit elementarer Musikunterricht „im Tandem Kita–Musikschule" (MuBiKiN 2013, 2) angeboten, indem „examinierte Musiklehrer/innen, die auf musikalische Früherziehung spezialisiert sind, […] einmal wöchentlich zur Kernzeit in den Kindergarten" (ebd.) kommen und dort 45 Minuten unterrichten. Die pädagogischen Fachkräfte nehmen an der Stunde teil. So können sie das Erlernte mit den Kindern wiederholen, vertiefen und weiterentwickeln. Die Ausführungen machen allerdings deutlich, dass nur indirekt von einem Tandemmodell ausgegangen werden kann, da sich diese ausschließlich auf die gemeinsame Anwesenheit im Raum beschränkt, und die EMP-Lehrkraft den Unterricht übernimmt. „Die pädagogischen Fachkräfte nehmen an der Stunde teil und erhalten einen umfangreichen Einblick in die Musikvermittlung (Tandem-Prinzip)" (MuBiKiN 2013, 3). Eine gemeinsame Verantwortungsübernahme oder Planung/Durchführung ist nicht angedacht.

Auch in der Grundschule erfolgt der Unterricht nach dem gleichen Modell im Tandem, wobei examinierte Musiklehrende pro Klasse für zwei Wochenstunden an die Schule kommen. Dort ist die Weiterbildung MuBiKiN Teil eines Schulentwicklungsprozesses, insofern Lehrkräfte, die keine oder nur geringe Erfahrung im Unterrichten von Musik haben, an sechs halbtägigen Weiterbildungsveranstaltungen teilnehmen. Zudem ist angedacht, dass etwa 80 Prozent des Kollegiums an der Weiterbildungsreihe teilnehmen sollen (auf zwei Jahre), wobei eine im Unterrichten von Musik erfahrene Lehrkraft als Ansprechperson zur Verfügung steht. Zur Qualitätssicherung und Vernetzung nimmt die Schule nach der zweijährigen Weiterbildung ein Mal im Jahr an einer Fachtagung teil.

So positiv die institutionenübergreifende Förderung zu verstehen ist, findet aber keine Übergangsförderung statt, so dass Kinder vom Kindergarten in die Grundschule durchgängig gefördert werden oder ein Förderprozess erkennbar ist. Vielmehr entsteht ein musikalisches Netzwerk zwischen Kitas und Schulen, das einen gemeinsamen Schwerpunkt auf die Förderung legt. Eine konkrete Absprache und direkte Kooperationen erfolgten aber nicht. Vielmehr werden unterschiedliche Förderungen für zwei Institutionen angeboten, die auf einem ähnlichen Prinzip beruhen.

Im Rahmen der von Andreas Lehmann-Wermser, Lina Hammel und Valerie Krupp durchgeführten Evaluation wurden 161 Fragebögen an die Beteiligten versandt und 22 Leitfadeninterviews geführt. Zudem wurde in Kitas und Schulen hospitiert. Positiv können die Förderungen im musikalischen und außermusikalischen Bereich (Konzentration, Ruhe, Miteinander) festgehalten werden. Auch im Elternhaus wurde laut Interviews in Folge des Projekts mehr gesungen. Auch wenn Erzieher*innen in der Weiterbildung MuBiKiN „viel lernen", gibt es hinsichtlich der Weiterbildung noch „Raum für Verbesserungen" (Lehmann-Wermser et al. 2014, 5). Auffallend positiv wird der bezeichnete Tandemunterricht durch Hospitationen durch die Fachlehrenden in der Kita bezeichnet (3,73 auf einer vierstufigen Skala für den Lerneffekt durch den Tandemunterricht).

Tab. 3: Stellenwert der Tandemarbeit (Lehmann-Wermser et al. 2009, 22).

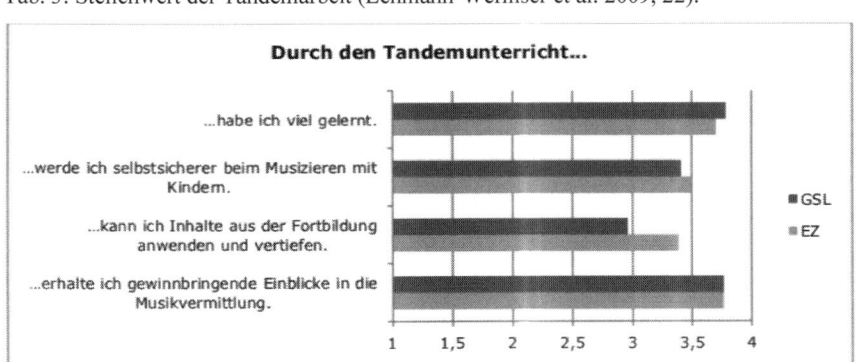

Allerdings erwähnt der Evaluationsbericht auch kritisch, dass der Tandemunterricht nur darauf basierte, dass sich die Erzieher*innen „bei den Musikschullehrkräften etwas ‚abgucken'". Wie bereits bei JeKi waren für Planung und Durchführung des Tandemunterrichts „überwiegend die Musikschulkräfte zuständig" (Lehmann-Wermser et al. 2014, 6). Dieses Fazit gilt für alle beteiligten Gruppen (Erzieher*innen, Grundschullehrende, Musikschullehrkräfte). Insbesondere Erzieher*innen kritisierten, dass der Unterricht „immer nur konsumierend genossen" (ebd.) wurde. Es wurde „mitgemacht oder zugeschaut", aber „nichts vorbereitet" (ebd.). Während diese Aufgabenverteilung „von Erzieherinnen und Grundschullehrerinnen auch so gewollt ist, wünschen sich die Musikschulkräfte allerdings, dass sich ihre Tandempartnerinnen stärker einbringen" (ebd.). Die Fachkräfte fungieren nur als „Aufpasserin und Beobachterin auf dem Stuhl" (ebd.) oder erscheinen nicht zum Unterricht.

Tab. 4 und 5: Bewertung des Tandemunterrichts (Lehmann-Wermser et al. 2009, 15, 18).

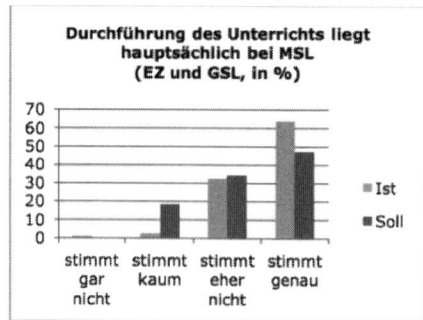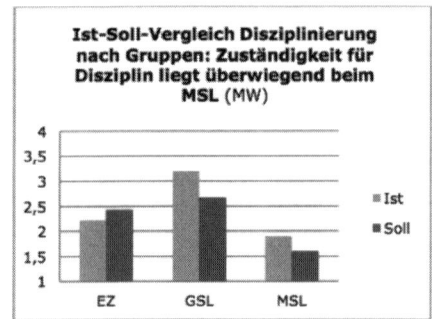

Zudem schien auch die gewünschte Wiederholung, Vertiefung und Weiterentwickelung „noch nicht immer umgesetzt zu werden" (ebd.). Das Evaluationsteam schlägt vor, ‚Regiezeiten' (ebd.) zur gemeinsamen Planung zu etablieren, da Gespräche ‚zwischen Tür und Angel' nicht ausreichen, ein gemeinsames Angebot zu entwickeln und sich anschließend darüber auszutauschen.

V Konzeptionelle Schwerpunkte

1 Dreistufiges Pyramidenmodell

Grundlage beider Weiterbildungen war ein dreistufiges Modell, das die zeitliche und organisatorische Arbeit darstellt. Zunächst planten Expert*innen aus den Bereichen Inklusion (VimuBi) bzw. frühkindlicher musikalischer Bildung (VimuBi, MuBiKi) die inhaltliche und konzeptionelle Ausrichtung der Weiterbildung und verfassten ein Modulhandbuch (Stufe I). Die Inhalte wurden dann in Form eines Dozent*innentreffens an die Personen vermittelt (Stufe II), die dann auch die jeweiligen Workshops an den Standorten durchführten (Stufe III).

Abb. 2: Organisatorische Struktur der Weiterbildungen (Konzeption und Durchführung)

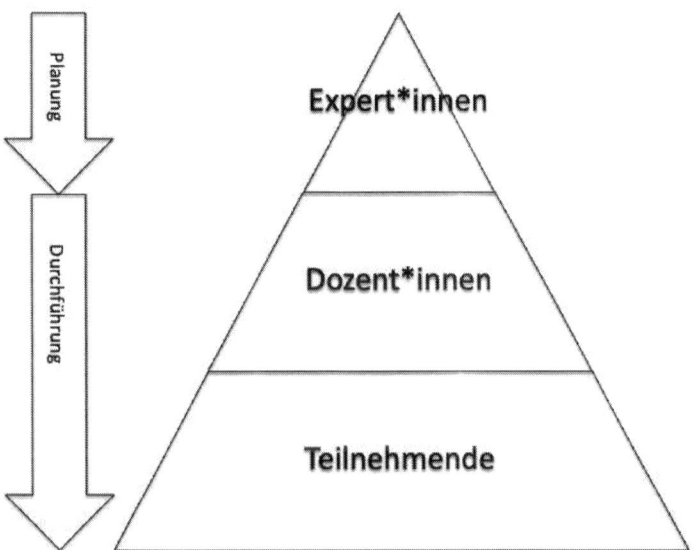

Wichtig war, dass die inhaltliche Ausrichtung von den Dozierenden übernommen werden konnte, da sonst die Evaluation der Workshops bzw. die Bewertung der Weiterbildung unterschiedlich ausfallen würde, falls eigene inhaltliche Schwerpunktsetzungen eingebracht würden. Zwar bestand durchaus ein Spielraum in der Durchführung der Workshops, allerdings war das Modulhandbuch so konzipiert, dass spezifische inhaltliche Aspekte vorgegeben waren (z. B. Ankerbeispiele oder Literaturtipps). Die pyramidenähnliche Darstellung hat keine hierarchische Funktion. Vielmehr soll durch den Verlauf von oben nach unten die zeitliche Planung sowie v. a. die größer werdende Teilnehmerzahl berücksichtigt werden.

2 Lehren und Lernen im Tandem

Eine weiterer Schwerpunkt beider Weiterbildungen lag auf den Potenzialen und Grenzen des gemeinsamen Lernens im Tandem, indem zwei Personen aus unterschiedlichen Professionen (Erzieher*innen und Musiker*innen) zusammengearbeitet haben. Stand im ersten Projekt der Umgang mit Vielfalt im Zentrum der Evaluation, so wurde im zweiten Projekt das Tandemlernen als zentraler Schwerpunkt mitberücksichtigt, da Kunst- und Kulturschaffende für den Bereich Kita weiterqualifiziert wurden. Gleichermaßen profitierten aber auch die Erzieher*innen von der Expertise der Musiker*innen. Beide Evaluationen liefern somit wichtige Ergebnisse für das Tandemlernen im Bereich frühkindlicher musikalischer Bildung und eröffnen übergeordnete Perspektiven für Forschungen zum Themenfeld kooperatives oder wechselseitiges Lernen und Lernen (WELL) bzw. Teamteaching.

Abb. 3: Zusammenarbeit zwischen Erzieher*innen und Musiker*innnen

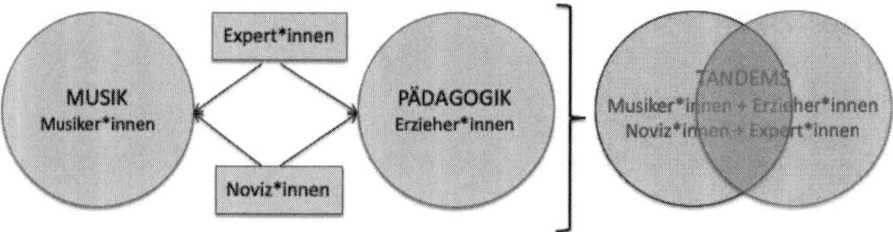

3 Forschungsdesign

Aufgrund der gemeinsamen Fragestellung kamen in beiden Weiterqualifizierungen ähnliche Datenerhebungs- und Auswertungsverfahren zum Einsatz, so dass sich das Untersuchungsdesign ähnelt. Es wurden sowohl qualitative als auch quantitative Daten im Längsschnitt erhoben. Aus qualitativer Sicht stand die Durchführung von Tandeminterviews im Zentrum der Erhebungen. Hinzu kamen Interviews mit den Lehrgangsleitungen. Die Auswertung erfolgte in Form einer qualitativen Inhaltsanalyse nach Udo Kuckartz (2016). Im quantitativen Bereich kamen Fragenbogenerhebungen zu unterschiedlichen Zeitpunkten zum Einsatz, die in Form einer deskriptiven statistischen Analyse ausgewertet wurden. Hinsichtlich des Datenmaterials sind insbesondere aus quantitativer Sicht die eher geringen Fallzahlen zu nennen, so dass der Fokus bei der Evaluation auf der qualitativen Ergebnisgenerierung (v. a. Leitfadeninterviews) liegt.

Im Folgenden werden die Erhebungs- und Auswertungsverfahren für jedes Projekt gesondert dargestellt, auch wenn aufgrund des ähnlichen Designs eine Gesamtübersicht möglich gewesen wäre. Zudem wurde eine getrennte Darstellung gewählt, da sich die Modifikation des Designs nur aus der Kenntnis des ersten Projekts erklären lässt.

VI Untersuchungsinstrumente

1 Überblick

Im Bereich der qualitativen Evaluation kamen in beiden Projekten folgende Verfahren der Datenerhebung zum Einsatz:

Tab. 6: Verfahren der Datenerhebung von VimuBi

	Lehrgangsort I	Lehrgangsort II
Interview Expertinnen	vorher	vorher
Interview Tandem	2 Tandems (vorher/nachher)	2 Tandems (vorher/nachher)
Interview Lehrgangsleitungen	während; nachher	während; nachher
Interview Dozierende	vorher	vorher
Fragebogenerhebung	2 Messzeitpunkte (vorher, nachher), alle Teilnehmende	2 Messzeitpunkte (vorher, nachher), alle Teilnehmende

Tab. 7: Verfahren der Datenerhebung von MuBiKi

	Lehrgangsort I	Lehrgangsort II
Interview Tandem	6 Tandems (vorher/nachher)	6 Tandems (vorher/nachher)
Interview Lehrgangsleitungen	während; nachher	während; nachher
Interview Dozierende	vorher	vorher
Interview Gruppe Gruppendiskussion	vorher/nachher	vorher/nachher
Teilnehmende Beobachtung	Dozententreffen; Auswahlverfahren; Modul Professionelle Verständigung; Modul Projekte	-
Videographische Analyse	3 Tandems während Projektdurchführung	-
Fragebogenerhebung	3 Messzeitpunkte, alle Teilnehmende mit Kontrollgruppe	3 Messzeitpunkte, alle Teilnehmende & Kontrollgruppe

Anhand der obigen zwei Tabellen lassen sich Ähnlichkeiten und Unterschiede zwischen den beiden Datenerhebungen verdeutlichen. MuBiKi unterscheidet sich v. a. im Umfang (mehr Tandeminterviews, Videographie, Kontrollgruppe). Es war ein wichtiges Anliegen in der Evaluation des zweiten Projekts, mehr Einblicke in die Gestaltung der konkreten Arbeit im Tandem in der Kita zu gewinnen. Hierzu wurden am Lehrgangsort I drei Tandems während der Durchführung ihrer Praxisprojekte begleitet und drei Videos aus dem gemeinsamen Lehrangebot erstellt. Ein weiterer Unterschied liegt in der Berücksichtigung der Planung durch Expertinnen (VimuBi), um zu untersuchen, welche spezifischen Ziele verfolgt wurden, wie sich die Zusammenarbeit entwickelte und ob die Konzeption auch in der Weiterbildung selbst umgesetzt werden konnte.

Gemeinsam ist beiden Projekten ein qualitatives und quantitatives Setting als Längsschnittuntersuchung (Mixed-Methods), das sich durch Leitfadeninterviews und Fragebogenerhebungen auszeichnet. Der gesamte Ablauf verlief als iterativer Prozess der Datenerhebung und -auswertung, d. h. Datenerhebung und Reflexion wurden als abwechselnder Vorgang vollzogen. Die jeweils neuen Erkenntnisse aus der Auswertung flossen in die Datenerhebung insofern ein, als Leitfäden modifiziert oder Fragen passender und zielführender formuliert wurden.

2 Leitfadeninterviews

Als Erhebungsform aller Interviewformen (Einzel-, Tandem-, Experten- und Gruppeninterviews (Gruppendiskussionen)) wurden leitfadengestützte Interviews mit einer erzählgenerierenden Einstiegsfrage eingesetzt (Lamnek 2005). Dafür sprechen die Offenheit der Interviewform, die begrenzte Anzahl von Fragen, die formale Übersichtlichkeit, die Orientierung an einem Argumentationsfluss sowie die Berücksichtigung der produzierten Erzählung (Helfferich 2009). Die Erstellung erfolgte auf Basis der vier Schritte (Sammeln, Prüfen, Sortieren, Subsumieren (SPSS)). Dieses Vorgehen „dient der Vergegenwärtigung und dem Explizieren des eigenen theoretischen Vorwissens und der impliziten Erwartungen an die von den Interviewten zu produzierenden Erzählungen" (ebd., 161f.). Die Leitfäden beinhalteten Vertiefungs- bzw. Aufrechterhaltungsfragen. Zudem bestand die Möglichkeit, immanente und exmanente Nachfragen zu stellen (vgl. Schütze 1983). Auch die Reihenfolge der Fragen war nicht festgelegt, sondern ergab sich im Laufe der Interviews durch das bisher Gesagte der Teilnehmenden. Im Anschluss an die Interviews wurden Interviewprotokolle erstellt, so genannte Postkripts, in denen die Interviewsituationen aus der Erinnerung reflektiert wurden.

Hinsichtlich der offenen Form ließe sich von einem narrativen bzw. problemzentrierten Interview sprechen, insofern die Befragten zum Erzählen angeregt wurden (v. a. Lehrgangsleitungen) oder sich zu einem bestimmten Themen- oder Problemfeld äußern sollten (v. a. Tandeminterview). Bei solchen Interviews haben die Interviewten gewisse Gestaltungsspielräume (Relevanzsetzungen) und es lassen sich individuelle Schwerpunkte je nach Gesprächsverlauf setzen, da der Inhalt latent vorstrukturiert ist (Küsters 2009). Die prinzipielle Offenheit der Leitfadeninterviews verdeutlicht aber auch ein Dilemma, da ein Widerspruch zwischen der offenen Frage und dem Impuls „etwas Bestimmtes wissen zu wollen" (Kruse 2014, 212) besteht. Jegliche Fokussierung (durch den erstellten Leitfaden) führt zur Einschränkung individueller Einstellungen. Es muss ein Kompromiss gefunden werden, situationsspezifisch mit dem Leitfaden umzugehen. Die Erzählaufforderung (weiter Impuls) wurde so formuliert, dass sie eine längere Narration evoziert. Anschließend folgte ein Frageteil, in dem Leitfragen gestellt wurden, die sich an das Gesagte anschlossen. Folgende vorstrukturierende Aspekte wurden berücksichtigt und reflektiert:
- Die Musiker*innen und Erzieher*innen wurden als Teilnehmende der Weiterbildung adressiert; sie wurden damit in Bezug zu ihrem Rollenbild gebracht.
- Die Teilnehmenden wussten von der Evaluation.

- Der Inhalt der Weiterbildung sowie daran anknüpfende Aspekte (z. B. Biographie) bildeten die Grundlage des Gesprächs.
- Den Teilnehmenden wurde zu Beginn die Anonymisierung der Daten erläutert; zudem wurden sie informiert, dass sie ihre individuellen Einschätzungen formulieren sollen.
- Der Leitfaden war durch das Konzept der Weiterqualifizierung (Modulhandbuch) vorstrukturiert.

Grundlagentheoretisch betrachtet gehören qualitative Interviews – im Gegenteil zu Fragebögen – zu den reaktiven Verfahren der Datenerhebung. Sie haben den Vorteil, über individuelle Sinnstrukturen der Befragten Informationen zu erhalten. Des Weiteren sind sie stark narrativ fundiert, indem größere Kontexte und mehrere Ebenen durch die Erzählungen berücksichtigt werden, die auch größeren Anlass zur Interpretation bieten (Rosenthal 1995). Insbesondere in MuBiKi wurden Leitfadeninterviews eingesetzt, um Informationen über die erzählte (Lebens-)Geschichte zu erhalten, vor dem Hintergrund, dass bestimmte Einstellungen und Berufserfahrungen in Verbindung mit den in der Weiterbildung gemachten Erfahrungen stehen. Im Forschungsprozess gilt es im Sinne einer Rekonstruktion der Wirklichkeit die Geschichte (warum, wie und was erzählt wird) in einen größeren Kontext zu stellen. Tendenziell wird somit eine konstruktivistische Position eingenommen, indem mit einer Brille bzw. Perspektive das Erzählte in Bezug gesetzt wird, anstatt von einer „Homologie des aktuellen Erzählstroms" (Schütze 1984, 78) auszugehen, die von einer Gleichsetzung von erlebter und erzählter Lebensgeschichte ausgeht. Die Leitfadeninterviews waren hinsichtlich der Dauer sehr unterschiedlich. Insbesondere die Interviews mit den Lehrgangsleitungen dauerten bis zu 60 Minuten, was mit der Ausführlichkeit der Antworten in Verbindung steht.

2.1 Tandems

Die Datenerhebung mit den Teilnehmenden erfolgte in Form von Tandeminterviews, also zu zweit, so dass Erzieher*in und Musiker*in auf die Antworten Bezug nehmen konnten. Aus methodischer Sicht kann an bereits bestehende Erhebungen zum so genannten Paarinterview (paired Depth Interview) (Wimbauer & Motakef 2017) oder zum dyadischen Interview (dyadic Interview) angeknüpft und weiterführende Untersuchungen in der Musikpädagogik und kulturellen Bildung herangezogen werden (Oberhaus & Nonte 2016; Franz-Özdemir 2012). In Paarinterviews steht die Beziehung im Sinne „Narrationen über bestimmte Aspekte des eigenen oder gemeinsamen Lebens" (Wimbauer & Montakef 2017, 3) im Mittelpunkt, wobei auch auf die Synchronisation biographischer Erfahrungen abgezielt wird. Im dyadischen Interview (Morgan 2016) werden keine bereits bestehenden Beziehungen („preexisting relationships"), sondern das grundlegende Verhältnis („pairs of participants") (ebd., 9) von Personen untersucht. Grundsätzlich zielen beide Erhebungen darauf, Interaktionen in der Zusammenarbeit zwischen den Befragten zu erfassen.

Hinsichtlich bestehender bekannter Interviewformen sind Tandeminterviews eine Mischung aus autobiographisch-narrativem und Gruppendiskussionsverfahren (Kruse 2014, 159). Sie lassen sich als erweiterte biographische Interviews verstehen, insofern in der dyadischen Struktur zwei Biographien in Beziehung gesetzt werden (Fuchs-Heinritz 2009). Es gibt aber auch gute Gründe, das Tandeminterview als eigene Interviewform zu betrachten. Die zentrale Besonderheit liegt in einer relationalen Sichtweise, indem eine Frage und deren Antwort mehrfach kommentiert bzw. in Resonanz wahrgenommen werden. Fragen werden nicht nur beantwortet, sondern ausgehandelt (Interaktionsdynamik).

Der Ansatz von Paarinterviews, in dyadischen Konstellationen subjektiven Sinn durch kommunikative Interaktionen zu schaffen, ist für die Evaluation beider Weiterbildungen relevant, insofern musikbezogene Kompetenzen (Fähigkeiten und Fertigkeiten) im Kollektiv entstehen. Es geht um ein Verhältnis, welches im Vergleich zu Gruppen stark aufeinander abgestimmt ist und von einem wechselseitigen Austausch ausgeht. Aus forschungsmethodischer Sicht gilt es, den „kollektiven Sinngehalt – und die ebenso den Handlungen und Objekten zugeschriebenen Bedeutungen – mittels qualitativer Verfahren zu rekonstruieren" (ebd., 9). In den Tandeminterviews sollen auf der einen Seite die Erfahrungen, Einstellungen, Haltungen, Orientierungen in der gemeinsamen Arbeit zur Geltung gebracht werden. Auf der anderen Seite besteht so auch die Möglichkeit, einen Dialog über die gemachten Erfahrungen (auch im Tandem) anzuregen.

Ein Nachteil der Tandeminterviews liegt in der geringen Berücksichtigung einzelner Meinungen und Einstellungen gegenüber dem Tandempartner, da in einer Zweiersituation eher selten Kritik geäußert wird. Es kann also sein, dass „bestimmte Dinge aufgrund sozialer Erwünschtheit oder unterschiedlicher Wahrnehmung nicht so dargestellt werden, wie sie sich ereignet haben mögen" (Wimbauer & Montakef 2017, 26). Zudem lassen sich Rededominanzen und ein stereotypes Wiederholen bzw. Anknüpfen an bereits geäußerten Aspekten festmachen; auch das Ziel, die Tandems in einen Dialog zu bringen, ist – wie in der Literatur zum Paarinterview bereits erforscht – teilweise schwer möglich. Das gilt auch für gegenseitige Ergänzungen, Weiterführungen von Sätzen, Gedankengängen und Korrekturen während der Narrationen (Kruse 2014, 163ff.).

2.2 Lehrgangsleitungen

In MuBiKi wurde mit den beiden Lehrgangsleitungen ein gemeinsames Interview während des Projekts und zwei Einzelinterviews gegen Ende durchgeführt. In VimuBi wurden die Expertinnen, die später auch als Lehrgangsleitungen zur Verfügung standen, vor der Durchführung befragt. Das Gespräch wurde zusätzlich zu den anderen Interviews eingesetzt, damit die Weiterqualifizierung mehrperspektivisch evaluiert werden konnte (Pfadenhauer 2009). Die Lehrgangsleitungen wurden als Expertinnen adressiert, da sie sich als Personen auszeichneten, die professionell in der Elementaren Musikpädagogik (EMP) arbeiten und auch viele Erfahrungen durch Arbeit in Weiterbildungen haben.

Zudem besaßen sie einen guten Gesamtüberblick, da sie bei der Konzeption mit anwesend waren und so dem Projektteam ausführlich über die Entwicklung der Gruppe berichten konnten.

2.3 Gruppendiskussionen

Die Gruppendiskussion ist eine Erhebungsmethode, „die Daten durch Interaktionen der Gruppenmitglieder gewinnt, wobei die Thematik durch das Interesse des Forschers bestimmt wird" (Lamnek 1998, 27). Im Vergleich zum Gruppeninterview steht dabei die „Bedeutung von Interaktions-, Diskurs- und Gruppenprozessen für die Konstitution von Meinungen, Orientierungs- und Bedeutungsmustern" (Bohnsack 2014, 123) im Forschungsmittelpunkt. Im Unterschied zu den Paar- bzw. Tandeminterviews wird der Diskurs mit mehreren Teilnehmenden geführt (kollektive Orientierung). Zielt das Tandeminterview auf Informationen über das Verhältnis und das gemeinsame Zusammenarbeiten, so geht es bei Gruppendiskussionen um kollektive Prozesse, in denen Einzelmeinungen kontextualisiert und situationsspezifisch ausgehandelt werden (Gruppenmeinung). Dabei ist die Sequenz der Gesprächsstruktur im Sinne der Analyse von Reaktionen und Entwicklungen mit zu berücksichtigen. Der Einsatzbereich ist in der Forschung weit gestreut und umfasst Milieustudien (Bohnsack 2014) sowie Sozialisations-, Generationen- und Geschlechterforschung (Loos 1999; Nohl 2001). Sie wird aber auch gezielt in der Erschließung von Berufskulturen (Schnurr 1997) angewendet und bietet sich daher auch für MuBiKi an.

Um Entwicklungsprozesse zu rekonstruieren, wurden alle Teilnehmenden beider Standorte am Anfang und am Ende (ohne Anwesenheit der Lehrgangsleitung) in der Gruppe interviewt. Ziel war es, „Orientierungen, Erfahrungen und Wahrnehmungen eines gemeinsam geteilten konjunktiven Erfahrungsraums" (Przyborski & Wohlrab-Sahr 2008a, 91), den sie aufgrund ihres Status als Teilnehmende eingenommen hatten, zu erforschen. Lag der Fokus zu Beginn auf den mitgebrachten Erfahrungen und auf den Erwartungen der Gruppe, wurde der Blick gegen Ende hin eher auf die Zukunft und Nachhaltigkeit der Weiterqualifizierung gerichtet. Beim zweiten Interview wurde die Gruppe zudem aufgefordert, reflektierend die Stärken und Schwächen der Weiterbildung zusammenzufassen.

In der Gruppendiskussion sollte ein selbstläufiger Gesprächsprozess initiiert werden. Zur Vorbereitung wurde im Forschungsteam die Ausgestaltung des Umgangs mit dem Grad der Diskussionssteuerung reflektiert, also wie mit den unterschiedlichen Rollen der Teilnehmenden, den zu erwartenden Vielrendenden, Schweigenden, Opponierenden, Konsensherstellenden etc. umgegangen werden sollte (Kruse 2014, 200). Dabei konnten sich nach dem Prinzip der Offenheit nichtsteuernde und steuernde Diskussionsleitung abwechseln. Das Gruppeninterview folgte demnach einem Leitfaden, der zunächst eher offener und gegen Ende strukturierender (wie in narrativen Interviews) aufgebaut war.

3 Dialogische Introspektion

In der qualitativen Auswertung der Expertinneninterviews in VimuBi kamen Elemente der Dialogischen Introspektion zum Einsatz (vgl. Kleining & Burkart 2001). Sie ist ein in der Gruppe vorgenommenes, exploratives Verfahren, welches die Teilnehmer zu einem inneren Dialog und damit zur Selbstbeobachtung anregt. Ziel ist die Erfassung und Bereitstellung von Erlebnisgehalten (Gedanken und Absichten). Die dialogische Introspektion wurde zu Beginn der Expertinnenrunde (erstes Treffen) gewählt, da sich hierdurch die Möglichkeit ergab, individuelles Wissen ohne Dynamik zwischen den Personen zu generieren. Es lassen sich drei Arbeitsschritte der Datenerhebung untergliedern:

- Die Expertinnen wurden dazu aufgefordert, sich Notizen zum Thema ‚Inklusion und Vielfalt' zu machen (Introspektionsereignis).
- Diese Gedanken wurden verbal vorgestellt, während die übrigen Gruppenmitglieder die Beiträge rezeptiv aufnahmen (keine Diskussion oder direkte Bezugnahme wie in einer Diskussionsrunde).
- Es erfolgte ein zweiter Durchgang, in dem die vorigen Beiträge ergänzt wurden (Raum für Resonanzen).

Gerade im Hinblick auf die Planungen im Expertinnenteam wurde zu Beginn der Planung der individuelle fachspezifische Erlebnisraum aktiviert und durch andere Einstellungen ergänzt.

4 Teilnehmende Beobachtung

Die teilnehmende Beobachtung ist eine „elementare Methode der Datengewinnung" (Böhm-Kasper 2012, 107) in der empirischen Sozialforschung. Sie wurde zunächst in der Ethnologie und Kulturanthropologie entwickelt und verbreitete sich später in der Soziologie und Kulturwissenschaft (Lamnek 1998, 498ff.). Das zentrale Kennzeichen ist die Teilnahme des Forschenden an der ‚Lebenswelt' bestimmter Personen, um durch Beobachten verschiedene Interaktionsmuster zu erkennen. Die frühe erziehungswissenschaftliche Forschung versteht Beobachtung als Analyseinstrument, das möglichst objektiv eine systematische und wissenschaftlich fundierte Erfassung, Analyse, Darstellung und Interpretation des auftretenden Verhaltens ermöglichen sollte. Ziel ist, eine durch Absicht, Plan und Einstellung sinnvoll gelenkte Wahrnehmungsanalyse zu realisieren (Petersen & Petersen 1965, 102). Zu Beginn des 20. Jahrhunderts entwickelte sich in der Soziologie und Anthropologie ein „hermeneutischer Zugang" (Reh 2012a, 14), der mittels der *teilnehmenden* Beobachtung seine „Zeugenschaft als Teilnehmender in der Fremde" (ebd.) festhält und analysiert. Die teilnehmende Beobachtung ist in zahlreichen Settings und Themenfeldern zum Einsatz gekommen. Dabei finden sich viele schulische und auch ästhetisch-kulturelle Ansätze. Folgende Varianten lassen sich festhalten:

- Strukturierende/unstrukturierende Beobachtung: Die strukturierende Beobachtung verläuft nach einem vorher festgelegten Ablaufplan; die unstrukturierende Beobachtung basiert auf flexiblen Sichtweisen.
- Teilnehmende/nicht teilnehmende Beobachtung: Der Beobachter ist sichtbarer Bestandteil des sozialen Feldes; hier besteht die Gefahr, dass er sich zu stark mit dem Feld verbunden fühlt und keine Objektivität gewährleistet ist (going-native). In der nicht teilnehmenden Beobachtung wird das Feld von außen betrachtet (z. B. Videoanalyse).
- Offene/verdeckte Beobachtung: Bei der offenen Beobachtung tritt der beobachtende als Forscher auf und die Teilnehmenden kennen das Ziel der Anwesenheit. In der verdeckten Beobachtung gibt der Forscher seine Interessen nicht zu erkennen, insbesondere um eine Veränderung des Verhaltens zu vermeiden.
- Labor-/Feldforschung: Die Laborforschung untersucht Situationen in einem künstlich hergestellten Raum. Die Feldforschung findet in der natürlichen Umgebung statt.
- Vermittelte/unvermittelte Beobachtung: Vermittelte Beobachtungen verwenden technische Hilfsmittel (Aufnahmegeräte). Die unvermittelte Beobachtung beschränkt auf das Verfassen von Notizen.

In MuBiKi kam die teilnehmende Beobachtung aus zwei Gründen zum Einsatz. Zum einen wurde die Umsetzung der Inhalte des Modulhandbuchs in der Praxis untersucht. Insofern die Dozent*innen eigene Schwerpunkte setzen, besteht auch im Hinblick auf die Evaluation die Gefahr, spezifische im Vorfeld formulierte Zielsetzungen außer Acht zu lassen. Der Einsatz der teilnehmenden Beobachtung steht in Bezug zu Ergebnissen aus dem VimuBi-Projekt, da dort die Inhalte eines Modulhandbuchs seitens der Dozenten nicht ausreichend berücksichtigt wurden. Trotz verbindlicher Modulvorgaben wurden verschiedene Themen vermittelt, so dass die Bewertung der Module stark voneinander abwich. In der Gestaltung des MuBiKi-Modulhandbuchs wurde daher großer Wert darauf gelegt, die Inhalte möglichst genau zu beschreiben und anhand von Ankerbeispielen und Literaturempfehlungen zu fokussieren (s. Modulhandbuch). Zum anderen sollte durch die teilnehmenden Beobachtungen die musikbezogenen Interaktionen und das Rollenverhalten untersucht werden.

Aus methodischer Sicht wurde mit offenen Beobachtungsbögen gearbeitet. In Form von Feldnotizen wurden verschiedene Aspekte aus den Modulen der Weiterbildung festgehalten (Przyborski 2013). Diese Notizen wurden abschließend als Portfolio in Form eines Fließtextes gebündelt. Die Beobachtungsprotokolle wurden an beiden Lehrgangsorten erstellt und (oftmals im gleichen Zeitraum wie die Erhebungen der Interviews) in regelmäßigen Abständen geführt. Die Dauer der Anwesenheit bei den Weiterbildungen unterschied sich, wobei weitestgehend an zwei aufeinander folgenden Tagen beobachtet wurde. Die Auswahl der Module konzentrierte sich auf die Tandembildung und Projektgestaltung. Hierzu gehörten:
- Dozent*innentreffen
- Vermittlungsworkshop & Auswahlverfahren

- Modul Professionelle Verständigung
- Modul Projekte

In der folgenden Evaluation werden die teilnehmenden Beobachtungen nicht explizit mit aufgeführt, da sie v. a. zur praktischen Umsetzung der konzeptionellen Überlegungen dienten. Vereinzelt wird auf Aspekte in den Beobachtungen Bezug genommen, um die Aussagen zur Tandemarbeit näher zu beleuchten.

5 Videographie

In MuBiKi wurden drei Tandems beobachtet, die ein gemeinsames Projekt in der Kita durchführten, das vorbereitet, durchgeführt und dokumentiert wurde. Die Auswahl erfolgte aufgrund unterschiedlicher Zusammensetzungen der Tandems hinsichtlich der beruflichen Qualifikationen und Erfahrungen. Der Unterricht wurde zweimal gefilmt (ca. 30 Minuten Dauer). Die Sequenzen wurden mittels einer ethnographischen Analyse im Forscherteam hinsichtlich der musikalischen Interaktionen des Tandems analysiert und interpretiert (s. Projekt 2, Abschnitt IV, Kapitel 4, ab S. 220).

6 Fragebogenerhebung

Die als Längsschnitt angelegte quantitative Untersuchung beider Projekte konzentrierte sich auf die Bewertung des Fortbildungskonzepts. Durch das Prä-Post-Design stand zudem der Erwerb von Kompetenzen in Form von Selbsteinschätzungen im Zentrum des Forschungsinteresses. Die Fragebögen wurden so konzipiert, dass Ergebnis-, Struktur- und Prozessvariablen zentrale Bestandteile der Untersuchung waren, um so ein möglichst vollständiges Bild der Weiterbildung darstellen zu können (Braun 2008). Ergebnisdaten umfassen den Outcome, d. h. den Wissenszuwachs der Teilnehmenden. Unter Strukturdaten werden die personelle und die materielle Ausstattung zusammengefasst. Bei der Erhebung von Prozessdaten steht auf der einen Seite das Verhalten der Lehrenden im Fokus (z. B. Qualität der Lehre), auf der anderen Seite liegt ebenso der Schwerpunkt bei den Lernenden, wie z. B. die Arbeit in Tandems oder Lerngruppen.

In VimuBi wurde ein schriftlicher standardisierter Fragebogen zu zwei verschiedenen Messzeitpunkten (vorher/nachher) eingesetzt. Dieser wurde zum ersten und letzten Termin der Fortbildung an die Teilnehmenden verteilt. In MuBiKi wurde an einem weiteren Erhebungszeitpunkt, während der Weiterbildung, eine Fragebogenerhebung durchgeführt, um weitere prozess- und strukturbezogene Daten zu erheben. Um die Wirksamkeit der Weiterqualifizierung zu erfassen, wurde dort eine Kontrollgruppe eingesetzt. Diese erhielt jeweils zu zwei Messzeitpunkten der Wissenserfassung (vor und nach der Weiterbildung) den gleichen Test wie die Gruppe der Teilnehmenden, der bis auf die Items zur Bewertung der Weiterbildung identisch war. Es wurde auf eine Onlinebefragung zurückgegriffen und hierfür das Softwaretool Q-Set gewählt.

Es erfolgten Befragungen zu folgenden Themenbereichen:
- Erhebungszeitpunkt Beginn (VimuBi, MuBiKi): soziodemographische Angaben, musikalische Vorerfahrung, musikpädagogisches Interesse, Einstellungen zu verschiedenen Sozialformen (kooperativ, individuell, kompetitiv), Motivation zur Teilnahme an der Weiterbildung.
- Erhebungszeitpunkt Ende (VimuBi, MuBiKi): musikpädagogisches Interesse, Einstellungen zu verschiedenen Sozialformen (kooperativ, individuell, kompetitiv), Relevanz bestimmter inhaltlicher Aspekte der Weiterbildung, Zufriedenheit mit inhaltlichen Aspekten der Weiterbildung, Relevanz bestimmter organisatorischer Aspekte der Weiterbildung, Zufriedenheit mit organisatorischen Aspekten der Weiterbildung, Einschätzung der Tandemarbeit und der Arbeit in der Lerngruppe.
- Erhebungszeitpunkt Während (MuBiKi): musikpädagogisches Interesse, Einstellungen zu verschiedenen Sozialformen (kooperativ, individuell, kompetitiv), Relevanz bestimmter inhaltlicher Aspekte der Weiterbildung, Zufriedenheit mit inhaltlichen Aspekten der Weiterbildung, Relevanz bestimmter organisatorischer Aspekte der Weiterbildung, Zufriedenheit mit organisatorischen Aspekten der Weiterbildung, Einschätzung der Tandemarbeit und der Arbeit in der Lerngruppe.

Der Fragebogen setzte sich überwiegend aus geschlossenen Fragen mit nur wenigen halboffenen und offenen Fragen zusammen. Je nach inhaltlicher Sinnhaftigkeit ließen einige der geschlossenen Fragen nur eine Antwortoption zu, während bei anderen Fragen die Option für Mehrfachnennungen zur Verfügung stand. Wiederum andere Fragen erforderten die Vergabe von Rangplätzen. Der Großteil der Antworten wurde zu beiden Messzeitpunkten in Form einer vierstufigen Likert-Skala (1 = trifft nicht zu bis 4 = trifft voll zu) erfasst, um die mittlere Antwortkategorie und damit Aspekte der sozialen Erwünschtheit zu reduzieren. Die Teilnehmenden sollten bei diesen Fragen ihre Zustimmung oder Ablehnung sowie ihre persönlichen Einschätzungen auf einer Skala vornehmen. Zum besseren Verständnis der verschiedenen Ausprägungen einer Skala wurden alle Skalenpunkte verbalisiert.

In beiden Projekten wurde den Teilnehmenden vollständige Anonymität gewährt, so dass keine Rückschlüsse auf einzelne Personen oder die jeweilige Einrichtung getroffen werden konnten. Durch den Einsatz eines persönlichen Codes, den die Befragten jeweils zu Beginn der Befragung nach festgelegten Regeln erstellen mussten, war es möglich, Ergebnisse im Verlauf zu betrachten. Die Datenerhebung erfolgte als schriftliche Testung und Befragung, angelegt im Setting einer Gruppenbefragung in Anwesenheit eines Versuchsleiters (Diekmann 2012, 514). Mit der Wahl dieses Befragungssettings wird eine Beeinflussung, wie sie bei mündlichen Befragungen möglich ist, reduziert.

Bei der Entwicklung der Fragebögen wurden bereits bestehende Fragebögen anderer Untersuchungen berücksichtigt. In VimuBi wurden Skalen v. a. zur Erfassung der Einstellung gegenüber einer inklusiven Schulentwicklung auf der Grundlage der in der förderpädagogischen Literatur als wichtige Indikatoren für inklusive Bildung eingebunden und weiterentwickelt (Booth & Ainscow 2003). In MuBiKi wurden verschiedene

Skalen aus dem ersten Projekt VimuBi überarbeitet. Um die Tandemarbeit zu bewerten, kamen Instrumente aus *Jedem Kind ein Instrument* (JeKI) (Franz-Özdemir 2015) und *Feedback und kooperatives Lernen* (Krause 2007) zum Einsatz. Geeignete Fragen wurden inhaltlich angepasst und in die Befragung integriert.

Da in beiden Projekten der Erwerb musikbezogener und kooperativer Kompetenzen im Zentrum stand, wurden Skalen zur Kompetenzselbsteinschätzung entwickelt, in denen die individuellen Einstellungen gegenüber dem Erwerb von Fähigkeiten und Kenntnissen bewertet werden sollten. In VimuBi kamen zudem individuelle Bewertungen zu inklusionsbezogenen Kompetenzen hinzu. Durch Selbsteinschätzungen lassen sich bestimmte personale oder soziale Kompetenzen (Selbstvertrauen, Entscheidungsfähigkeit etc.) nur näherungsweise messen (Erpenbeck & Heyse 1999), so dass über die Ausprägung einer Kompetenz keine endgültige Aussage getroffen werden kann. Jemand mit wenig Selbstvertrauen würde sich vermutlich schlechter einschätzen als jemand mit starkem Selbstvertrauen, auch wenn beide über eine ähnlich stark oder schwach ausgeprägte Tatkraft verfügen. Zudem ist die Selbsteinschätzung von der sozialen und gesellschaftlichen Erwünschtheit abhängig. Trotz dieser Schwächen geben Selbsteinschätzungen einen grundlegenden Überblick über die Fähigkeiten und Fertigkeiten der Teilnehmenden. Differenziertere Ergebnisse werden durch die Einbindung qualitativer Verfahren (z. B. Teilnehmende Beobachtung) oder einer Kontrollgruppe (MuBiKi) erreicht.

Die quantitative Datenerfassung beider Weiterbildungen erfolgte manuell. Hierfür wurden die Ergebnisse der Erhebungsbögen in eine vorbereitete SPSS-Datei eingegeben. Die Ergebnisse der Kontrollgruppenbefragung konnten durch die Online-Software Q-Set direkt in einer SPSS-Datei ausgegeben. In einem weiteren Schritt wurden die Daten aller Befragungen in einer Datei zusammengeführt. Als Grundlage für die Datenaufbereitung wurde ein Codebuch erstellt. Bei der anschließenden Datenbereinigung wurden die Ergebnisse zunächst mittels einer Randauszählung gesichtet und anschließend auf inhaltliche Unstimmigkeiten überprüft. Bei allen Befragungen erfolgte zudem eine stichprobenartige Kontrolle der erfassten Daten.

6.1 Wissenstest

In MuBiKi wurde ein Test zur Wissenserfassung in Absprache mit dem Expertenteam konzipiert. Insgesamt ist festzuhalten, dass es in der deutschen Musikpädagogik an standardisierten Testverfahren mangelt. Das Modell zur Erfassung der Kompetenz ‚Musik wahrnehmen und kontextualisieren' von Jens Knigge (2011), als eine der wenigen Ausnahmen in diesem Bereich, umfasst die Dimensionen Hörwahrnehmung, Verbalisierung und Terminologie, Notation und Kontextwissen, die für die Wissenserfassung im Projekt MuBiKi keine Rolle spielen. Daher wurde ausgehend von Inhalten der Module der Weiterqualifizierung auf Grundlage des Modulhandbuchs ein Pool an möglichen Fragen erstellt, der vom Team der Expert*innen begutachtet wurde. Dieser Wissenstest im offenen Item-Format wurde gewählt, um zu vermeiden, dass die Probanden die richtige Antwort erraten können. Durch die Begutachtung der Aufgaben durch Experten wurde eine möglichst hohe Inhaltsvalidität sichergestellt. Um eine möglichst hohe Objektivität der Auswertung des Tests zu gewährleisten und die Auswertung zu vereinfachen, wurde eine Musterlösung entwickelt sowie die Auswertung von mehreren Ratern durchgeführt. Letztendlich wurden acht Fragen ausgewählt, die als sinnvoll eingeschätzt wurden, und bei denen es als sicher galt, dass die Inhalte auch tatsächlich in der Weiterqualifizierung behandelt wurden:

- Worauf ist bei der Förderung von Musikalität im Bereich der Stimme zu achten? Nennen Sie bitte 4 Aspekte.
- Auf welche Aspekte ist für eine gelingende Zusammenarbeit zwischen Pädagog*innen und Künstler*innen zu achten? Nennen Sie bitte 5 Aspekte.
- Bitte stellen Sie sich folgende Situation vor: Nach dem Morgenkreis in der Kita haben die Kinder die Möglichkeit, frei auf einigen Instrumenten zu spielen. Sie beobachten diese Situation. Worauf ist methodisch bei der Beobachtung zu achten? Wofür können diese Beobachtungen im Anschluss genutzt werden?
- Welche Kriterien sind bei der Auswahl von Liederbüchern für Kinder im Vorschulalter relevant? Nennen Sie bitte 5 Kriterien.
- Welche unterschiedlichen Formen der Klangerzeugung kennen Sie?
- Bitte nennen Sie 5 Instrumente, die sich zum Bauen in einer Kita-Gruppe eignen.
- Bitte nennen Sie 2 mögliche musikalische Lernorte außerhalb der Kita und erläutern Sie den Nutzen dieser Orte.
- Stellen Sie sich vor, Sie sollen zum Thema ‚Frühlingsblumen' ein musikalisches Projekt organisieren. Wie würden Sie hierbei vorgehen? Was würden Sie bei der Planung berücksichtigen?

Um sicherzustellen, dass der erhoffte Lernerfolg der Teilnehmenden tatsächlich auf die Teilnahme an der Weiterqualifizierung zurückzuführen ist, wurden die Fragen des Wissenstests auch einer Kontrollgruppe gestellt.

6.2 Selbstkonzept

Neben den Aspekten der transprofessionellen Zusammenarbeit wurde bei der wissenschaftlichen Begleitung von MuBiKi auch die Veränderung des musikpädagogischen Selbstkonzepts untersucht. Zur Erklärung des Selbstkonzeptes finden sich in der Literatur zahlreiche Definitionen:

> Das Selbstkonzept besteht als kognitive Komponente des Selbst aus der Selbstwahrnehmung und dem Wissen um das, was die eigene Person ausmacht. Neben persönlichen Eigenschaften und Fähigkeiten, die man besitzt, gehören zu diesem Wissen auch Neigungen, Interessen und typische Verhaltensweisen (Lohaus & Vierhaus 2015: 181).

Da sich das Selbstkonzept auf die Motivation, das Verhalten und Befinden auswirkt, wurde es für die Untersuchung des Wissenszuwachses als Faktor mit betrachtet. Das Selbstkonzept wurde hierbei der Erwartungskomponente der Motivation zugerechnet und umfasste die selbstbezogene Kognition in Bezug auf individuelle Fähigkeiten in einem bestimmten Gebiet (Helmke et al. 2008). Das Konstrukt des Selbstkonzeptes gilt nicht für einen Menschen im Allgemeinen, sondern muss domänenspezifisch betrachtet werden. Für den Bereich des musikalischen Selbstkonzeptes finden sich einige Arbeiten. Exemplarisch ist die Konzeption eines Instrumentes zur Messung des musikalischen Selbstkonzeptes von Maria Spychiger zu nennen (Spychiger 2013). Orientiert an dieser Arbeit sowie an einer Skala zur Erfassung des themenspezifischen Selbstkonzeptes (Krause 2007) wurde für das Projekt eine neue Skala zur Erfassung des musikpädagogischen Selbstkonzeptes entwickelt. Sie bestand aus drei Items (z. B. *Im Bereich Elementarer Musikpädagogik kenne ich mich gut aus)*. Die Skala zur Erfassung des Interesses umfasste drei Items (z. B. *Ich finde die Auseinandersetzung mit Fragen der Elementaren Musikpädagogik interessant).* Für die Erfassung der Einstellung zum kooperativen Lernen wurde eine Skala mit insgesamt acht Items eingesetzt (z. B. *Ich helfe anderen gern beim Lernen)*. Die Antwortskalen der ersten beiden Items (*Ich lerne am liebsten allein* und *Ich lerne am besten, wenn ich allein lerne*) wurden invertiert und in die Gesamtskala zur Einstellung zum kooperativen Lernen eingeschlossen.

VII Auswertungsverfahren

1 Gruppeninterpretationen im Forschungsteam

Es ist mittlerweile gängige Praxis, Daten in einer Interpretationsgruppe gemeinsam zu analysieren. Gleichermaßen steht eine „wissenschaftliche Erforschung dieser Art der kommunikativen Konstruktion" (Reichertz 2013, 7) noch aus. Des Weiteren ist wenig über Formen und Typen der Interpretation bekannt und die Interpretationspraxis ist kein *konkreter* Bestandteil der Datenanalyse und Ergebnissicherung. Interpretationsgruppen sind hinsichtlich der Struktur (und Schule) unterschiedlich. Differenzen ergeben sich in Bezug auf die Trägerschaft, die Bedeutung der Sequenzanalyse sowie das Ziel und die Nützlichkeit der Deutung (Reichertz 2012, 42ff.). Grundlegend ermöglicht die *gemeinsame* Arbeit eine „kollaborative Erzeugung von Wissen" (Reichertz 2017, 1), indem über einen kommunikativen Prozess unterschiedliche Sichtweisen ausgetauscht werden und bestenfalls ein Ergebnis gerechtfertigt erscheint bzw. sich im Gruppenkonsens intersubjektiv bewährt. Entscheidend ist aber auch, dass ein Text von mehreren Personen interpretiert wird, um die individuelle Sichtweise nicht als Zufall oder Norm zu setzen bzw. andere Perspektiven miteinzuholen. Ziel ist, „dass mehrere ausgebildete Wissenschaftler/innen gemeinsam das Material miteinander (in einem Kampf um die beste Lesart) interpretieren" (Reichertz 2016, 12). Anders formuliert: Je vielfältiger die Sichtweisen auf Texte sind, die gemeinsam interpretiert werden, desto höher ist die Objektivität der Analyse in Bezug auf die Gütekriterien wissenschaftlicher Forschung.

Während in VimuBi die qualitativen Daten von einer Einzelperson ausgewertet wurden, erfolgte diese in MuBiKi als Gruppeninterpretation. Dort wurde in einer Arbeitsgruppe (mit drei Personen) gearbeitet. Der Textcorpus wurde hinsichtlich der Erstellung des Kategoriensystems zunächst auf zwei Standorte aufgeteilt, um anschließend alle Daten gemeinsam zu interpretieren. Diese Arbeitsteilung ergab sich zum einen aus der konzeptionellen Anlage des Projekts (zwei Standorte), des Designs und aus zeitökonomischen bzw. organisatorischen Gründen. In Bezug auf die Datenauswertung kommt hinzu, dass die Analyse des Materials unterschiedlich war. In beiden Projekten wurde mit einem deduktiven/induktiven Ansatz gearbeitet und durch Erweiterung, Hinzufügen und Umformulieren von Kategorien ein vorab erstelltes Kategoriensystem differenziert. Entscheidend ist, dass alle Forschenden untereinander im regelmäßigen Austausch standen und *gemeinsam* ein Kategoriensystem entwickelten.

In MuBiKi hatte das gemeinsam entwickelte Codesystem gleiche Obercodes erster Ordnung und Codes zweiter Ordnung. Es wurde sich darauf geeinigt, dass Codes auf der dritten Ordnungsebene sich unterscheiden können. Trotz unterschiedlicher Datengrundlagen (Standorte; Lehrgangsleitungen; Dozententeams) ergaben sich gemeinsame und übergeordnete Themenfelder. Ferner ermöglichte der Austausch über das Kategoriensystem auch eine Diskussion über die Plausibilität der Struktur sowie über die Inhalte der Transkripte. Nicht zuletzt ergab sich durch die Aufgabe der Erstellung eines gemeinsamen Kategoriensystems wiederum ein Diskurs über die grundlegenden Kriterien der Weiterqualifizierung, indem Ansichten im Sinne einer „kommunikativen Konstruktion von Wirklichkeit" (Reichertz 2013, 6) begründet und systematisiert wurden.

Die Vorgehensweise unterscheidet sich von der traditionellen Arbeit in Gruppeninterpretationen, da von einer *Differenz* bzw. unterschiedlichen Betrachtung von Daten ausgegangen wurde, die aber über das gemeinsame Projekt immer wieder abgestimmt und neu verhandelt wurde (kommunikative Verständigung). Allerdings lasen und interpretierten zunächst nicht alle Personen in der Interpretationsgruppe alle Texte, sondern die Absprache erfolgte über die Erstellung eines gemeinsamen Kategoriensystems und die bewusste Einbindung bzw. den Abgleich der Unterschiedlichkeit von Sichtweisen. Im weiten Sinne lässt sich so von einem ethnographischen Ansatz sprechen, da „die Distanznahme von den Selbstverständlichkeiten des Alltagswissens" (Breidenstein 2012, 28) zum Gegenstand der Interpretation gemacht wird. Diese „Befremdung der eigenen Kultur" (Hirschauer 2001) widmet sich nicht dem Fremden, sondern will ein befremdetes Verhältnis zum scheinbar Vertrauten einnehmen. So wird die Fremdheit des anderen Textes zum Gegenstand der gemeinsamen Interpretation, welche aber intersubjektiv abgeglichen wird. Eine ähnliche Haltung wurde auch bei der Interpretation der Videos eingenommen (s. Projekt II, Abschnitt IV, Kapitel 4, ab S. 220).

Die Überlegungen zur interpretativen Datenauswertung in Gruppen führten zu Fragen der Berechnung einer Intercoderreliabilität. Dabei wird ermittelt, inwieweit zwei Codierer, die dasselbe Material bearbeitet haben, zu ähnlichen Ergebnis gelangen (Intercoderreliabilität). Eine Prüfung kann auch durch einen Codierer erfolgen, der dasselbe Material mit zeitlichem Abstand noch einmal bearbeitet und vergleicht (Intracoderreliabilität). Die Reliabilitätskoeffizienten können pro Text und pro Code oder auch für ein Set von Codes und Texten statistisch ermittelt werden. Bei der Intercoderreliabilität gibt es zudem Maßzahlen, nach denen von akzeptablen Werten gesprochen werden kann (Merten 1995). Die Gütekriterien sind allerdings umstritten (Mayring 2010, 116ff.). Kritisiert wird, dass der Codiervorgang naiv in Form einer statistischen Auswertung berechnet wird und kein Gegenstand ausführlicher Überlegungen und forschungstechnischer Regelungen ist (Hopf & Schmidt 1993). Alternativ bietet sich ein kooperatives oder konsensuelles Analysieren an, um – ähnlich wie in der Arbeit in Interpretationsgruppen – eine argumentative Einigung zu erzielen und die Kategorienbeschreibungen zu präzisieren.

Die Überlegungen zur kooperativen Interpretationspraxis in Arbeitsgruppen unterstreichen den Stellenwert der qualitativen Repräsentativität (vgl. Kruse 2014, Helfferich 2009). Reflektierte Intersubjektivität gilt demnach als entscheidendes Gütekriterium und basiert auf einer methodischen Kontrolle des Fremdverstehens. Die Konsistenzregel (Schütze et al. 1973; Przyborski & Wohlrab-Sahr 2008b) ermöglicht eine in sich schlüssige Verhandlung der Sichtweisen, welche intersubjektiv nachvollziehbar sein müssen. Bei MuBiKi basierte diese Repräsentativität auf a) der Diskussion über unterschiedliche Lesarten und Codierweisen der Transkripte sowie b) der gemeinsamen Erstellung eines intersubjektiv nachvollziehbaren Kategoriensystems (Kruse 2014, 55; vgl. auch Helfferich 2009).

2 Qualitative Inhaltsanalyse

2.1 Aufbereitung der Daten

Alle Interviews wurden mit einem mp3-Recorder aufgenommen und mittels der Software f4 nach den Transkriptionsregeln von Thorsten Dresing (2013) verschriftlicht. Die Transkripte beinhalteten weitere grundlegende Informationen (Interviewer, Datum, Zeit, Besonderheiten). Die so entstandenen Texte wurden mit Zeilennummern versehen (einzeilig) und in die Software MAXQDA importiert.

2.2 Analyseschritte und Erstellung des Kategoriensystems

Die Tandem- und Gruppeninterviews wurden schwerpunktmäßig mit der qualitativen Inhaltsanalyse nach Udo Kuckartz (2016) ausgewertet. Das Ziel ist es, wesentliche Elemente des Materials auf der Grundlage eines Kategoriensystems in Hauptkategorien und Subkategorien zu ordnen, um es schließlich entlang der Kategorien auswerten zu können (Kuckartz 2016, 79ff.). Die Analyse erfolgte in sieben Schritten:

Abb. 4: Ablauf der qualitativen Datenauswertung nach Kuckartz 2016, 100.

Nach dem Import der Transkripte wurden zunächst zentrale Stellen markiert und mit Memos versehen. Dabei ließen sich kurze Fallzusammenfassungen erstellen, die einen Überblick über die Teilnehmenden und den Verlauf des Interviews gaben (Phase 1). Dann wurden deduktiv erste Hauptkategorien auf Basis der Fragestellung sowie des

Leitfadens erstellt. Diese wurden definiert und an einem Teil des Materials getestet (Phase 2). Anschließend wurde ein erster kompletter Codierungsdurchgang entlang der Hauptkategorien vorgenommen und grundlegende Codierregeln aufgestellt (Phase 3):
- Es wurden Sinneinheiten codiert, die mindestens aus einem zusammenhängenden Satz bestehen.
- Die Sinneinheiten konnten mehrere Sätze oder Gesprächsabschnitte umfassen.
- Ging der Sinn einer Aussage nicht aus der Antwort hervor, wurde die Frage ebenfalls codiert.
- Mehrfachcodierungen waren erlaubt.

Anschließend wurde überprüft, ob und inwiefern das Kategoriensystem ausdifferenziert werden muss. Dazu wurden v. a. die Zuordnung der Codings zu den einzelnen Kategorien sowie die Subkategorien überprüft (Phase 4). Bei der anschließenden Differenzierung des Kategoriensystems wurde nach dem von Kuckartz (2016, 84) formulierten Schema in fünf Schritten vorgegangen. Das gesamte Kategoriensystem wurde zusammengefasst, ausdifferenziert und neu strukturiert. Zudem wurden induktiv Kategorien aus dem Material erstellt. Hierzu gehörten Subkategorien durch Umstrukturierung, aber auch neue Hauptkategorien innerhalb der Ebenen (Oberkategorien). Alle Kategorien wurden neu definiert und es wurde ein neuer Codierleitfaden erstellt, in dem unter anderem auch Ankerbeispiele gesammelt wurden (Phase 5). Im Anschluss wurde das gesamte Material mit dem neu entwickelten Kategoriensystem erneut codiert. Nach der Zusammenfassung und Paraphrasierung aller Inhalte der Kategorien fallweise mithilfe der Grind-Tabellenfunktion des Programms MAXQDA wurden „fallbezogene thematische Summeraries" (ebd., 89) der Einzelfälle zur Vereinfachung der Auswertung erstellt (Phase 6). In der letzten Phase fand die „kategorienbasierte Auswertung entlang der Hauptthemen" (ebd., 94) statt. Hierzu wurde das Material entlang der Kategorien analysiert, verglichen und interpretiert. Dabei wurde chronologisch geordnet nach den Ebenen vorgegangen (Phase 7). Zunächst wurde eine Grobanalyse (größere Abschnitte) und dann eine Feinanalyse (Textpassagen) vorgenommen. Dabei wurden sequenzartige Verläufe und Dialoge in zentrale Codes eingeteilt. Die Texte wurden zunächst mit In-vivo-Codes analysiert, um anschließend in einem zweiten Schritt transkriptnahe Codes zu verwenden (Kuckartz & Grunenberg 2010). Mit der lexikalischen Suche von MAXQDA wurden zentrale Themen textübergreifend gesucht, um sie textstellenübergreifend untersuchen zu können. Insbesondere diese dichten Stellen wurden mehrfach codiert und mit Notizen bzw. Memos versehen. Zusätzlich zum Kodiervorgang wurden im Interpretationsteam Forschungstagebücher geführt, um sich über die Entwicklung des Kategoriensystems auszutauschen.

3 Videographische Analysen

Im Bereich der interpretativen Unterrichtsforschung nehmen Studien einen großen Stellenwert ein, in denen Interaktionen zwischen Lehrer*innen und Schüler*innen mittels eines aufwendigen Transkriptionsverfahrens analysiert werden (Rosenthal 2014).

Dabei werden neben den Sprechakten auch Gestik und Mimik sowie übergeordnete Zusammenhänge (z. B. Raumsituation) berücksichtigt. Es ist das Ziel, kriteriengeleitet Sinnkonstellationen aus dem Material zu rekonstruieren (Dinkelaker und Herrle 2009; für die Musikpädagogik Moritz 2012; Kranefeld et al. 2015; Oberhaus 2014).

In letzter Zeit finden sich vermehrt ethnographische Videostudien, in denen mittels teilnehmender Beobachtung, die explizit die Beobachterperspektive mitberücksichtigt, die „fremde Welt aus der Perspektive der Einheimischen" beschrieben wird (Breidenstein 2012, 29). Es geht um das Einnehmen einer bestimmten distanzierenden Haltung, um den Bereich sozialer Praxis in einer vermeintlich vertrauten Welt zu analysieren. Diese „Befremdung der eigenen Kultur" (Amann & Hirschauer 1997) beinhaltet das Potenzial, durch Distanzierung vom Alltagswissen auf scheinbare Selbstverständlichkeiten und Gewohnheiten zu blicken. Die ethnographische Videographie knüpft also an die Analyse des Alltäglichen an, stellt aber gleichermaßen den Anspruch, durch individuelle Sichtweisen (aus der Distanz) darüber hinaus zu gelangen. Ferner kommen weitere Methoden zur Geltung, welche diese Perspektive unterstützen. Hierzu gehört die Verwendung beweglicher Kameras, die den Blick auf kleine Ausschnitte des Geschehens ermöglichen. Als grundlegendes Ziel gilt es spezifische Handlungsmuster zu erkennen, die eine *Logik der Praxis* entfalten (Breidenstein 2012; 2015; Reh 2012b; aus musikpädagogischer Sicht s. Campos 2015).

Der Forschungsprozess videoethnographischer Analysen besteht aus zwei grundlegenden Schritten (Emerson et al. 1995):
- Im so genannten *Writing Mode* wird zunächst ein ausführliches *Protokoll* der Szene verfasst. Diese Verschriftlichung dient zur „Versprachlichung des Sozialen" (Hirschauer 2001), indem Beobachtungen in Form eines Textes in Sprache überführt werden. Das zunehmende Verdichten ermöglicht eine Distanzierung von der Szene, die sich ‚als Zeitlupe' lesen lässt. Das spezifische Qualitätsmerkmal liegt in der Ausführlichkeit der Beschreibung sowie in der analytischen Durchdringung.
- Der *Reading Mode* dient zur „Aktivierung des analytischen Blicks" (Breidenstein 2012, 33) und unterstützt die *Reflexion* des Textes (zur Szene). Der Perspektivwechsel beinhaltet Irritationen und Fragen über das, was und wie beschrieben wurde. Vorschnelle Erklärungen (Theoreme, Zuschreibung von Verhaltensweisen) sollen bewusst vermieden werden, um situativen Bedingungen einen größeren Platz einzuräumen. Der Blick richtet sich dabei auf wiederkehrende Muster oder spezifische Interaktionssequenzen. Es bietet sich die videoethnographische Forschung im Hinblick auf die hier aufgezeigte Thematik der Kooperation zwischen Kunst- und Kulturschaffenden an, weil ein Fokus auf Formen bzw. Praxen der Zusammenarbeit im Tandem und daran gebundene Sinnzuschreibungen gelegt wird.

Auch die insgesamt sechs (zwei pro Tandem) erstellten Videos wurden von einem Forscherkollektiv gemeinsam interpretiert. Dazu wurde das Verfahren von Breidenstein modifiziert. Die Videos wurden zunächst auf drei Personen (im Forschungsteam) aufgeteilt, um Situationsbeschreibungen zu erstellen. Anschließend wurden diese an jeweils eine andere Person weitergereicht, wobei nur der Text, aber nicht das Video bekannt war. Auf Grundlage der Situationsbeschreibungen entstanden drei Interpretationen, um eine weitere Abstraktionsebene zu erhalten (Fremdinterpretation). Die Interpretationen wurden also von drei (unabhängigen) Personen erstellt und beinhalteten eine Deutung der Situationsbeschreibungen ausgehend vom Text, um dort vorherrschende ungewöhnliche Perspektiven geltend zu machen.

Abb. 5: Methodisches Vorgehen zur Erstellung des Reading Modes

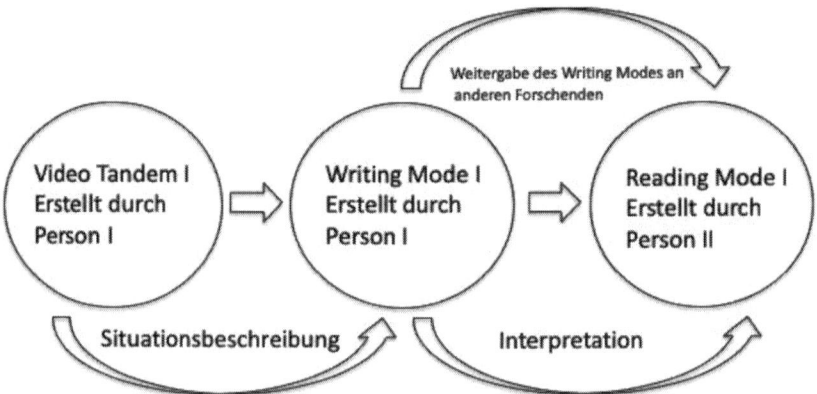

Abschließend wurden alle Reading Modes im Forscherkollektiv diskutiert und auch unter Hinzunahme der Videos vertiefend interpretiert, um intersubjektiv gültige Interpretationsansätze zu erhalten.

4 Statistische Analysen

Die erhobenen quantitativen Daten wurden deskriptiv über das Statistikprogramm SPSS ausgewertet. Zur Beantwortung der Forschungsfragen wurden die Daten deskriptiv und inferenzstatistisch (Varianzanalysen mit Messwiederholung, Mittelwertvergleiche) ausgewertet. Für eine isolierte Betrachtung von Items, unter anderem zur Auswertung allgemeiner personenbezogener Daten, wurden univariate Analyseverfahren herangezogen, um eine anschauliche Einsicht in die Daten zu gewinnen. Hierzu wurden einfache Häufigkeitsverteilungen unter Angabe relativer und absoluter Werte genutzt. Zur Kombination zweier Merkmalsausprägungen, zum Beispiel zur differenzierten Betrachtung der Angaben nach Berufsgruppen, wurden Kreuztabellen hinzugezogen. Zur Analyse von Unterschieden zwischen der Berufsgruppe der Erzieher*innen und den Instrumentalpädagog*innen im VimuBi wurde für den Paarvergleich zusätzlich der U-Test nach Mann und Whitney genutzt. Anhand von Varianzanalysen mit Messwiederholung wurde überprüft, ob sich Veränderungen in den Kenntnissen, Fähigkeiten und Einstellungen zu den einzelnen Themenbereichen über beide Messzeitpunkte eingestellt haben. Die Durchführung der Analyse erfolgte über den Skalenmittelwert. Bei Skalen, die über keine ausreichende interne Konsistenz verfügten (Cronbachs-Alpha-Wert unter 0,7) wurden die Einzelitems mittels des Wilcoxon-Tests ausgewertet. Der Wilcoxon-Test wird für Vergleiche von nichtparametrischen Daten zweier abhängiger Stichproben genutzt. Fehlende Werte wurden fallweise ausgeschlossen.

Die Auswertung des Wissenstests in MuBiKi erfolgte in mehreren Schritten. Zunächst wurden die Antworten auf die offenen Fragen in MAXQDA eingegeben. Eine zuvor erstellte Musterlösung, die von den Dozierenden der einzelnen Module begutachtet und modifiziert wurde, diente als Grundlage für die Bewertung der Antworten. Für größtmögliche Objektivität wurde die Auswertung der Antworten des Wissenstests von drei Personen getrennt voneinander vorgenommen. In Fällen, bei denen die Bewertung mit der identischen Punktzahl stattfand (n_{t1} = 152, n_{t3} = 141),[5] erfolgte keine weitere Überprüfung. Bei einem Unterschied von maximal einem Punkt in der Bewertung (n_{t1} = 153, n_{t3} = 184) wurde die Punktzahl in die finale Bewertung übernommen, die mehrfach aufgetreten ist. Bei einem Unterschied von maximal zwei Punkten (n_{t1} = 179, n_{t3} = 89) erfolgte durch die Hauptbegutachterin eine weitere Überprüfung der jeweiligen Antwort in MAXQDA und dann eine Entscheidung. Alle Fälle, die sich in drei oder mehr Punkten in der Bewertung unterschieden (n_{t1} = 76, n_{t3} = 34), wurden im Team diskutiert und anschließend final bewertet. Zur Quantifizierung der Übereinstimmungen wurde des Weiteren das Maß des Intraklassenkorrelationskoeffizienten (ICC) bestimmt. Als ICC-Art wurde „two-way-mixed" und als Modell „absolute agreement" gewählt. Folgende Ergebnisse erbrachten die Berechnungen:

Tab. 8: Ergebnisse ICC-Berechnung

Frage des Wissenstests	ICC (Vortest)	ICC (Nachtest)
1. Förderung der Musikalität	0,82	0,86
2. Zusammenarbeit	0,90	0,88
3. Beobachtung	0,67	0,84
4. Repertoire	0,82	0,83
5. Klangerzeugung	0,92	0,94
6. Instrumentenbau	0,80	0,85
7. Lernorte	0,55	0,40
8. Projekt	0,81	0,82
Gesamt	0,79	0,80

Anmerkung: Zur Beurteilung, ob sich die Punktevergabe der Rater zu stark unterscheidet, wurde ein Grenzwert von .70 angenommen.

---

5   Die Häufigkeitsangaben ergeben sich aus dem Produkt der Anzahl der Befragten (n=70: Kontrollgruppe=36, Teilnehmendengruppe=34) und der Anzahl der Fragen (n=8). Es wurden folglich insgesamt 560 Fälle zum Messzeitpunkt t1 bewertet und 448 Fälle zum Messzeitpunkt t3.

Deutlich wird, dass die Bewertungen der drei Rater bei der Frage nach der Methode der Beobachtung zum Zeitpunkt t1 und bei der Frage nach den musikalischen Lernorten außerhalb der Kita zu beiden Erhebungszeitpunkten deutlich voneinander abweichen. Hier scheint eine eindeutige Punktevergabe problematisch gewesen zu sein.

PROJEKT I: VIELFALT IN DER FRÜHKINDLICHEN MUSIKALISCHEN BILDUNG

Die Weiterbildung *Vielfalt in der frühkindlichen musikalischen Bildung* (VimuBi) wurde vom Ministerium für Wissenschaft und Kunst Niedersachsen in Auftrag gegeben und gemeinsam mit der Agentur für Erwachsenenbildung und dem Landesverband niedersächsischer Musikschulen (Konzeption) sowie der Carl von Ossietzky Universität Oldenburg/Institut für Musik (Evaluation) durchgeführt. Inhaltlich wurde auf Herausforderungen im Bereich Inklusion (Vielfalt, Diversität, Heterogenität) Bezug genommen, die auch die Gestaltung eines spezifischen Musikprogramms an Kindertageseinrichtungen betrafen und eine dazugehörige Profilierung seitens der Erzieher*innen und Musikpädagog*innen erforderten. Im Zentrum der Evaluation stand die Frage nach der Qualität des Fortbildungskonzepts und der Zufriedenheit/Akzeptanz seitens der Teilnehmenden. Darüber hinaus wurde der Stellenwert von Musik in der Kita bzw. der Stellenwert von Musik im Bereich einer inklusiven Kita thematisiert. Zudem erhielt die Tandembildung zwischen Erzieher*innen und Musikpädagog*innen eine zentrale Bedeutung. Die folgenden Überlegungen können das komplexe und bislang aus fachdidaktischer Sicht nur rudimentär beforschte Themenfeld (Musik-)Unterricht und Inklusion bzw. Musikangebote in der Kita und Inklusion hinsichtlich seiner inhaltlichen komplexen Thematik nicht umfassend beleuchten und Ergebnisse in Form eines didaktischen Konzepts oder Handreichungen vorstellen.

I Vielfalt in der frühkindlichen musikalischen Bildung

Kaum ein anderer Begriff dürfte in den letzten Jahren im bildungspolitischen Kontext so ausgiebig und kontrovers diskutiert worden sein, wie Inklusion und die daran gebundenen gesellschaftlichen Herausforderungen. Um die Jahrtausendwende war der Begriff noch so gut wie unbekannt und fand erst ab den 2000er Jahren vor dem Hintergrund eines grundlegenden gesellschaftlichen Wandels hinsichtlich des Umgangs mit Menschen mit Beeinträchtigungen zunehmende Beachtung. Durch die schnelle Verbreitung wurden die „Verständnisse von Inklusion immer diffuser – wie üblich, wenn Begriffe in einer Welle hochgespült und schnell zu modischen ‚In-Begriffen' werden" (Hinz 2016, 6). Durch die unklare und uneinheitliche Verwendung des Inklusionsbegriffs drängt sich der Verdacht auf, dass sich ein Wandel „von der Unkenntnis zur Unkenntlichkeit" (Hinz 2013) vollzogen hat. Die Bewertung der inklusiven Entwicklungen fallen auch zehn Jahre nach dem Einzug in das deutsche Bildungswesen immer noch „kontrovers aus, quer durch Wissenschaft, Publistik, Lehrer-, Eltern- und Schülerschaft" (Tischler 2018, 8). Dabei werden oftmals Vorurteile geäußert oder divergierende Sichtweisen gegeneinander ausgespielt (z. B. Anspruch vs. Realität; Ressourcen- vs. Defizitorientierung; Entwicklungsbereiche vs. Förderschwerpunkte; gemeinsamer Unterricht vs. getrennter Unterricht; Einheitsschule vs. Schulartenvielfalt).

Auch wenn die bundesweite Einführung von Inklusion zweifellos eine große Aufgabe ist, sollte nicht vergessen werden, dass die Kernaussage eine Selbstverständlichkeit in einem demokratischen Gesellschaftssystem ist, sofern das wesentliche Prinzip „die Wertschätzung und Anerkennung von Diversität (=Vielfalt) in Bildung und Erziehung ist" (Hinz 2006, 97).

Aus frühkindlicher Sichtweise muss die Möglichkeit zum Mitglied-Werden in der Gesellschaft vom Lebensanfang an gegeben sein, so dass das gleiche volle Recht auf individuelle Entwicklung und soziale Teilhabe gewährleistet ist. Diese Anforderung ist z. B. daran gebunden, allen Kindern einen uneingeschränkten Zugang zur Kita zu gewährleisten.

Während der fachliche Diskurs um Inklusion in Deutschland v. a. im Bereich der Primar- und Sekundarbildung stattfindet, fehlt es an Studien, welche den frühkindlich-elementaren Bereich in den Blick nehmen. Das Thema ‚Inklusion in der Frühpädagogik' stellt die „soziale Zugehörigkeit und Partizipation der jungen Generation in ihren frühen Lebensjahren in das Zentrum der wissenschaftlichen und praxisbezogenen Auseinandersetzung um angemessene Bildungskonzeptionen" (Prengel 2010, 6). Zwar gibt es Expertisen über grundlegende bildungstheoretische Überlegungen zur Inklusion (Prengel 2010), interdisziplinäre Erkenntnisse aus den Bezugswissenschaften (Psychologie, Soziologie) oder spezifische Qualifikationsanforderungen an frühpädagogische Fachkräfte (Wagner 2008, Albers 2010), aber es fehlt an konkreten fachdidaktischen bzw. domänenspezifischen Untersuchungen, welche die vorhandenen Ergebnisse differenzieren, spezifizieren und diese Ergebnisse wiederum in die Praxis hineinverlagern, um eine nachhaltige musikbezogene inklusive Bildung seitens der Erziehenden und den Kindern zu ermöglichen (Häußler & Wittenstein 2011).

Allen Expertisen ist gemeinsam, dass es bislang an der Aufbereitung wissenschaftlicher Erkenntnisse fehlt, die pädagogische Fachkräfte bei der Gestaltung von Praxis unterstützen können. Dies betrifft insbesondere die Aufbereitung von methodischem Wissen zur Gestaltung inklusiver Lernumgebungen. Es fehlen Handreichungen und Empfehlungen für eine inklusive pädagogische Praxis, wie es dies für den englischsprachigen Raum gibt (Booth & Ainscow 2011; Mac Naughton 2006). Auch aus musikpädagogischer Sicht besteht hoher Bedarf an wissenschaftlichen Erkenntnissen sowie konkreten didaktischen Begründungen, wie Musik im Bereich Inklusion in der Kita bzw. in Schule allgemein eingesetzt werden kann.

II Begriffe & Definitionen

Hinsichtlich der Auseinandersetzung mit dem Thema *Vielfalt in der frühkindlichen musikalischen Bildung* ist es hilfreich, sich über die Verwendung von Begriffen sowie deren Bedeutungszusammenhängen bewusst zu sein.[6] Dies ist wichtig, da sie mehrdeutig, historisch wandelbar, zum Teil inflationär als Schablone verwendet und in unterschiedlichen Zusammenhängen benutzt werden. Demnach ist insbesondere der Begriff ‚Vielfalt' nicht nur ein wichtiger, sondern auch aktueller Modebegriff, um den herum sich eine Vielzahl von anderen Begriffen verortet, welche wiederum miteinander vermischt werden. Inklusion „wendet sich der Heterogenität von Gruppierungen und der Vielfalt von Personen positiv zu" und versucht, alle „Dimensionen von Heterogenität" (Hinz 2011, 25) gemeinsam zu betrachten. Der Begriff verdeutlicht „die Vision einer inklusiven Gesellschaft, die Diskriminierung und Marginalisierung ausschließt" (Hinz 2009, 171). Im Folgenden werden grundlegende pädagogische und bildungswissenschaftliche Positionen zu zentralen Begriffen dargestellt und zusammengefasst. Eine differenzierte Bezugnahme auf die Musikpädagogik erfolgt dann im Projekt I, Abschnitt IV ab Seite 84.

1 Behinderung & Beeinträchtigung

Die Formulierung ‚Menschen mit Behinderungen' wird im Artikel 1 Satz 2 der UN-Behindertenrechtskonvention definiert. Hierzu zählen Menschen, die langfristige körperliche, seelische, geistige oder Sinnesbeeinträchtigungen haben, welche sie in Wechselwirkung mit verschiedenen Barrieren an der vollen, wirksamen und gleichberechtigten Teilhabe an der Gesellschaft hindern können (Behindertenrechtskonvention 2017).

Bereits in der Präambel wird darauf verwiesen, dass das Verständnis von Behinderung aus der Wechselwirkung zwischen Menschen mit Beeinträchtigungen und einstellungs- und umweltbedingten Barrieren entsteht, die sie an einer gleichberechtigten Teilhabe an der Gesellschaft hindern. Behinderung ist also keine körperliche und geistige Stigmatisierung, sondern von gesellschaftlichen Entwicklungen abhängig. Die World Health Organisation (WHO) unterscheidet zwischen drei Begriffen:
- impairment (Schädigung) = Mängel oder Abnormitäten der anatomischen, psychischen oder physiologischen Funktionen und Strukturen des Körpers,
- disability (Beeinträchtigung) = Funktionsbeeinträchtigung oder -mängel aufgrund von Schädigungen, die typische Alltagssituationen behindern oder unmöglich machen,
- handicap (Behinderung) = Nachteile für eine Person aus einer Schädigung oder Beeinträchtigung.

Im deutschsprachigen inklusiven Diskurs erhält der Begriff Behinderung eine andere Bedeutung bzw. wird durch Beeinträchtigung ersetzt, da er nicht mehr eine bestehende

---

6 Zur begrifflichen Unterscheidung vgl. auch Bradler 2016.

Eigenschaft (= behindert sein) einzelner Kinder beschreibt, „sondern primär die unvollständige Umsetzung von sozialer Teilhabe und Bildungsteilhabe" (Seitz & Finnern 2012, 18). Hieraus folgt, dass Behinderung innerhalb des (sonder-)pädagogischen Fachdiskurses kaum noch ontologisch als Eigenschaft von Personen (vgl. Tervooren 2000, 317) verstanden wird. In den letzten Jahren hat sich eine eher sozialkonstruktivistische Perspektive durchgesetzt, „die Behinderung in Interaktionen und Situationen verortet und zugleich überdauernde, wiederholende soziale Ausschlussprozesse in den Blick nimmt" (Sturm & Wagner-Willi 2015, 66). Mit diesem theoretischen Blick ist es möglich, „sowohl Behinderung als auch Inklusion über die formale Zuschreibungskategorie des ‚sonderpädagogischen Unterstützungsbedarfs' hinaus zu betrachten" (Köpfer & Sturm 2015, 4). Dieses weite Inklusionsverständnis führt dazu, dass der Begriff Behinderung nicht mehr tragfähig erscheint, da er Subjekte stigmatisiert, auch wenn er sich im Hinblick auf die Beeinträchtigung von Fertigkeiten auf einen selbstverständlichen Sachverhalt bezieht.

2 Integration

Inklusion wird oftmals dazu verwendet, um sich „von Verfallsformen integrativer Praxis, die mit internen Separationen innerhalb von Regeleinrichtungen einhergehen, zu distanzieren" (Prengel 2010, 6). Eine Trennung zwischen Integration und Inklusion ist allerdings nicht möglich, da die wechselseitige Anerkennung der Verschiedenen als Bewegung von Annäherung und Abgrenzung in beiden Konzepten enthalten ist (Integrationspädagogik; Klein et al. 1987). Während Integration allerdings den Einbezug von Gruppierungen mit unterschiedlichen Werthaltungen innerhalb eines Systems hervorhebt und einseitige Bewertungskriterien von Entwicklungsprozessen (normal versus auffällig) kritisiert, basiert das Inklusionskonzept auf der grundsätzlichen Aufhebung kollektiver Zuschreibungen. Ist Integration ein Prozess gegenseitiger Annäherung auf der Basis von Unterschieden, so wird diese Verschiedenheit durch eine grundlegende Vielfalt aufgehoben und vorausgesetzt.

3 Heterogenität

Auch der Begriff Heterogenität ist vielschichtig und wandelbar. Er lässt sich als „verschieden, ohne einander untergeordnet zu sein" (Prengel 2010, 20) interpretieren. Wichtig erscheint, dass das Verschiedene v. a. als unhierarchisch und wertschätzend empfunden wird. Es geht demnach um eine positive Einstellung und Öffnung gegenüber Anderen, verstanden als Aufhebung und Negation hierarchisierender, komplementärer, dialektischer, identifizierender, zentralistischer, dogmatischer und monistischer Denkfiguren. Hierzu gehören Alter/Generationen, Schicht/Milieu, Gender, Kultur/Ethnie, Disability/Ability, Sexuelle Orientierung, Religion und andere. Heterogenität zielt durch die gleichberechtigte Anerkennung unterschiedlicher Seinsweisen auch auf Fragen der Gleichheit der Menschenrechte ab, als Voraussetzung von Pluralität.

4 Inklusion

Inklusion ist ein Ansatz, der „allen Menschen das gleiche volle Recht auf individuelle Entwicklung und soziale Teilhabe ungeachtet ihrer persönlichen Unterstützungsbedürfnisse zugesichert sehen will" (Hinz 2006, 97). Aus pädagogischer Sicht impliziert dies einen barrierefreien Zugang sowie die Zugehörigkeit zu Kindergärten und Schulen, welche den individuellen Bedürfnissen aller entsprechen sollen. Damit wird dem Verständnis der Inklusion entsprechend „jeder Mensch als selbstverständliches Mitglied der Gemeinschaft anerkannt" (ebd.).

Inklusion (vom lat. includere = einschließen) setzt sich mit allen Formen von Verschiedenheit der Menschen auseinander. Diese ist als Grundform menschlichen Seins das Gemeinsame, das alle Menschen auszeichnet. Hierzu gehören unterschiedliche Fähigkeiten, Geschlechterrollen, ethnische Herkünfte, Nationalitäten, Sprachen, Rassen, soziale Milieus, Religionen und weltanschauliche Orientierungen, körperliche Bedingungen oder anderes mehr. Diese selbstverständlichen Unterschiedlichkeiten stehen im Kontext gesellschaftlicher Rahmenbedingungen und damit verbundenen ideologisch-normativen und vorurteilshaften Wertungen, die durch eine bewusste inklusive Einstellung ‚aufgebrochen' werden sollen.

Demnach ist Inklusion v. a. eine *Haltung*, welche auf den Abbau von Diskriminierung, Seperation und Marginalisierung abzielt und nicht zuletzt die Vision einer inklusiven Gesellschaft beinhaltet, „in der sich alle Menschen wertgeschätzt fühlen, ihre Unterschiedlichkeiten respektiert und ihre Bedürfnisse befriedigt werden, so dass sie in Vielfalt leben können" (Görres & Zechert 2011, 13).

Von entscheidender Bedeutung ist, dass Inklusion nicht als Behinderten- oder Ausländerhilfe missverstanden und reduziert werden darf, sondern eine grundsätzliche Aufgabe des gesellschaftlichen Umgangs mit Unterschieden oder Anderen impliziert. Insbesondere im schulischen Kontext wird Inklusion „meist mit Behinderung assoziiert" (Merkt 2014, 1). Dies ist insofern nicht falsch, da das Thema Inklusion v. a. durch die *Behindertenrechtskonvention der Vereinten Nationen*, seit 2009 geltendes Recht in der Bundesrepublik, einer breiteren Öffentlichkeit zugänglich gemacht wurde und hierdurch die entscheidenden Weichen im Bildungssystem gestellt wurden. Diese Konvention setzt sich mit der Lebenssituation behinderter Menschen auseinander, um ihnen die gleichberechtigte Teilhabe am gesellschaftlichen Leben zu ermöglichen. Es darf also nicht vernachlässigt werden, dass Inklusion in Diskursen um gesellschaftliche Positionen von Menschen mit Behinderungen angesiedelt ist (Disability Studies). Gleichzeitig wird die Individualität aller betont, um so im facettenreichen Spektrum der vielen Verschiedenen die zuvor hervorgehobene hierarchische Differenz zwischen Normalität und davon abweichenden Besonderheiten der Behinderung aufzuheben (Sander 2002). In diesem Sinne ist Inklusion von Fragen nach dem Umgang mit Menschen mit Beeinträchtigung bestimmt und bedingt eine Änderung institutioneller Zuständigkeiten sowie finanziell-organisatorischer Rahmenbedingungen.

Die Behindertenrechtskonvention gilt als Wegweiser „für den Umgang mit allen gesellschaftlich relevanten Differenzlinien und entfaltet gegenwärtig einen erheblichen

Einfluss in gesellschaftlichen Debatten um Inklusion und Ausgrenzung" (Prengel 2010, 16). Seit diesem Zeitpunkt an stehen alle Bundesländer in der Pflicht, ihr Bildungssystem so umzustrukturieren, dass jedes Kind in der Regelschule unterrichtet werden kann (Brunsch 2013, 4). In der Präambel heißt es, dass

> alle Menschenrechte und Grundfreiheiten allgemein gültig und unteilbar sind, einander bedingen und miteinander verknüpft sind und dass Menschen mit Behinderung der volle Genuss dieser Rechte und Freiheiten ohne Diskriminierung garantiert werden muss (Bundesgesetzblatt 2008, 1420).

In einer inklusiven Gesellschaft sollen Menschen am „bürgerlichen, politischen, wirtschaftlichen, sozialen und kulturellen Leben auf der Grundlage der Chancengleichheit" (ebd., 1423) teilhaben können. Der Artikel 24 thematisiert explizit den Bildungsbereich und beinhaltet das Recht auf Bildung von Menschen mit Behinderung (Fornefeld 2008). In diesem ist festgehalten, dass die „Vertragsstaaten ein integratives Bildungssystem auf allen Ebenen" (Bundesgesetzblatt 2008, 1436) gewährleisten. Annedore Prengel (2010) betont, dass die Konvention insgesamt für die Humanisierung der Gesellschaft einen hohen Stellenwert besitzt. Es ist wünschenswert, dass alle „Lebensweisen, die im Rahmen verschiedener Bezugsnormen als unterlegen, defizitär, unzulänglich gelten, als normale Bestandteile menschlichen Lebens und menschlicher Gesellschaft bejaht sowie als Quelle möglicher kultureller Bereicherung wertgeschätzt" (Prengel 2010, 18) werden.

Tony Booth unterscheidet drei Ebenen im Rahmen der Entwicklung einer inklusiven Gesellschaft. Die erste Ebene beschreibt die *Teilhabe von Personen* (Booth 2003; Hinz 2016). Alle Menschen sollen die Chance haben, an gesellschaftlichen Aktivitäten und Bereichen teilzuhaben, unabhängig von ihren Fähigkeiten und Unterstützungsbedarfen. So wird die Partizipation an alle gesellschaftlichen Ebenen gestellt, was auch mit der Überwindung behindernder Merkmale zusammenhängt. Eine zweite Ebene thematisiert die *Aufhebung von Barrieren in Systemen* (Kindertageseinrichtung, Schule, Stadtteil, Kirche) und die Aufgabe, Kriterien der gesellschaftlichen Partizipation herauszuarbeiten. Institutionen, wie z. B. Schule, haben die Aufgabe, mit der Heterogenität derer umzugehen, die sie in Anspruch nehmen. In Bezug zur ersten Ebene wird Inklusion im System selbst verortet und nicht mehr nur in Bezug auf Personen. Die dritte Ebene umfasst die *Reflexion der Umsetzung inklusiver Werte* im Sinne einer transparenten und permanenten Bewusstmachung. Es handelt sich hierbei um eine „inklusive Grundorientierung" (Hinz 2016, 10) als Basis für das Selbstverständnis der Institutionen. Ein Kanon an Werten wird aber nicht normativ vorgegeben, sondern immer wieder neu ausgehandelt und kritisch reflektiert. In diesem Kontext hat Booth im *Index für Inklusion* eine Art Materialsammlung für Mitarbeitende an Kindertageseinrichtungen und Schulen entwickelt, die zu einer gemeinsamen Reflexion des aktuellen Standes zur Inklusion an ihrer Institution sowie zur Planung nächster Schritte ermutigt werden (Booth & Ainscow 2003). Dieser Index wurde auch seitens der Expertinnen der VimuBi-Fortbildung mehrfach explizit erwähnt und als vorbildhafte Konkretisierung des Inklusionsgedankens bezeichnet.

Neben den, nicht nur im Index genannten, idealistischen Einstellungen gegenüber den Gelingensbedingungen von Inklusion gehört die Auseinandersetzung mit bürokratischen Vorgängen sowie der Umgang mit finanziellen und personellen Ressourcen. Weil besonders in den Bereichen der Förderung, der Hilfestellungen und der Pflege oft noch höhere Ansprüche an die Betreuer*innen gestellt werden, ist mehr Personal notwendig. Nicht nur aus frühkindlicher Perspektive ist eine besondere Ausstattung der Kindertagesstätte relevant, wenn dort Kinder mit Beeinträchtigungen betreut werden.

5 Vielfalt & Diversität

Häufig wird der Begriff Vielfalt anstelle von Diversität bzw. als Übersetzung von diversity benutzt und findet sich in Konzepten der Pädagogik der Vielfalt, der Diversity Education oder auch des Diversity Managements.[7] Er steht im Kontext von Chancengleichheit heterogener Gruppen, die aufgrund bestimmter Merkmale benachteiligt sind und entstand im Rahmen der Bürgerrechtsbewegung in den USA. Seit 2006 sind in der deutschen Gesetzgebung die Aspekte der Vielfalt im Allgemeinen Gleichbehandlungsgesetz berücksichtigt und schützen Personen aus diesen Dimensionen vor Diskriminierung. In der *Charta der Vielfalt* (2018) verpflichten sich Unternehmen dazu, die Einzigartigkeit der Menschen zu respektieren und zu fördern.

Der Begriff Vielfalt steht im Kontext von Freiheit, denn nur indem durch Gleichheit Vielfältiges aus der Unterlegenheit in hierarchischen Rangfolgen gelöst wird, entsteht Freiheit. Vielfalt steht als Fachbegriff im Kontext gesellschaftlicher, pädagogischer bzw. sozialer Fragestellungen und lässt sich nicht als Vielseitigkeit im Sinne mehrdimensionaler Zugänge zu Themenbereichen verstehen (Methodenvielfalt). Eine vielseitige Person bzw. ein vielseitiges Thema umschreibt zwar auf einer Metaebene ‚vielfältige' Verbindungsebenen und Zugangsweisen, steht aber nicht im Kontext von Menschen in ihrer Einzigartigkeit. Diese Anmerkungen sind von großer Bedeutung, da sich im Hinblick auf die Weiterbildung VimuBi ein Missverständnis hinsichtlich der inhaltlichen Ausrichtung seitens der Teilnehmenden ergab. Diese erwarteten methodisch vielseitige Umgangsweisen mit Musik im Kita-Alltag, was mit der unzureichenden Differenzierung des Titels der Weiterbildung (*Vielfalt in der frühkindlichen musikalischen Bildung*) zusammenhing (s. Projekt I, Abschnitt VI, Kapitel 4.2, ab S. 118). Aus inklusionsbezogener Sicht steht der Begriff Vielfalt im weiten Sinne für Respekt bzw. positive Wertschätzung gegenüber Menschen in ihrer Einzigartigkeit. Ziel ist es, mit der Vielfalt von Menschen so umzugehen, dass sie für deren Zusammenleben förderlich ist und „nicht durch Aufteilungen und Zuordnungen wegorganisiert werden müsste" (Hinz 2016, 8).

---

7   Diversity Management ist ein Gesamtkonzept des Umgangs mit personaler Vielfalt in einer Einrichtung/einer Hochschule/einem Unternehmen zum Nutzen aller Beteiligten.

6 Enges und weites Inklusionsverständnis

Die oben angeführten Unterscheidungen legen es nahe, zwischen einem engen und weiten Inklusionsverständnis zu unterscheiden. Das enge Inklusionsverständnis basiert auf der Integration von Menschen mit Beeinträchtigungen. Das Andere oder Fremde definiert sich in diesem Kontext als eine unterstellte Norm im Sinne eines Mittelwerts, von dem sich Andere unterscheiden und ein Defizit besitzen (=Minderheit). Normal ist das, was normgerecht ist, so dass sich Heterogenität als Abweichung von Normen versteht und eine Sonderbehandlung einer ausgegrenzten Gruppe beinhaltet. Hierzu gehört auch ein Verständnis von Diagnostik, die sich auf Förderung im Sinne der Angleichung konzentriert und somit der Einzigartigkeit nicht gerecht wird. Das weite Inklusionsverständnis geht davon aus, dass „jeder Mensch einzigartig (und in diesem Sinne ‚immer anders') ist" (Warnecke 2012, 28). Inklusion bedeutet dann Unterschiedlichkeit oder ein Bewusstsein für die Einzigartigkeit des Einzelnen und daran – so paradox es klingen mag – ein Bewusstsein für Vielfalt. Karin Bräu fasst diese Aporie bzw. Ambivalenz, die auch für die Kita gilt, zusammen:

> Jedes Kind hat einen Anspruch darauf, als Individuum in seiner Eigenart und Einzigartigkeit gesehen und anerkannt zu werden. Es hat ein Recht auf Differenz. Gleichzeitig hat es einen Anspruch darauf, als eines unter Gleichen behandelt zu werden, gleichberechtigt zu sein (Bräu 2005, 138).

Ein so verstandener Inklusionsbegriff basiert nicht auf der Gegenüberstellung von gesund und krank oder normal und behindert, da hier den Verschiedenheitskategorien zu wenig Rechnung getragen wird. Jeder Mensch „ist in sich vielfältig; es treffen also immer verschiedene Dimensionen von Verschiedenheit auf ein Individuum zu, die sich untereinander bedingen" (Warnecke 2012, 30). Dieses auch unter dem Begriff Intersektionalität gefasste Inklusionsverständnis ist maßgeblich für die Etablierung von Teilhabegerechtigkeit in einer modernen demokratischen Gesellschaft.

7 Inklusive Pädagogik – Pädagogik der Vielfalt

In der inklusiven Pädagogik werden primär Situationen analysiert, in denen Partizipation und/oder Lern- und Entwicklungsprozesse durch bestimmte Barrieren bzw. deren Zusammenwirken behindert werden. Dies setzt einen kritisch-reflexiven Umgang mit Vielfalt sowie daran gebundenen Entwicklungs- und Sozialisationsbedingungen voraus. Ein wesentlicher Aspekt der inklusiven Pädagogik ist die „Zusammenführung verschiedener Dimensionen von Heterogenität, wie kulturelle Zugehörigkeit, Religion, Alter, Gender und Befähigung" (Seitz & Finnern 2012, 19). Entscheidend ist, dass es sich nicht um festgelegte Denkmuster handelt, in denen Menschen ‚schablonenartig' eingeteilt, systematisiert oder stigmatisiert werden, sondern um offene und v. a. komplexe ineinander verschachtelte Prozesse, die nicht determinierbar sind, so dass milieu-, kultur- und geschlechtersensible Pädagogik verknüpft sind. Das komplexe mehrdimensionale Zusammenwirken von Heterogenitätsdimensionen ist ein zentraler Bestandteil inklusionsbezogener Pädagogik und zielt in Bezug auf die gleichberechtigte gesellschaftliche Teilhabe auch auf Aufmerksamkeit gegenüber Risiken und Gefährdungen von Kindern, die ausgegrenzt werden und ihre Potenziale nicht entfalten können (vgl. UNESCO 2009). Annedore Prengel fasst die Aufgaben der inklusiven Bildung prägnant zusammen:

> Inklusive Pädagogik hat ihre Wurzeln im gemeinsamen Leben und Lernen von Kindern mit und ohne Behinderungen, bezieht sich aber auf alle relevanten Dimensionen der Heterogenität, wie Gender, sexuelle Lebensweisen, soziale, kulturelle, religiöse und regionale Herkunft, sodass sie mit anderen Ansätzen wie der interkulturellen und der genderbewussten Pädagogik verschmilzt und sich zu einer Diversity Education oder Pädagogik der Vielfalt entwickelt (Prengel 2010, 44).

In der Umsetzung von inklusiver Pädagogik gilt es, Unterschiede zwischen den Kindern anzuerkennen, ohne dies mit einer Bewertung zu verbinden, d. h. zu hierarchisieren. Die Differenzen werden bewusst gemacht und als Ausgangspunkte für soziale Lernprozesse gesehen. Individuelle Vielfalt fungiert somit als Quelle kultureller Bereicherung und als eigenständiger Wert (Bielefeldt 2009, 7). Insbesondere frühpädagogische Fachkräfte haben demzufolge mit der Herausforderung zu tun, eine Balance zwischen Werthaltungen gegenüber verschiedensten Lebenssituationen und der Schaffung einer entwicklungsfördernden Umgebung zu schaffen.

Im gesellschaftlichen Diskurs wird oft die Stellung von Inklusion zwischen Realitätsanspruch und Utopie thematisiert und dabei stereotype und einseitige Begründungsmuster angeführt (Tischler 2018). Auf der einen Seite ist der Bedarf an einer barrierefreien Bildung dringend und nicht zu übersehen. Auf der anderen Seite ist aber auch fraglich (im Sinne von utopisch), inwiefern große Veränderungen innerhalb eines bestehenden Bildungssystems, die mit einem hohen Anspruch einhergehen, auch zeitlich und organisatorisch umsetzbar sind. Zur erfolgreichen Umsetzung inklusiver Pädagogik gehören:
- Festlegung gemeinsamer Ziele im Kollegium,
- Erarbeitung gemeinsamer Verständnisse von Inklusion,
- Schaffung sich gegenseitig unterstützender Strukturen im gemeinsamen Unterricht („Teamteaching"),
- Selbstverständlichkeit individueller Förderung im Regelunterricht,
- Etablierung einer sozialen ‚Gemeinschaft' in (und auch außerhalb) von Unterrichtsgruppen, in der sich alle Kinder akzeptiert fühlen.

In der Salamanca-Erklärung (1994) wird Inklusion als wichtigstes Ziel der internationalen Bildungspolitik deklariert und ein Rahmenmodell für deren Umsetzung gefordert:

> Das Leitprinzip, das diesem Rahmen zugrunde liegt, besagt, dass Schulen alle Kinder, unabhängig von ihren physischen, intellektuellen, sozialen, emotionalen, sprachlichen oder anderen Fähigkeiten aufnehmen sollen. Das soll behinderte und begabte Kinder einschließen, Kinder von entlegenen oder nomadischen Völkern, von sprachlichen,

kulturellen oder ethnischen Minoritäten sowie Kinder von anders benachteiligten Randgruppen oder -gebieten (Salamanca-Erklärung 1994).

Implizit wird in diesem Zitat eine ‚Schule für alle' gefordert, die flächendeckend das gegliederte Schulwesen ersetzt, um Chancengleichheit, Gleichberechtigung und vor allem einen hohen Bildungsstandard zu gewährleisten. Die Vision liegt nicht zuletzt darin, in Zukunft die Lehrenden mit entsprechenden Unterstützungssystemen so auszubilden, dass im Prinzip alle Kinder unterrichtet werden können. Vor diesem Hintergrund wird auch die finanzielle Bereitstellung der erforderlichen Infrastruktur kritisch diskutiert. Hierzu gehört die Bereitstellung von Sonderpädagog*innen oder anderen Spezialist*innen, die in der direkten Arbeit mit förderbedürftigen Schüler*innen oder als Beratung für Lehrkräfte im Regelschulunterricht eingesetzt werden. Dies sollte auch Fortbildungsmaßnahmen für Pädagog*innen einschließen. Aus bildungspolitischer Sicht wird deutlich, dass die Verwirklichung umfassender Inklusion v. a. eine tiefgreifende Reform des Schulsystems verlangt.

Es lassen sich weitere Punkte anführen, die eine Umsetzung einer inklusiven Pädagogik erschweren:
- Es besteht eine Ambivalenz hinsichtlich der Wunschvorstellungen zur Realisierung und den tatsächlich vorhandenen Mitteln. Die Barrierefreiheit ist auf der einen Seite eine zentrale Forderung, aber zugleich von finanziellen Ressourcen abhängig.
- Schule nimmt neben dem Bildungsauftrag auch eine auf normative Leistung bezogene Aufgabe wahr. Am deutlichsten wird das an der kontroversen Diskussion über Bildungsstandards, dem gymnasialen Bildungszweig und dem Festhalten am dreigliedrigen Schulsystem. Hier besteht eine Ambivalenz zwischen einer Bildungselite und dem mittlerweile herrschenden Inklusionsdruck.
- Es gilt Heterogenität anzuerkennen, um diese gleichzeitig als gemeinschaftliches Element zu fördern. Die Forderung nach einer ‚gemeinsamen Unterschiedlichkeit' widerspricht grundlegenden Kriterien der Heterogenität, da individuelle Andersheit nicht verallgemeinert werden kann. Dieser Widerspruch findet sich bereits in Formen der individuellen Betreuung einerseits und der Teilhabe am Klassenunterricht andererseits.

8 Förderbedarf und Förderschwerpunkte

Im Jahr 2016 wurde in Deutschland bei ca. einer halben Million Kindern und Jugendlichen bzw. 7 % aller Schüler*innen ein sonderpädagogischer Förderbedarf diagnostiziert (vgl. Deutsche UNESCO-Kommission 2018). In Niedersachsen wurde die inklusive Schule verbindlich zum Schuljahresbeginn 2013/14 eingeführt. Seitdem besitzen Eltern von Schüler*innen mit Bedarf an sonderpädagogischer Unterstützung ein Wahlrecht, ob ihr Kind die allgemeine Schule oder eine Förderschule besuchen soll. Eine Beratung erfolgt seitens der Niedersächsischen Landesschulbehörde. Grundschulen nehmen seit August 2013 alle Schüler*innen mit Bedarf an sonderpädagogischer Unterstützung im

Förderschwerpunkt Lernen im 1. Schuljahrgang auf. Für alle Förderschwerpunkte außer Lernen, Sprache und emotionale und soziale Entwicklung können für einen Übergangszeitraum bis 2018 Schwerpunktgrundschulen eingerichtet werden. Weiterführende Schulen nehmen ebenfalls seit August 2013 aufsteigend mit dem 5. Jahrgang Schüler*innen mit einem Bedarf an sonderpädagogischer Unterstützung in allen Förderschwerpunkten im Sekundarbereich I entsprechend der Elternwahl auf. Die Einrichtung von Schwerpunktschulen ist für einen Übergangszeitraum bis 2024 möglich. Sie arbeiten zugleich als sonderpädagogische Förderzentren, in denen der Einsatz der Förderschullehrkräfte in den Regelschulen koordiniert wird.

Von 1996 bis 2000 verabschiedete die Kultusministerkonferenz Empfehlungen zu acht Förderschwerpunkten: Hinzu kommt ein neunter Förderschwerpunkt für die Schüler*innen, denen kein konkreter Schwerpunkt ‚zugeordnet' werden kann oder die mehrfach betroffen sind. Auch wenn sich diese Förderschwerpunkte auf die Regelschulen beziehen, sollen sie kurz skizziert werden, da hier die unterschiedlichen Fördermöglichkeiten genannt werden, die auch für die Arbeit in der Kita relevant erscheint (ausführlich hierzu siehe Klemm 2015):

- Förderschwerpunkt *Lernen* (Anteil 43,7 %; inklusiv unterrichtet: 18,9 %). In diesem größten Schwerpunkt finden sich Schüler*innen mit Lernstörungen und Lernbehinderungen, wie z. B. Lese-Rechtschreib-Schwäche, Rechenschwäche oder mit Entwicklungsstörungen bei den schulischen Fertigkeiten.
- Förderschwerpunkt *Geistige Entwicklung* (Anteil 16 %; inklusiv unterrichtet: 3,3 %): Bei Schüler*innen mit einer geistigen Beeinträchtigung liegt der Intelligenzquotient unter 70, was die Diagnose einer geistigen Behinderung zur Folge hat.
- Förderschwerpunkt: *Emotionale und soziale Entwicklung* (Anteil 11,5 %; inklusiv unterrichtet: 35,9 %): Diese Schüler*innen haben Schwierigkeiten im Bereich Verhalten, fühlen sich überfordert oder reagieren emotional auffällig (z. B. aggressiv). Sie erhalten Unterstützung, um alternative Verhaltensweisen zu lernen.
- Förderschwerpunkt: *Sprache* (Anteil 10,6 %; inklusiv unterrichtet: 27,0 %): Diese Kinder haben Schwierigkeiten im Spracherwerb, mit der Stimme oder im Redefluss und brauchen besondere Förderung, da auch die Entwicklung und Leistungsfähigkeit in anderen Bereichen beeinträchtigt ist.
- Förderschwerpunkt: *Körperliche und motorische Entwicklung* (Anteil 6,5 %; inklusiv unterrichtet: 19,9 %): Diese Schüler*innen haben körperliche Beeinträchtigungen, die in Abhängigkeit mit Barrieren in der Umwelt stehen, die eine gleichberechtigte Teilhabe nicht erlauben.
- Förderschwerpunkt *Übergreifende Zuordnung* (Anteil 5,0 %; inklusiv unterrichtet: 2,6 %): Zu diesem Förderschwerpunkt gehören Schüler*innen, die nicht zu den anderen Förderschwerpunkten zugeordnet werden können.
- Förderschwerpunkt *Hören* (Anteil 3,1 %; inklusiv unterrichtet: 26,3 %): Diesem Förderschwerpunkt werden Schüler*innen zugeordnet, die taub sind oder eine schwere Hörschädigung besitzen. 98 % der tauben Menschen haben ein Restgehör und können mit Hilfe von Hörgeräten oder Implantaten akustische Reize wahrnehmen.

- Förderschwerpunkt *Sehen* (Anteil 1,5 %; inklusiv unterrichtet: 27,1 %): Zu diesem Schwerpunkt gehören blinde oder sehbehinderte Schüler*innen. Eine Sehbehinderung kann dabei unterschiedlich schwer sein und wird nach der Leistung des besseren Auges diagnostiziert.
- Förderschwerpunkt *Kranke* (Anteil 2,1 %; inklusiv unterrichtet: 1,4 %): Schüler*innen, die längerfristige und schwerwiegende Erkrankungen haben und im Krankenhaus oder zu Hause betreut und gepflegt werden, gehören zu diesem Schwerpunkt. Da der gesundheitliche Zustand den Besuch einer Schule oft unmöglich macht, fällt der inklusiv unterrichtete Anteil hier sehr klein aus.

Ergänzend sollte hinzugefügt werden, dass die soziale Situation insbesondere im Förderschwerpunkt Lernen eine große Rolle spielt, da 80 bis 90 Prozent der Kinder an Förderschulen für Lernbehinderte aus Familien mit geringem Einkommen stammen. Der Grund liegt vor allem darin, dass die Bedürfnisse der Kinder und die intellektuelle Entfaltung in ärmeren Familien weniger befriedigt werden und die Kinder ihr Potenzial nicht voll ausschöpfen können. Die „Wechselwirkung zwischen von Armut geprägten Lebenslagen und den Bildungschancen von Kindern" (Mogge-Grotjahn 2012) ist besonders hoch.

III Inklusion im Kindergarten

1 Rechtsgrundlagen

Nach dem Kindertagesbetreuungsgesetz umfasst der Bildungsauftrag der Tageseinrichtungen auch die Förderung von Kindern mit und ohne Behinderung sowie von Kindern unterschiedlicher Herkunft und Prägung (§ 2 Abs.1 KiTaG). Es besteht die Verpflichtung, dass alle Beteiligten, welche die Förderung der Kinder in Tageseinrichtungen wahrnehmen, nämlich das Land, der örtliche Träger der Jugendhilfe und die Gemeinden, auf integrative Betreuung hinwirken (§ 3 Abs.6 KiTaG). Nach Möglichkeit sollen Kinder mit und ohne Behinderungen aller Altersgruppen gemeinsam in einer ortsnahen Kindertagesstätte betreut werden (§ 7 Abs. 2 KiTaG). Der besondere Aufwand für die Förderung ist bei der Festlegung der Gruppengröße zu berücksichtigen. In den Rechtsgrundlagen wird ein Fokus auf die Integration von Kindern mit Beeinträchtigung der körperlichen und geistigen Entwicklung gelegt und Aspekte der Migration stark berücksichtigt. So zeigen verschiedene Statistiken, dass Eltern mit Migrationshintergrund weniger die Möglichkeit in Anspruch nehmen, ihr Kind in eine Kita zu schicken als Eltern ohne Migrationshintergrund (Lokhande 2013). Die Sprachförderung im Elementarbereich wird in Niedersachsen durch das Land geregelt und richtet sich an Kinder mit Sprachförderbedarf, insbesondere bei Migrationshintergrund und sozialer Benachteiligung.

In Bezug auf Kinder mit körperlicher oder geistiger Beeinträchtigung existieren zwei unterschiedliche Integrationsmodelle: In der Einzelintegration nimmt der Kindergarten nur ein einzelnes Kind auf. Bei der integrativen Förderung sind mehrere Kinder mit und ohne Beeinträchtigungen in die Kita eingebunden. Integrative Kindergärten berücksichtigen jede Art von Behinderungsart, die aber oftmals abhängig von der Gruppenstruktur ist, um spezifische Dynamiken zwischen den Kindern im Vorfeld zu verhindern. Organisatorisch erhält das Integrativkind eine zusätzliche heilpädagogische Förderung durch Hilfe von unterschiedlichen Personen und Institutionen, wie z. B. Erziehungsberatungsstellen oder sozialpädiatrische Zentren. Die Kinder auf Integrativplätzen erhalten bei Bedarf Komplexleistungen der Frühförderung. Diese beinhalten Heilpädagogik, Logopädie, Ergotherapie, psychologische Dienste und Physiotherapie. Mit dem Kinderbildungsgesetz (KiBiz) wurde die Betreuung von Kindern mit Behinderungen in Kindertageseinrichtungen, die integrativ arbeiten, gesetzlich abgesichert. Dazu gehört eine einheitliche Finanzierung des pädagogischen Mehraufwandes, der durch die gemeinsame Bildung, Erziehung und Betreuung von Kindern mit und ohne Behinderung bedingt ist: Für jedes Kind mit Behinderung, das einen Platz in einer Kindertageseinrichtung in Anspruch nimmt, wird eine Kindpauschale gewährt, die deutlich über der eines nichtbehinderten Kindes liegt.

Bei den Sonderkindergärten wird zwischen Sprachheilkindergärten und Sonderkindergärten für Kinder mit einer Hörbehinderung unterschieden. Dieses sind teilstationäre Einrichtungen, in denen Kinder mit einer nicht nur vorübergehenden, wesentlichen Sprach- oder Hörbehinderung – in der Regel nach Vollendung des vierten Lebensjahres

– betreut werden. Zudem gibt es Sonderkindergärten, die unter heilpädagogischen Schwerpunkten Kinder mit einer geistigen oder körperlichen Behinderung aufnehmen (ca. 3.100 Plätze in Niedersachsen).

2011 besuchten in Deutschland etwa 84.600 Kinder mit einem besonderen Förderbedarf Kindertageseinrichtungen oder nutzten Betreuungsplätze in der Kindertagespflege (Klemm 2015). Eine differenziertere Betrachtung verdeutlicht, dass mit 65,4 Prozent (Inklusionsanteil) etwa 55.500 dieser Kinder integrative Tageseinrichtungen besuchten. Weitere 32,9 Prozent (Exklusionsanteil), etwa 27.800 Kinder, gingen in separierende Einrichtungen. Zusätzlich wurden etwa 1.400 Kinder im Rahmen der Kindertagespflege betreut. Der bundesweite Inklusionsanteil von 67,1 Prozent (Kindertageseinrichtungen zuzüglich öffentlich geförderter Kindertagespflege) ist länderspezifisch sehr unterschiedlich: Die Spannweite reicht von 40,7 Prozent in Bayern bis hin zu 99,2 Prozent in Berlin.

Tab. 9: Kinder mit Behinderungen im Alter von drei Jahren bis zur Einschulung in Niedersachsen (Niedersächsische Landesregierung 2010)

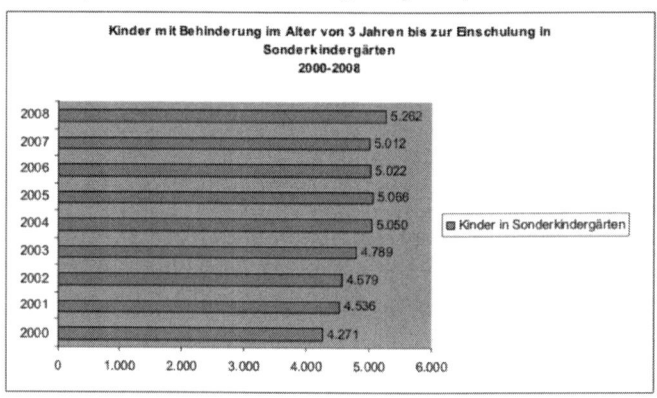

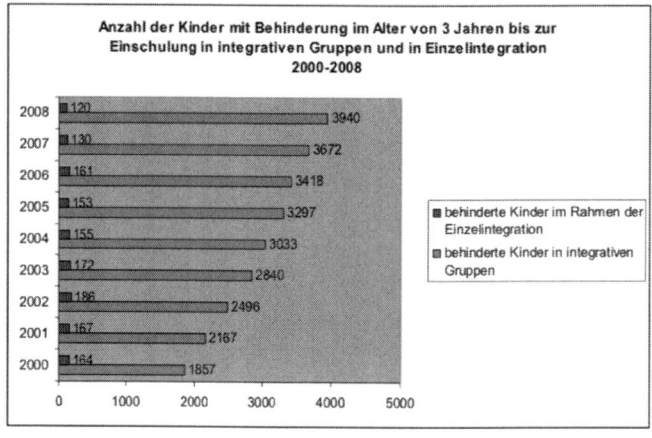

Die beiden obigen Tabellen verdeutlichen, dass die Anzahl der Kinder mit ‚Behinderungen' sowohl in integrativen Gruppen und in Einzelintegration als auch in Sonderkindergärten deutlich zugenommen hat. Auch wenn insbesondere der Zuwachs an integrativen Kitas auffallend hoch ist, besuchen noch immer mehr Kinder die Sonderkindergärten. Da nach 2008 keine Daten mehr erhoben wurden, finden sich derzeit keine genaueren Angaben.

Von 2010 bis 2012 wurde ein Modellvorhaben zur gemeinsamen Betreuung von Kindern mit und ohne Behinderung im Alter von unter drei Jahren in Krippen und Kleinen Kindertagesstätten (gem. § 11 KiTaG) durchgeführt. Das Projekt sah eine Pauschale von 1.400 € pro Kind mit Beeinträchtigung für die heilpädagogische Förderung vor. Hinzu kamen ergänzende Leistungen für Gruppen mit zwei oder drei Kindern mit Behinderung (insgesamt 185 Plätze). Der Abschlussbericht der wissenschaftlichen Begleitung zeigt auf der einen Seite, dass „der gesetzliche Anspruch auf Erziehung, Bildung und Betreuung (KiTaG) mit den erforderlichen heilpädagogischen Leistungen zur Teilhabe am Leben in der Gemeinschaft im Sinne einer ganzheitlichen Förderung verbunden wird" (Niedersächsisches Kultusministerium 2013). Auf der anderen Seite gehen die seitens der wissenschaftlichen Begleitung für erforderlich gehaltenen Rahmenbedingungen über die im Modellvorhaben festgelegten Eckpunkte hinaus. Das betrifft eine erhöhte Anwesenheitszeit der heilpädagogischen Fachkraft (Gruppengröße, Verfügungszeit), eine verlässliche Kernbetreuungszeit sowie ein Professionalisierungskonzept für die Fachkräfte (Qualifizierungsbedarf für die Arbeit mit Kindern im Alter von unter drei Jahren, altersgerechte Ausstattung und Spielmaterial: Erkennen behindernder Faktoren, Beobachtung und Förderplanerstellung, Begleitung integrativer Prozesse in der Gruppe). Im Zuge der Ergebnisse des Modellprojekts wurde die Verordnung im Jahr 2013 dahingehend geändert, dass nunmehr auch Kinder ab einem Jahr einen Rechtsanspruch auf ein Betreuungsangebot haben. Das Land investierte bis 2013 insgesamt über 462 Mio. Euro in einen bedarfsgerechten Ausbau von Kindertageseinrichtungen und Kindertagespflege für Kinder unter drei Jahren.

2 Selbstverständlichkeiten

Inklusion ist im frühkindlichen Kontext, insbesondere in Kitas, „eigentlich ganz normal" (Seitz & Finnern 2012, 15), denn Vielfalt ist dort eine Selbstverständlichkeit, da Jungen und Mädchen verschiedenen Alters und aus soziokulturell unterschiedlichen Lebenszusammenhängen gemeinsam lernen.

> Sie erfahren, dass Kinder unterschiedliche und veränderliche Befähigungen, Lebensbedingungen und Entwicklungswege haben können. Besuchen Kinder eine inklusive Einrichtung, so ist die dort erlebte Verschiedenheit unter den Kindern für sie selbstverständlich. Geht die Einrichtung reflektiert mit Vielfalt um, erhalten die Kinder gutes Rüstzeug, um auch im Erwachsenenalter in einer vielfältigen demokratischen Gesellschaft bestehen und verantwortlich handeln zu können (Seitz & Finnern 2012, 15).

Trotz der in dem Zitat beschriebenen Selbstverständlichkeit von Inklusion in Kitas sollten zwei Aspekte kritisch berücksichtigt werden. Zum einen „besuchen in Niedersachsen rund 50% der Kindergartenkinder [mit Beeinträchtigungen] Sondereinrichtungen" (Lüpke 2014). Ein Grund hierfür liegt im Mangel eines integrativen Angebots, da Sondereinrichtungen eine lange Tradition haben, so dass sich die Eltern lieber dafür entscheiden. Zum anderen führt das Selbstverständnis von Inklusion im Kindergarten nicht automatisch auch zu dessen Bewusstwerdung (Sulzer & Wagner 2011). Das Zusammentreffen von Differenzen im Alltag muss kritisch reflektiert und in einem größeren Gesamtkontext von Diversität gesehen werden. Der *Index für Inklusion für Schulen* von Tony Booth bietet hilfreiches Material, Bildungsinstitutionen für eine inklusive Ausrichtung zu ermutigen, um einer ‚Schule für alle' näherzukommen (Booth & Ainscow 2003).

Der Index richtet sich allerdings eher an Schulen und deren Strukturen (Lehrerkollegium) und lässt sich nur begrenzt auf die Situation in der Kita übertragen, da er ein Phasenmodell mit zeitlicher Strukturierung (drei Dimensionen, unterteilt in sechs Bereiche, aufgegliedert in 44 Indikatoren und schließlich ausgebreitet in 560 Fragen) und inhaltliche Impulse anbietet, die nächsten Schritte zur Inklusion zu verfolgen. Allerdings wurde die ursprüngliche Version für Schulen von den englischen Autoren um eine Version für Kindertageseinrichtungen ergänzt, die ebenfalls auf Deutsch vorliegt (Booth et al. 2012).

In den integrativen Gruppen (z. B. zwei Gruppen mit jeweils 15 Kindern, davon 10 Regelplätze und 5 Integrativplätze) wird Rücksicht, Toleranz und Achtung gegenüber beeinträchtigten Menschen gefördert. Hinzu kommen weitere Ziele wie Gemeinschaftsfähigkeit und Eigenaktivität im Sinne der Förderung der Gesamtpersönlichkeit der Kinder. Die Förderung verläuft über die Entwicklungsdiagnostik der Frühförderung, Beobachtungen, gemeinsame Förderplanung, Umsetzung der Ziele im Gruppenalltag insbesondere sowohl in Kleingruppen als auch in Einzelsituationen. Die frühkindliche Bildung ist im Gegensatz zur Primar- und Sekundarbildung insofern besser auf Inklusion vorbereitet, da sich die Lehr- und Lernverständnisse aufgrund der Heterogenität der Kinder im Kindergarten deutlich unterscheiden. Die Akzeptanz der Verschiedenheit beginnt bei altersgemischten Gruppen und berücksichtigt auch Differenzen in der Entwicklung von Kompetenzbereichen wie z. B. Sprache, Motorik und Wahrnehmung. Zudem herrschen kein Leistungsdruck und Bewertungszwang, wie dies in der Schule oftmals üblich ist. Viele didaktische Prinzipien der Elementarbildung konzentrieren sich auf das ‚Stärken von Stärken'.

IV Inklusion in der Musikpädagogik

Wie bereits oben angeführt, gibt es bislang auffallend wenige Erkenntnisse über fachdidaktische Inklusionskonzepte. Dies gilt auch für die Musikpädagogik. Innerhalb dieser „didaktische[n] Einöde" (Schäfer 2007, 2) hat sich die Gesellschaft für Musikpädagogik (GMP) auf der Tagung *Soziale Inklusion als künstlerische und musikpädagogische Herausforderung* mit der Thematik auseinandergesetzt (Greuel & Schilling-Sandvoß 2012). Katharina Bradler hat 2016 einen Sammelband zum Thema *Vielfalt im Musizierunterricht* (Bradler 2016a) herausgegeben, wobei sich die Beiträge auf Aspekte der Instrumental- und Gesangsdidaktik fokussieren. In einer weiteren Publikation haben die Herausgeberinnen Anja Bossen und Birgit Jank verschiedene Einzelbeiträge gebündelt, die sich mit Inklusion im Musikunterricht auseinandersetzen und einen Fokus auf Aspekte sprachbewussten Handelns legen (Bosse & Jank 2017). Weiterhin zu nennen ist das *Inklusions-Material* (Eberhard & Höfer 2016) für die Sekundarstufe I von Daniel Mark Eberhard und Ulrike Höfer, die praxisbezogene Handreichungen bzw. Kopiervorlagen entwickelt haben und „sofort einsetzbare Methoden, Materialien, Spiele und Anregungen" (Buchrücken) vorstellen. Hinzu kommen Musikpädagog*innen, die sich in Einzelbeiträgen in Zeitschriften (z. B. Grest 2014, Merkt 2014), Sammelbänden (Mc Call 2012, Hirte 2017), Referaten (z. B. Steffen-Wittek et al. 2010), Interviews (z. B. Höppner & Bäßler 2014); Seminaren (z. B. Magnus Gaul 2012/13) oder in Abschlussarbeiten (z. B. Kunert 2014) mit der Thematik beschäftigt haben.[8] Zudem sind einige kleinere aktuelle musikpädagogische Schriften zu verzeichnen, in denen Inklusion eine wichtige Rolle spielt (z. B. das AfS-Themenheft *Inklusion* vom November 2014; Musik in der Grundschule 1/15 zum Thema *Inklusion* oder die beiden Ausgaben der Diskussion Musikpädagogik zum Thema *Inklusion* (Heft 70/2016 und 79/2018)). Aber es liegt bislang keine Publikation vor, in welcher der Stellenwert einer inklusiven Musikpädagogik umfassend aufgearbeitet wurde.

Eine Ausnahme hinsichtlich der Aufarbeitung inklusiver Themenfelder bietet der Bereich der Interkulturellen Musikpädagogik, zu dem in den letzten Jahren zahlreiche Beiträge verfasst wurden. Auch wenn die Musikkultur mit ihrer multikulturellen Vielfalt und all den daraus erwachsenen Differenzen der zentrale Untersuchungsgegenstand ist, ist eine Bezugnahme auf inklusive Aspekte implizit vorhanden, insofern der Bereich sozioästhetischer Anerkennung (Honnens 2017) thematisiert wird. Im Zentrum stehen allerdings eher Fragen zu unterschiedlichen Kulturbegriffen (Barth 2008) oder der Umgang mit fremden Musikkulturen sowie daran gebundene musikdidaktische Perspektiven. Auch der von Irmgard Merkt eingeführte und Wolfgang Martin Stroh ausgearbeitete (erweiterte) Schnittstellenansatz sucht – allgemein formuliert – nach Überschneidungen zwischen den Lebenswelten unterschiedlicher Menschen und Kulturen auch im

---

8 Lehrveranstaltung von Magnus Gaul zum Thema *Inklusion ... mit Musik – Chancen, Wege, Grenzen, Perspektiven* im Wintersemester 2012/13 an der Hochschule für Musik und Theater Rostock.

Umgang mit ästhetischen Erfahrungen und thematisiert durchaus eine Sensibilität für das und den Andere(n) (Stroh 2009).

Musik ist für die Inklusionspädagogik besonders geeignet, wenn sie als Medium in verschiedenen Bereichen der individuellen Entwicklung eingesetzt wird, um den „sensorischen, motorischen, emotionalen, sozialen, sprachlichen und kognitiven Bereich" (Tischler 2013, 48) zu fördern. Franz Amrhein betont, dass sich durch die Auseinandersetzung mit Musik sowohl musikalische als auch außermusikalische Fähigkeiten entfalten und weiterentwickeln (vgl. Amrhein 2001, 17). Zahlreiche Studien zur Wirkungsforschung im Bereich der Musikpsychologie dokumentieren, dass „Musik als Kulturgut zu den stärksten Bildungs- und Bindungskräften einer Gesellschaft [gehört]. Dies gilt überall auf der Welt, für Menschen jeden Alters und jeder Herkunft, heute und morgen" (Bastian 2001, 62).

So wichtig die Wirkungen von Musik und Transfereffekte für die inklusive Musikpädagogik sind, darf nicht außer Acht gelassen werden, dass Musik nicht funktionalisiert werden soll, sondern als ästhetisches Kulturgut einen Wert in sich selbst trägt. In diesem Kontext wird auch der Unterschied zwischen Musikpädagogik und Musiktherapie besonders deutlich. Während die Musikpädagogik auf eine ästhetische Bildung (lernen/verstehen) ausgerichtet ist, vollzieht sich eine Musiktherapie im Bereich der Heilpädagogik (heilen/wirken).

> Die psychotherapeutische Wirkung der Musiktherapie geschieht vor allem auf Grund des Einflusses der Musik auf die Psyche der Patienten und durch die Einbettung in eine therapeutische Beziehung zwischen Patient und Musiktherapeut und die Einbettung dieser Beziehung in die Musik (Smeijsters 1999, 68).

Vor diesem Hintergrund sollte auch im Bereich der inklusiven Musikdidaktik davon ausgegangen werden, dass die musikalische Praxis einen unhintergehbaren Eigenwert besitzt, ohne explizit auf daran gebundene Transfereffekte zu verweisen, so bedeutsam sie auch für die inklusive Musikpädagogik sein mögen. Es gibt keine sonderpädagogische Musik. „Musik ist zunächst einmal Musik" (Krebber-Steinberger 2003, 76). Ein mögliches inklusives musikpädagogisches Konzept, das sich als Teilbereich der musikalischen Bildung und außermusikalischen Förderung versteht, müsste zwei Ziele erfüllen: Es sollte „sich einerseits an Zielen und Inhalten der allgemeinen Pädagogik orientieren. Es muss aber andererseits auch die spezifischen Lernbedürfnisse und -erschwernisse von Kindern und Jugendlichen mit besonderem Förderbedarf im Blick haben" (Häußler & Wittenstein 2011, 290).

1 Musikpädagogische Ansätze im Bereich inklusiver Musikpädagogik

Im Folgenden werden verschiedene Ansätze im Bereich inklusiver Musikpädagogik vorgestellt. Die Darstellung beschränkt sich auf Buchpublikationen und ermöglicht eine Art Orientierung insbesondere vor dem Hintergrund der Unterschiedlichkeit der Ansätze. Grundsätzlich lassen sich theoretisch-konzeptionelle (Probst; Mück) von praxisorientierten Ansätzen (Moog, Tischler, Eberhardt) unterscheiden. Hinzu kommen auch empirische Untersuchungen (Probst, Mück) sowie eine größere Einbettung in psychologische Kontexte (Amrhein).

1.1 Probst, Piel, Moog & Josef: Instrumentalspiel mit Behinderten

Erste Überlegungen einer inklusiven Musikpädagogik erfolgten in den 1970er Jahren im Kontext des Diskurses über den Stellenwert von Musik in der Sonderschule und über das Verhältnis von Musikpädagogik und Musiktherapie. Bereits 1969 wurde ein Themenkatalog aufgestellt, der „als eine der Forschungsaufgaben der Musikpädagogik auch die Heilpädagogik" umfasste (Mück 2008, 104; Gruhn 1993, 317). Verschiedene Autoren setzten sich ab den 1970er Jahren verstärkt für *Musik als Unterrichtsfach in der Sonderschule für Lernbehinderte* ein (Probst 1972; Josef 1976; Piel 1985; Moog 1991). Zusammen mit Ansätzen von Helmut Moog, Walter Piel und Konrad Josef bildeten die Überlegungen von Werner Probst wegweisende Überlegungen, dem Stellenwert der Musik mit und bei Menschen mit Beeinträchtigungen größere Bedeutung zuzuschreiben.

Interessant erscheint, dass die Konzepte parallel zu den Forderungen einer Kunstwerkorientierung (Alt 1968) entwickelt wurden, die den Unterricht an Allgemeinbildenden Schulen (v. a. Gymnasium) stark beeinflussten. Zentrale Überlegungen wurden von der Sonderpädagogik übernommen, aber neu kontextualisiert. Ähnlich wie Michael Alt fordert auch Probst eine „Neugestaltung des Musikunterrichts" und eine „fachbezogene Auseinandersetzung mit Musik" (Probst 1972, 7). Dabei soll Musikunterricht von musisch-ideologischen Mitteln befreit werden und zu einer „Entkrampfung des Singbetriebes" (ebd.) führen. In diesem Kontext wird auch die heilpädagogische Auslegung des Unterrichts hinsichtlich der erzieherischen Kräfte der Musik kritisiert und ein wissenschaftlicher Umgang mit dem Themenfeld gefordert. Probst greift explizit zwei Unterrichtsfelder von Micheal Alt auf (Musikausübung und Hören von Musikwerken), kontextualisiert diese aber im Bereich der musikalischen Praxis. „Als Teilgebiete der Musikübung werden der Umgang mit Klängen und Geräuschen und Anwendungsmöglichkeiten des Orff-Schulwerkes angeführt" (ebd., 8). Die Gründe dieser Neukontextualisierung sind pragmatischer Art: Da die Didaktik Alts zu anspruchsvoll für Sonderschüler*innen sei, müsse sich der Unterricht auf den Liederwerb und das begleitende Musizieren auf Orff-Instrumenten beschränken. Die Überlegungen von Probst bilden einen Mittelweg, sowohl die therapeutisch-praktischen Dimensionen mit den kunstwerkorientierten Ansprüchen zusammenzuführen.

> Das Hören von Musikwerken schließlich, [...], soll mit dem Weg über das Kennenlernen der Instrumente vom unreflektierten Zuhören zur musikgebundenen Beschäftigung mit dem Erklingenden geführt werden, um Einsicht in das Musikgeschehen zu gewinnen (ebd.).

Das musikdidaktische Konzept basiert auf drei aufeinander aufbauenden Ebenen. Der Weg führt vom Umgang mit Klängen und Geräuschen als Teil einer Wahrnehmungssensibilisierung über das Erproben von Klangeigenschaften hin zu Gestaltungsmöglichkeiten und improvisatorischen Klangspielen, wobei auch Sprachprozesse aufgegriffen und Notationsformen kennengelernt werden (Ebene I). Anschließend werden das Orff-Schulwerk und unterschiedliche Einsatzmöglichkeiten im Bereich der Liedbegleitung vorgestellt (Ebene II). Zuletzt erfolgt die Instrumentenkenntnis als Weg zum Hören von Musikwerken (Ebene III). Sein Konzept zielt darauf, „den Kindern möglichst viele Instrumente des Orchesters vorzustellen, um ihnen einen Zugang zum Hören von Musikwerken zu eröffnen" (Mück 2008, 104). Probsts Beitrag zur *Neugestaltung des Musikunterrichts* (1976) bietet eine neue Sichtweise auf die Unterrichtsgestaltung in der Sonderschule, die sich bis heute etabliert hat.

In diesem Kontext ist auch der von Probst entwickelte und vielfach diskutierte Modellversuch *Instrumentalspiel mit Behinderten an Musikschulen* erwähnenswert, in dem Musikschullehrkräfte weitergebildet wurden, um Sonderschüler*innen zu unterrichten. Ziel war es, der „Feststellung, dass Behinderte sowohl im privaten Instrumentalunterricht als auch in den Musikschulen und Musikhochschulen in verschwindend geringer Zahl vertreten sind" (Probst 1991, 19), entgegenzutreten. Das umfassende von Karl-Jürgen Kemmelmeyer evaluierte Konzept beinhaltete eine Motivationsphase in der Schule, um die Instrumente kennenzulernen, sowie die Durchführung von Unterrichtsstunden an den Sonderschulen durch die Musiklehrkräfte. Das Projekt erinnert durch die Kooperation von Schule und Musikschule an Klassenmusizierprojekte wie z. B. JeKi.

In den 1970er Jahren haben sich auch Konrad Josef, Walter Piel und Helmut Moog mit dem Stellenwert der instrumentalen Praxis in der Sonderschule auseinandergesetzt, aber andere Schwerpunkte gelegt. In *Musikinstrumente für Behinderte* (Josef 1976) stellt Josef die Bedeutung der Musik für das individuelle Lernen, für die binnendifferenzierte Förderung und die soziale Integration heraus. Moog setzte sich mit der Eignung von Blasinstrumenten für Kinder in unterschiedlichen Förderbereichen auseinander (Moog 1978) und hebt die „sozialisierende Funktion von Musik" (Moog 1978) im Bereich des Gruppenmusizierens hervor. Auch für ihn gehört eine musikalische Hörerziehung, bei der Umweltgeräusche erkannt und lokalisiert werden, zu den Grundaufgaben einer zeitgemäßen Musikpädagogik. Seine integrativen Ansätze werden durch verschiedene Forschungen zur musikalischen Früherziehung bei behinderten Kindern unterstützt.

Abb. 6.: Blaskapelle Stiftung Dr. Dormagen unter Leitung von Jakob Gaspers (Moog 1978, 190).

Walter Piel thematisierte den *Instrumentenbau mit behinderten Kindern* (1985) und stellte das Verhältnis von Komposition und Improvisation sowie Musik und Bewegung sowie fächerübergreifende Möglichkeiten in das Zentrum seiner Überlegungen. Zu den Instrumenten gehören Flöten und Harfen, aber auch ungewöhnliche Ideen wie akustische Handschuhe oder ein Krachkamm.

Abb. 7: Akustische Handschuhe (Piel 1985, 331).

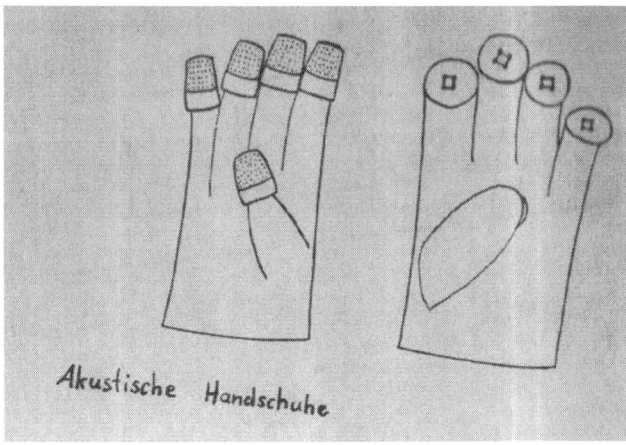

Wie auch Probst forderten die genannten Autoren gemeinsam einen Wandel in der Musikdidaktik, um Integration durch das vielseitige aktive Musizieren in heterogenen Bläser-Ensembles unter Berücksichtigung der spezifisch motorischen Fähigkeiten zu ermöglichen.

Horn oder Trompete sollen dem Behinderten auch ein Instrument zur Befreiung aus seiner Isolation sein. Nach Möglichkeit soll es der Behinderte dazu bringen, in einem Ensemble Nichtbehinderter mitzuspielen. […] Beim Musizieren erfolgt die innenhafte Information nicht nur akustisch, sondern auf Grund der motorischen Aktivität auch taktil, vibratorisch und über die Körpersinne (Moog 1978, 12).

So befremdlich und altmodisch zum Teil die Formulierungen klingen, kann nicht deutlich genug hervorgehoben werden, dass lange vor der Einführung von Inklusion in Schulen eine neue Sicht auf Aufgabenbereiche des Musikunterrichts zum Vorschein gelangte, welche die Förderung durch Musik thematisierte und dabei auch musikpsychologische und -physiologische Grundlagen aufgreift. Moog konzentrierte sich auf die

physischen Anforderungen eines Instruments, seine gehörsmäßigen Anforderungen, das intelligente Verhalten des Aspiranten, seine Arbeitshaltung und Frustrationsspanne sein emotionales Verhältnis zum Instrument und die soziale Situation des Kindes (Moog 1978, 130).

Die Instrumente wurden bei unterschiedlichen Formen von Beeinträchtigungen eingesetzt, wie z. B. Bewegungsstörungen, Querschnittslähmung, Extremitätsfehlbildungen und Hirnschädigungen (Moog 1988). Der Schwerpunkt lag auf der Berücksichtigung von Bewegungsstörungen, so dass der musikbezogene Umgang mit verhaltensauffälligen Kindern kaum berücksichtigt wurde. Innovativ waren auch die Ansätze, neue elektronische Musikinstrumente (Fricke-Synthesizer, Blasorgel) zu entwickeln und in die musikalische Ensemblearbeit miteinzubinden.

Abb. 8.: Gehörbeeinträchtigte Schüler musizieren mit der Blasorgel (Moog 1978, 188).

Lange vor der Einrichtung von Bläserklassen oder JeKi entwickelte er ein umfassendes Konzept zum instrumentalen Musiklernen für Kinder mit sonderpädagogischem Förderbedarf, das musikpsychologische und physiologische Erkenntnisse berücksichtigt und übergeordnete Themenfelder, wie Unterrichtsorganisation und Finanzierung, anspricht. Hierzu gehören auch Kooperationsangebote mit außerschulischen Institutionen (Ensembles), um durch eine professionelle Begleitung dauerhafte Motivationen zu erzielen.

Auch wenn sich insbesondere die Überlegungen von Moog zur musikalisch-inhaltlichen Neugestaltung des Unterrichts auf die Reproduktion von so genannter abendländischer Kunstmusik beschränkt, sind die Untersuchungen von den genannten Autoren für eine Integration von Menschen mit Beeinträchtigung im Bereich des Gruppenmusizierens innovativ und haben sich durchaus auf schulische und außerschulische musikalische Bildung ausgewirkt, auch wenn ihre historisch-musikpädagogische Relevanz zum Teil in Vergessenheit geraten ist.

1.2 Amrhein: Sensomotorische Förderung durch Musik

Im Gegensatz zu den Ansätzen von Probst und Moog hat sich Franz Amrhein ab den 1970er Jahren verstärkt mit der Förderung durch Musik aus neurophysiologischer und lernpsychologischer Sicht auseinandergesetzt, wobei die Sensomotorik als Grundlage für Entwicklung und Lernen gilt und eine Schlüsselrolle einnimmt.

> Musikalische Förderung versteht sich vor allem als sensomotorische Förderung und zielt auf die Fähigkeiten von Bewegung, Wahrnehmung, Ausdruck und Kommunikation (Amrhein & Bieker 2005, 25).

Seine Ansätze haben über zahlreiche Lehrerfortbildungen und Unterrichtsmaterialien auch Eingang in die musikpädagogische Praxis gefunden. Amrheim konzentriert sich auf Kategorien wie Körperlichkeit, Gestalt/Ordnung, Darstellung und Ausdruck als zentrale Elemente in der musikalischen Gestaltung, die wechselseitig aufeinander verweisen. Musik wird körperlich erlebt und ist „Gestaltetes/Geordnetes in der Zeit und im (Klang-)raum" (Amrhein 2007, 777). Musik ruft Assoziationen hervor (Kategorie Darstellung) und drückt Emotionen aus (Kategorie Ausdruck). Die methodischen Prinzipien in der Vermittlung der Kategorien sind Bewegung, Wiederholung und Stimulierung/Strukturierung. Die musikalische Förderung findet in vier Lernfeldern statt. Hierzu gehören *Musik und Bewegung* (Umgang mit dem eigenen Körper, Raum und Zeit), *Musik mit der Stimme* (vokale Artikulations-, Klang- und Unterscheidungsfähigkeit entwickeln, Erfahrung mit der Stimme als individuelles Ausdrucks- und Kommunikationsmedium), *Musik mit Instrumenten* (handelnder Umgang mit Klängen und Geräuschen auf natürlichen oder elektroakustischen Klangerzeugern) sowie *Musikhören* (Sensibilisierung und Differenzierung des Hörens, Vermittlung unterschiedlicher Hörerfahrungen und Informationen über Musik(leben)) (vgl. Amrhein 2007).

Für eine gelingende Förderung mit und durch Musik ist die Berücksichtigung der Bedürfnisse und Fähigkeiten der Schüler*innen seitens der Lehrkraft maßgeblich. Sie muss die Förderprozesse „methodisch geschickt in Gang setzen" (ebd., 779) und die Schüler*innen motivieren. Die Lehrkraft ist „Diagnostiker, Didaktiker und Methodiker, für das musikalische Spiel aber vor allem Animateur" (Amrhein & Bieker 1999) mit ausgeprägten nonverbalen Fähigkeiten (Körpersprache) (vgl. Amrheim & Bieker 2005, 26). Für die methodisch-didaktische Gestaltung ist entscheidend, dass Musik als expressives Ausdrucksmedium eingesetzt wird und nicht auf einem normierten Bewertungssystem sowie daran gebundenem Leistungsdenken basiert. Aus inklusiver Sicht gilt es, die Wirkung von Musik auf das Wohlbefinden zu berücksichtigen, da sie ein ‚Vehikel' für Gefühle ist, wie Freude oder Angst. Wichtige Erkenntnisse lassen sich aus dem Bereich der Förderpädagogik und v. a. aus der benachbarten Disziplin der Musiktherapie hinzuziehen. Allerdings ist das Verhältnis zwischen Musikpädagogik und Musiktherapie nicht unproblematisch, sofern unterschiedliche Ziele verfolgt werden (Musiktherapie: heilen; Musikunterricht: lernen).

1.3 Mück: Ganzheitliche Förderung durch Musik im Grundschulalter

Im Zentrum des Ansatzes von Thomas Mück steht ein so genanntes Parametermodell. Die sechs Parameter Klangfarbe, Dynamik/Klangstärke, Rhythmus/Klangzeitmaß, Melodie, Harmonie/Dissonanz und Form stellen die inhaltliche Grundlage des Musikunterrichts dar und werden schrittweise aufbauend unterrichtet.[9] Ausgehend von der Klangfarbe werden immer komplexere Bausteine hinzugenommen, bis alle Parameter miteinander in Verbindung stehen. Eine Besonderheit besitzt der Parameter Form, da er mit allen anderen in Bezug steht bzw. auf diese einwirkt. Auch Aktionsformen wie Komponieren, Musizieren, Sprechen, Singen, Bewegen und Hören stehen in einem Wechselverhältnis zu den Parametern (Mück 2008, 142 f.).

Über das Parameterkonzept hinaus werden neun fachbezogene Arbeitsfelder angeführt, die in Verbindung mit der Individualität des Kindes und des jeweiligen Förderbedarfs stehen. Dies sind Medienerziehung durch Musik, fächerverbindender Unterricht, musikbezogene Projekte, fachbezogene Unterrichtsgänge, meditative Elemente im Unterricht durch Musik, musikbezogene Arbeitsgemeinschaften, interkulturelle Musikerziehung, tägliches Musizieren und außerschulische Musikerziehung. Ein Hauptziel des Ansatzes liegt in der Förderung der Reflexionsfähigkeit.

> Musikalisches Lernen ist darauf gerichtet, zu musikalischem Denken, Handeln und Verstehen zu befähigen. Insofern spielt der Aspekt der Förderung der Reflexionsfähigkeit über Musik bei Kindern und Jugendlichen mit sonderpädagogischem Förderbedarf eine wichtige Rolle (Mück 2009, 8).

Ohne hier en detail auf den Ansatz sowie daran angebundene empirische Forschungsergebnisse einzugehen, zieht Mück die Konsequenz, dass „in dem vorliegenden Konzept die Grundsätze eines ganzheitlichen sowie handlungs- und schülerorientierten Musikunterrichtes erfüllt sind" (vgl. Mück 2008, 143 f.).

---

9   Thomas Mück bezieht sich auf das Luxemburger Modell „Musik ist das Spiel mit dem Klang", das er während seines Studiums und Referendariats kennenlernte.

Abb. 9: Überblick über das Parameterkonzept nach Mück

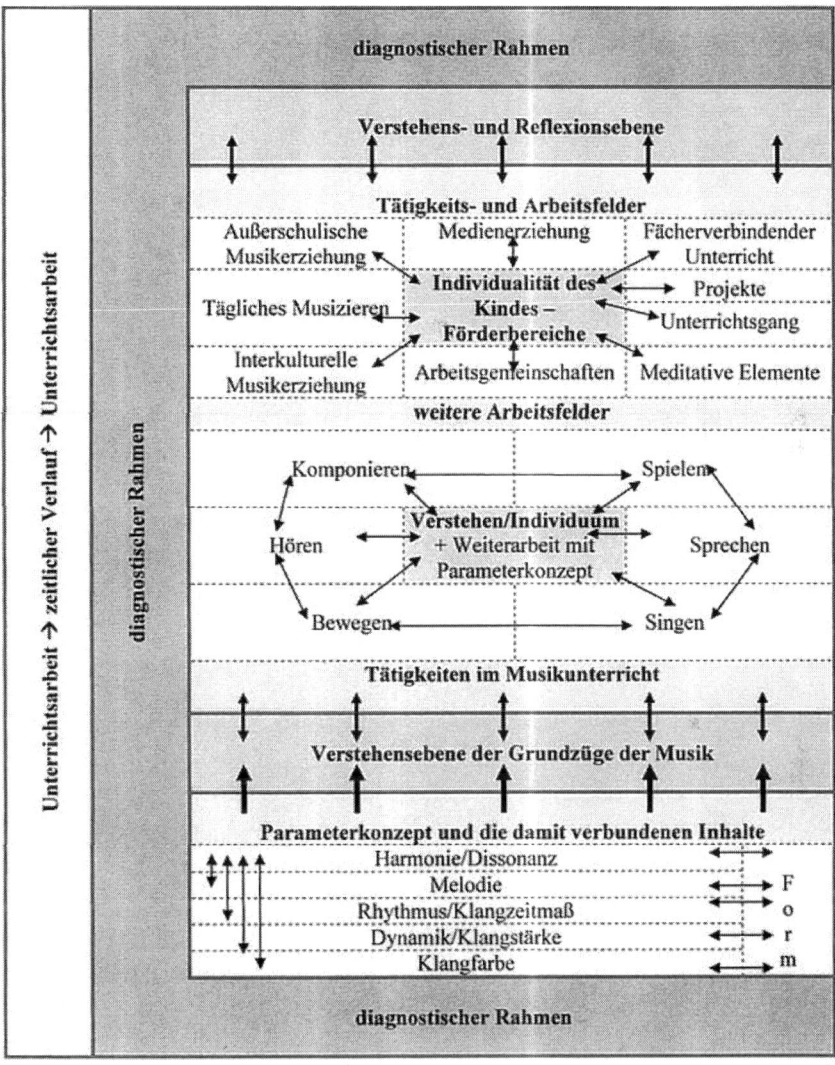

1.4 Tischler: Konzept des erlebnisorientierten Ansatzes

Im Zentrum des Ansatzes von Björn Tischler steht das Erleben von Musik. Dabei werden auch Bezüge zur Elementaren Musikerziehung, zur Rhythmik, zum Orff-Schulwerk und zu theoretischen Grundannahmen (Amrhein) hergestellt. Der vielschichtige und aus ideologischen Gründen (Reformpädagogik) nicht unproblematische Erlebnisbegriff wird auf drei Ebenen thematisiert: Körper, Seele und Geist. Dabei erscheint der Körper als „Fundament musikpädagogischen und -therapeutischen Denkens und Handelns" (Tischler 2013, 2). Die Ausübung von Musik und die erlebnisbezogene Wahrnehmung gehört zu den naturgegebenen „Fähigkeiten und Eigenschaften des Menschen, wenn die physiologischen Voraussetzungen gegeben sind" (ebd., 15). Hinzu kommt eine spielerische Dimension in der Aneignung von Musik, die auch zum Lernen dazu gehört. Weitere zentrale Prinzipien in der Gestaltung des Unterrichts sind Struktur und Wiederholung, wobei Letztere das wichtigste formbildende und Sicherheit vermittelnde Prinzip darstellt.

Tischlers Ansatz basiert auf einem Drei-Säulen-Modell. Musik kann als Prinzip des ganzheitlich-integrativen Erlebens, als Gegenstand fachorientierten Lernens oder als Mittel der Entwicklungsförderung betrachtet werden. Der ganzheitlich-integrative Bereich thematisiert „musikübergreifende Verbindungsmöglichkeiten" (ebd., 15) und kommt in der Anknüpfung an andere Fächer oder in Projektarbeit zum Einsatz. Im Bereich des fachorientierten Lernens steht die Vielfalt musikalischer Aktivitäten im Zentrum. Angebahnt wird die Vermittlung kulturell-ästhetischer Werte und Ausdrucksformen, um eine „Hinführung zu Musik (Erleben von Musik) einschließlich Reflexion sowie Umgang mit technischen Medien" (ebd., 17) zu ermöglichen. Tischler gibt folgende Bereiche für die inhaltliche Gestaltung des Musikunterrichts an: Musik mit der Stimme (Aktion), Musik mit Instrumenten (Aktion), Musikhören (Rezeption), Musik und Bewegung/Tanz (Transposition), Musik und Szene (Transposition), Musik und Zeichen (Notation), Musikanalyse (Reflexion und Information) (ebd., S. 25 ff.). Zu der dritten Säule gehört die Entwicklungsförderung in Form außermusikalischer Zielsetzungen. Hierzu gehören die Bereiche Sensorik (Wahrnehmung), Motorik (Bewegung), Emotionalität (personale Identität), Soziabilität (soziale Medien) sowie Sprache und Kognition (Denken).

1.5 Probst, Schuchardt & Steinmann: Musik überall

Das von Werner Probst, Anja Schuchardt und Brigitte Steinmann verfasste Buch *Musik überall* (2006) versteht sich als ein Wegweiser für Förder- und Grundschule und bietet viel Praxismaterialien für Schüler*innen mit geistiger Beeinträchtigung. Es eignet sich insbesondere für Kinder ohne musikalische Vorkenntnisse und mit unterschiedlichen Lernvoraussetzungen. Das grundsätzliche Ziel liegt in der Vorbereitung auf eine kompetente Teilhabe an der Musikkultur, so dass jeder in der Lage ist, Musik zu erleben „aufgrund einer im Wesen des Menschen angelegten Befähigung, die pauschal mit Musikalität bezeichnet wird" (Probst et al. 2006, 8). Die Lerninhalte für den Musikunterricht für Schüler*innen mit Förderbedarf müssen „auf eine Ebene gebracht werden, die sich an der besonderen Situation der Lerngruppe orientiert (z. B. längere Lernzeit, geringere Abstraktionsfähigkeit, geringere Aufmerksamkeitsspanne)" (ebd., 9). Vereinfachung und Differenzierung sind im Sinne der individuellen Möglichkeiten der Förderung aller Schüler*innen die zentralen didaktischen Prinzipien. Hierzu gehört auch „die Arbeit in kleinen Schritten, Isolierung von Schwierigkeiten, Wechsel der Tätigkeiten, Organisationsformen und Spannungs- und Entspannungsphasen sowie Wiederholung und Übung" (ebd., 16). Die Autor*innen unterscheiden begrifflich zwischen ‚Unterricht in Musik' und ‚Förderung durch Musik', um beide Aufgabenbereiche gezielt praktizieren zu können. Zwar können im Musikunterricht immer auch Auswirkungen auf andere Entwicklungsbereiche erwartet werden, im Zentrum stehen aber die vielfältigen Erfahrungen, die im Umgang mit Musik erworben werden können. Der Unterricht selbst soll „Freude und Interesse an Musik wecken, musikalische Wahrnehmungs-, Erlebnis- und Ausdrucksfähigkeit entfalten und musikalische Kompetenzen entwickeln" (ebd., 10).

Aus konzeptioneller Sicht besteht *Musik überall* aus vier Lernfeldern des Musikunterrichts (Musik mit der Stimme, Musik mit Instrumenten, Musik und Bewegung, Hören von Musik und Musiktheorie), wobei – ähnlich wie bei Mück – die Reflexionsfähigkeit in Verbindung mit den anderen Lernfeldern vermittelt werden soll. Der Unterricht basiert auf verschiedenen Grundsätzen wie Einbeziehung der Sinne, Praktisches Tun, Probieren und Mitmachen, vom Konkreten zum Abstrakten und vom Bekannten zum Unbekannten.

1.6 Klauer: Klick!

Im Rahmen der Materialien für den inklusiven Musikunterricht ist das Lehrwerk *Klick!* zu berücksichtigen. Das für die Klassenstufen 1 bis 7 geeignete Material richtet sich explizit an „Lehrkräfte, die an Förder-, Haupt- oder Gesamtschulen unterrichten" (Klauer 2011, 3) und berücksichtigt fachfremden Unterricht. Dabei ist die Didaktik auf „Schüler mit Entwicklungsverzögerungen und Lernbeeinträchtigungen" (ebd.) ausgerichtet. Ausgehend von einer Berücksichtigung der Lehrpläne einzelner Bundesländer werden fünf didaktisch-methodische Aspekte vorgestellt: 1.) Die Themen knüpfen an den Erfahrungen der Schüler*innen an, 2.) sie werden handlungsorientiert aufgearbeitet und bieten 3.) „Anregungen für die vielfältigen musikalischen Aktivitäten" (ebd., 4). Der Unterricht leistet 4.) einen Beitrag für das kulturelle Schulleben (Gestaltung von Veranstaltungen) und soll 5.) themen- und fachübergreifende Zusammenhänge herstellen. Aus methodischer Sicht wird mit Differenzierungen gearbeitet und dabei ausführliche Anleitungen im Bereich Klassenmusizieren beschrieben.

1.7 Hinz & Kruse: Band ohne Noten

Das Konzept zum Klassenmusizieren in einer Band ist aus der praktischen Arbeit der Autoren Robert Hinz und Remmer Kruse entstanden, die als Musiklehrer an Förder- und Hauptschulen arbeiten. Für die Erarbeitung der Songs aus der populären Musik wird „auf traditionelle Notation verzichtet" (Kruse & Hinz 2008, Band ohne Noten 2018) und die Stücke werden vereinfacht, so dass diese für Schüler*innen ohne spezifische Vorkenntnisse spielbar sind. Dazu werden sie in alternativer Notationsform arrangiert. Auf Basis der ‚didaktischen Reduktion' werden Veränderungen an den Spieltechniken, der Notation und der Besetzung vorgenommen, indem Gitarren tiefer gestimmt werden, das Keyboard mit Zahlen markiert (vgl. Abb. 10 und 11) oder das Drumset von mehreren Schüler*innen gespielt wird.

Abb. 10 und 11: Spieltechnische Vereinfachung im Bereich Bandarbeit (Band ohne Noten 2018)

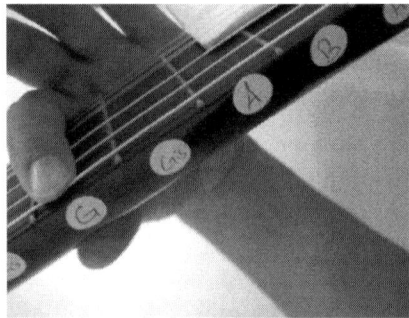
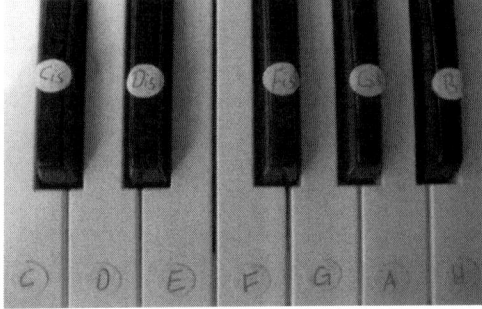

Auch wenn diese Prinzipien sicherlich nicht den traditionellen Kriterien der Instrumentalpädagogik entsprechen (Lernen nach Noten; spieltechnische Haltung), soll das Konzept dazu beitragen, Freude an der Musik zu empfinden und die Entwicklung der musikalischen Identität zu unterstützen. Aus inklusionsbezogener Sicht wird in den methodischen Erarbeitungsformen großer Wert darauf gelegt, dass die Lehrkraft „immer flexibel auf die heterogenen Lernvoraussetzungen der Schülerinnen und Schüler eingehen muss" (Band ohne Noten 2018). Demnach lassen sich die vorgeschlagenen Patternschreibweisen auch mit herkömmlicher Notation oder Farbnotation kombinieren. Traditionelle Spieltechniken oder Akkordgriffe können jederzeit eingesetzt werden, wenn Schüler*innen über entsprechende Fähigkeiten verfügen. Die Erarbeitung erfolgt in fünf Phasen:
- musikalische Analyse des ausgewählten Musikstücks
- didaktische Reduktion des musikalischen Arrangements (und häufig auch des Textes) im Hinblick auf das Klassenmusizieren mit Schüler*innen ohne Vorkenntnisse
- alternative Notationsformen für die Stimmen der Schüler*innen (tabellarische Spielpartituren und Spielpattern) und Spielhilfen für das Instrumentalspiel, z. B. Veränderungen an und Markierungen auf Instrumenten
- Herstellen einer Matrix, die von der Lehrperson als Partiturübersicht zum Einüben genutzt werden kann
- Anpassen des Arrangements an die jeweilige Klasse während der Übephase

Das Material ist praxisorientiert und nicht direkt auf den Umgang mit Menschen mit Beeinträchtigung ‚zugeschnitten', wie dies in den Ansätzen der 1970er Jahre der Fall war. Band ohne Noten ist vielmehr ein grundlegender Ansatz für das voraussetzungslose Klassenmusizieren mit Bandinstrumentarium.

1.8 Theilen: Mach Musik!

Ulrike Theilen stellt in ihrem Buch *Mach Musik!* zahlreiche rhythmische und musikalische Angebote für Menschen mit schweren Behinderungen vor. Im Zentrum steht das gemeinsame Erleben und Gestalten von Musik, um den kommunikativen Prozess untereinander zu fördern.

„Musikalische Interaktionen können dazu verhelfen, Beziehungen zu anderen Menschen aufzubauen", um die Schüler*innen darin zu unterstützen, die „vorhandenen kommunikativen Fähigkeiten zu erweitern oder überhaupt erste Erfahrungen mit gelungener Kommunikation zu machen" (Theilen 2004, 10). Vor dem Hintergrund zahlreicher Erfahrungen aus der eigenen Unterrichtspraxis geht Theilen en detail auf unterschiedliche Verhaltensweisen gegenüber der Musik ein (Innehalten, Lächeln, Zuwendung zur/zum Partner*in), um Interaktionen zu fördern und in außermusikalischen Vorübungen das Erleben vor den Möglichkeiten einer emotionalen Einstellung gegenüber der Lerngruppe zu thematisieren. Ausgehend von dieser Einstellung werden Überlegungen und Anregungen für die Arbeit mit Schüler*innen mit schwerer geistiger Behinderung vorgestellt, bei denen Musik als Sprache „eine Brücke für das Miteinander und den Dialog" (ebd., 13) darstellt und Entwicklungspotenziale ermöglicht.

1.9 Eberhard & Höfer: Inklusions-Material Musik

Bei *Inklusions-Material Musik* von Daniel Mark Eberhard und Ulrike Höfer handelt es sich um praxisorientierte Anregungen und vorgefertigte Unterrichtsmaterialien (Kopiervorlagen), die sich v. a. auf Aspekte der Heterogenität konzentrieren, um Anregungen für einen ‚Musikunterricht für jeden Schüler' zu ermöglichen. Auch wenn sich das Buch als Materialsammlung versteht, lohnt es sich, die musikpädagogischen Überlegungen zum Umgang mit Inklusion vorzustellen, die auf dem Index für Inklusion basieren. Zunächst werden grundlegende Besonderheiten des inklusiven Musikunterrichts dargestellt, wozu die ästhetische Erfahrung und Emotionalität sowie die Orientierung an der Lebenswelt der Schüler*innen gehören (Verbindung von Privatem und Unterricht). Dabei wird das Fach Musik „in besonderem Maße von gesellschaftlichen Prozessen beeinflusst" (Eberhard & Höfer 2016, 23), so dass die Veränderungen (Musik & Medien; Stellenwert von Musik in der Familie) eine permanente Weiterentwicklung der Kompetenzen auf Seite der Schüler*innen und Lehrer*innen verlangen. Aus didaktischer Sicht fokussiert der Bereich *Kulturen* eine verstärkte Berücksichtigung von musikalisch und sozial förderlichen Lernbedingungen (ebd., 25). Hierzu gehören Offenheit und Toleranz sowie der Umgang mit Gefühlen und die grundlegende Wertschätzung des ‚Fremden'. Auf der Basis dieser Kulturen werden *Strukturen* entwickelt, welche die notwendigen Rahmenbedingungen im Schulsystem gewährleisten. Hierzu gehören zeitliche, räumliche und organisatorische Überlegungen, wie z. B. Flexibilität von Stundentafeln und Freiräume für musikalische Angebote. Mit *Praktiken* werden die Lernvorgänge und Unterrichtsvorgänge bezeichnet, welche auf die Vielfalt der Schüler*innen eingehen. Dazu gehören Berücksichtigung der musikalischen Erfahrungen der Schüler*innen, Einbeziehung außerschulischer Musikangebote, improvisatorische Experimente oder der Bau von angepassten Musikinstrumenten und individualisiertes Lernmaterial. Um den gesellschaftlichen Wandlungsprozessen gerecht zu werden, soll interkulturelles Lernen ermöglicht werden, um die Vielfalt musikalischer Kulturen zu berücksichtigen. Die Unterrichtsgestaltung basiert auf handlungsorientiertem Lernen und berücksichtigt das gemeinsame Musizieren auf Basis kreativ-improvisatorischer Aspekte, die binnendifferenziert aufbereitet sind. Die Lehrkraft begleitet und unterstützt die Lernvorgänge. Sozial- oder Sonderpädagog*innen sind gleichberechtigte Partner und fördern die individuellen Lernvorgänge. Das betrifft auch die gezielte Gestaltung von Unterrichtsmaterialien (vergrößerte Abbildungen; Reduktion der Textmenge etc.), die fächerübergreifend und -verbindend aufbereitet sind. Ferner soll die Leistungsbewertung prozessorientiert angelegt sein und die sozialen, emotionalen und ästhetischen Ebenen mitberücksichtigen. Aus den Ausführungen wird deutlich, dass ‚Grundpfeiler' im Sinne allgemeiner Voraussetzungen für eine inklusive Musikdidaktik genannt werden, die allerdings nicht differenziert ausgearbeitet werden. Eher formelartig und in langen Merksätzen wird das Leitbild eines inklusiven Musikunterrichts dargestellt:

> Inklusiver Musikunterricht findet in ständigem Wechselspiel mit gesellschaftlichen Wandlungsprozessen statt und trägt auf der Basis breit gefächerter, aktualitätsbezogener Kenntnisse und Kompetenzen den unterschiedlichsten Bedürfnissen der Schüler Rechnung (ebd., 24).

Mit dem Fokus auf Kopiervorlagen und sofort einsetzbaren Methoden, die „auf jahrelangen Unterrichtserfahrungen" beruhen, wird der Anschein geweckt, die Lehrenden eher mit Materialien zu versorgen, als Denkprozesse für eine alternative Unterrichtskultur zu entwickeln. Zudem sind die Materialien nicht zwingend für den Bereich Inklusion verwendbar, da sie ganz grundlegende Themen aufgreifen und diese differenziert und arbeitsteilig aufbereitet werden (Instrumentenkunde, Musiktheorie). Auch wenn die Arbeitsaufträge unkonventionell sind (Erfindung eines Trauminstruments) und praxisbezogene Anweisungen (Experimentieren) vorgeschlagen werden, sind die Materialien durchaus anspruchsvoll und setzen weitestgehend Notenkenntnisse und anderes Vorwissen voraus.

2 Inklusionsbezogene musikpädagogische Schwerpunktsetzungen

Ausgehend von den oben angeführten autorenbezogenen Ansätzen lassen sich übergreifende Schwerpunktsetzungen und Grundlagen bündeln, die eine Art Systematik inklusiver Musikpädagogik ermöglichen.

2.1 Kategorien-, Säulen- und Parameterkonzepte

Viele der vorgestellten inklusiven Musikschriften orientieren sich an einer übergeordneten konzeptionellen Anlage oder Systematik. Eine Aufteilung in Lernbereiche oder musikalische Parameter ist sicherlich keine musikpädagogische Besonderheit. Allerdings ist der explizite Aufbau in Form von Parametern (Mück), Säulen (Tischler) oder Kategorien (Amrhein) auffallend. Das gilt sowohl auf theoretisch-konzeptioneller als auch auf didaktisch-praktischer Grundlage. Dabei wird zudem ein Fokus auf einen bestimmten Faktor gelegt, wie z. B. Form und Reflexion (Mück), Musiktheorie (Probst et al.) oder Erleben (Tischler).

2.2 Ganzheitliches und sensomotorisches Musikerleben

In allen herangezogenen Konzepten bzw. musikpädagogischen Ansätzen zur Inklusion wird auf den schillernden Begriff ‚Ganzheit' Bezug genommen. Hiermit sind allerdings unterschiedliche Wertungen und Bedeutungen verbunden. Während sich Amrhein auf psychologische und neurobiologische Untersuchungen beruft, um von hieraus einen systematischen Begriff des sensomotorischen Musiklernens zu entfalten, findet sich in vielen anderen Texten ein Verständnis von Ganzheitlichkeit als ein Lernen mit allen Sinnen. Allen unterschiedlichen Bedeutungen ist die Annahme einer exzentrischen Positionalität gemeinsam, da sich Menschen über ihren Leib selbstreflexiv zur Umwelt setzen und in diese gestaltend eingreifen (Plessner 1975). Daran gebunden ist die Ablehnung und Kritik eines rationalen Musiklernens, verstanden als primär kognitive Lernleistung, die im Musikunterricht v. a. durch musikalische Analyse erfolgt. Dies heißt aber nicht, dass musikalische Analyse zwangsläufig nicht auch ganzheitlich sein könnte.

Michael Kaufmann und Stefan Piendl bezeichnen das ganzheitliche musikbezogene Wirkungsprinzip als ‚sinfonisch' und beziehen sich hierbei auf das Bild eines Sinfonieorchesters, das durch die Vielfalt der Instrumente den Gesamtklang ausmacht im Sinne einer gemeinsamen ästhetischen Qualität (Ausgewogenheit), die aber durch die Zusammensetzung von heterogenen Merkmalen (Einzelstimmen) bestimmt ist (Kaufmann & Piendl 2011). Dieses Verständnis lässt sich auch auf eine inklusive Musikpädagogik übertragen, die sich in ihrer Gesamtheit aus der Vielfalt der Schüler*innen bestimmt und in der Ausgewogenheit ihrer Strukturen allen eine Teilhabe an musikalischen Erfahrungen ermöglicht. Insbesondere das gemeinsame Singen, Musizieren und Bewegen basiert auf einem sozialintegrativen Ansatz und eröffnet einen bewussten Umgang mit Heterogenität.

2.3 Körperbezogenes Musiklernen

Für inklusionsbezogene Lernprozesse besitzt der Körper als Medium des Musiklernens einen wichtigen Stellenwert. „Über Bewegung, Musik und Material wird der Kontakt zum Behinderten erleichtert, er wird aus seiner Isolation herausgeholt" (Krimm-von Fischer 1979, 12). Das Umsetzen von Musik in Bewegung erfolgt durch einfache „Bewegungsfunktionen nach Klängen und Klangverläufen" (Probst 1991, 82) oder anhand von Tanzchoreographien. Dadurch werden das Rhythmusgefühl und die Körperkoordination gefördert (Vollmar 1997, 221). Sitztänze bieten sich für Schüler*innen im Rollstuhl an. Darüber hinaus finden sich Anregungen, um Kinder mit und ohne Beeinträchtigung zusammen tanzen zu lassen.

Für Kinder mit und ohne Behinderung bietet ein kreatives Tanzangebot die Möglichkeit, schnell miteinander auf gleichberechtigter Ebene in Kontakt zu treten (oder zu rollen!). Berührungsängste sollen so gar nicht erst entstehen, oder können unmittelbar abgebaut werden, denn kreative Ideen und vielfältige Ausdrucksmöglichkeiten stehen im Mittelpunkt (McCall 2012, 207).

Der Körper besitzt eine eigene Klanglichkeit (Bodypercussion, Singen) und dient dazu, Musik sinnlich „am eigenen Leibe" zu erfahren (Eigenwahrnehmung). Hierzu gehören sämtliche Aspekte musikbezogenen Bewegens und Erlebens, angefangen von einfachen Musizierformen in der Gruppe bis hin zu Tanz und Bewegungsimprovisationen. Für eine inklusive Musikpädagogik ist es wichtig, Erkenntnisse aus dem Bereich der Rhythmik gezielt aufzugreifen. „Instrumente mit einem direkten Körperbezug" (Tischler 2013, 30) ermöglichen die Erweiterung elementarer Ausdrucksformen, indem vom Klatschen zu Klangerzeugungen übergegangen werden kann. Nichtsprachliche Gestaltungsmittel und Ausdrucksformen wie Mimik, Gestik, Körperhaltung und -ausdruck stehen im Kontext des Singens und verdeutlichen die Einbeziehung mehrerer Sinne im Musikunterricht. Es bietet sich an, motorische Fähigkeiten durch Bewegungslieder zu entwickeln und die gesamte Ausdrucksfähigkeit des „klingenden Körpers" zu berücksichtigen (Probst et al. 2006).

2.4 Sprachförderung durch Musik

Im Rahmen der musikbezogenen inklusiven Arbeit erhält die Sprachförderung einen besonderen Stellenwert. Durch die prosodischen (=musikalischen) Anteile der Sprache, die eine unmittelbare Nähe zur Musik aufweisen und für die Kommunikation von großer Bedeutung sind, werden Schüler*innen für musikalisch-ausdruckhafte Sprachkomponenten („Prosodische Bewusstheit") sensibilisiert (vgl. Tischler 2006, S. 41 ff.). Auch der emotionale Bereich (Gefühlsausdruck, Stimmung) wird hierdurch gefördert. Die Stimme ist dabei „klingendes Material, mit dem die verschiedensten Zustände und Vorgänge ausgedrückt werden können" (Tischler 2013, 25).

Die von Theilen schwerpunktmäßig herausgearbeitete Förderung der gemeinsamen Kommunikation über Musik (als nonverbale Sprache) wird in verschiedenen Projekten thematisiert und in den Kontext der Persönlichkeitsförderung (Theilen 2004) und sprachsensiblen Musikvermittlung gestellt (Bossen & Jank 2017). Die Berücksichtigung der sprachlichen Dimensionen eines inklusiven Musikunterrichts wird auch in Zukunft eine große Herausforderung sein, da „die ohnehin bereits vorhandene sprachliche Heterogenität durch die Inklusion von Schülerinnen und Schülern mit sonderpädagogischem Förderbedarf im Bereich Sprache sowie durch die Integration geflüchteter Schüler noch breiter werden wird" (ebd., 12; vgl. Sallat 2008, 17).

2.5 Singen und Musizieren

Lieder können auch sprachgehemmten und -auffälligen Kindern schnelle Erfolgserlebnisse vermitteln und sprachliche Orientierungshilfen geben. Sie erweitern bzw. festigen den Wortschatz und beinhalten oftmals spielerische und sozialkommunikative Potenziale. Der Einbezug von Liedern aus fremden Ländern bietet diverse Möglichkeiten, andere Kulturen und Sprachen kennenzulernen und wertzuschätzen. Im Gegensatz zu dem musikbezogenen Umgang mit Menschen mit Beeinträchtigungen ist der Bereich der interkulturellen Musikpädagogik gut aufgearbeitet und bietet verschiedene Zugänge an (z. B. der erweiterte Schnittstellenansatz (Stroh 2009)), im Unterricht mit Inklusion umzugehen. Hierzu gehören v. a. die kritische Reflexion von Haltungen und der konstruktivistische Ansatz, der dem Stellenwert individueller Bedeutungszuschreibungen von Musik einen hohen Stellenwert einräumt. Dabei geht es auch darum, die Mehrdimensionalität und Unterschiedlichkeit von Musik bewusst werden zu lassen.

Auch kollektive Formen der Musizierpraxis (Klassenmusizieren) lassen sich im Bereich der individuellen Förderung anführen. Die wohl „nächstliegende Möglichkeit, behinderte Kinder aktiv musikalisch zu betätigen, ist die Verwendung verschiedenartiger Musikinstrumente" (Schwarting 1979, 13). Bereits das Orff-Instrumentarium bietet viele Möglichkeiten, Schüler*innen mit unterschiedlichen Fähigkeiten zu beschäftigen (vgl. Amrheim 1993, 575). Es lässt sich mit einzelnen Klangstäben musizieren. Vor allem das rhythmische Empfinden lässt sich durch den Einsatz von Trommeln schulen und differenzieren. In diesem Zusammenhang lassen sich auch Boonwhacker zur Klang- und Rhythmusgestaltung verwenden, da hier wenige Vorerfahrungen nötig sind und die Auge/Hand-Koordination gefördert werden kann sowie unterschiedliche Spieltechniken verwendet werden. Zudem lassen sich Alltagsinstrumente und deren klangliche Verfremdung gerade im Hinblick auf improvisatorische Gestaltungsprozesse (Klangkompositionen) einsetzen. Die Schüler*innen können so selbst Instrumente auswählen und diese klanglich erproben. Außerdem sind elektronische Instrumente, wie Keyboards oder Touch-Tablets, sehr hilfreich, da hier durch einfaches Berühren der Taste oder des Bildschirms Klänge erzeugt werden können. Einen weiteren wichtigen Stellenwert besitzen Hilfsmaterialien für bestimmte Instrumente, die nicht in ihrer ursprünglichen Spieltechnik verwendet werden.

In sonderpädagogischen Ansätzen der 1970er Jahre wurde davon ausgegangen, dass Menschen mit körperlichen Beeinträchtigungen die Instrumente wie ‚die anderen Schüler*innen' spielen sollen, um das „Hervorheben einer Besonderheit" (Probst 1991, 90) zu vermeiden. Bei Schüler*innen mit Beeinträchtigungen kann es jedoch vorkommen, dass sie nicht genügend Kraft aufwenden können oder Fehlbildungen an Gliedmaßen haben, die ihnen einen ‚traditionellen' Umgang mit dem Instrument erschweren. Für solche Zwecke gibt es spezielle Halterungen für Instrumente, indem z. B. Klanghölzer am Tisch befestigt werden. Der Einsatz von Halterungen oder Greifhilfen ist auch für Melodieinstrumente denkbar.

2.6 Medienbezug

Wie bereits in den Schriften von Moog und Probst erwähnt wurde, spielt der Einbezug von elektronischen Instrumenten eine wichtige Rolle. Seit den 1980er und 1990er Jahren wurde zunehmend der Einfluss von Medien im Hinblick auf die Differenzierung des Unterrichts thematisiert. So hebt Peter Hahnen die Bedeutung der Medien hervor, damit Schüler*innen ihre selbstgemachte Musik aufnehmen (Förderung der Eigenwahrnehmung). Die Mediennutzung steht im Kontext einer bewussteren Freizeitgestaltung, um außerschulische Lernkontexte mitzuberücksichtigen (Konzerte, Disco). Musik ist für ihn zusammengefasst ein lebendiges Moment des Schullebens, das von den Schüler*innen gestaltet und erlebt werden soll. Ferner sind durch Musik-Apps alternative Musizierformen möglich, die nur eine geringe Körperaktion verlangen und auch über Kopfbewegungen gesteuert werden können (Hahnen 1995).

2.7 Hörerziehung

Neben den musikalischen Gestaltungsmöglichkeiten gilt es auch das differenzierte Hören zu schulen, indem eine „Sensibilisierung des auditiven Wahrnehmens" (Probst 1972, 21) erfolgen kann. Dies gilt für Musikstücke wie aber auch für eine Sensibilisierung der Klangmöglichkeiten von Instrumenten oder Alltagsmaterialien. Insbesondere die ersten sonderpädagogischen Konzepte der 1970er Jahre fordern eine auditive Reflexionsfähigkeit. Nicht zuletzt scheint es bedeutsam, das Hören als Entspannung einzusetzen, um so Schüler*innen mit Konzentrationsschwierigkeiten zu fördern. Das gilt auch für alternative methodische Gestaltungsmöglichkeiten wie z. B. das Malen zu Musik.

2.8 Aufbauende Reflexionsfähigkeit

Thomas Mück kritisiert, dass „der wichtige Bereich der ‚Reflexion' in den Lehrplanwerken der Grundschule und vor allem im Lehrplan zur individuellen Lernförderung weitgehend außer Acht gelassen, allenfalls anderen Feldern des Musikunterrichts unter- oder beigeordnet" wird (Mück 2008, 135). Sein mehrstufiges bzw. aufbauendes Parameterkonzept zielt auf die Förderung der Reflexionsfähigkeit von Schüler*innen. Durch die Auseinandersetzung mit „fachspezifischen Tätigkeiten" (ebd.) wie z. B. komponieren, spielen, sprechen, singen, bewegen und hören soll eine Bewusstheit für den gemeinsamen Umgang mit Musik entwickelt werden. Der handelnde Umgang mit Musik führt auf der letzten Ebene zu einer „Reflexionsfähigkeit" als „erste Ebene eines [inklusiven] Musikverständnisses" (ebd., 143). Inhaltlich konzentriert sich der Unterricht auf Medienerziehung, fächerverbindenden Unterricht, Projekte, meditative Elemente, Arbeitsgemeinschaften, interkulturelle Musikerziehung, Musizieren und außerschulische Musikerziehung.

2.9 Musikbezogene Vielfalt und kulturelle Identität

Alle angeführten Schriften fordern eine verstärkte Teilhabe an der Musikkultur, wobei hierunter sowohl das schulische als auch das außerschulische Lebensumfeld angesprochen wird. Musik dient hinsichtlich ihrer sozialstabilisierenden Funktion und als Teilbereich der Jugendkulturen dazu, Sprachgrenzen oder Beeinträchtigungen zu überwinden. Gerade in der Kooperation mit außerschulischen Institutionen wird so ein Weg gesucht, Begrenzungen durch innovative Formen von Zusammenarbeit zu überwinden. In verschiedenen Projekten zur Kulturellen Bildung finden sich zahlreiche Beispiele.

Im Hinblick auf die im Projekt I, Abschnitt II, Kapitel 5 (ab S. 73) angeführten allgemeinen Überlegungen zur Vielfalt und Diversität ist auffallend, dass ein Bezug zur Transkulturalität in den ausgewählten Schriften nicht direkt gesucht wird, was mit dem spezifischen musikpädagogischen Diskurs zusammenhängt. Auch aus musikalischer Sicht ist der Begriff der musikalischen Vielfalt aus wissenschaftlicher Perspektive kaum brauchbar und wird nicht einheitlich verwendet, was auch auf Übersetzungsfragen zurückzuführen ist (Clausen 2009). In angloamerikanischen musikpädagogischen Diskursen ist die Formulierung ‚cultural diversity' zu finden, die aber nur ungenau mit kulturelle Vielfalt wiedergegeben werden kann. Bernd Clausen kritisiert in diesem Kontext eine fehlende „deutliche Trennschärfe zur Vokabel Transkulturalität" (Clausen 2013, 20).

Der Begriff ‚diversity' wurde in der „Convention on the Protection and Promotion of Diversity of Cultural Expressions" der UNESCO mit „Vielfalt" übersetzt und allgemein auf das Überschreiten von Grenzen abgehoben. Bernd Clausen greift auf die ursprüngliche englische Bedeutung zurück und sieht in dem Begriff Diversität

> eine Gerichtetheit, da sich das Individuum aktiv Zugänge zu unterschiedlichen sozialen Räumen verschaffen kann: Migrantenkulturen, Jugend- und Subkulturen, Regionalkulturen oder globalisierte Kulturformen (Tango, Salsa etc.) enthalten ebenso wie institutionell etablierte Kulturformen eine Vielzahl unterschiedlicher musikalischer Anteile. Musik stiftet kulturelle Identität und fungiert als vielschichtiger und wandlungsfähiger ‚identity marker'. Musikalische Diversität entwickelt sich durch die Identitätskonstruktion von Menschen in unterschiedlichen Kontexten (Clausen 2009, 132).

Vielfalt im Sinne von ‚diversity' beinhaltet das fundamentale Recht jedes Menschen auf uneingeschränkten Zugang zur Musik. Trotz der begrifflichen Differenzierung wird deutlich, dass aus musikpädagogischer Sicht der Begriff Diversität für einen Musikunterricht im „Spannungsfeld globaler und lokaler Veränderungen" (Knigge & Mautner-Obst 2013, 5) steht und mit Heterogenität gleichgesetzt wird (Krause-Benz 2013, 72). Demnach wird auf die musikkulturelle Vielfalt abgehoben und im Rahmen der inter- bzw. transkulturellen Musikpädagogik nach einer kulturellen Identität gefragt. Diese ist „keine feste Größe und lässt sich auch nicht über den Begriff Nation nivellieren" (Clausen 2013, 27). Eine Bezugnahme auf die Diversität von Menschen im Hinblick auf Beeinträchtigungsformen bzw. Inklusion erfolgt (in der Musikpädagogik) nicht direkt.

V Konzeption

Das Projekt *Vielfalt in der frühkindlichen musikalischen Bildung* (VimuBi) beinhaltete die Konzeption und Durchführung einer Weiterqualifizierung für Musikpädagog*innen und Erzieher*innen im Bereich der frühkindlichen musikalischen Bildung. Dabei wurde auf die oben angeführten Herausforderungen im Bereich Inklusion Bezug genommen. Neben der Thematisierung des Verhältnisses von musikalischer Bildung und Inklusion stand zudem das Tandemkonzept im Sinne des kooperativen Lernens im Zentrum der Qualifizierung: Musikpädagog*innen (v. a. Musikschullehrkräfte) arbeiteten zu zweit im Team mit pädagogischen Fachkräften aus den Kitas zusammen, so dass wechselseitig voneinander gelernt werden sollte.

1 Struktur der Weiterbildung

Die Weiterbildung wurde an vier verschiedenen Standorten in Niedersachsen an zwei städtischen und einem ländlichen Standort erprobt.[10] Zielgruppe waren Musikpädagog*innen (v. a. aus Musikschulen) und Erzieher*innen (aus der Kita), insbesondere bereits bestehende Tandems, die im Rahmen des Musikalisierungsprogramms *Wir machen die Musik!* tätig sind. Die Teilnahme war kostenfrei.

Die Konzepterstellung und -vermittlung erfolgte in drei Stufen (s. Konzeptionelle Schwerpunkte, Abschnitt V, Kapitel 1, ab S. 45). Zunächst entwarfen fünf Expertinnen aus dem Bereich der frühkindlichen musikalischen Bildung ein Qualifizierungsprojekt (Stufe I). Dieses wurde einem Dozent*innenteam von ca. 20 Personen im Rahmen eines Planungsworkshops vorgestellt (Stufe II). Die Dozent*innen waren ausgewählte Personen, die im Bereich der frühkindlichen musikalischen Bildung tätig sind (Diplom-Musikpädagogin, Diplom-Rhythmikerin) und Erfahrungen im Bereich Inklusion hatten. Sie vermittelten die Inhalte auf verschiedenen Workshops (Stufe III). Eine Expertin war als pädagogische Leitung auf allen vier Workshops präsent, an zwei aufeinander folgenden Tagen am Wochenende stattfanden (z. B. 10 bis 17 Uhr). Die gesamte Fortbildung dauerte zwischen 6 bis 7 Monate (mit Reflexionstag) und wurde berufsbegleitend absolviert.

Die Qualifizierung umfasste 100 Unterrichtsstunden (à 45 Minuten) und war in vier Module gegliedert. Hierzu gehörten 1. das Basismodul *Inklusion und Vielfalt* sowie die drei Fachmodule *Stimme und Sprache*, *Musik und Bewegung* wie auch *Instrumentalspiel*. Ein Modul umfasste 16 UST Präsenz und 4 UST Selbstlernzeit (Eigenarbeit & Tandem). Zwischen den Seminarblöcken erprobten die Teilnehmenden im Tandem ein Praxisprojekt (8 UST Erprobung, 4 UST Reflexion) und führten durchgängig ein Lerntagebuch, um den Selbstreflexionsprozess anzuregen. Die Qualifizierung endete mit einem Reflexionstag (8 UST), an dem ein Zertifikat ausgehändigt wurde.

---

10 Aufgrund der Anonymisierung der Daten werden die Orte nicht genannt.

2 Ausschreibung und Bewerbung

Es wurden keine Teilnahmegebühren erhoben. Die Kosten für Übernachtung und Verpflegung mussten von den Teilnehmenden selbst getragen werden. Erwünscht war die Teilnahme von Erzieher*innen und Musikschullehrkräften, die bereits in Kooperationsprojekten zusammengearbeitet hatten. Aufgrund der begrenzten Teilnehmerzahl (20 Personen pro Standort) wurde eine frühzeitige Anmeldung empfohlen. Die Verbreitung der Weiterbildung fand über Flyer statt, die in Musikschulen und Kitas ausgelegt wurden und über Email-Verteiler. Die Anmeldung erfolgte über den Landesverband niedersächsischer Musikschulen. Insgesamt hatten sich 60 Personen zur Weiterbildung angemeldet, wobei die Standorte unterschiedlich große Gruppen an Teilnehmenden hatten. Es mussten aber keine Bewerbungen abgelehnt oder überprüft werden.

3 Fragestellungen

Ziel der Evaluation der *Konzeption* war es,
- seitens der Expertinnen gezielt Kenntnisse über musikbezogene Inklusion an Kitas zu gewinnen. Dies umfasste eine explizite musikpädagogische Aufarbeitung des Inklusionsgedankens im Sinne einer Transformation von einer allgemeinen förderpädagogischen Ausrichtung auf konkrete fachdidaktische Fragestellungen,
- die einzelnen Schritte der Planung eines Expertenteams auszuwerten, um die Konzeption mit der späteren Durchführung zu vergleichen,
- Kommunikationsprozesse zwischen den Expertinnen vor dem Hintergrund individueller Expertisegrade zu erforschen,
- Einstellungen gegenüber Musik und Inklusion seitens der Expertinnen zu systematisieren.

Ziel der Evaluation der *Durchführung* war es,
- Erkenntnisse über die Qualität und Akzeptanz der Fortbildung hinsichtlich des musikbezogenen Kompetenzerwerbs und der Zufriedenheit der Teilnehmenden zu gewinnen,
- Hoffnungen, Wünsche und Ängste im Hinblick auf musikbezogene Inklusion in der Kita seitens der Teilnehmenden festzustellen,
- Erkenntnisse über die Arbeit im Tandem vor dem Hintergrund unterschiedlicher Berufserfahrungen und daran gebundener Kompetenzen zu gewinnen,
- zu überprüfen, inwiefern die Durchführung der Konzeption möglich war,
- Einstellungen gegenüber Inklusion festzuhalten und Veränderungen festzustellen,
- Erkenntnisse für eine gelingende Umsetzung der in der Qualifizierung erworbenen Kenntnisse und Fertigkeiten im Bereich Vielfalt/Inklusion zu gewinnen.

Die beiden aufeinander aufbauenden Evaluationsebenen (Konzeption und Durchführung) standen in einem wechselseitigen Zusammenhang, da die Auswirkungen des

Fortbildungskonzepts von Beginn (Planung) bis zum Ende (Durchführung und Reflexion) untersucht wurde. Es ging demnach auch um das Verhältnis zwischen den (angenommenen) Wünschen, Zielen und Anregungen der Experten und den tatsächlichen Bedürfnissen und Ergebnissen seitens der Teilnehmenden. Im Folgenden werden die obigen Ziele anhand konkreter Fragestellungen präzisiert. Dabei wird zwischen dem qualitativen und quantitativen Bereich unterschieden.

Qualitative Untersuchung
- Welche fachdidaktischen Kenntnisse über Vielfalt in der frühkindlichen musikalischen Bildung lassen sich durch die Evaluation der Konzeption und Durchführung gewinnen?
- Wie wird die Fortbildung seitens der Teilnehmenden bewertet? Dies betrifft v. a. musikbezogene Inhalte/Methoden/Ziele und die inklusionsbezogenen Inhalte/Methoden/Ziele. Wie werden die einzelnen Module und die Workshops der Dozierenden bewertet?
- Wie werden die Tandemarbeit und Möglichkeiten kooperativen Lernens vor dem Hintergrund unterschiedlicher (musikalischer) Fähigkeiten bewertet?
- Inwiefern werden die Inhalte der Konzeption seitens der Dozent*innen in den Workshops umgesetzt? Inwieweit ist eine Umsetzung der Konzeption eines Expertinnenteams durch Dozentinnen möglich?
- Warum nehmen Erzieher*innen und Musikpädagog*innen an der Fortbildung teil? Welchen Stellenwert besitzen die Bereiche Musik und/oder Inklusion im Rahmen der Teilnahme an der Weiterqualifizierung?
- Inwiefern eignen sich die Methoden zur Evaluation der Konzeption und der Durchführung und wo liegen Potenziale und Grenzen des Evaluationskonzepts?

Quantitative Untersuchung
- Welchen musikalischen Aktivitäten gehen die Teilnehmerinnen der Fortbildung nach?
- Welche Erwartungen haben die Teilnehmerinnen der VimuBi-Qualifizierung an die Fortbildung?
- Verändern sich die Einstellungen und Kenntnisse der Teilnehmerinnen zum Thema Vielfalt und Inklusion durch die Teilnahme am Fortbildungsprogramm?
- Verändert sich die Selbsteinschätzung der Teilnehmerinnen über ihre Kenntnisse und Fähigkeiten in den verschiedenen Modulen durch die Teilnahme am Fortbildungsprogramm?
- Wie wird die Arbeit in Tandems durch die Teilnehmerinnen bewertet? Lässt sich ein Unterschied zwischen Erzieherinnen und Instrumentalpädagoginnen ermitteln?
- Wie wird die Fortbildung insgesamt von den Teilnehmerinnen bewertet?

VI Evaluation

Im Folgenden werden die Ergebnisse aus den Interviews mit vier Tandems (2 x Standort I (ländlich), 2 x Standort II (städtisch)) vorgestellt.[11] Die Tandems wurden per Zufall ausgewählt und die Namen anonymisiert. Alle Interviews entstanden dabei zu zweit (plus Interviewer) in einer ungestörten Umgebung. Sie dauerten zwischen 20 und 40 Minuten und wurden weitestgehend in den Pausen der Workshops durchgeführt. Während zu Beginn grundlegende Erwartungen und biographische Aspekte berücksichtigt wurden, konnten in den folgenden zwei Treffen verschiedene Details zu den Modulen und die daran gebundenen Erfahrungen hinterfragt werden. In die Ergebnisdarstellungen werden ergänzend auch die Ergebnisse aus den Fragebogenerhebungen eingebunden (Datentriangulation). Dadurch ergibt sich ein erweitertes Blickfeld auf die Sichtweisen und Einstellungen aller Teilnehmenden.

1 Konzeptionelle Planung der Weiterbildung

Eine Besonderheit im VimuBi-Projekt ist, dass auch die Planung der Konzeption evaluiert wurde. Hierdurch sollte überprüft werden, ob die Ziele der Konzeption auch in der Durchführung umgesetzt wurden. Zudem sollte untersucht werden, welche Inhalts- und Zieldimensionen im Rahmen der gemeinsamen Planung zur Geltung gelangen und wie sich die Personen darüber austauschen.

Das Expertinnenteam setzte sich aus fünf Frauen zusammen. Sie wurden vom Landesverband niedersächsischer Musikschulen hinsichtlich ihrer Erfahrungen sowohl im Bereich der Elementaren Musikpädagogik als auch im Bereich Inklusion ausgewählt. Ein weiteres Kriterium lag in der Standortnähe, da alle Expertinnen in Norddeutschland (Niedersachsen) tätig waren. Sie konnten zahlreiche Kenntnisse und Erfahrungen im Bereich Musik und Inklusion vorweisen. Frau Zierer, Frau Schäfer und Frau Fiebig hatten ein Musikstudium abgeschlossen, wobei Aspekte aus dem Bereich Inklusion v. a. aus biographischen Erfahrungen hinzukamen. Nur Frau Jobst hatte einen Schwerpunkt im Bereich Inklusion und Interkultur. Sie war somit die einzige Person, die keine spezifisch musikbezogenen Kompetenzen besaß (Studium etc.). Frau Weber hatte zunächst Kulturpädagogik studiert und später ein musikpädagogisches Zusatzstudium abgeschlossen. Bereits in ihrer freiberuflichen Tätigkeit war sie im Bereich der frühkindlichen musikalischen Bildung aktiv.

So vielschichtig auch die jeweiligen Biographien der Expertinnen sind, war auffallend, dass das Team aus Personen bestand, die primär im Bereich der musikbezogenen Erwachsenenbildung tätig waren. So äußerte sich Frau Jobst, die selbst als einzige keine musikpädagogische Qualifizierung besaß, dass bei einigen Expertinnen die „Musik als Zielrichtung noch vordergründiger" (Jobst 1/21) sei als bei anderen, „auch wenn allen

---

11 Aufgrund des Finanzbudgets und des Zeitaufwands der Datenerhebungen konnten nur zwei Standorte berücksichtigt werden.

klar ist, dass nicht extra begründet werden muss, warum Musik in der frühkindlichen Bildung wichtig ist" (Jobst 1/22).

In der Zusammenarbeit wurde mehrfach eine „Begegnung auf Augenhöhe" hervorgehoben und eine hohe „Sensibilität gegenüber Äußerungen" (Weber 3/67) thematisiert. Vereinzelt wurden Unsicherheiten genannt, „ob man sich traut, Fragen zu stellen und wie sensibel man auf die Wahrnehmungen der anderen reagiert, gerade wenn an einem so wichtigen Themenbereich gearbeitet wird, in dem das Bewusstsein für den ‚Geist der Inklusion'" (Zierer 3/29–32) eine entscheidende Rolle spielt.

Die Ausgestaltung der Weiterbildung wurde in vier Treffen vorbesprochen und die Verantwortlichkeit bzw. schriftliche Ausarbeitung untereinander aufgeteilt. Im Verlauf der Sitzungen wurde festgelegt, dass jeweils eine Expertin für einen Lehrgangsort zuständig ist und bei den Seminaren bzw. Workshops anwesend sein soll. Diese wichtige konzeptionelle Entscheidung hing mit dem mehrfach geäußerten Wunsch zusammen, eine Fortbildung zu entwickeln, in der die Expertinnen und auch die Dozentinnen etwas „vorleben" (Schäfer 1/4–6), eine „Einstellung und Haltung entwickeln" (Zierer 1/22) und „Ansprüche an uns selber erheben" (Jobst 3/241). Dieses hohe Engagement wurde zudem mit den Forderungen nach Vielfalt und Inklusion in Verbindung gebracht und stand im Kontext nach „unserem gesellschaftlichen Auftrag" (Schäfer 1/6). Mehrfach kritisierten die Expertinnen den engen Zeitplan für so ein „Mammutprojekt" (Zierer 1/67). Bereits in der ersten Sitzung wurde hervorgehoben, dass eine Fortbildung nur dann sinnvoll erscheint, wenn Follow-Up-Projekte folgen. Eine Leitfrage lautete: „Wie schaffen wir es, die Kinder von den Kitas auch tatsächlich an die Musikschule zu holen und langfristig daran zu binden" (Jobst 1/4)?

Neben den gesellschaftspolitischen Dimensionen wurden Zielsetzungen angesprochen, die um den Aspekt der „ganzheitlichen Selbstentfaltung" (Schäfer 1/5) kreisen. Hierzu zählten Begriffe wie „Authentizität", „Offenheit", „Achtsamkeit", „Erleben" und „Neugier". Es war das Ziel,
- die Teilnehmenden zu fördern und zu stärken in ihrem Tun,
- Grenzen zu überwinden, Vorurteile zu hinterfragen, Haltungen zu reflektieren,
- Offenheit und Neugier zu entwickeln, zu motivieren, um Dinge auszuprobieren,
- achtsame Begegnungen zu schaffen, um Gemeinsamkeiten und Unterschiede bewusst wahrzunehmen und zu erleben (jeder auf seine Weise),
- Aufklärungsarbeit zu leisten im Hinblick auf die Erwartungen an eine inklusive musikbezogene Bildung,
- fachliche und überfachliche Kompetenzen weiterzugeben, um diese in den Einrichtungen zu etablieren.

Insbesondere im ersten Modul *Inklusion und Vielfalt* wurde auffallend viel über den Zusammenhang von Musik und Gesellschaft diskutiert. Frau Fiebig verwies auf das „Passend-Machen" (Fiebig 1/6) musikbezogener Bildungsprozesse und kritisierte das Anpassungssystem Schule. Sie sah das Konzeptionsteam vor einer großen Aufgabe und sprach von „unserem Auftrag" (Fiebig 1/7):

> Und da ist mir aufgefallen, dass in unserer Gesellschaft Erziehung in den meisten Fällen ein Passend-Machen für das spätere gesellschaftliche Leben bedeutet. […] Und dadurch entsteht eben gerade bei den Kindern und bei der Erziehung eine Disbalance. Die eigentliche Stärkung der Individualkompetenz, die Entwicklung der Persönlichkeit, wie es in jedem Lehrplan steht, erfährt eine Nivellierung zu Gunsten einer gesellschaftlichen Anpassung, eines gesellschaftlichen Angepasst-Werdens oder Passend-Gemacht-Werdens (Fiebig 1/5–12).

Dieser gesellschaftskritische Ansatz wurde von den anderen Expertinnen explizit geteilt und weiter ausdifferenziert: Es soll den Erzieherinnen deutlich gemacht werden, dass ihre Arbeit ein bedeutsamer „politischer Akt" (Zierer 1/16) ist. Es gilt sie zu unterstützen in ihrem täglichen Tun, ihnen Mut zu geben „Dinge auszuprobieren" (Fiebig 1/4).

Aus musikbezogener Sicht führte eine Expertin an, es muss nicht mehr begründet werden, warum Musizieren für Kinder wichtig ist. Es gilt vielmehr zu fragen, „warum Musik überhaupt in der Gesellschaft benötigt wird. Macht man es den Kindern zu Liebe oder der Gesellschaft zu Liebe" (Jobst 1/12)? Vielfalt bzw. Inklusion steht demnach aus Sicht der Expertinnen zwischen individueller und gesellschaftlicher Forderung bzw. Verantwortung. Unter Kritik des Individualismus in der abendländischen Musikkultur wurde eine Stärkung des Gemeinschaftlichen gefordert sowie die Reflexion der „Grundhaltung der Teilnehmenden" (Jobst 1/4). Im Expertinnenteam herrschten unterschiedliche Verständnisse von Inklusion im Hinblick auf das Merkmal körperliche Behinderung bzw. Beeinträchtigung vor. Frau Schäfer ging von unterschiedlichen Heterogenitätsmerkmalen aus:

> Wir haben ja immer zwei wichtige Heterogenitätsmerkmale. Das eine ist die Identität, das andere ist die körperliche Verfasstheit […]. Das ist doch sehr unterschiedlich, ob es um eine Gruppe geht, wo Kinder mit hohen Migrationsanteilen, also wo es um das Merkmal Ethnizität geht, oder ob es um das Merkmal Behinderung geht (Schäfer 3/116–125).

Dagegen kritisierte Frau Jobst jegliche Form der Typologisierung:

> Ich denke ganz anders. Je mehr ich mich mit dem Thema beschäftige, desto weniger gibt es eine Kategorisierung. Es gibt für mich natürlich Menschen mit migrantischem Hintergrund. Klar. Was die Menschen mit Behinderung sind, da gucke ich uns nur an und denke, also da fällt mir schon einiges auf. Gedanken nach der begrifflichen Zuschreibung, da wird mir ganz unwohl, weil ich glaube genau darum geht es nicht, sondern es geht um Auflösung, um die Begegnung (Jobst 3/46–151).

Im Laufe der weiteren Argumentation wurde sich dann auf ein weites Inklusionsverständnis im Sinne von Frau Jobst geeinigt, das davon ausgeht, dass „jeder Mensch einzigartig (und in diesem Sinne ‚immer anders') ist" (Warnecke 2012, 28). Auffallend war, dass auch der Begriff Vielfalt unterschiedlich verwendet wurde. Es lassen sich zwei grundsätzliche Bedeutungen festmachen, die in der konzeptionellen Planung zur Geltung gelangten:
- Vielfalt als Methodenvielfalt und Vielseitigkeit („Vielfalt der Musik" (Weber 3/92)),

– Vielfalt als Unterschiedlichkeit/Heterogenität („vielfältige Standpunkte" (Jobst 3/88), „vielfältiges Klientel" (Schäfer 3/90)).

Der Begriff Vielfalt wurde auch allgemein und grundsätzlich als Offenheit gegenüber dem/den Anderen bezeichnet. Diskussionswürdig erscheint die von Frau Zierer geäußerte Vorstellung, dass Musikerziehung „von den meisten Grundgedanken ohnehin immer ein inklusiver Ansatz ist, also das ist Bewegung, Sprechen, Tönen, Singen" (Zierer 3/104–106). Ein Ziel der Fortbildung wäre es demnach, gar nicht nach neuen Modellen Ausschau zu halten, „sondern wir machen das und vielleicht geht es in der Fortbildung auch ein bisschen darum, das Bewusstsein der Teilnehmer darauf zu stärken, dass das, was sie machen, inklusiven Charakter hat" (Fiebig 3/112–114).

Im Verlauf der Planung wurde der Themenbereich Inklusion – v. a. hinsichtlich der anderen musikbezogenen Titel der anderen Module – weitestgehend isoliert betrachtet. Zwar wurde immer wieder hervorgehoben, dass der Umgang mit Beeinträchtigungen auch in den anderen Modulen thematisiert werden sollte; dennoch ist auch bei der Durchsicht der Inhalte auffällig, dass der Musikbezug im Zentrum stand. Grundsätzlich kann festgehalten werden, dass im Rahmen der Planung der Fortbildungskonzeption der Inklusionsgedanke in einem weiten Sinne verwendet wurde. Im Zentrum standen der „vielfältige Umgang mit Musik" und daran gebundene Formen der „Begegnung" (Weber 1/229). Konkrete Bezüge auf Aspekte der Förderpädagogik wurden eher weniger genannt (s. auch die Modulbeschreibungen). Auf inhaltlicher Basis wurden v. a. die Auseinandersetzung mit außereuropäischen Kulturen, Musik und Bewegung (Tänze), Singen (Liederwerb) sowie bewusstes Hören angesprochen. Das Angebot sollte aber vielfältig sein. Frau Fiebig nannte verschiedene Vorschläge:

Ausprobieren, also Geräusche und Musik machen dürfen mit dem Körper, mit Gegenständen, mit Musikinstrumenten, mit irgendwas. Allen eine Plattform geben, sich und andere auch sich in der Musik mit der Bewegung zu erleben, also dieses Erleben tatsächlich eben auch wichtig nehmen. Das heißt dann eben auch zu reflektieren, sich mit und in der Musik verändern, in Bewegung sein, mit vielen mit anderen, also jeder eben auf seine Art und Weise (Fiebig 1/2–6).

Im Laufe der Planungen hatte sich eine Vernetzung von musikbezogenen Themen ergeben, was auch als ein Kriterium für Vielfalt angesehen wurde.

Für mich gehört das alles zusammen und zwar einmal die einzelnen Fachthemen, also Musik als Bestandteil aus Singen, aus Sprachgestaltung, aus Bewegung, aus rhythmischen Anteilen, aus instrumentaler Umsetzung; dann sozusagen die Gestaltung von Stimme übertragen auf die Instrumente. Das heißt also, es ist wie ein Kaleidoskop einer musikalischen Idee (Zierer 3/82–86).

Bereits während der Konzeptionsphase trat die zentrale Frage auf, „ob es klar ist, was auf der Ebene mit den Dozenten passiert und was nachher von den Dozenten nach unten weitergegeben wird" (Schäfer 3/46–47). Es wurde kritisch diskutiert, welches Material verwendet werden sollte und wie detailliert die einzelnen Bereiche ausgestaltet werden sollten. Allerdings gingen die Expertinnen davon aus, dass die Dozent*innen nach bestimmten „Qualitätskriterien ausgesucht worden sind" (Zierer 3/280). Grundsätzlich konnten bei der Konzeption noch keine Angaben gemacht werden, wie die Dozent*innen auf die Ausrichtung der Weiterqualifizierung reagieren und ob sie auch in der Lage sein werden, diese Inhalte umzusetzen.

Das Tandemkonzept wurde als entscheidendes Qualitätsmerkmal der Fortbildung bezeichnet, da sich dort Teilnehmende „auf Augenhöhe begegnen" (Zierer 1/4). Mehrfach wurde hervorgehoben, wechselseitig voneinander zu lernen, da in dem gemeinsamen Projekt die Möglichkeit besteht, sich intensiv über die Inhalte auszutauschen. Unter Berufung auf Erfahrungen bereits bestehender Tandems in *Wir machen die Musik!* bzw. *Kita macht Musik!* soll darauf geachtet werden, dass hier „nicht nur eine die Musik macht und die andere nimmt das nur so mit" (Zierer 3/31). Allerdings verdeutlicht ein Blick in das Modulhandbuch, dass kaum Angaben über Differenzierungen gemacht wurden und die unterschiedlichen Voraussetzungen der Teilnehmenden weniger beachtet wurden. Alle Inhalte wurden in der gesamten Gruppe gemeinsam erarbeitet, was auch als ein inklusives Zeichen bewertet wurde. In diesem Kontext stand auch das mangelnde Vertrauen der Erzieherinnen im musikalischen Kontext im Zentrum.

> Erzieherinnen sagen: also ich kann nicht singen, ich kann nicht malen und so weiter. Also lasse ich es lieber gleich und komme gar nicht in diese Versuchsphase oder in dieses Ausprobieren mit den Kindern (Schäfer 1/22).

Bei der Durchführung des Weiterbildungskonzepts sollte daher kein Leistungsgefälle musikalischer Fähigkeiten im Tandem erkennbar sein, denn die gleichberechtigte Arbeit an einem gemeinsamen Themenfeld ist eine wichtige Säule innerhalb des Fortbildungskonzepts.

2 Teilnehmende

2.1 Gesamte Gruppe

Insgesamt hatten sich 60 Personen zur Fortbildung angemeldet (ländlicher Standort I (17 TN), städtischer Standort I (10 TN), städtischer Standort II (14 TN), städtischer Standort III (19 TN)). Eine Person brach die Weiterqualifizierung aus privaten Gründen ab, so dass insgesamt 59 Personen ein Zertifikat erhalten haben.

Von den Teilnehmenden der Qualifizierung stammten 28,2 Prozent (n = 17) aus dem ländlichen Standort I, 16,7 Prozent (n = 10) aus dem städtischen Standort I, 23,3 Prozent (n = 14) aus dem städtischen Standort II sowie 31,7 Prozent (n = 19) aus dem städtischen Standort III. Bis auf 2 (3,5 %) der Befragten besaßen alle die deutsche Nationalität. Alle Teilnehmenden waren weiblich und über alle Altersstufen hinweg vertreten.[12] Der Großteil der Teilnehmenden war mit 21 Nennungen (36,8 %) zwischen 41 und 50 Jahren alt. 17 Befragte (29,8 %) gaben an, 30 Jahre und jünger zu sein. Mit acht (14,0 %) und elf (19,3 %) Angaben sind die Altersgruppen 31–40 Jahre und 51–60 Jahre vergleichsweise seltener vertreten.

Tab. 10: Alter der Teilnehmerinnen (n = 57)

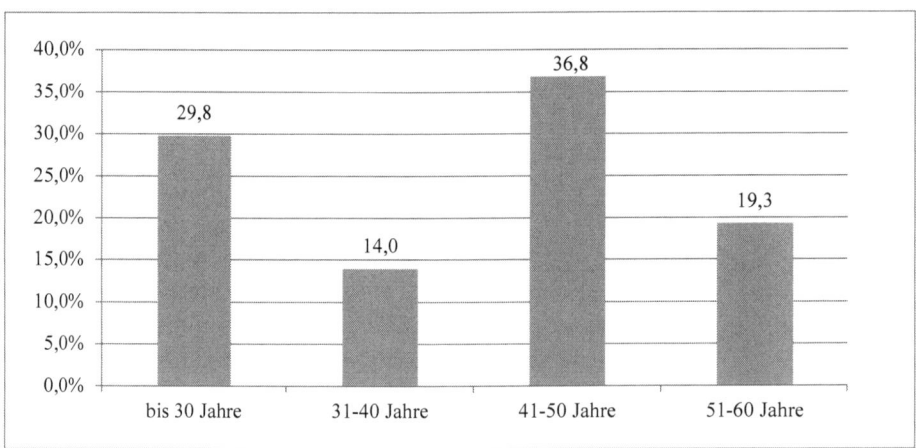

Tabelle 11 gibt einen Überblick über den Beruf der Teilnehmerinnen. Von den Befragten waren 27 (46,6 %) Erzieherinnen und 14 (24,1 %) Instrumentalpädagoginnen. 22 (37,9 %) der Teilnehmerinnen gaben an, einen anderen Beruf auszuüben. Die Berufsgruppen Sozialpädagoginnen (3,4 %; n = 2) sowie Sozialassistentinnen (1,7 %; n = 1) und Kinderpflegerinnen (5,2 %; n = 3) waren unter den Teilnehmerinnen seltener anzutreffen. Heilpädagoginnen nahmen an der Fortbildung nicht teil. Da die Berufsgruppen Erzieherinnen sowie Instrumentalpädagoginnen am häufigsten vertreten waren, werden diese Berufsgruppen in den anschließenden Auswertungen differenzierter betrachtet.

Tab. 11: Berufsbezeichnung der Teilnehmerinnen (Mehrfachnennungen möglich; n = 58)

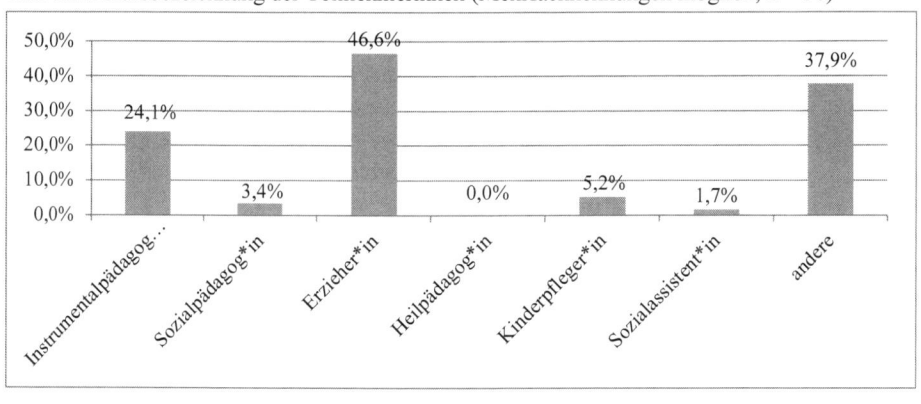

---

12 Da alle Teilnehmenden weiblich waren, wird auf eine genderspezifische Schreibweise im VimuBi-Projekt verzichtet.

Auf die Frage, wie lange die Teilnehmenden bereits an ihrer jetzigen Dienststelle tätig sind, gaben 35 (60,3 %) Befragte an, erst seit maximal 5 Jahren dort zu arbeiten. Die Dauer der Beschäftigung an der jeweiligen Dienststelle verteilte sich über die Angaben 6–10 Jahre, 11–15 Jahre und über 15 Jahre recht gleichmäßig. 38 (65,5 %) Personen arbeiteten in einer Kita und 19 (32,8 %) Personen in einer Musikschule. Für die Arbeitsdauer im jetzigen Beruf ergab sich ein differenzierteres Bild. 19 (33,3 %) der befragten Teilnehmerinnen arbeiteten maximal fünf Jahre und 18 (31,6 %) über 15 Jahre im aktuellen Beruf. Die Ausprägungen 6–10 Jahre und 11–15 Jahre wurden jeweils von 10 Personen (17,2 %) genannt. Zudem gaben 92,9 Prozent (n = 52) an, in keiner Führungsposition tätig zu sein. 33 (59 %) Befragte kreuzten im Fragebogen an, eher weniger bis gar keine Erfahrungen mit fremden Kulturen gesammelt zu haben. Allerdings gaben jeweils 32 (59,3 %) der Teilnehmerinnen an, in ihrem Freundes- und Familienkreis sowohl Menschen mit unterschiedlichen ethnischen und religiösen Hintergründen als auch Menschen mit körperlichen, geistigen, psychischen und sozialen Beeinträchtigungen zu kennen.

2.2 Ausgewählte Tandems

Für die Leitfadeninterviews wurden vier Tandems aus zwei Lehrgangsorten (ländlich und städtisch) per Zufall ausgewählt. Aus organisatorischen und finanziellen Gründen konnten die anderen Orte nicht mitberücksichtigt werden. Sie setzten sich aus einer Erzieherin und einer Musikschullehrkraft zusammen. Drei davon hatten bereits schon in unterschiedlicher Intensität zusammengearbeitet und erhofften sich weitere Erkenntnisse in Bezug auf die musikbezogene Tandemarbeit im Bereich Kita.

Tandem I – ländlicher Standort (Frau Steiger (Erzieherin), Frau Wischner (Musikpädagogin))
Frau Steiger arbeitet in einer katholischen Kindertagesstätte und betreut Kinder im Alter von 2–6 Jahren. Seit 21 Jahren ist sie im gleichen Träger beschäftigt, unterrichtet aber erst seit einem Jahr in der neuen Einrichtung. Als ausgebildete Grundschullehrerin (ohne Musikstudium) hatte sie in der ehemaligen DDR gearbeitet; diese Tätigkeit wurde ihr für eine Erzieherinnentätigkeit angerechnet. Zusätzlich besitzt sie eine Ausbildung zur Diplom-Sozialwirtin.

Frau Wischner war Leiterin einer ländlichen Musikschule und arbeitete dort im Bereich der Elementaren Musikerziehung. Seit über einem Jahr ist sie an einer neuen Musikschule tätig. Im Bereich der EMP ist sie seit insgesamt 30 Jahren tätig. Zusätzlich leitet sie verschiedene Kinderchöre.

Dem Tandem war es ein wichtiges Anliegen, mehr über das Thema Inklusion zu erfahren und neue Wege der Zusammenarbeit zwischen Kita und Musikschule zu finden. Ferner wurde der Wunsch nach einer Bereicherung der eigenen Arbeit angesprochen, wobei auch besondere Herausforderungen (Arbeit mit gehörbeeinträchtigten Kindern) thematisiert wurden. Zudem bestand ein gemeinsames Ziel darin, „alt und jung zusammen zu bringen" (Steiger 1/80) und Bezüge zur Gemeinde herzustellen. Das Tandem hat bereits in der Kita zusammengearbeitet und kennt sich über viele Jahre, da Frau Wischner den Musikbereich betreut hat.

Tandem II – ländlicher Standort (Frau Grün (Erzieherin), Frau Feitz (Musikpädagogin))
Frau Feitz ist ausgebildete Instrumentalpädagogin (Percussion & Schlagzeug) und arbeitet seit vier Jahren in einer städtischen Musikschule. Frau Grün ist Erzieherin und ausgebildete Fachkraft für Psychomotorik. Sie hatte in der ehemaligen DDR ein Studium zur Krippenerzieherin absolviert. Da sie keine Arbeit erhielt, hat sie eine weitere Ausbildung zur Zahnarzthelferin abgeschlossen. Nach mehreren Umzügen und längerer Arbeitslosigkeit arbeitet sie seit 10 Jahren in einer Kita, zum Teil auch in der Leitung. Frau Grün und Frau Feitz hatten sich nicht als Tandem zur Fortbildung angemeldet und arbeiteten bislang noch nicht zusammen. Die Teilnahme an der Fortbildung wurde durch Vorgesetzte angeregt und erfolgte weniger aus eigenem Interesse. Das Tandem hätte gerne andere Ziele verfolgt, auch wenn der Bereich Inklusion als wichtig erachtet wird.

> Also ich bin auch durch meinen Chef angesprochen worden. Ich hätte gerne eigentlich lieber in meine Richtung weitergearbeitet, in die Psychomotorik (Grün 1/79–80). Unser Musikschulleiter hat gesagt, er will gerade in diesem Bereich so ein bisschen die Erzieherinnen wecken und deswegen hat er mich da so ins Boot geholt (Feitz 1/92–93).

Vor dem Hintergrund der Zitate stellt sich die Frage, inwieweit Erzieherinnen aus institutionellen Gründen zur Teilnahme an Fortbildungen gedrängt werden bzw. bestimmten gesellschaftlichen Zwängen unterliegen.

Tandem III – städtischer Standort (Frau Hennig (Erzieherin), Frau Malge (Musikpädagogin))
Frau Hennig hat eine Ausbildung zur Erzieherin absolviert und arbeitet seit zwei Jahren in einer Kita. Sie erhielt in ihrer Kindheit Instrumentalunterricht (Blockflöte, Querflöte, Klavier, Gitarre) und gibt selbst Gitarrenunterricht. Frau Malge hat eine Ausbildung zur Einzelhandelskauffrau abgeschlossen und sich dann beruflich umorientiert, indem sie musikalische Fortbildungen besucht hat (Chorleiterausbildung). Sie ist seit einem halben Jahr freiberuflich tätig und bietet Musikalische Früherziehung in Kita und Grundschule an. Beide arbeiten als Tandem bereits in der Kita zusammen, da Frau Malge den Chor betreut und Frau Hennig sie unterstützt. Die Kita-Leitung hatte beide auf die Fortbildung aufmerksam gemacht.

Tandem IV – städtischer Standort (Frau Raspe (Erzieherin), Frau Deutsch (Musikpädagogin))
Frau Raspe absolvierte eine Erzieherausbildung und studierte Musik sowie Sonderpädagogik. Seit zwei Jahren arbeitet sie in einer Musikschule und ist auch in der Betreuung von Kitas zuständig. Frau Deutsch ist ebenfalls Erzieherin und hat eine Ausbildung

zur Alten- und Krankenpflegerin abgeschlossen. Zudem war sie längere Zeit selbständig und leitete ein Büro sowie ein Hotel. Seit ein paar Jahren ist sie wieder in der Kita tätig. Sie hat Gitarre gelernt und an musikpädagogischen Weiterbildungen teilgenommen. Beide können auf viele Erfahrungen in der Tandemarbeit zurückblicken, weil bereits in anderen Projekten im Team zusammengearbeitet wurde.

Wie bereits in den statistischen demographischen Daten ersichtlich wurde, zeigen auch die Beschreibungen der Tandems, dass in der Kita ein heterogenes Personal v. a. im Bereich Musik arbeitet und nicht von einer hohen Expertise (im Bereich Musik, speziell Musikalische Früherziehung) ausgegangen werden kann. Dies erscheint auch als ein Faktor, um an der Weiterbildung teilzunehmen.

3 Vorerfahrung der Teilnehmenden

3.1 Individueller Stellenwert von Musik

Auffallend waren sowohl in den Interviews als auch in den Fragebogenerhebungen die vielseitigen Interessen und Kenntnisse bzw. Qualifikationen der Teilnehmenden. Überraschend im Vergleich zu anderen Einschätzungen und Erhebungen waren die hohen Fachkenntnisse im Musikbereich seitens der Erzieherinnen (vgl. Bertelsmann 2009 sowie Dartsch 2001; Dartsch 2008; Dartsch 2012). Dies verdeutlicht, dass zu einer Tandemfortbildung, in der musikalische Experten (Musikschullehrkräfte) mitarbeiten, insbesondere Erzieherinnen mit Vorerfahrungen teilnehmen. Eine Erklärungsmöglichkeit liegt darin, dass eine Anmeldung an einer Weiterqualifizierung grundlegende Motivation und Interessen voraussetzt. Von den 27 teilnehmenden Erzieherinnen spielten 20 (74,1 %) ein Musikinstrument. Bei den Instrumentalpädagoginnen waren es hingegen 13 Personen (92,9 %). Das Singen in einem Chor wurde von den Befragten vergleichsweise seltener praktiziert. Lediglich 6 (22,2 %) Erzieherinnen und 3 (21,4 %) Instrumentalpädagoginnen bejahten diese Frage.

Die Präferenz von Musikstilen war zwischen den beiden Berufsgruppen unterschiedlich verteilt. Während bei den Instrumentalpädagoginnen Klassik deutlich häufiger präferiert wurde (40,7 %; n = 11), zeigte sich bei den Erzieherinnen keine so eindeutige Ausprägung. Fast gleichmäßig verteilen sich die Nennungen der Erzieherinnen auf Klassik, Querbeet (40,7 %; n = 11), Rock (44,4 %; n = 12) sowie auf Pop/Charts (51,9 %; n = 14). Bei der Musikrichtung Klassik zeigte sich ein signifikanter Unterschied ($p \leq 0{,}01$) zwischen den beiden Berufsgruppen. Demnach hörten Instrumentalpädagoginnen signifikant häufiger Klassik als Erzieherinnen, was aufgrund der spezifischen Berufsausbildung (Musikstudium) erklärbar erscheint. Auch die Interviews verdeutlichen, dass das aktive Musizieren und Singen „zum Leben mit dazugehört" (Malge 1/135). Instrumente prägten zum Teil das Mobiliar der Erzieherinnen.

> Bei mir hängen Gitarren im Wohnzimmer an der Wand. Und in der Vitrine stehen verschiedene afrikanische Musikinstrumente" (Hennig 1/94–96). „Ich habe mein Musikzimmer, da hängen auch einige Gitarren und andere Sachen. Ich selber singe auch ganz viel (Malge 1/101–102).

Seitens der Erzieherinnen war auffallend, dass deren pädagogische Fachkenntnisse nicht eigens als besondere Fähigkeit thematisiert wurden, so dass es schien, als seien ihre Kenntnisse und Erfahrungen für eine primär musikbezogene Weiterqualifizierung weniger relevant. Dabei zielte die Fortbildung durch die Tandemkonzeption auf den Erwerb musikalischer *und* pädagogischer Kompetenzen, so dass die Erzieherinnen durchaus einen Expertenstatus besaßen. So bezeichnete Frau Steiger ihre musikalischen Fähigkeiten als „Handicap" (Steiger 1/182) und beschrieb sich selbst als „bestes Inklusionsbeispiel" (Steiger 1/312), da sie laut und schräg singt und kein Instrument spielen kann, denn „das ist nicht meins" (Steiger 1/183). Dagegen hoben die Musikpädagoginnen ihre Fähigkeiten explizit hervor und boten den Erzieherinnen Ratschläge oder Unterstützung an. Dies scheint auch ein versteckter Verweis darauf zu sein, dass in der Fortbildung die musikalische Ausbildung und die daran geknüpften Erwartungen zu Beginn deutlich im Vordergrund standen. Das folgende Zitat verdeutlicht, inwiefern die Instrumentallehrkraft der Erzieherin Unterstützung und Mut machen möchte, ihr aber doch indirekt die fehlenden fachlichen Qualifikationen vor Augen führt:

> Und es gibt Instrumente, da ist es ganz leicht wahrscheinlich. Ja, die Rassel zum Beispiel, oder wenn du ein Cello hast und streichst da mal über eine Seite rüber. Das ist toll für Kinder auch zu erleben. Da kann ganz viel daraus werden (Feitz 1/351–355).

Dieses Ungleichgewicht hinsichtlich der musikbezogenen Selbsteinschätzungen zeigte sich auch bei der zweiten Weiterbildung MuBiKi und verdeutlicht eine Art ‚Grundkonstellation' der Zusammenarbeit zwischen Musiker*innen und Erzieher*innen (s. Projekt II, Abschnitt IV, Kapitel 1.3, ab S. 165).

3.2 Musik in der Kita (und in der Ausbildung)

Der erwünschte Stellenwert von Musik in der Kita wurde (von allen Teilnehmenden) als hoch bezeichnet und insbesondere sprachliche und motorische Fördermaßnahmen hervorgehoben.

> Musik sollte Alltag sein und jeder, der in der Kita arbeitet, sollte zumindest gut singen können und das auch anleiten können und sich selber ein Lied erarbeiten können und vor allen Dingen mit seiner Stimme umgehen können, egal ob er jetzt viel singt oder nicht (Raspe 1/172–175).

Im Vergleich zum gewünschten hohen Stellenwert der Musik in der Kita wurde der reale Anteil von Musik in der Erzieherinnenausbildung weitestgehend negativ bewertet: „Es fehlen bereits Notenkenntnisse. 90 % aller Erzieher – wage ich zu behaupten – spielen kein Instrument, weil es auch gar nicht unterrichtet wird" (Grün 1/238). Frau

Deutsch hatte in ihrer Ausbildung zwar Musikunterricht, aber eine „ganz schreckliche Musiklehrerin, die fachlich bestimmt super gut war, pädagogisch null" (Deutsch 1/150–152). Kritisiert wurde ein normierter Bestand an Liedern, die im Kita-Alltag immer wieder gesungen werden.

> Schrecklich, jedes Jahr zur selben Zeit singt man dieselben Lieder, wenn ich das so sehe: *Stups, der kleine Osterhase* oder *Der Herbst ist da* (Feitz 1/256).

Trotz des auffallend hohen praktischen Anteils wurde deutlich, dass in vielen Kitas das gemeinsame Musizieren zu kurz kommt. Dabei würden sich die Kinder ein größeres Musikangebot wünschen: „Die Kinder lechzen danach. Also wenn wir dann die Instrumente rausholen, dann sind die nicht zu halten" (Grün 1/238). Neben eines fachlich fundierten Gesangs- und Musikangebots fehlen auch Kenntnisse im Bereich Musik und Bewegung. Dies hängt mit zu kleinen Räumlichkeiten zusammen.

3.3 Inklusion in der Kita

In den Interviews wurde das Thema Inklusion von nur wenigen Erzieherinnen direkt angesprochen. Die Frage nach konkreten Erwartungen im Hinblick auf Musik oder/und Inklusion wurde weitestgehend allgemein beantwortet. So sollte das Angebot gleichmäßig verteilt sein und jeder müsste in seiner Individualität anerkannt werden. Erfahrungen im Bereich Inklusion waren bei den Tandempartnerinnen zum Teil vorhanden (Frau Feitz, Frau Grün, Frau Raspe). Allerdings war der Umgang aus fachdidaktischer Sicht unklar. Inhaltlich wurde v. a. das Verhältnis von Einzelbetreuung zur Gruppenbetreuung (Binnendifferenzierung) angesprochen, da es schwierig ist, verhaltensauffällige Kinder in die musikalische Arbeit zu integrieren. Zwar wurden unterschiedliche Methoden genannt, ‚alle Kinder' zu berücksichtigen, aber laut der Teilnehmenden würden Verhaltensauffälligkeiten bestehen bleiben und somit das Verhältnis gesund und krank zum Vorschein gelangen. Diese zum Teil stereotypen Äußerungen standen im Kontext einer eher kritischen Einstellung gegenüber den Zielvorstellungen von Inklusion. Bedenken wurden vor allem hinsichtlich des zeitintensiven, herausfordernden und nicht zuletzt auch belastenden Umgangs mit verhaltensauffälligen Menschen angesprochen. Eine wichtige Rolle spielte die Gruppengröße (v. a. Verhältnis zwischen behinderten und nicht behinderten Kindern) in einer Klasse. Sofern rein verhältnismäßig ein Ungleichgewicht besteht, kann dieses auch nicht zu einer inklusiven Verteilung führen.

> Ich habe zum Beispiel ein Kind gehabt, das saß im Rollstuhl und hatte eine körperliche Behinderung. Eine geistige Behinderung hatte es auch. Ja, ich sage es mal so: hat gesabbert und die Instrumente nass gemacht, weil sie die in den Mund nehmen wollte. Sie war aber in einer Gruppe, mit allen. Und da waren dann Kinder, die waren anders entwickelt und es gab dieses Kind, was im Rollstuhl saß und natürlich die Kinder sagten dann: Uähhh guck mal, die sabbert. Und da ist es dann natürlich schwer zu erklären, warum macht sie das. Also da in diesem Bereich wäre es wieder besser gewesen, wenn da noch andere Kinder gewesen wären, die genau das Gleiche haben, die im Rollstuhl sitzen (Feitz 1/121–128).

Aus musikalischer Sicht wurde der Musik eine große Bedeutung zur Förderung zugemessen und insbesondere das Singen und Tanzen (Rollstuhltanz) als gemeinschaftsstiftende Tätigkeit mit viel Potenzial zum binnendifferenzierten Musizieren angesprochen. Frau Grün hatte als Leiterin einer Psychomotorik-Gruppe, die sich ausschließlich aus Kindern mit körperlichen Beeinträchtigungen zusammensetzt, positive Erfahrungen gemacht, da „sich die Kinder wirklich integriert gefühlt und Musik erlebt haben" (Grün 1/167–168). Allerdings sei Inklusion mehr als Lernen mit Behinderten, denn Vielfalt kommt im Kita-Alltag immer wieder zur Geltung, v. a. im Bereich der Mehrsprachigkeit:

> Wir haben ganz viele Russisch sprechende Kinder, wir haben Polnisch sprechende Kinder, die nur für eine Zeit bei uns sind, zwei Jahre. Inklusion hat man ja tagtäglich (Grün 1/172–173).

4 Erwartungen in Bezug auf die Weiterqualifizierung

Die Befragten nahmen überwiegend aus inhaltlichem Interesse an der Qualifizierungsmaßnahme teil. Ursachen wie der äußere Einfluss durch Vorgesetzte (11,1 %; n = 6) oder die Möglichkeit einer kostenfreien Teilnahme (20,7 %; n = 11) spielten dabei eher eine untergeordnete Rolle (Zusammenfassung der Kategorien „trifft eher zu" und „trifft voll zu"). Die Teilnehmerinnen erhofften sich von der Qualifizierung zum großen Teil eine Erweiterung ihrer musikpädagogischen (91,3 %; n = 52) und förderpädagogischen Kompetenzen (87,5 %; n = 49). Zudem wollten sie praktische Informationen erhalten, wie man einen respektvollen Umgang zwischen den Kindern ermöglichen (90,9 %; n = 50) und mit Musik das Wohlbefinden der Kinder stärken kann (81,8 %; n = 45). Außerdem zeigten die Teilnehmerinnen ein großes Interesse an Inhalten, die sich mit Erklärungsmodellen von Vielfalt und Inklusion befassen (90,7 %; n = 49) sowie der Umsetzung eines vielfältigen musikalischen Angebots (94,5 %; n = 52). Die Fortbildung dazu zu nutzen, um die Arbeit in Tandems weiter auszubauen (58,1 %; n = 32) oder die Einrichtung, an der man tätig ist, inklusiv auszurichten (49,1 %; n = 27), wurden von den Teilnehmerinnen vergleichsweise seltener als Motive genannt. Interessant erscheint das Item „Ich nehme an der Fortbildung teil, um Kinder durch Musik in ihrer Einzigartigkeit zu fördern". Diesem Teilnahmegrund stimmen alle Befragten zu.

Den größten Fortbildungsbedarf in musikbezogenen Lernbereichen sahen die Befragten in den Bereichen Stimme und Sprache (78,2 %; n = 43), Instrumentalspiel (69,6 %; n = 39) sowie Musik und Bewegung (74 %; n = 40). Theoretische Lernbereiche wie Musikgeschichte (47,3 %; n = 26) und Musiktheorie (54,5 %; n = 30) wurden von den Teilnehmerinnen vergleichsweise weniger erwünscht, da diese Inhalte geringer in der musikalischen Arbeit in der Kita thematisiert werden (z. B. Werkeinführungen, Instrumentenkunde, Musikerbiographien).

Tab. 12: Fortbildungsbedarf in musikbezogenen Lernbereichen (n > 54)

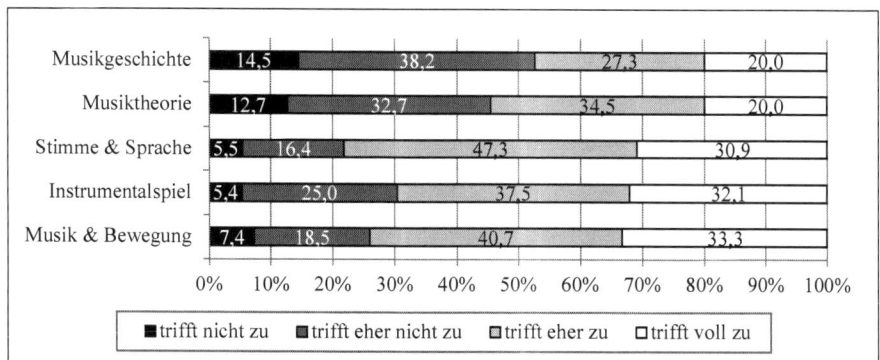

Die Motivation bei allen Befragten war hoch, insbesondere aufgrund des Wunsches etwas „mitzunehmen und dazuzulernen" (Deutsch 1/125). Frau Grün suchte z. B. nach „neuen Sachen, die ich nicht groß planen muss und die ich nebenbei einsetzen kann" (Grün 1/383). Neben diesem Wunsch nach Praxismaterialien ging es aber auch um „Anregungen und Wissen, so dass ich meinen Kolleginnen vermitteln kann, dass diese einsehen, dass Musik auch wichtig ist" (Malge 1/175–176). Gleichzeitig schien in vielen Tandems eine Vertiefung bereits vorhandenen musikbezogenen Wissens ein entscheidendes Kriterium zu sein, um an der Weiterqualifizierung teilzunehmen. Im Zentrum steht die eigene Professionalisierung („Bereicherung für meine eigene pädagogische Arbeit" (Steiger 1/61)) und Vertiefung von Kenntnissen, was insbesondere bei den Musikpädagoginnen zur Geltung gelangte („Ich möchte noch ein paar Kicks bekommen" (Feitz 2/21)).

4.1 Musik

Insbesondere die musikbezogenen Erwartungen waren sehr hoch. Die Teilnehmenden suchten nach praktischen Anregungen (Tipps, Material und Ideen) für den Berufsalltag. Auch an einem gemeinsamen Austausch von Liedern, Stücken etc. waren sie interessiert. Frau Deutsch sprach von einem „Koffer, in dem man Dinge sammeln kann und hinterher dann wieder auspacken kann. Kleine Sachen, die man weitergeben kann" (Deutsch 1/242–243). Zudem wurde der Erwerb fachmethodischer Kenntnisse v. a. seitens der Erzieherinnen gewünscht, um z. B. konkrete Techniken der Liedeinstudierung zu erwerben. Die Erzieherinnen und Musikpädagoginnen erwarteten und wünschten sich, dass, auch durch eine nachhaltige Verbreitung der Weiterbildung, Musik im Kindergarten eine viel größere Beachtung erfährt.

Die Annahme, dass Musik und Inklusion zusammengehören und in der Fortbildung nicht zu trennen sind, wurde v. a. durch den Wunsch deutlich, Musik mit allen Sinnen einzusetzen, um Kinder gezielt zu fördern. Mehrfach wurde explizit hervorgehoben, dass es um die ganzheitliche Verbindung mehrerer Lernfelder geht (Musik – Bewegung – Sprache), die zahlreiche pädagogische Konzepte zu wenig berücksichtigen würden.

Insbesondere durch das gemeinsame Liedersingen ließe sich das Verbindende der Musik herausstellen.

4.2 Inklusion und Vielfalt

Der Umgang mit Inklusion war seitens aller Tandems mit Unsicherheit und einer Art Bewusstsein für anstehende Veränderungen verbunden. Insbesondere das Verhalten gegenüber Menschen mit Beeinträchtigungen im Berufsalltag stieß auf Unsicherheit und Bedenken. Hierzu gehörten zu Beginn der Weiterqualifikation auch Unkenntnis im Hinblick auf musikbezogene Anforderungen und gesellschaftliche Herausforderungen.

Viele Teilnehmende konnten mit dem im Titel der Weiterbildung verwendeten Begriff ‚Vielfalt' keine konkreten Bezüge zu den Inhalten der Fortbildung herstellen. Vielmehr ließ sich – ähnlich wie in der Evaluation der Expertinnenplanung – ein unterschiedliches Verständnis von Vielfalt festmachen, das von „schwammiger, großgefasster Begriff" (Raspe 1/183) bis zu „weil Musik auch vielfältig sein kann" (Grün 1/303) oder „ganzheitlich Musik mit allen Sinnen" (Hennig 1/167) reicht. Die inklusiven fachspezifischen Definitionen (v. a. im Sinne von Diversität) waren besonders zu Beginn der Weiterqualifikation nur wenigen Tandems geläufig und wurden, so die Meinung aller interviewten Teilnehmenden, im Titel der Ausschreibung nicht deutlich. Die Mehrdeutigkeit und inkonsistente Verwendung des Vielfalt-Begriffs hat dabei weitreichende Konsequenzen, da die Weiterbildung weniger auf Inklusion ausgerichtet war, sondern ein vielfältiges Musikangebot etablierte.

4.3 Tandemarbeit

Die Anmeldung zur Fortbildung erfolgte bei 20 von 58 (37,7 %) Teilnehmerinnen im Tandem. 19 (35,8 %) Personen hatten bereits in einem Tandem gearbeitet. Unter diesen waren 10 (38,5 %) Erzieherinnen und 5 (41,7 %) Instrumentalpädagoginnen. In den Interviews wurde ersichtlich, dass die ausgewählten Tandems zu Beginn der Fortbildung die kooperative Arbeit als wichtig erachteten, da sich die Teilnehmenden gegenseitig helfen und bereichern konnten. Frau Feitz und Frau Grün erhofften sich als ein bereits bestehendes Tandem eine Intensivierung der Arbeit, so dass „wir uns noch besser ergänzen und uns zusammen stark machen" (Hennig 1/60). Auch Frau Steiger und Frau Wischner arbeiteten bereits länger im katholischen Kindergarten zusammen und wünschten sich für die Zukunft eine intensivere Arbeit in einem anderen Arbeitsfeld (kirchliche Gemeinde).

> Wir haben schon im Kindergarten zusammengearbeitet – wir tun es eigentlich immer noch – aber wir haben jetzt noch nicht direkt miteinander ein großes Projekt gemacht. Wir haben auch viel kommuniziert, uns auch ausgetauscht und haben gemerkt, dass wir uns da auch gegenseitig helfen können und bereichern können, auch mit Beobachtungen, die wir untereinander machen (Steiger 1/145–150).

Neu gebildete Tandems waren bei der Formulierung von Zielen vorsichtiger und erhofften sich zunächst eine „gegenseitige Ergänzung" (Grün 1/83). Durch die Teamarbeit sollten musikbezogene Projekte initiiert werden, vor denen sich einige Teilnehmenden sonst aufgrund des hohen Anspruchs und Arbeitsaufwands scheuten. Für alle Teilnehmenden galt, dass die Zusammenarbeit auf gleicher Augenhöhe erfolgen sollte, als „echte Partnerschaft" (Steiger 2/192). Gemeinsame Interessen und Vorerfahrungen, Sympathien und der Wunsch nach einer gemeinsamen Projektgestaltung waren entscheidende Kriterien für eine gelingende Teamarbeit. Auffallend erschien, dass die kooperative Arbeit immer auch von den Rahmenbedingungen der Musikschule bzw. des Kindergartens abhing, so dass die Unterstützung der Tandemarbeit durch Vorgesetzte motivierend empfunden wurde. Dies galt auch für die Planung und Durchführung von Projekten (z. B. im Bereich Pflegeheim mit Kindern), von denen die Teilnehmenden profitieren konnten, sofern ihre Ideen auf positive Resonanz stießen.

5 Veränderungen von Einstellungen, Kenntnissen und Fähigkeiten

5.1 Vielfalt und Inklusion

Zur Überprüfung, inwieweit sich die Einstellung der Teilnehmerinnen zum Thema Vielfalt und Inklusion durch die Teilnahme an der Qualifizierung signifikant verändert hat, wurde in der Auswertung der Fragebögen eine univariate Varianzanalyse mit Messwiederholung sowie der Wilcoxon-Test durchgeführt. Die Stellungnahme der Teilnehmerinnen zur Inklusion wurde mittels eines eigens entwickelten Instruments mit acht Items (Beispielitem: „Inklusion ist eine nicht zu realisierende Wunschvorstellung") erhoben. Aufgrund der niedrigen internen Konsistenz der Skala (Cronbachs-Alpha = 0,33) wurde ein Wilcoxon-Test über die Einzelitems gerechnet. Lediglich für das Item „Inklusion ist eine nicht zu realisierende Wunschvorstellung" konnte ein signifikanter ($p \leq 0{,}01$) negativer Unterschied zwischen den beiden Messzeitpunkten ermittelt werden. Demnach waren die Teilnehmerinnen am Ende der Fortbildung eher der Meinung, dass Inklusion eine nur sehr schwer umsetzbare Wunschvorstellung ist als zu Beginn der Qualifizierung.

Aufgrund der ebenfalls als unzureichend zu bewertenden internen Konsistenz (Cronbachs-Alpha betrug 0,51) für die eigenentwickelte Skala zur Stellungnahme der Teilnehmerinnen zur Ausrichtung eines inklusiven Musikangebots (Beispielitem: „Das inklusive Musikangebot soll so ausgerichtet sein, dass Kinder nach ihren Begabungen getrennt unterrichtet werden") wurde ebenfalls der Wilcoxon-Test über die Einzelitems der Skala angewendet. Es konnte für kein Item ein statistisch signifikanter Unterschied bezüglich der Einstellung der Ausrichtung eines inklusiven Musikangebots zwischen den beiden Messzeitpunkten ermittelt werden.

Zudem wurden die Teilnehmerinnen der Fortbildung gebeten, ihre Kenntnisse im Bereich Inklusion und Vielfalt (Beispielitem: „Inklusion und gesellschaftlicher Auftrag") zu beiden Messzeitpunkten einzuschätzen. Da die interne Konsistenz in diesem

Fall als ausreichend bewertet werden kann (Cronbachs-Alpha ≥ 0,75) wurde eine univariate Varianzanalyse mit Messwiederholung durchgeführt. In Bezug auf die Kenntnisse zeigte sich ein statistisch signifikanter Unterschied zwischen den beiden Messzeitpunkten (F = 8,761; df = 1; p ≤ 0,01; dp² = 0,28). Demnach schätzten die Teilnehmerinnen der Qualifizierung ihre Kenntnisse im Bereich Inklusion und Vielfalt am Ende der Fortbildung höher ein als zu Beginn.

5.2 Fähigkeiten in den Modulen

Die Teilnehmerinnen wurden gebeten, ganz allgemein ihre Fähigkeiten in den einzelnen Modulen zum Ende der Fortbildung einzuschätzen. In Tabelle 13 wird ersichtlich, dass die eigenen Fähigkeiten in allen Bereichen als hoch eingestuft wurden. Dies unterstreicht die bereits geäußerte Annahme, dass die Teilnehmenden mit musikbezogenen Grundkenntnissen an der Weiterbildung teilnahmen. Die Kenntnisse im Bereich Inklusion und Förderpädagogik schätzten die Befragten mit 68,8 Prozent (n = 33) vergleichsweise geringer ein.

Tab. 13: Einschätzung der Fähigkeiten in den Modulen zum Ende der Fortbildung (n = 52)

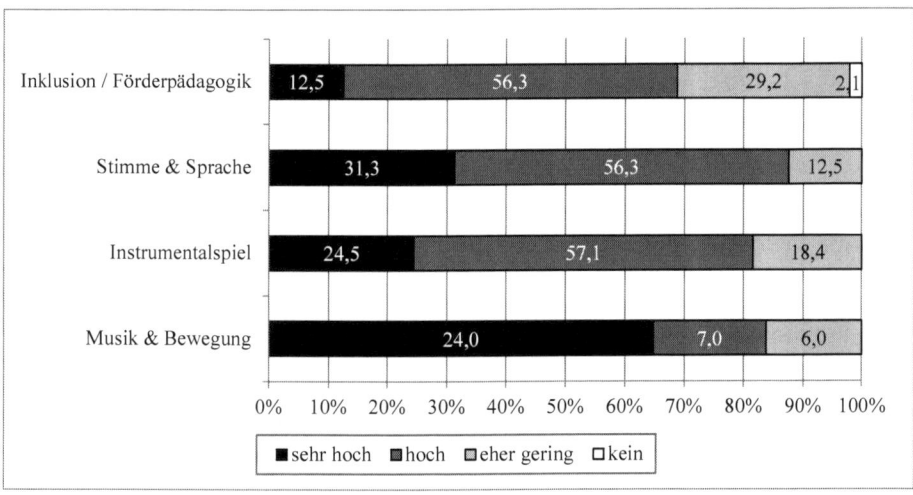

Betrachtet man die Einschätzung der Fähigkeiten in den einzelnen Modulen über beide Messzeitpunkte getrennt nach der Berufsgruppe, so geht aus Tabelle 14 und 15 hervor, dass die Fähigkeiten sowohl von Erzieher*innen als auch von den Instrumentalpädagog*innen zum zweiten Messzeitpunkt insgesamt höher eingestuft wurden als zum ersten Erhebungszeitpunkt. Eine Überprüfung der Verteilungen der Daten anhand des Wilcoxon-Tests zeigte, dass sich lediglich bei den Erzieherinnen die Fähigkeiten in den Bereichen Musik und Bewegung (p ≤ 0,001) sowie Stimme und Sprache (p ≤ 0,01) statistisch signifikant verändert hatten. Für die Instrumentalpädagoginnen wurden keine statistisch signifikanten Ergebnisse festgestellt, was unter anderem der geringeren Fallzahl (n = 5) geschuldet sein kann.

Tab. 14: Fähigkeiten von Erzieherinnen zu beiden Messzeitpunkten (n > 18)

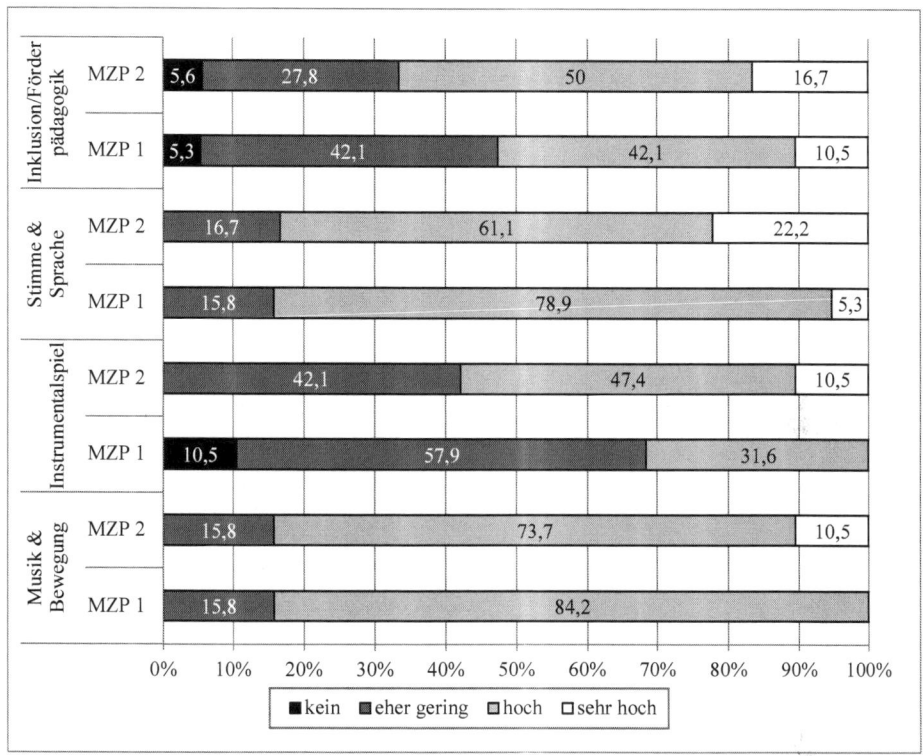

Tab. 15: Fähigkeiten von Instrumentalpädagog*innen zu beiden Messzeitpunkten (n = 5)

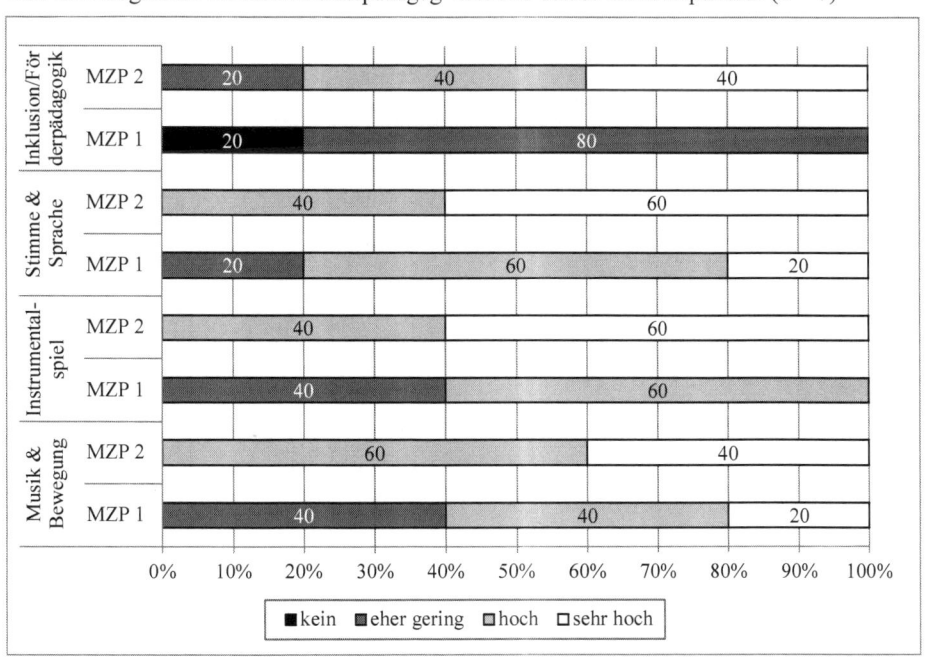

Weiterhin wurde mittels der univariaten Varianzanalyse mit Messwiederholung geprüft, ob sich in den Modulen *Instrumentalspiel* (F = 11,235; df = 1; p ≤ 0,01; η^2 = 0,34) sowie *Musik und Bewegung* (F = 33,59; df = 1; p ≤ 0,001; np^2 = 0,63) durch eine spezifischere Betrachtung der Modulinhalte Veränderungen in den Kenntnissen der Teilnehmer*innen zu den beiden Messzeitpunkten einstellten. In beiden Bereichen wurden signifikante Unterschiede ermittelt. So zeigte sich, dass bei den Teilnehmer*innen zum zweiten Messzeitpunkt ein Kenntniszuwachs in den beiden Schwerpunktmodulen erfolgte. Für die Analysen zu Unterschieden zwischen beiden Messzeitpunkten im Modul *Stimme und Sprache* wurde der Wilcoxon-Test genutzt. Auch hier zeigte sich für jedes Einzelitem eine signifikante positive Veränderung über beide Messzeitpunkte. So führte die Fortbildung auch in diesem Modulbaustein zu einer Weiterentwicklung der Kenntnisse.

5.3 Tandemarbeit

Betrachtet man die investierte Zeit im Tandem, so zeigt die Tabelle 16 folgendes Bild: 42,9 Prozent (n = 18) der Teilnehmerinnen geben an, 6 bis 10 Stunden im Tandem gearbeitet zu haben. Zwischen 1 und 5 Stunden arbeiteten 31,0 Prozent (n = 13). Einen Arbeitsaufwand im Rahmen von 11 bis 20 Stunden betrieben 16,7 Prozent (n = 7) der Befragten. Mehr als 21 Stunden investierten 9,5 Prozent (n = 4) in ihre Arbeit in Tandems. Eine differenzierte Betrachtung dieser Ergebnisse nach den beiden Berufsgruppen zeigt, dass Instrumentalpädagoginnen im Vergleich zu Erzieherinnen häufiger die Kategorien 6 bis 10 Stunden und 11 bis 20 Stunden gewählt haben. Hingegen sind es allein die Erzieherinnen, die angaben, mehr als 21 Stunden für ihre Arbeit im Tandem investiert zu haben. Allerdings sind diese Ergebnisse unter Berücksichtigung der geringen Fallzahlen für die beiden Berufsgruppen nur mit Vorsicht zu interpretieren.

Tab. 16: Verbrachte Zeit im Tandem (n = 19 Instrumentalpädagoginnen und 15 Erzieherinnen)

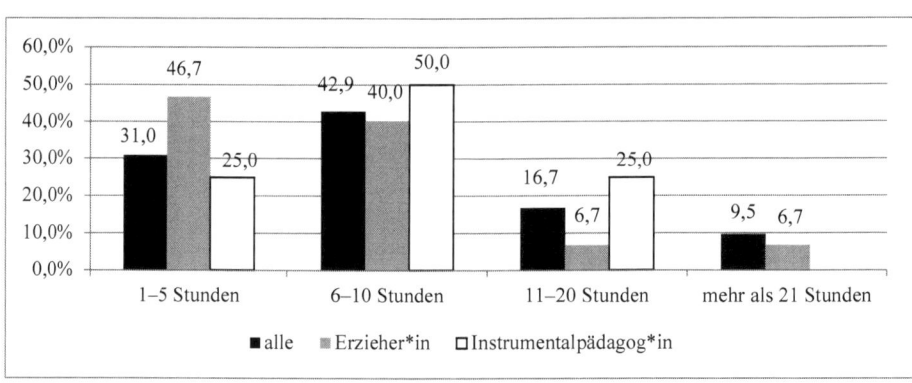

Neben den allgemeinen Angaben zur Arbeit in Tandems wurden die Teilnehmerinnen gebeten, ihre Erfahrungen in der Zusammenarbeit zu bewerten. Eine differenzierte Betrachtung nach den beiden Berufsgruppen erfolgt in Tabelle 17 und 18. Dabei wird ersichtlich, dass die Erzieherinnen die Teamarbeit insgesamt sehr positiv bewerteten. Störungen in der Umsetzung und ein konfliktreicher Verlauf wurden vom überwiegenden Teil verneint. Besonders hervorgehoben wurden die nachhaltige Erfahrung (80 %; n = 13) und die Gelegenheit zum gemeinsamen Austausch (81,3 %; n = 13) sowie der Einsatz von Kreativität und Engagement (75,1 %; n = 13). 60 Prozent (n = 9) der Erzieherinnen gaben an, durch die Arbeit im Tandem auch die Grenzen eigener Sichtweisen und Kenntnisse aufgezeigt bekommen zu haben. Die Frage, ob auch in Zukunft die Arbeit im (gleichen) Tandem geplant ist, wurde nur von 56,3 Prozent (n = 9) der befragten Erzieherinnen verneint.

Tab. 17: Bewertung der Tandemerfahrungen durch Erzieherinnen; „Die Arbeit im Tandem ..." (n > 15)

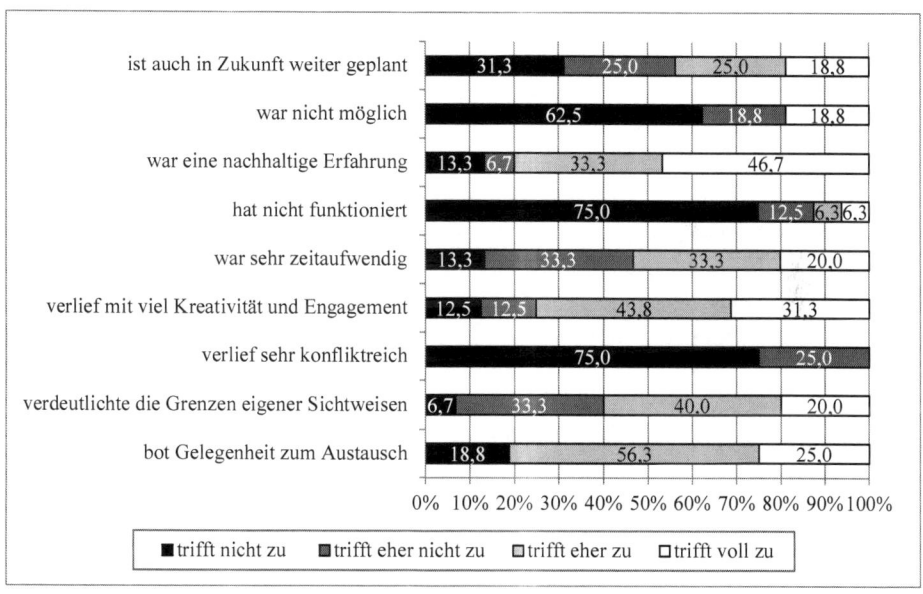

Für die Instrumentalpädagoginnen zeigte sich ein ähnliches Bild. Insgesamt wurde die Arbeit in Tandems auch hier sehr positiv bewertet und Störungen in der Umsetzung sowie ein konfliktreicher Verlauf vom überwiegenden Teil der Instrumentalpädagoginnen verneint. Besonders positiv wurden die Gelegenheit zum gemeinsamen Austausch (75,0 %; n = 3), die Verdeutlichung der Grenzen eigener Sichtweisen und Kenntnisse (66,6 %; n = 2), die nachhaltige Erfahrung (66,7 %; n = 2) sowie der kreative und engagierte Verlauf (75,0 %; n = 3) hervorgehoben. Alle Instrumentalpädagoginnen gaben an, dass die Arbeit im (gleichen) Tandem auch weiterhin für die Zukunft geplant sei. Allerdings sind diese Ergebnisse nur mit Vorsicht zu betrachten, da die Auswertung lediglich für 3 bis 4 Instrumentalpädagoginnen vorgenommen werden konnte.

Tab. 18: Bewertungen der Tandemerfahrungen durch die Instrumentalpädagoginnen; „Die Arbeit im Tandem ..." (n > 16)

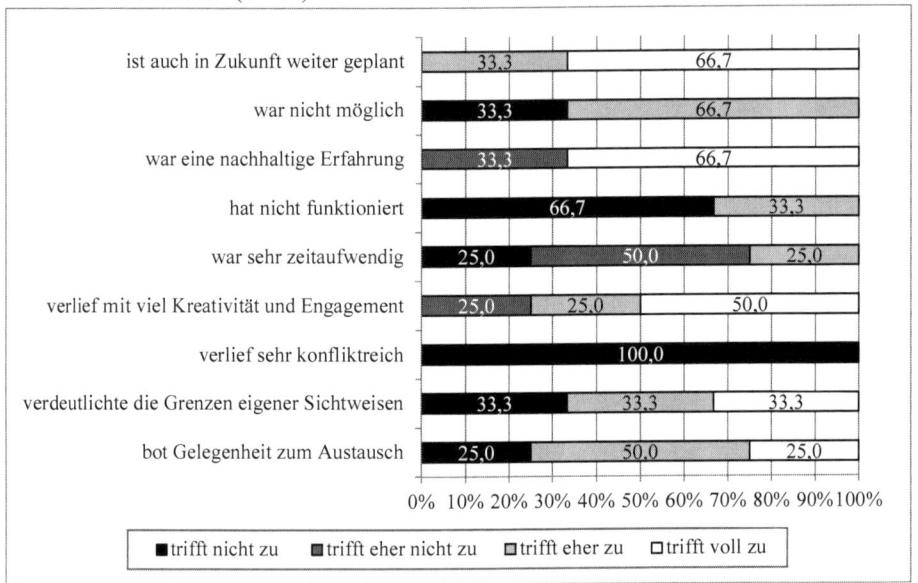

Die in den Fragebögen geäußerten positiven Einstellungen zur Tandemarbeit decken sich aber nicht vollständig mit den Angaben in den Interviews. Frau Hennig kam zu dem Ergebnis: „Ich war jetzt nicht notwendig für unser Projekt" (Hennig 3/196), denn „ich habe nur Ideen mit reingebracht und habe fotografiert" (Hennig 3/205). Die Planung verlief zwar zeitintensiv, indem sich das Tandem oft getroffen hat. Dennoch wurde die musikalische Arbeit nur von Frau Malge eingebracht, so dass hier keine intensive Tandemarbeit im Projekt stattgefunden hat. Folglich kritisierte Frau Hennig auch die Tandemkonstruktion als Schwäche des Fortbildungskonzepts. Auch Niveauunterschiede in Bezug auf musikbezogene Fähigkeiten wurden angesprochen. Die Tandemarbeit wurde in den gemeinsamen Interviews nicht direkt angesprochen, da die Aussprache von Kritik schwerer fällt als in einem Einzelinterview.

Weiterhin wurde geprüft, ob ein statistischer Zusammenhang zwischen dem Alter bzw. der Berufsdauer und der Arbeit in Tandems vorliegt. Die Korrelationsanalyse über die Angaben aller Teilnehmerinnen hat einen positiven Zusammenhang zwischen dem Alter und den Items „Die Arbeit im Tandem bot viele Gelegenheiten zum gemeinsamen Austausch" ($p \leq 0{,}05$) und „Die Arbeit im Tandem verdeutlichte die Grenzen der eigenen Sichtweisen und Kenntnisse" ($p \leq 0{,}05$) ergeben. Demnach stimmten ältere Teilnehmerinnen diesen Aussagen eher zu als jüngere. Für das Item „Die Arbeit im Tandem war durch unterschiedliche Voraussetzungen nicht möglich" ($p \leq 0{,}05$) zeigte sich ein negativer Zusammenhang. Ältere Teilnehmerinnen bezeichneten die Umsetzung der Teamarbeit als ‚eher gelungen' als jüngere. Für den Zusammenhang der Berufsdauer mit den Erfahrungen der Arbeit in Tandems zeigte sich für dieselben Items ein signifikanter Zusammenhang. Zudem konnte für die Aussagen „Die Arbeit im Tandem war sehr zeitaufwendig" ($p \leq 0{,}05$) und „Die Arbeit in Tandems hat nicht funktioniert"

($p \leq 0{,}05$) ein negativer statistischer Zusammenhang ermittelt werden. Demnach gelang den Teilnehmerinnen mit höherer Berufserfahrung die Arbeit zu zweit eher als Teilnehmerinnen mit einer geringeren Anzahl an Berufsjahren.

6 Bewertung der Weiterqualifizierung

Die Teilnehmenden bewerteten die Qualifizierung insgesamt positiv. 12 (24,0 %) Personen beurteilten die Weiterbildung als sehr gut. 28 (56,0 %) empfanden diese als gut. Als befriedigend wurde die Qualifizierung von 8 (16,0 %) Befragten eingeschätzt. Leidglich 2 (4,0 %) Personen stuften die Fortbildung als ausreichend ein. Der Transfer der Fortbildungsinhalte in die Praxis wurde von 13,7 Prozent (n = 7) als sehr hoch und von 72,5 Prozent (n = 37) als hoch bewertet.

Seitens der Musikschullehrkräfte wurde v. a. das „Auffrischen von Inhalten" (Feitz 2/12) und seitens der Erzieherinnen v. a. „wertvolle Anregungen" (Wischner 2/74) hervorgehoben. Für alle stand das „gemeinsame musikalische Erlebnis" (Grün 2/18) im Zentrum. Auch wenn hervorgehoben wurde, dass „für jeden etwas mit dabei ist" (Hennig 3/121), wurden die unterschiedlichen Interessen und Fähigkeiten der Teilnehmenden bewusst wahrgenommen, ohne hierbei das Konzept der Fortbildung zu kritisieren:

> Der eine sagt: War für mich ganz sinnlos! Vielleicht manche, die sagen: Da konnte ich ein bisschen was mitnehmen. Dann gibt es welche, die sagen: War für mich total super, ich habe ganz viel mitgenommen (Feitz 2/18–21).

Auffallend erschien, dass sich einige Musikpädagoginnen musikalische Anregungen aus Bereichen wünschten, in denen sie bereits kompetent sind. So erhoffte sich Frau Feitz, die ein Schlagzeugstudium abgeschlossen hat, Anregungen für einen Percussion-Workshop, um ihr Angebot verstärkt inklusiv auszurichten.

Die Mehrheit der Teilnehmerinnen gaben an, dass die einzelnen Inhalte sehr gut zueinander gepasst haben. 68,1 Prozent (n = 32) der befragten Personen waren der Ansicht, dass hier ein klares Konzept im Bereich Musik und Inklusion verfolgt wurde. Zudem äußerte der überwiegende Teil der Teilnehmerinnen, dass sie aus der Fortbildung speziell zum Thema Vielfalt in der Kita praktische Anregungen für die berufliche Praxis (93,9 %; n = 46), Anregungen zum ganzheitlichen Lernen mit allen Sinnen (89,4 %; n = 42), ein vielseitiges musikalisches Angebot (94,0 %; n = 48) sowie Infos und Materialien zur Inklusion in Kita und Musikschule (83,6 %; n = 41) und zum Musikeinsatz in Kita und Schule (98,0 %; n = 50) mitgenommen haben.

Wie das Fortbildungskonzept nach den Befragten in Zukunft gestaltet und aufgebaut werden soll, ist der Tabelle 19 zu entnehmen. Insgesamt zeigten sich die Befragten dem Konzept der Fortbildung gegenüber sehr positiv gestimmt. 68,8 Prozent (n = 31) der Teilnehmerinnen würden die Fortbildung genauso beibehalten. 88,3 Prozent (n = 45) hielten die Gliederung in vier Module und Zeitblöcke für gelungen. 93,9 Prozent (n = 46) empfanden den Umfang an förderpädagogischen Inhalten als angemessen. Auch wünschten sich 64,6 Prozent (n = 31) ein weiteres Fortbestehen der Arbeit in

Tandems. Als Verbesserungsvorschläge gaben 58,8 Prozent (n = 30) an, mehr Musikanteile einzubinden.

Tab. 19: Veränderungsvorschläge für zukünftige Fortbildungskonzepte; „In Zukunft soll das Fortbildungskonzept ..." (n > 45)

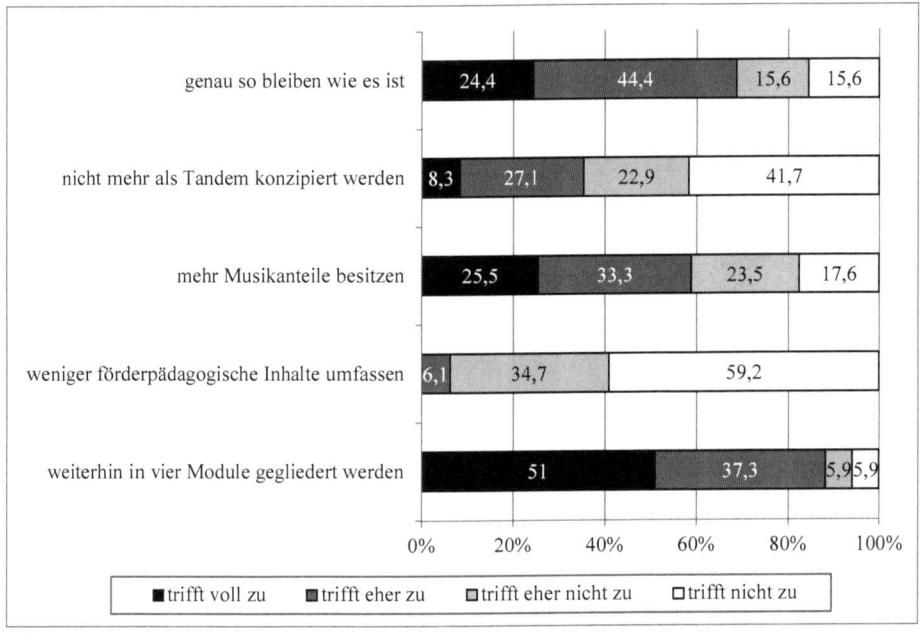

6.1 Module

Die hohe Zufriedenheit mit der Qualifizierung spiegelte sich auch in der Zufriedenheit mit den Inhalten einzelner Modulbausteine wider.

Tab. 20: Zufriedenheit mit den Inhalten einzelner Modulbausteine (n > 50; Angaben unter 4 Prozent werden in der Abbildung nicht ausgewiesen)

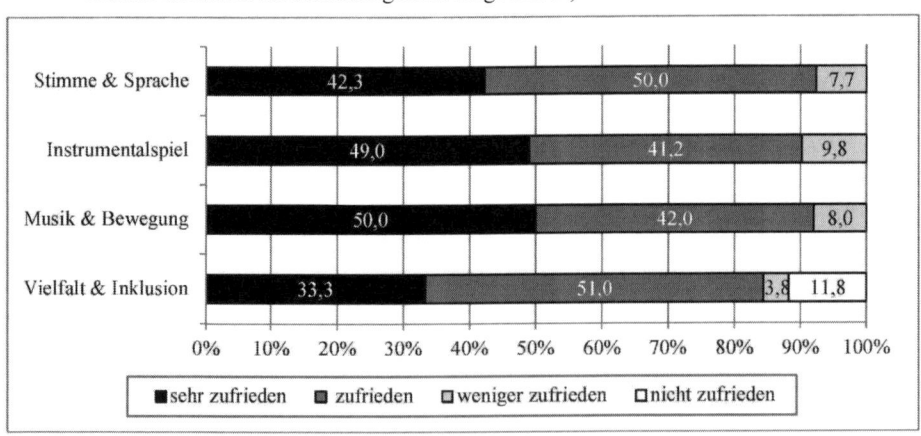

Über alle vier Modulbausteine *Stimme und Sprache*, *Instrumentalspiel*, *Musik und Bewegung* sowie *Vielfalt und Inklusion* zeigte sich eine hohe Zufriedenheit unter den Teilnehmenden der Qualifizierungsmaßnahme. Einzig bei dem Modul *Vielfalt und Inklusion* gaben 11,8 Prozent (n = 6) der Befragten an, nicht zufrieden damit zu sein. Eine differenziertere Betrachtung nach Berufsgruppen zeigt hier, dass alle Erzieherinnen zufrieden bis sehr zufrieden mit dem Modul *Instrumentalspiel* waren. 17 von 19 (89,5 %) bewerteten den Modulbaustein *Stimme und Sprache* und 18 (94,8 %) das Modul *Musik und Bewegung* als sehr zufriedenstellend. Eine hohe Zufriedenheit für den Schwerpunkt *Vielfalt und Inklusion* zeigten 14 (73,7 %) Teilnehmende. Alle Instrumentalpädagog*innen waren mit dem Modulbaustein *Stimme und Sprache* zufrieden bis sehr zufrieden. 4 (66,7 %) Personen gaben an, sehr zufrieden mit dem Schwerpunkt *Vielfalt und Inklusion* zu sein. Eine Zufriedenheit gegenüber dem Modulbaustein *Instrumentalspiel* äußerten 3 (50,0 %) der Instrumentalpädagoginnen und gegenüber dem Baustein *Musik und Bewegung* 4 (60,0 %) Personen. Eine differenzierte Betrachtung der Bewertung der Instrumentalpädagog*innen ist an dieser Stelle aufgrund der kleinen Fallzahl von n = 6 nur sehr bedacht vorzunehmen.

6.1.1 Inklusionsmodul

Das erweiterte Inklusionsverständnis, das sich nicht ausschließlich auf Menschen mit Behinderungen konzentriert, wurde gegen Ende der Weiterqualifizierung von allen Teilnehmenden in den Interviews thematisiert. Dabei äußerten Frau Steiger, Frau Feitz, Frau Hennig und Frau Raspe, dass sich ihr traditionelles Verständnis von Inklusion verändert hat und es vielmehr um eine grundsätzliche Haltung gegenüber jedem Menschen gehe. Auch die Unsicherheit, die dem Thema Inklusion zu Beginn entgegengebracht wurde, änderte sich in den Gesprächen im Verlauf der Fortbildung, und es kam eine neue Haltung gegenüber Kommunikationsprozessen zur Geltung.

> Erst dachte ich, was soll das mit der ganzen Kommunikation und so; und nachher dachte ich, also wenn ich die Kenntnisse vorher gehabt hätte, dann wären Kooperationen in denen ich vorher gearbeitet habe, wären besser gelungen, weil ich von mir aus eher Missstände angesprochen hätte und mehr auf Austausch bestanden hätte, auch nicht das einfach so als Gegeben hingenommen hätte (Deutsch 3/88–92).

Die Fortbildung beinhaltete viele Anregungen, um jeden in seiner Eigenheit und Verschiedenheit in die musikalische Arbeit miteinzubeziehen. Eine besondere Qualität des ersten Moduls lag darin, „sich in andere hineinzuversetzen" (Raspe 3/83), um eigene Haltungen zu reflektieren. Trotz der positiven Einschätzungen gab es immer auch Äußerungen von Unzufriedenheit hinsichtlich der fehlenden Thematisierung des musikbezogenen Umgangs mit beeinträchtigten Kindern.

> Also jetzt gerade, was speziell den Umgang mit Behinderungen anbelangt, da ist an und für sich noch nicht so viel da, aber für mich kommt jetzt mehr so rüber, dass man das gar nicht so sehr unter diesem Aspekt sieht, jetzt mit Schwerbehinderten oder so zu tun zu

haben, sondern Inklusion insgesamt, was das eigentlich für uns bedeutet (Steiger 3/29–35).

Auch Frau Raspe als ausgebildete Heilpädagogin äußerte sich kritisch über die Inhalte des Moduls und hätte gerne mehr Informationen zur Gruppe der geistig Behinderten erhalten.

> Es war einiges über Kinder mit Migrationshintergrund und es war zum Teil mit körperlichen Beeinträchtigungen. Aber die Gruppe der geistig Behinderten ist kaum zur Sprache gekommen und das fand ich schade. Das kann man gar nicht alles so mit einem Begriff abdecken (Raspe 3/215–221).

Das Inklusionsmodul wurde als Grundlage bezeichnet, könnte aber kürzer und kompakter und „nicht so theorielastig" (Feitz 2/75) sein. Frau Feitz und Frau Deutsch betonten, dass Musik von Anfang an im Zentrum der Weiterqualifizierung stehen solle. Frau Deutsch wünschte im Inklusionsmodul eine stärkere Konzentration auf den Kita-Alltag im Hinblick auf die Arbeit mit unterschiedlichen Lernniveaus.

6.1.2 Stimme & Sprache

Im Bereich Stimme und Sprache wurde mehrfach eine Dozentin gelobt, die selbst ein behindertes Kind hat und konkrete Beispiele aus dem inklusiven Alltag geben konnte. Insbesondere das kleinschrittige methodische Vorgehen, das Verhältnis von Stimme und Sprache sowie der Umgang mit Gebärdenliedern, nonverbales Anleiten und binnendifferenzierte Fördermöglichkeiten wurden positiv hervorgehoben.

> Wie entsteht die Sprache und worauf lege ich Wert, also dass ich in kleinen Schritten, nicht so hohe Ansprüche stelle, in kleinen Schritten Lieder einführe und möglichst einfach die Liederauswahl und so weiter, da habe ich eine ganze Menge dazugelernt (Raspe 3/105–108).

Frau Hennig gab an, dass sie als Laie viele Fachbegriffe nicht versteht, wie z. B. „jetzt singen Sie jetzt mal eine Oktave höher. Ich weiß nicht genau was eine Oktave ist. Wo soll ich denn den Ton hernehmen" (Hennig 3/63)? Das Stimmmodul wurde als „Basis" (Wischner 3/166) bezeichnet, da Grundlagen und „fundierte Aufklärungsarbeit" (Wischner 3/171) in der inklusiven Arbeit dargestellt wurden. Die verschiedenen Informationen und Übungen wurden insbesondere von den Erzieherinnen begrüßt, da weitestgehend keine Notenkenntnisse vorausgesetzt wurden. Auffallend war auch hier, dass über Gespräche in der Gruppe diverse Ängste vor dem Singen und deren Überwindung angesprochen wurden, weil die Gruppe eine zentrale Bezugsdimension war und eine Möglichkeit zum Austausch bot.

> Dann einfach auch diesen Mut haben zu singen und auch ein bisschen höher zu singen, und wir haben einfach auch gemerkt, viele, also auch jetzt von den Erziehern auch, von

den Pädagogen, die auch Ängste haben oder auch Unsicherheit haben überhaupt zu singen (Wischner 3/177–185).

Zudem wurden die Auslage von Büchern, das eigene Mitbringen und Einstudieren von Liedern, das aktive Singen und Ausprobieren sowie die hohe Fachkenntnis der Dozierenden hervorgehoben. Einen wichtigen Stellenwert erhielt die Mitgabe von CDs, da so die Lieder auch zu Hause weiter einstudiert werden konnten.

> Ich habe meinem Mann erst einmal alle Lieder zu Hause vorgesungen. Dann fand ich es auch sehr hilfreich, dass wir CDs bekommen, die hier wirklich auch im Rahmen der Fortbildung hier für uns auch eine Basis bilden. Und wenn ich dann das Lied nur höre, weiß ich wieder, ach ja, so war das (Steiger 3/115–120).

Positiv wurde der Transfer in den Alltag bewertet. Die Akzeptanz des Angebots in den Workshops ist immer aber auch individuell unterschiedlich und richtet sich an individuelle Schwerpunkte und Interessen.

6.1.3 Instrumentalspiel

Laut Frau Hennig wurde die Arbeit im Modul Instrumentalspiel so aufgegliedert, dass die Musikpädagoginnen den Erzieherinnen den Umgang mit Instrumenten erläutert und demonstriert hatten.

> Also wir waren ja im Tandem und dann gab es ja die, die eigentlich Musikleute sind, die haben uns dann nochmal intensiver gezeigt, wie man so Sachen einführen kann (Hennig 3/92–93).

Dieses Zitat spricht eher gegen eine Begegnung auf Augenhöhe, da unterschiedliche Kenntnisse im musikalischen Bereich zur Geltung gelangten. Die Herausstellung der unterschiedlichen musikalischen Niveaus führte zu einer Vertiefung der geringen musikbezogenen Selbsteinschätzungen der Erzieherinnen. Gleichzeitig ist das wechselseitige Lernen ein zentraler Bestandteil der Konzeption. Auffallend ist, dass hier ausschließlich musikbezogene Kenntnisse vermittelt wurden und ein Transfer von frühkindlicher Expertise seitens der Erzieherinnen ausblieb. Die Frage nach der Arbeitsaufteilung und Trennung der Berufsgruppen ist ein großer Diskussionspunkt und wird in der Darstellung des zweiten Projekts MuBiKi ausführlicher erläutert.

6.1.4 Bewegung

Das Modul Musik und Bewegung wurde von nahezu allen Tandems mehrfach angesprochen und unterschiedlich innerhalb der Standorte bewertet. Während Frau Steiger und Frau Wischner hervorhoben, „dass wir davon sehr wenig behalten haben im Gegensatz zu den anderen Modulen" (Wischner 3/82), betonten Frau Feitz und Frau Grün, dass „sehr viel hängen geblieben" ist (Grün 3/88). Ein Grund hierfür war, dass unterschiedliche Dozierende an unterschiedlichen Standorten gearbeitet haben und hierbei auch unterschiedliche Inhalte angeboten hatten (s. das folgende Kapitel). In den Interviews wurde deutlich, dass Bewegung für viele Erzieherinnen und Musikpädagoginnen ein „rotes Tuch ist. Da muss man ganz viel noch erarbeiten" (Malge 1/62). In diesem Bereich fehlten Grundkenntnisse und auch Methoden zum Einsatz im Kita-Alltag. Frau Feitz, selbst studierte Schlagzeugerin bzw. Perkussionistin, kritisierte, dass der Bereich Körper und Bewegung zu kurz gekommen sei und ein Schwerpunkt auf Rhythmuslehre gelegt wurde. Einige Übungen waren zu anspruchsvoll, so dass der Transfer in die Praxis nicht so leicht sei.

6.2 Konzeption

Für das Gelingen des Fortbildungskonzepts war von zentraler Bedeutung, dass sich die Dozierenden intensiv mit den Modulbeschreibungen beschäftigten und Absprachen zwischen den Standorten erfolgten. Einen wichtigen Stellenwert erhielt in diesem Zusammenhang das Treffen der Dozierenden, an dem die Planung der Expertinnen vermittelt wurde. An diesem Tag wurden die Inhalte ausführlich vorgestellt, damit die Lehrenden einen detaillierten Einblick in die inhaltliche Ausrichtung der Module erhalten konnten, um diese möglichst adäquat umzusetzen. Zweifellos ist eine direkte Umsetzung von Inhalten aufgrund individueller Schwerpunktsetzungen der Dozierenden nicht realisierbar, aber wünschenswert. In einigen Fällen gab es allerdings große Differenzen zwischen Modulordnung und Workshopgestaltung, wenn z. B. das Modulhandbuch vorgab, „einfache Bewegungsbausteine für Reigen und Tänze" (s. Modulhandbuch, S. 16) zu erproben, die Workshopgestaltung dann aber primär im Bereich rhythmisches Instrumentalspiel ausgestaltet wurde (Boomwhacker).

Vereinzelt fanden sich kritische Äußerungen zu den anspruchsvollen musikbezogenen Inhalten der Fortbildung: „Also ich weiß nicht, ob das für die Erzieherinnen nicht teilweise zu viel geballtes Wissen war" (Deutsch 3/98). Auch Frau Hennig empfand das Musikangebot als zu anspruchsvoll für die Erzieherinnen, konnte aber davon profitieren, da sie Grundkenntnisse mitbrachte.

> Also manchmal wurde sehr der Musiker angesprochen. Dadurch dass ich ja Ahnung von Musik habe, das ist mir jetzt nicht fremd, konnte ich damit etwas anfangen; aber wenn ich dann manchmal in andere Gesichter geguckt habe, habe ich schon bemerkt, die haben überhaupt da so keinen Schimmer von, wie langweilig muss das jetzt für die sein (Hennig 3/108–113).

Die Ausführungen verdeutlichen auf der einen Seite die unterschiedlichen musikbezogenen Fähigkeiten der Teilnehmenden. Eine Konsequenz wäre, Phasen einzuführen, in denen die Teilnehmenden getrennt und arbeitsteilig nach den jeweiligen Berufen weitergebildet werden: Die Erzieherinnen erhalten musikspezifisches Wissen; die Musiker werden im Bereich der Elementaren Musikpädagogik weitergebildet. Dies hätte aber tendenziell eine Aufgabe des Tandemmodells zur Folge. Zudem unterstreichen die Zitate stereotype Haltungen gegenüber dem anderen Beruf und eine bewusste Wahrnehmung des Niveauunterschieds hinsichtlich der beruflichen Qualifikation. Im Rahmen aller geführten Interviews erschien eine Aussage von Frau Hennig bemerkenswert:

> Ich fand das eine ganz gute Mischung, wobei ich auch das Gefühl hatte, bei manchen war es so eine Möglichkeit sich nochmal auszukotzen. Und manchmal habe ich auch gedacht, die Musiker sehen Probleme, wo ich als Erzieherin niemals darauf gekommen wäre. Also das sind ganz banale Sachen, wo ich denke, das ist doch klar, wie man das macht und die sind so musikalisch, so musikalisch-verplant in ihrem Kopf (Hennig 3/134–139).

Diese durchaus kritische Sichtweise und der ungewohnte Begriff „Auskotzen" muss im Hinblick auf die Tagungsthematik nicht zwangsläufig negativ konnotiert werden, da sich hierunter auch eine Offenheit gegenüber individuellen Schwächen im Umgang mit Inklusion verbergen kann. Das Bedürfnis, individuelle Ängste auf einer Fortbildung anzusprechen und zu verarbeiten, spricht zudem für den hohen Zusammenhalt der Gruppe und nicht zuletzt für das Vertrauen gegenüber den Dozierenden bzw. pädagogischen Leiterinnen. Die im obigen Zitat erwähnte Kritik an die Musikerinnen aus Sicht einer Erzieherin, sie seien zu verplant und kennen grundlegende didaktische Umgangsweisen in der Kita nicht, verdeutlicht eine Wertschätzung eigener Fähigkeiten.

6.2.1   Inklusion in Kita & Weiterqualifizierung

Vor dem Hintergrund der Bewusstheit unterschiedlicher Niveaus seitens der Teilnehmerinnen wurde deutlich, dass die Inklusionsthematik nicht nur im Bereich Kita, sondern auch in der Fortbildung selbst eine wichtige Rolle spielte und zu einer Bewusstwerdung von Inklusion in der Lerngruppe und im Tandem führte. Erhellend waren hier die Andeutungen von Frau Steiger, die schon im anderen Kontext zitiert wurden und vor diesem Hintergrund einen ganz anderen Stellenwert erhalten:

> Ich bin das beste Inklusionsbeispiel. Ich singe gern, bin aber nicht so begabt, aber mache es trotzdem. Wege, sich da mit einzubringen und auch Projekte schaffen, mit andere zu begeistern dafür, auch wenn man vielleicht nicht so musikalisch ist (Steiger 312–315).

Dieser ‚doppelte Boden' der Inklusionsthematik (Kita und Fortbildung) lässt sich als spezifische Qualität des Weiterqualifizierungskonzepts betrachten und unterstreicht die große Bedeutung der Lerngruppe und die daran gebundene Offenheit im Umgang mit persönlichen Erfahrungen. Die Teilnehmenden waren hinsichtlich ihrer musikalischen Fähigkeiten unterschiedlich, lernten aber durch den Umgang mit Inklusion mit der Vielfalt umzugehen. Die Reflexion über Bedingungen von Inklusion an der Kita führte zur Thematisierung individueller Fähigkeiten und Fertigkeiten sowie persönlicher emotionaler Erlebnisse. Das Verhältnis von Angst und Mut, Unsicherheit und Überwindung sowie Außenseiter und Experte brachte Frau Wischner auf den Punkt:

> Also ich hatte auf jeden Fall Ängste, was das angeht. Ich hatte nie das Gefühl, dass ich jetzt ein besonders guter Sänger bin, mache aber mit. Ich kann keine Noten, aber ich habe es für mich jetzt gar nicht als Problem gesehen. Man ist ganz schnell als Außenseiter auch

rein gekommen, doch muss ich wirklich so sagen und das ich es für mich nachher gar nicht mehr so empfunden habe und gemerkt habe: Mensch, Mein Gott, du kannst es ja doch (Wischner 3/218–223).

Das Zitat verdeutlicht anschaulich, wie der ‚inklusive Geist', den die Expertinnen bereits bei der Planung der Fortbildung ‚beschworen' hatten, die Teilnehmenden selbst betraf. Auch wenn es den Tandempartnerinnen in den gemeinsamen Interviews wichtig war, darauf hinzuweisen, dass es keine Unterschiede und Differenzen in der Teamarbeit gab, verdeutlichten einige Ausführungen doch unterschwellig die Bewusstheit einer heterogenen Lerngruppe, wobei insbesondere die Gespräche in der Gruppe und der wertschätzende Umgang zu einer kritischen Reflexion der Niveaus geführt hatten.

6.3 Stellenwert der Lerngruppe

Für die gesamte Weiterbildung spielte die Arbeit in der Gruppe eine entscheidende Rolle. Hier fühlten sich die Teilnehmerinnen aufgehoben und wertgeschätzt, was sicherlich auch auf den Umgang seitens der Dozentinnen und pädagogischen Leiterinnen zurückzuführen war. Mehrere Personen gaben in den Interviews an, dass erst durch die Kommunikation in und mit der Gruppe der Wunsch nach einer stärkeren inklusiven musikbezogenen Ausrichtung entstand.

> Also mit der Lerngruppe bin ich wirklich sehr zufrieden. Wirklich, es ist ein ganz toller Austausch und wirklich eine große Bereicherung, weil es viel unterschiedliche Erfahrungen gibt an unterschiedlichsten Orten und auch mit unterschiedlichen Kindern und Erwachsenen. Also ich empfinde das als sehr bereichernd (Steiger 2/69–72).

In der gemeinsamen Arbeit herrschte eine persönliche Atmosphäre zwischen den Teilnehmenden, die dazu führte, unterschiedliche Erfahrungen der Einzelnen bewusst werden zu lassen und im Team zu reflektieren. Diese Gesprächsanlässe, die von der bereits beschriebenen Offenheit geprägt waren, ermöglichten ein anderes Verständnis von Musik abseits von Leistungskriterien. Zu dieser sensiblen Haltung führten v. a. die persönlichen und zum Teil sehr emotionalen Gespräche zwischen den Teilnehmenden innerhalb der Gruppe. Dieser Austausch führte auch zu einem anderen Verständnis von Behinderung bzw. Inklusion.

> Und das war für einen sehr hilfreich, weil wenn man Behinderung hört, ist das ja erst mal so ein Handicap. Aber dass das gar nicht sein muss, ist mir eigentlich erst richtig bewusst geworden, als man jetzt so im Gespräch ist. Man kann ja jeden mit einbeziehen. Also man muss selber Vorurteile auch abbauen, um für bestimmte Dinge offen zu sein und dann läuft das halt nicht so vielleicht ab, wie man sich das selber im Kopf vorstellt, sondern es gibt Abwandlungen und das macht die Sache interessant. Ich denke das macht diese Sache bunt (Wischner 1/45–54).

Fast alle Tandems gaben an, dass sie ihr Verhalten als Lehrkraft mehr reflektieren und ein neues Bewusstsein für die eigene Arbeit miteinbringen. Auffallend sind die vielen Beschreibungen emotionaler Erlebnisse zwischen den unterschiedlichen Berufsgruppen:

> Die Musikschullehrerin, die hat bei mir so etwas hervorgerufen, mit ihrem kleinen Samen, das war für mich, also sie hat ein Lied mit uns gesungen. Das war gleich am Anfang. Das war für mich so ein Erlebnis. Das ist eine ganz tolle Person, die brachte das super gut rüber. Die macht das nicht so von oben herab, sondern die ist auf Augenhöhe und das fand ich klasse. Also das war für mich so ein Erlebnis, wo ich immer wieder gern, ich höre sie auch immer noch so singen (Steiger 2/4–8).

6.4 Lerntagebuch und Selbstreflexion

Die Benutzung des Lerntagebuchs und die daran gebundene Zeit zur Selbstreflexion wurde von den Teilnehmenden unterschiedlich genutzt. Das Tandem Steiger und Wischner führte kein Tagebuch, da dieses als Empfehlung verstanden wurde und auf freiwilliger Basis beruhte. Es diente dazu, „immer mal wieder eine Notiz zu machen oder vielleicht einmal eine Zusammenfassung zu schreiben" (Steiger 2/347). Die nachträglich schriftliche Fixierung von Erlebnissen war schwierig und umständlich. Frau Raspe und Frau Deutsch führten dagegen regelmäßig ein Lerntagebuch und waren zufrieden darüber, dass die Leitung am Anfang so viel Wert darauf gelegt hatte. Sie betrachteten das Lerntagebuch als eine Möglichkeit zur Reflexion.

6.5 Projekte

Im Rahmen der Projekte planten die Teilnehmenden konkrete Praxismodelle in der Zusammenarbeit zwischen Kita und Musikschule. Vereinzelt wurden auch organisatorische Aspekte, die sich mit dem Transfer eigener Erfahrungen auseinandersetzten, thematisiert. So lautete das Projekt von Frau Feitz und Frau Grün ‚Einführung von Kooperationsstrukturen' und widmete sich der Frage, wie Tandems gebildet werden können, um institutionenübergreifend zu arbeiten. Das Projekt nahm Bezug auf die persönliche Motivation zur Teilnahme an der Fortbildung, da das Tandem sich noch nicht kannte und von seinen Vorgesetzten aufgefordert wurde, daran teilzunehmen.

Allen Tandems war gemeinsam, dass sie dokumentierten, inwiefern Musik Menschen zusammenbringen kann. Die Projekte dienten dazu, „Begegnungen zu schaffen" und „bereichernd und fördernd zu wirken" (Wischner 2/291). Frau Steiger sprach von „unterschiedlichen Gesichtern, die eins werden" (Steiger 2/254). Ihr Projekt, das sie gemeinsam mit Frau Wischner durchführte, beinhaltete die Zusammenarbeit zwischen einer Kita und einem Seniorenheim. Ziel war es, mit „Musik Brücken zu bauen, Begegnungen zu schaffen und gerade so die Kommunikation zu fördern für Kinder und für Ältere" (Wischner 2/221–223).

Frau Hennig und Frau Malge hatten für Kita-Kinder mit Migrationshintergrund verschiedene Begrüßungslieder in andere Sprachen übersetzt, diese gemeinsam interpretiert und mit Ländern in Bezug gebracht, in denen sie entstanden sind, um den kulturellen Hintergrund kennenzulernen. Die Projektarbeit in diesem Tandem wurde als positiv empfunden, auch wenn eine Aufteilung zwischen Musikkraft und Erzieherin zu erkennen war.

Frau Raspe und Frau Deutsch planten einen inklusiv ausgerichteten Gottesdienst und verwendeten programmatische Inhalte, die als Klanggeschichten dargestellt wurden, so dass ein Gottesdienst „mit Vielfalt auf allen Ebenen" (Deutsch 3/403) zur Geltung gelangte.

> Sie ist katholisch, ich bin evangelisch, im Gottesdienst saßen auch Nicht-Gläubige und Muslime und Andersgläubige und wir haben eben auch Vielfalt in Möglichkeiten, wie man mit wenig Material vielseitig arbeiten kann (Deutsch 3/403–406).

Ein ursprünglich geplantes Projekt (Begrüßungsfest für neue Kita-Kinder mit Eltern und Großeltern) wurde von der Kita-Leitung abgelehnt und das Tandem damit beauftragt, einen Gottesdienst zu gestalten. Frau Raspe erhielt keine Unterstützung seitens der Kita-Leitung und die Fortbildung wurde ihr nicht anerkannt, obwohl „die Kita ja gar nichts bezahlen musste, die mussten mir nur halt ein bisschen Zeit geben am Freitag. Und es hat bis diese Woche noch Diskussionen gegeben, bis mir gesagt wurde, ich kann nicht rausgehen, um irgendwas zu proben" (Raspe 3/371–375). Dennoch war das Tandem begeistert von der Teamarbeit und erläuterte, inwiefern die kooperative Arbeit die Projektgestaltung deutlich erleichtert hatte.

6.6 Zeit

Die Teilnahme an den Workshops wurde als zeitintensiv, aber nicht als belastend empfunden. Dennoch wurde angeregt, die Fortbildungstermine zeitlich neu bzw. flexibler zu organisieren. Viele Termine am Wochenende mussten „freigeschaufelt" (Wischner 3/192) werden. Von einer zeitlichen Verkürzung der Fortbildungszeit war aber nicht die Rede. Intensiv waren v. a. die Projektvorbereitungen, die auch eine verstärkte Zusammenarbeit erforderten. Dabei wurden unterschiedliche Formen der Zusammenarbeit gewählt (Aufgabenverteilung, Telefonate, E-Mails und vor allem gesonderte Treffen):

> Also ich war fast jede Stunde dabei, die wir gemacht haben, und bin danach immer nach Hause und dann haben wir das besprochen, wie wir das machen wollen und so Sachen erarbeitet und so (Hennig 3/222–224).

Mehrfach wurden eine bessere Raumorganisation und mehr Unterstützung seitens der Kita-Leitungen angesprochen.

6.6.1 Zum Stellenwert des Treffens der Dozierenden

Auf dem eintägigen Dozent*innentreffen stellten die Expertinnen den Dozent*innen, die v. a. im Bereich der frühkindlichen musikalischen Bildung als Lehrende und Fortbildende aktiv waren, das Weiterqualifizierungskonzept vor. Auf dem Treffen wurde zu Beginn eine Einführung in die Inklusionsthematik gegeben und verschiedene Wahrnehmungsübungen mit allen Beteiligten durchgeführt. Zudem wurde die mehrfach in der Expertinnenplanung aufgeworfene Frage diskutiert, inwiefern die Dozent*innen in der Lage sind, das Planungskonzept methodisch und didaktisch umzusetzen. Kritisch wurde zunächst angemerkt, dass eine eintägige Veranstaltung nicht ausreicht, um die ganze thematische Komplexität einer Fortbildungsreihe vorzustellen. Es wurde angeregt, Ideen gemeinsam weiterzuentwickeln, um „permanent eigentlich in einem Austausch zu sein" (TG2, 64).[13]

Ein Großteil der Dozent*innen sah sich allerdings in der Lage, die Konzeption der Expertinnen umzusetzen, auch wenn es „immer Ecken und Kanten gibt, wo man sich nicht so viel mit beschäftigt hat" (TG5, 53). Eine andere Dozentin betrachtete die Frage, ob sie in der Lage sei, die Planungen der Expertinnen umzusetzen, als „völlig überflüssig, weil wozu sind wir denn hier und wozu sind wir ausgebildet. Das ist ja, also ich könnte jetzt beantworten, weil ich aufgepasst habe, in der Schule. Dann können wir uns ja selbst anmelden zur Fortbildung" (TG9, 14–16). Es gab aber auch andere Meinungen gegenüber Herausforderungen im Bereich Inklusion:

Ich glaube, dass ich mich mit dem Inklusionsgedanken noch nicht seit meinem Studium befasst habe, und ich noch dabei bin und mich darein zu vertiefen und mich mit dem Gedanken vertraut zu machen oder den jetzt wachsen zu lassen oder wie auch immer. Von daher glaube ich, dass ich noch dabei bin, mir das anzueignen, was dann vermitteln könnte und mich darum nicht komplett zu gering fühle (TG3, 31–36).

Auch wenn in den Modulbeschreibungen zum Teil komplexe Anforderungen formuliert wurden (z. B. Entwicklungspsychologie), akzeptierten die Dozentinnen diese. Auffallend war zudem, dass die Dozierenden sich eine Präzisierung des „sehr schwammigen Lernfelds Inklusion" (TG7, 23) wünschten.

---

13 TG = Teilnehmer*in der Gruppendiskussion.

VII Diskussion

Die Teilnahme an der Weiterbildung erfolgte primär zur Verbesserung musikbezogener Fähigkeiten, so dass die Auseinandersetzung mit dem Schwerpunkt Inklusion/Vielfalt eher indirekt thematisiert wurde. Ein Grund hierfür könnte am mehrdeutigen Begriff Vielfalt liegen, der immer auch mit Methodenvielfalt in Bezug gesetzt wurde. Grundsätzlich hat sich das Planungskonzept der Expertinnen im Sinne der Herausstellung eines weiten Inklusionsverständnisses in der Praxis bewährt. Im Zentrum stand ein wertschätzender und offener Umgang mit den Menschen in ihrer Vielfalt. Zur Weiterbildung hatten sich insbesondere Erzieherinnen mit musikbezogenen Vorerfahrungen angemeldet. Dies verdeutlicht zum einen, dass Musik in ihrem Alltag einen wichtigen Stellenwert einnahm. Zum anderen wurden diejenigen Personen, die Musik wenig oder gar nicht im Kita-Alltag einsetzten, durch das Tandemkonzept nicht erreicht (vgl. auch die Ergebnisse vergleichbarer Evaluationen wie z. B. *Kita macht Musik* (Bertelsmann 2009)). Die Teilnehmenden suchten v. a. fertig einsetzbare Praxismaterialien und Methoden für den Kita-Alltag. Dieser Wunsch konnte zu sehr großen Teilen erfüllt werden, auch wenn kritisch bedacht werden sollte, dass die Umgangsweisen mit Musik und Inklusion im Zentrum der Weiterbildung lagen und dann auch in der gemeinsamen Arbeit in der Gruppe reflektiert wurden.

Es lassen sich vier spezifische Qualitätsmerkmale der VimuBi-Weiterqualifikation festhalten:
- Die Tandemarbeit wurde positiv eingeschätzt. Auffallend erscheint, dass diese im Verlauf der Fortbildung immer bewusster thematisiert wurde und v. a. in der Projektgestaltung große Bedeutung erhielt. Bis auf ein Tandem, in dem die musikalische Arbeit im Projekt von der Musikpädagogin durchgeführt wurde und die Erzieherin für die Organisation (Fotografie) zuständig war, verlief die Zusammenarbeit reibungslos. Die Teilnehmenden profitierten wechselseitig voneinander, indem sie sich motivierten und unterstützten.
- Einen äußerst wichtigen Stellenwert in der Fortbildung besaßen die persönlichen und emotionalen Erfahrungen in der Lerngruppe, welche zu einer Bewusstheit von Vielfalt führten. Die Gruppe war ein Ort des persönlichen Austausches und der Reflexion heterogener Erfahrungen. Die Teilnehmerinnen stellten untereinander verschiedene Materialien zur Verfügung oder studierten gemeinsam Musikstücke ein. Dieser Stellenwert der Gruppe lässt sich als zweites spezifisches Qualitätsmerkmal der Fortbildung verstehen und sollte grundlegend für tandembezogene Weiterbildungen mitberücksichtigt werden. Eine große Bedeutung erhielt vor diesem Hintergrund auch das sehr hohe Engagement der pädagogischen Leiterinnen, die bei allen Modulen anwesend waren.
- Vor diesem Hintergrund lässt sich ein drittes Qualitätsmerkmal anführen. Durch das Tandemkonzept und das wechselseitige Lehren und Lernen nahmen an der Fortbildung Personen mit unterschiedlichen Fähigkeiten und Fertigkeiten teil. Ziel war es, eine Begegnung auf Augenhöhe zu ermöglichen und insbesondere durch die

Projekte eine gemeinsame Arbeit zu etablieren, in der sowohl pädagogische und musikpädagogische Kenntnisse zur Geltung gelangen. Insbesondere die Erzieherinnen berichteten von musikalischen Defiziten und erläuterten ausgiebig, was sie *nicht* können. Die Musikpädagoginnen waren sich dagegen ihrer musikalischen Fähigkeiten bewusst, suchten nach einer Vertiefung und verstanden sich unterschwellig auch als Unterstützer der Erzieherinnen.
- Durch diese Unterschiede erhielt die Weiterqualifizierung selbst eine inklusive Ausrichtung. Es ging nicht nur um die Inklusion in der Kita zwischen den Kindern, sondern um die ‚Inklusion' zwischen den Teilnehmerinnen. Das erklärt die hohe Bedeutung der Lerngruppe, in der solche Erfahrungen thematisiert wurden. Die Teilnehmerinnen waren sich ihrer Unterschiedlichkeit bewusst und reflektierten diese kritisch. Auch wenn auf Workshops allen die Möglichkeit gegeben wurde, sich musikalisch zu beteiligen, blieben die Unterschiede bestehen. Sie wurden aber seitens der Teilnehmenden nicht wertend verstanden. In musik- und inklusionsbezogenen Fortbildungen war ein Niveauunterschied kein Hindernis, sondern förderte den Zusammenhalt der Lerngruppe.

Neben den positiven Qualitätsmerkmalen lassen sich fünf Kritikpunkte festhalten:
- Das grundlegende Planungs- und Fortbildungskonzept im Sinne der dreigliedrigen Abfolge von Expertinnenplanung, Dozent*innen-Workshop und Fortbildungsdurchführung lässt sich skeptisch bewerten. Es ist unwahrscheinlich, dass nach einem eintägigen Treffen alle Dozent*innen in der Lage sind, spezifische Inhalte der Expertinnenplanung bzw. des Modulhandbuchs umzusetzen. Gerade vor dem Hintergrund, dass es wenige musikpädagogische bzw. fachdidaktische Kenntnisse zur Inklusion gibt, gilt es in Zukunft, dieser Übertragung eine große Bedeutung innerhalb der Konzeption zuzusprechen, die einen größeren Zeitraum verlangt, so dass die Dozent*innen in der Lage sind, die Module zu vermitteln.
- Die Inhalte, Ziele und Kompetenzen werden im Modulkatalog offen formuliert. Dieses im Rahmen der Expertinnenplanung explizit berücksichtigte Fortbildungsmerkmal führte dazu, dass a) die Inhalte zum Teil willkürlich ausgewählt wurden und je nach Auswahl der Dozierenden b) der Bezug zum Inklusionsthema vernachlässigt wurde, da einige aus dem Musikbereich stammen und primär über musikpädagogische Qualifikationen verfügen. Die Gespräche mit den Teilnehmenden verdeutlichten, dass die Workshops durch unterschiedliche Dozierende auch unterschiedlich gestaltet waren. Demnach bleibt fraglich, ob die Konzeption den Erfolg der Fortbildung gewährleistete oder die individuelle Expertise der einzelnen Personen, indem eigene Fortbildungsschwerpunkte gesetzt wurden.
- In diesem Kontext sollte auch erwähnt werden, dass fast alle Expertinnen, welche die Weiterbildung konzipierten, einen Schwerpunkt im Bereich der musikbezogenen Erwachsenenbildung besaßen. Für die Zukunft ist es von Bedeutung, das Team ggf. breiter und vielseitiger aufzustellen, um auch andere Berufe bzw. Tätigkeiten (Musiktherapeutinnen, Erzieherinnen, Sonderpädagoginnen) und daran gebundene Sichtweisen und Kompetenzbereiche im Bereich der Planung miteinzubeziehen.

- Kritisch sollte hervorgehoben werden, dass der im Fortbildungstitel enthaltene Begriff ‚Vielfalt' sowohl seitens der Expertinnen als auch für die Teilnehmerinnen für Unklarheiten und Missverständnisse gesorgt hat. Ein Großteil der Teilnehmenden verstand Vielfalt als ‚Methodenvielfalt' im Sinne des vielseitigen Musizierens, Singens und Bewegens. Diese vielseitigen Zugänge zur Musik haben nichts mit inklusionsbezogener Vielfalt gemeinsam, welche sich mit der ‚Vielfalt der Menschen' auseinandersetzt. Auch das angeführte Argument, dass ‚Musik immer schon vielfältig ist', greift für die spezifischen Anforderungen an Inklusion zu kurz und müsste v. a. hinsichtlich der spezifischen Diagnostik und Förderung weitergedacht werden. Als Alternative bietet sich ein anderer Weiterbildungstitel an (wie z. B. ‚Musik und Inklusion in der Kita').
- Insgesamt erschien der zeitliche Aufwand insbesondere für die Planung und Durchführung der Projekte hoch, aber realisierbar. Sie waren vielseitig und setzten sich sowohl mit Praxisprojekten als auch mit eher theoretischen Ansätzen (Reflexion der Erfahrung im Tandem) auseinander. Dabei wurde nicht nur der Kita-Bereich, sondern auch andere inklusionsbezogene Orte miteinbezogen (z. B. Altenheim). Kritisch muss angeführt werden, dass die Teilnahme an der Weiterqualifizierung von den Kita-Leitungen unterschiedlich bewertet wurde. Auf der einen Seite wurde eine Beteiligung erwünscht und vorgeschrieben, auf der anderen Seite wurde eher ablehnend und kritisch auf das Projekt reagiert.

Hinsichtlich der Evaluationsinstrumente haben sich sowohl die Interviews als auch die Fragebogenerhebungen als besonders effektiv für die Evaluation von Gruppeninterviews erwiesen. Die qualitative Inhaltsanalyse war für die Analyse der Tandeminterviews ebenfalls gut geeignet. Je nach Fragestellung ließen sich in der Evaluation der Durchführung andere Methoden einsetzen. Hierzu gehören v. a. teilnehmende Beobachtungen und Videographie hinsichtlich eines differenzierten Einblicks in die Workshopgestaltung und in die Planung sowie Durchführung der Projekte (s. dazu das im Folgenden dargestellte MuBiKi-Projekt). Die Untersuchung hat gezeigt, dass die Teilnehmerinnen ihre eigenen Fähigkeiten in den Bereichen Musik und Bewegung, Instrumentalspiel, Stimme und Sprache sowie Inklusion/Förderpädagogik allgemein sehr hoch einstufen. Während bei den Erzieherinnen ein signifikanter Anstieg in den Modulbausteinen Musik und Bewegung und Stimme und Sprache verzeichnet werden konnte, ließen sich für die Instrumentalpädagoginnen keine signifikanten Ergebnisse verzeichnen. Bezüglich der Kenntnisse der Teilnehmerinnen zeigen sich positive Veränderungen in Musik und Bewegung, Stimme und Sprache als auch im Instrumentalspiel. Interessant erscheint das Ergebnis, dass die Arbeit im Tandem von älteren Teilnehmerinnen positiver bewertet wurde als von jüngeren. Auch wurde gezeigt, dass eine höhere Berufserfahrung zum besseren Gelingen der Arbeit im Tandem führte. Dass an der Weiterbildung ausschließlich Frauen teilgenommen haben, unterstreicht die einseitige weibliche Ausrichtung des Erzieher*innenberufs.

Projekt II: Musikalisch-kulturelle Bildung in der Kita

Im Folgenden werden Evaluationsergebnisse des Projekts Musikalisch-kulturelle Bildung in der Kita (MuBiKi) im Rahmen der Ausschreibung des Bundesministeriums für Bildung und Forschung zur Förderung von Entwicklungs- und Erprobungsvorhaben zur pädagogischen Weiterbildung von Kunst- und Kulturschaffenden vorgestellt. Das Projekt beinhaltete die Konzeption, Durchführung und Evaluation einer berufsfelderweiternden Qualifizierung von Musiker*innen und Erzieher*innen für Musikangebote an Kindertagesstätten. Die Projektleitung in dem – im Folgenden ausführlich dargestellten – Teilprojekt Evaluation und Dokumentation bestand aus Prof. Dr. Lars Oberhaus (Professor für Musikpädagogik, Carl von Ossietzky Universität Oldenburg) und Prof. Dr. Ulrike-Marie Krause (Professorin für Bildungswissenschaften, Carl von Ossietzky Universität Oldenburg). Der Bereich Konzeption und Durchführung wurde von Klaus Bredl (Landesverband niedersächsischer Musikschulen e.V.) geleitet. Im Rahmen des Projektteams wurde eine Koordinationsstelle eingerichtet, die zunächst von Rhea Richter und anschließend von Niklas Perk besetzt wurde. Als wissenschaftliche Mitarbeiter*innen arbeiteten Zoe Schempp-Hilbert, Christiane Leder, Ragnhild Eller und Dr. Alexis Kivi in den qualitativen und quantitativen Teilbereichen mit. Die Förderzeit betrug eine Gesamtzeit von drei Jahren und erfolgte vom 01.09.2014 bis 31.08.2017.

Das Ziel der BMBF-Ausschreibung bestand in der „Entwicklung und Erprobung von wissenschaftlich fundierten Modellen zur Weiterbildung von Kunst- und Kulturschaffenden für die Arbeit mit Kindern und Jugendlichen in Bildungskontexten" (ebd.), um die Qualität der kulturellen Bildung zu erhöhen. Ein weiteres Anliegen lag darin, die „Professionalisierung der Kunst- und Kulturschaffenden in der kulturellen Bildung" (ebd.) zu fördern und eine „Verbesserung der Zusammenarbeit zwischen Kunst- und Kulturschaffenden und pädagogischen Fachkräften" (ebd.) anzubahnen.

Das MuBiKi-Projekt griff diese Ziele explizit auf, insofern eine Weiterqualifizierung konzipiert, durchgeführt und evaluiert wurde, in der Musiker*innen mit Erzieher*innen im Tandem kooperativ und *transprofessionell* zusammengearbeitet haben, um das musikalische Angebot in der Kita zu verbessern. Das Ziel lag in einem wechselseitigen Austausch und Erwerb von sowohl musikalischem als auch pädagogischem Fachwissen und in der Erweiterung berufsbezogener Handlungskompetenzen (ausführlich zur transprofessionellen Zusammenarbeit s. Oberhaus & Kivi 2018, Oberhaus & Eller 2018; Oberhaus et al. 2018). Die von einem Team aus Expert*innen geplante berufsbegleitende und berufsfelderweiternde Qualifizierung erfolgte an zwei Standorten (Lehrgangsort I (eher städtisch), Lehrgangsort II (eher ländlich)) in Niedersachsen, dauerte ca. anderthalb Jahre (Herbst 2015 bis Frühjahr 2017) und schloss mit dem Zertifikat Fachkraft für Musikangebote in Kindertageseinrichtungen ab.

In der BMBF-Förderlinie wurden zwar Modelle zur Vermittlung pädagogischer Kenntnisse an Kunst- und Kulturschaffende unterstützt, dabei aber explizit nicht die Entwicklung von Konzeptionen „zur Fortbildung von pädagogischen Fachkräften" (ebd.) gefördert. Demnach wurden die Musiker*innen finanziell vollständig unterstützt (Übernachtung), während die Erzieher*innen selbständig für die Organisation einer Unterkuft zuständig waren. Nicht zuletzt stellte sich bereits bei der Akquise die Frage, inwiefern Kunst- und Kulturschaffende nicht auch als pädagogische Fachkräfte tätig sind, indem sie z. B. bestimmte Beschäftigungsverhältnisse eingehen (Musikschule) oder vermittelnd tätig sind. Das BMBF verstand den schillernden Begriff der Kunst- und Kulturschaffenden als „künstlerisch Tätige aller künstlerischen Sparten, die geeignet sind, aus ihrer künstlerischen Tätigkeit heraus praktische und theoretische Fertigkeiten und Kenntnisse zu vermitteln und künstlerisches Erfahren zu ermöglichen" (Projekt-Flyer). Vor diesem Hintergrund bleibt fraglich, was ‚das Künstlerische' ist, das in dem Zitat nicht weniger als viermal in unterschiedlichen Kontexten genannt wird (ohne dabei den Bereich der Kulturschaffenden mitaufzugreifen).

I Kunst- und Kulturschaffende in Kitas

Die berufsfelderweiternde Qualifizierung MuBiKi zielt explizit auf die Entwicklung und Erprobung wissenschaftlich fundierter Modelle zur Weiterbildung von Kunst- und Kulturschaffenden im Bereich frühkindlicher musikalischer Bildung. Sie dient zur qualitativ-nachhaltigen Steigerung der Vermittlung von Musik und verbessert die kulturelle Bildung an Kitas.

1 Zur Zielgruppe der Musiker*innen

Zielgruppe sind Kunst- und Kulturschaffende v. a. als Musiker*innen, die aus ihrer künstlerischen Tätigkeit heraus musikpraktische Fertigkeiten und Kenntnisse in der Kita vermitteln und so ihre beruflichen Qualifikationen verändern bzw. erweitern möchten. Instrumentalpädagog*innen, die an Musikschulen arbeiten, besitzen hinsichtlich der angesprochenen Zielgruppe der Weiterqualifizierungsmaßnahme eine besondere Stellung. Hierbei handelt es sich v. a. um Kunst- und Kulturschaffende, die überwiegend im Rahmen eines geringen Stundendeputats an einer Musikschule beschäftigt und keine ausgebildeten Fachkräfte im Bereich der frühkindlichen musikalischen Bildung (EMP) sind. Da Musiker*innen oftmals auch in pädagogische Tätigkeiten eingebunden sind, das BMBF-Projekt aber ausschließlich Musiker*innen förderte, wurden Kriterien herausgearbeitet, die verdeutlichen, welche Personen zu welcher Zielgruppe gehören. Dies betraf z. B. den Beschäftigungsstatus der Musikschule (z. B. Umfang und arbeitsvertragliche Grundlage, z. B. Teilzeitbeschäftigte, Honorarkräfte, freie Mitarbeiter*innen, eigene künstlerische Tätigkeit (z. B. Konzerte)), Einbindung in kulturelle Projekte außerhalb der Musikschule (z. B. Kulturarbeit) sowie das schriftlich bei der Bewerbung artikulierte Interesse, sich in einem musikalischen und pädagogischen Bereich weiterzubilden, der nicht Gegenstand der derzeitigen Berufsausübung ist.

2 Qualifizierungen von Musiker*innen für den Kita-Bereich

Vor dem Hintergrund der Konzeption des Projekts ist zu fragen, inwieweit Musiker*innen – als Kunst- und Kulturschaffende – dazu geeignet erscheinen, ein professionelles Angebot in der Kita umzusetzen, da hier – wie oben beschrieben – spezifische Erfahrungen v. a. im Bereich der Elementaren Musikpädagogik und Musikalischen Früherziehung nötig sind. Zunächst sollte noch einmal hervorgehoben werden, dass trotz der oben genannten Differenzierungen der Status ‚Musiker*in' nur schwer zu systematisieren ist. Das betrifft v. a. musikalische Kenntnisse, Erfahrungen und Qualifikationen, die sehr unterschiedlich sein können. Dennoch kann festgehalten werden, dass Musiker*innen z. B. während ihres Studiums oder Unterrichts in ihrer eigenen Kindheit grundlegende Formen einer musikbezogenen elementaren Vermittlung erhalten haben (Didaktik der Elementarlehre) und somit indirekt mit einer Elementaren Musikpädagogik bzw. Musikalischen Früherziehung in Kontakt gekommen sind. Zudem sind sie oftmals selbst in Lehr- und Lernsituationen eingebunden (Ensemblepraxis). Aus Sicht der Evaluation ist die Frage entscheidend, inwieweit Musiker*innen dazu in der Lage sind, aufgrund ihrer musikalischen Fähigkeiten ein Angebot in der Kita anzubieten. Während bei den Erzieher*innen musikbezogene Defizite bereits in der Ausbildung erkennbar sind, lassen sich pädagogische Defizite der Musiker*innen nicht unmittelbar festhalten. Wie bereits oben skizziert wurde, ist es aus Sicht der Elementaren Musikpädagogik, deren Konzepte primär das Musikangebot an der Kita beherrschen, keinesfalls selbstverständlich, dass Musiker*innen in die Kita kommen.

In der MuBiKi-Weiterbildung wurde im Tandem zusammengearbeitet. Es ist aber nach Abschluss nicht zwingend nötig, in Zukunft ein Angebot im Tandem in der Kita zu etablieren, wie dies in verschiedenen anderen Projekten angedacht ist. Ein Grundgedanke von MuBiKi ist vielmehr, dass Erzieher*innen und Musiker*innen nach Ende der Weiterqualifizierung *beide* in der Lage sind, durch das kooperative Lernen selbständig ein Angebot zu entwickeln. Eng damit verbunden ist ein Verständnis von transprofessioneller Zusammenarbeit, das im weiteren Verlauf näher beschrieben wird.

3 Zum Wandel künstlerischer Musikberufe

Künstlerische Musikberufe sind von gesellschaftlichem Wandel betroffen, die insbesondere im Bereich der kulturellen Bildung eine Erweiterung der Aufgabenfelder und der Arbeitsformen erfordern (Smilde 2017). Trotz Fördermaßnahmen durch öffentliche Kulturhaushalte geht die Zahl der Beschäftigten in künstlerischen Bereichen seit 1991 kontinuierlich zurück (Gembris & Langner 2005; Haak 2008). Deshalb „arbeiten viele Studienabgänger*innen heute in Berufen, die nicht ihren Ausbildungen entsprechen. Viele sind auf eine Kombination verschiedener Tätigkeiten angewiesen, um ihren Lebensunterhalt bestreiten zu können (Portfolio-Karriere)" (Pfeffer 2006, 34). Hierzu sind Führungskompetenzen sowie die Öffnung gegenüber anderen Berufsfeldern und spezifischen Handlungsweisen relevant, um sich lebenslang weiterzubilden. Insbesondere

Musiker*innen sind aber nicht allein durch sozioökonomische Rahmenbedingungen gezwungen, ihr professionelles Spektrum auf weitere Arbeitsfelder und Institutionen auszuweiten. Sie suchen auch gezielt deswegen neue Aufgabengebiete und Kooperationspartner*innen, da sie daran interessiert sind, ihre musikalischen Kompetenzen und Berufserfahrungen weiterzugeben bzw. zu entfalten. Hierzu gehören Einsatzmöglichkeiten in pädagogischen Kontexten wie z. B. Schule oder Kindergarten.

II Transprofessionelle Zusammenarbeit

1 Kooperatives Lernen

Kooperatives Lehren und Lernen ist „eine Interaktionsform, bei der die beteiligten Personen gemeinsam und in wechselseitigem Austausch Kenntnisse und Fertigkeiten erwerben" (Konrad & Traub 2010, 5). Entscheidend ist, dass zwei oder mehrere Personen *gemeinsam* in Lehr- und Lernsituationen arbeiten, die durch eine *gegenseitige* Vermittlung von Fähigkeiten und Fertigkeiten konkrete Problemstellungen lösen. Während Lernen für sich bereits als sozialer, aktiver und kommunikationsbasierter Prozess verstanden wird, ergänzt der kooperative Ansatz das Lernen durch Diskussions- und Reflexionsphasen sowie Auseinandersetzungen mit heterogenen Perspektiven. Kooperative Lehr/Lern-Arrangements lassen sich mithilfe unterschiedlicher Methoden realisieren (Borsch 2010, 37).

Verschiedene Studien bestätigen die positiven Effekte kooperativen Lernens auf das individuelle Lernen (Slavin 1990). Sie beziehen sich auf die Steigerung von Wissenserwerb und Wissensanwendung sowie sozialer Kompetenz und Persönlichkeitsentwicklung. Der soziokognitive Ansatz (Kopp & Mandl 2007) besagt, dass in kooperativen Lehr- und Lernarrangements die Personen unterschiedliche Perspektiven bezüglich eines Problems erleben, die zu einem individuellen kognitiven Ungleichgewicht des Einzelnen führen. Um dieses wiederzustellen, verarbeiten die Beteiligten neue Inhalte intensiv und erhalten daher ein neues, verändertes oder vertieftes Verständnis des Problemgegenstands. Dabei müssen die kognitiven Prozesse der Konfliktbewältigung bei Lehr- und Lernsituationen vorherrschen, indem auf das vorhandene Wissen zurückgegriffen wird. Im *soziogenetischen* Ansatz vermitteln Expert*innen den Lernenden Fähigkeiten und Fertigkeiten. Das Lernen ist dann effektiv, wenn der Lernende fähig ist, ein Problem zu lösen und seinen vorherigen Wissensstand zu erweitern. Der Ansatz der *kognitiven Elaboration* thematisiert die Integration neuen Wissens in eine individuell bestehende Wissensstruktur. Kooperatives Lernen führt durch Erklärungen und Hilfestellungen seitens der Expert*innen zu einem qualitativ besseren Wissen auf Seite der Lernenden. Insbesondere Kommunikations-, Kooperations- und Konfliktfähigkeit sowie ein positives Selbstwertgefühl und Empathie werden durch das kooperative Lernen gefördert. Die Lehrenden und Lernenden sind sich ihrer Verantwortung für den Lernerfolg bzw. die Problemlösung innerhalb des Lernprozesses bewusst. Dadurch entsteht eine gegenseitige Wertschätzung und Unterstützung innerhalb der Gruppe (Kopp & Mandl 2007). Die folgende Tabelle fasst die Ziele kooperativen Lernens im Hinblick auf pädagogische Prozesse zusammen:

Tab. 21: Ziele kooperativen Lernens nach Borsch 2010, 75

Kognitive Ziele	Soziale Ziele	Motivationale/emotionale Ziele
Wissenserwerb steigern	Soziale Beziehungen verbessern	Lernbereitschaft steigern
	Hilfsbereitschaft fördern	Lernfreude aufrecht erhalten
	Kooperative Zusammenarbeit verbessern	Aufmerksamkeit steigern
		Selbstwertgefühl steigern

Fünf Basiselemente bilden die Grundlage für ein funktionierendes und erfolgreiches Kooperationslernen und unterscheiden sich von Gruppenarbeit: Positive Interdependenz, Individuelle Verantwortlichkeit, Unterstützende Interaktionen, Reflexionen über den Gruppenprozess und Kooperative Fähigkeiten (Borsch 2010; Euler & Walzik 2007).

- Die *positive Interdependenz bzw. Abhängigkeit* basiert auf einer funktionierenden kooperativen Lernstruktur. Erfüllt werden kann diese, sofern die Lernpartner*innen die Verfolgung eines gemeinsamen Ziels erkennen. Außerdem sollte neben einem konkreten Arbeitsauftrag jedem Gruppenmitglied nur ein Teil der notwendigen Informationen oder des notwendigen Handwerkszeugs zur Verfügung stehen, um eine gegenseitige Unterstützung und gemeinsame Zielerarbeitung zu gewährleisten. Darüber hinaus übernehmen die Lernpartner*innen unterschiedliche Rollen innerhalb der Gruppe, so dass ihnen differente Aufgaben zuteilwerden, die sie zu Expert*innen in ihrem jeweiligen Aufgabenbereich machen.
- Die *individuelle Verantwortlichkeit* stellt sicher, dass sich die Einzelnen für die Gruppenarbeit und ihre Ergebnisse verantwortlich fühlen. Hierzu gehören eine kleine Gruppengröße, die Feststellung von individuellen Lernerfolgen sowie das stetige Einfordern von Berichten über den Arbeitsprozess oder die Aufgabenspezialisierung.
- Für die *unterstützende Interaktion* bedarf es neben der räumlichen Nähe zueinander auch bestimmter Verhaltensweisen wie „eine offene und freie Diskussion von Konzepten, das gegenseitige und respektvolle Lehren und Erklären sowie das aktive Verknüpfen neuer Informationen mit dem bereits vorhandenen Wissen der Gruppenmitglieder" (Borsch 2010, 31).
- Bezüglich der *Reflexionen über den Gruppenprozess* steht die Beurteilung der Arbeitsprozesse und -ergebnisse sowie die Beziehung der Kooperationspartner*innen im Zentrum.
- Hinsichtlich der *kooperativen Fähigkeiten* wird zwischen kommunikativen Fähigkeiten, dem Aufbau eines Vertrauensklimas sowie den Fähigkeiten der Gruppenführung unterschieden. Es bedarf also bestimmter sozialer Fähigkeiten im Umgang mit Menschen wie beispielsweise Ermutigung oder Geduld im Problemerklären. Jene Verhaltensweisen begründen Beziehungsdeterminanten wie Kommunikation oder Vertrauen.

Kooperatives Lernen hat sich v. a. im schulischen Kontext etabliert, um alternative Lehr- und Lernformen (im Gruppenarbeitsprozess) zu etablieren, da jede/jeder Schüler*in Verantwortung übernimmt und heterogene Arbeitsformen ermöglicht werden. Hierbei kommt neben unterschiedlichen Methoden insbesondere das Prinzip *Think, Pair, Share* zum Einsatz, da zunächst Novizen sich arbeitsteilig Wissen aneignen und einen Expertenstatus aufbauen. Anschließend werden die Ergebnisse ausgetauscht und mit anderen geteilt, z. B. mit der/dem Partner*in oder der Gruppe. Dadurch findet ein wechselseitiger Austausch statt, da die Kontrolle des eigenen Verständnisses im sicheren Kontakt mit den Anderen gewährleistet ist. Kooperatives Lernen hat auch Einzug in den Weiter- und Fortbildungsbereich gefunden, ohne dass hierbei detaillierte Ansätze oder Untersuchungsergebnisse für kooperatives Lernen in Kita-Projekten vorliegen. Da es nur wenige Projekte gibt, die sich explizit mit Teamteaching oder kooperativem Lernen auseinandersetzen, ist auch nur wenig über deren methodologische Grundlagen der Vermittlung bekannt. Oftmals wird auf überfachliche Kompetenzentwicklung und sozialstabilisierende sowie kommunikative Aspekte aufmerksam gemacht. Die oben angeführten Punkte gelten auch für den Weiterbildungsbereich und können dort zur Geltung gelangen. Dabei verlagert sich der didaktische Ansatz dahingehend, dass weniger Wissen (durch Texte etc.) angeeignet wird, sondern dass unterschiedliche Expert*innen mit ihrer entsprechenden Profession zusammenarbeiten. Vor diesem Hintergrund bietet sich der Begriff interprofessionelles Lernen an, wobei die Methodik und Zielsetzungen weitestgehend identisch erscheinen.

2   Inter- und multiprofessionelles Lernen

In der Beschreibung der Hintergründe (Abschnitt IV, Kapitel 2, ab S. 37) wurde bereits auf das Konzept des interprofessionellen Lernens Bezug genommen (Franz-Özdemir 2012), das oftmals mit Teamteaching gleichgesetzt wird. Dabei wird auf die „Zusammenarbeit zwischen zwei unterschiedlichen Professionen" verwiesen und „das gemeinsame Unterrichten [...] als interprofessionelles Teamteaching" bezeichnet (Franz-Özdemir 2012, 133). Das Ziel besteht darin, „durch eine gegenseitige Kompetenzergänzung und einer daraus resultierenden Bereicherung eine intensive Zusammenarbeit der Lehrkräfte" (ebd., 133) zu ermöglichen. Der Begriff Interprofessionelles Lernen bzw. Interprofessionelle Zusammenarbeit wird aber nicht systematisch verwendet und es findet sich keine eindeutige Definition. So ist in der Literatur auch von mono- oder multiprofessionellen Tandems die Rede (Frommherz und Halfhide 2003).

Fest verankert erscheinen die Begriffe Inter- und Multiprofessionalität v. a. im Gesundheitswesen, da die dortigen Berufe als Handlungsgemeinschaften verstanden werden, die durch Zusammenarbeit die Gesundheitsversorgung effizienter machen (s. Interprofessionelle Ausbildung im Nationalen Kompetenzbasierten Lernzielkatalog Medizin (NKLM) für Deutschland: Der Arzt und die Ärztin als Mitglied eines Teams Interprofessionelle Kompetenzen). Ärzte können demnach die eigenen Aufgaben, Verantwortungsbereiche und Grenzen im interprofessionellen Team in typischen Arbeitssituationen erläutern und ihr eigenes Handeln im Gesamtprozess kritisch analysieren (NKLM 2015).

Diese Ausführungen verdeutlichen durch die gemeinsame Arbeit und gegenseitige Unterstützung eine große Nähe zu pädagogischen Aspekten, so dass es nicht verwundert, dass in der angloamerikanischen Gesundheitsliteratur auch von „interprofessionell education" gesprochen wird (Reeves et al. 2013).

Multiprofessionelle Ansätze werden auch in der Kita weiterverfolgt (Hübner 2016), insofern dort ein Betreuungs- und Kooperationsteam arbeitet, „dessen Mitglieder aus unterschiedlichen Berufsgruppen stammen" (Schubert, zit. nach Hübner 2016). Hierunter gehören auch Eltern und Ehrenamtliche. Auf eine verstärkte Einbindung von Personen aus der Kulturellen Bildung wird nicht eingegangen. Vielmehr wird der Begriff Multiprofessionalität mit Pluralisierung und Individualisierung der Lebensformen und einer Ausweitung des Bildungsauftrags in Verbindung gebracht. Über die Kita hinaus verfolgen auch Schulen und Universitäten multiprofessionelle Zielsetzungen im Sinne der „Zusammenarbeit mit außerschulischen Fachkräften und pädagogischen Laien" (Preis & Kanitz 2018, 176), um spezifischen Herausforderungen in der Bildungslandschaft (Heterogenität, Ganztagsschule) gerecht zu werden.

Albert Vollmer verfolgt kein pädagogisches Interesse, sondern versteht Interprofessionalität als „Strukturierungsprinzip gesellschaftlicher Produktions- und Reproduktionsprozesse" (Vollmer 2016, 252). Da Kooperation als eine Urform menschlichen Zusammenlebens gilt, ist die interprofessionelle Kooperation eine „Rückbesinnung auf die Gruppe" (ebd.) vor dem Hintergrund drastischer globaler und wirtschaftlicher Veränderungen. Diese Aufwertung des Kollektivs stellt Schlüsselqualifikationen wie Flexibilität und Verantwortung in das Zentrum der Zusammenarbeit. Auch aus professionsbezogener Sicht werden unter Berücksichtigung neuer struktureller Grundlagen und der Einbeziehung von Ressourcen zur Zielerreichung neue gemeinsame Tätigkeitsbereiche etabliert. Interprofessionelle Zusammenarbeit „weist krisen- und fallorientierten Charakter auf, es besteht Zielkongruenz zwischen den Beteiligten, es geht um die Integration unterschiedlichen Wissens und Expertise, und an die Stelle von Hierarchie und Koordination treten Autonomie und situative Klärungen" (ebd., 258).

Zusammenfassend basiert die inter- oder multiprofessionelle Zusammenarbeit primär auf einer Kooperation in Sinne einer *wechselseitigen Ergänzung*, ohne dass diese Arbeitsweise näher expliziert wird. Sie bedarf der Kommunikation zwischen Akteuren zur Abstimmung und beruht auf Regeln und Normen. Sie ist explizit an aktuelle Herausforderungen gesamtgesellschaftlicher und pädagogischer Entwicklungen gebunden, auf welche die Beteiligten durch gemeinsame Kooperation reagieren.

3 Transprofessionelles Lernen

Die im Folgenden als transprofessionell gekennzeichnete Zusammenarbeit geht nicht nur von einer *wechselseitigen Ergänzung* unterschiedlicher Fähigkeiten und Fertigkeiten aus, wie sie in Ansätzen interprofessionellen Lernens angedacht ist, sondern berücksichtigt die übergreifende *Erweiterung von Kompetenzen* sowie die damit einhergehende Bewusstmachung und Veränderung stereotyper Rollenmuster im Sinne der Weiterentwicklung und Hybridisierung unterschiedlicher Handlungsformen. Es wird eine *erweiterte* Professionalität durch Zusammenarbeit und Adaption bzw. Übernahme von Kompetenzen angestrebt. Auch wenn oftmals nicht streng zwischen inter- und transprofessionell unterschieden wird, verweist die Vorsilbe ‚inter' eher auf einen Austausch und ‚trans' auf das Erweitern und Überschreiten von Berufsgrenzen.[14]

In der folgenden Darstellung wird der Begriff *transprofessionelle Zusammenarbeit* explizit verwendet, um stereotypes Rollenverhalten aufzuzeigen, zu reflektieren und zu verändern bzw. zu erweitern und zu überschreiten. In Bezug auf die MuBiKi-Weiterqualifizierung wird also Wert darauf gelegt, dass alle Teilnehmenden in der Lage sind, sowohl elementarpädagogische als auch musikalische Lernprozesse initiieren zu können, so dass es zu keiner Rollenaufteilung kommt; sowohl die Musiker*innen als auch die Erzieher*innen sind gleichermaßen für musikalische und erzieherische Aufgabenbereiche zuständig. Zweifelsohne gibt es Unterschiede zwischen den Fähigkeiten, die aber nicht gegeneinander ‚ausgespielt' werden sollen, so dass Erzieher*innen für Disziplin sorgen, weil sie nicht so gut ein Instrument spielen oder Noten lesen können. Vielmehr ist das Ziel eine Überschreitung rollenspezifischer Zuschreibungen und daran gebundener Erwartungen.

Der Begriff Transprofessionalität findet sich selten im angloamerikanischen Gesundheitswesen und wird oft synonym mit Transdisziplinarität und als Gegenpol zu Multidisziplinarität verwendet,

> In this analysis, transdisciplinary can be directly opposed to the terms multidisciplinary and interdisciplinary. In the multidisciplinary team approach, the roles of each team member are clearly defined and communication is relatively limited. Different disciplines work with the same client, yet function independently. Each conducts his or her own discipline-specific assessment and formulates discipline-specific goals (Reilly 2001, 216).

Als Kriterien für transdisziplinäre Zusammenarbeit nennt Carolyn Reilly die fünf Aspekte *role extension*, *role enrichment, role expansion*, *role release* und *role support*. Sie verdeutlichen bereits den hohen Stellenwert des Rollenbegriff für die Zusammenarbeit. *Role extension* wird als Steigerung disziplinspezifischen Wissens verstanden (Woodruff & Mc Gonigel 1988). *Role enrichment* geht von einer Erweiterung des eigenen Selbstverständnisses aus, im Team zusammenzuarbeiten:

---

14 Diese fehlende Begriffsunterscheidung findet sich auch im disziplinübergreifenden ästhetischen sowie im schulischen Kontext (fächerübergreifend, fächerverbindend).

Team members are encouraged to communicate, collectively plan and implement assessments, discuss results, and develop integrated treatment goals during team meetings (King et al. 1998, 1060).

Der Begriff *role expansion* umschreibt die Überschreitung von Rollengrenzen durch Teilhabe am Wissen Anderer. *Role release* thematisiert die Verbreitung der Erfahrungen aus der Zusammenarbeit an andere Personen und stellt die Verantwortung für das Rollenverhalten in einen größeren sozialen Kontext. Auch der Punkt *role support* verdeutlicht die Unterstützung anderer Institutionen. Die von Reilly aufgestellten fünf Aspekte der Transdisziplinarität lassen sich auch auf das transprofessionelle Tandemlernen in musikpädagogischen Kontexten übertragen. Dabei ist die Veränderung und Erweiterung der Berufsbilder von Erzieher*innen und Musiker*innen ein entscheidendes Kriterium. Anhand der folgenden Tabelle lassen sich die Unterschiede zwischen inter- und transprofessioneller Zusammenarbeit systematisieren.

Tab. 22: Unterschiede zwischen inter- und transprofessioneller Zusammenarbeit

Interprofessionelle Zusammenarbeit	Transprofessionelle Zusammenarbeit
- Wechselseitige Ergänzung berufsbezogener Kompetenzen; - Austausch von Erfahrungen auf Basis kooperativen Lehrens und Lernens (think, pair, share) - Qualität durch Einbindung *unterschiedlicher* Expertise - Kooperative bzw. *wechselseitige* Professionalität	- *Erweiterung* berufsbezogener Kompetenzen und *Überschreitung* von Berufsgrenzen - Bewusstmachung, Reflexion und Veränderung stereotyper Rollen- und Berufsmuster - Weiterentwicklung und Hybridisierung von Handlungsformen - Adaption von Kompetenzen aus anderen Professionen - Berücksichtigung biographischer Elemente - Qualität durch Erwerb *gemeinsamer* Expertise - *erweiterte* Professionalität

Die angeführte Unterscheidung zwischen inter- und transprofessionell ist (ähnlich wie zwischen inter- und transdisziplinär) nicht immer klar erkennbar. So finden sich in verschiedenen Definitionen, auch zum Bereich Teamteaching/interprofessionelle Zusammenarbeit, ähnliche Zielsetzungen. Dies gilt z. B. für den Begriff Kokonstruktion, der im Modell von Cornelia Gräsel et al. 2006 als höchste Form der Kooperation bezeichnet wird und sich auf den Austausch bezieht, um individuelles Wissen so aufeinander zu beziehen (kokonstruieren), dass dabei Wissen erworben oder gemeinsame Aufgaben oder Problemlösungen entwickelt werden können (Gräsel et al. 2006). Allerdings spricht der in anderen Forschungen verwendete Begriff der „Rollenklarheit" (Frommherz & Halfhide 2003, 13) eher für eine getrennte Aufgabenverteilung, auch wenn eine Zusammenarbeit vorgesehen ist. Viele Studien in der Erziehungswissenschaft beziehen sich auf monoprofessionelle Tandems, so dass sich die Frage nach Rollenzuschreibungen nicht direkt ergibt.

III Konzeption

Die MuBiKi-Weiterbildung basiert auf einem Tandemmodell zwischen Musiker*innen und Erzieher*innen, indem beide Berufsgruppen über den Weiterbildungszeitraum zusammenarbeiten und wechselseitig voneinander lernen. Das Projekt konzentriert sich somit auf die „Schaffung innovativer Möglichkeiten zur Zusammenarbeit und gemeinsamen Qualifizierung von Kunst- und Kulturschaffenden und pädagogischen Fachkräften" (Ausschreibung BMBF). In Einzel-, Tandem- und Teamphasen erwerben die Teilnehmenden grundlegende Kompetenzen im Bereich der Elementaren Musikpädagogik (u. a. Entwicklungspsychologie, Musik und Bewegung, Hören, Singen und Sprechen, Elementares Instrumentalspiel und Musiktheater, Perkussion, Musikrezeption und -vermittlung) sowie im Bereich der transprofessionellen musikbezogenen Zusammenarbeit (Oberhaus & Kivi 2018). Die Tandems werden erst während der Weiterbildung gebildet, aufgrund sich ergebender Übereinstimmungen und organisatorischer Aspekte (Wohnort). Dies unterscheidet MuBiKi von anderen Weiterbildungen, in denen sich die Teilnehmenden als Tandem anmelden (VimuBi). Nach Abschluss der Weiterqualifizierung erhalten die Teilnehmenden nach dem Bestehen einer Prüfung ein Zertifikat als *Fachkraft für Musikangebote in Kindertageseinrichtungen*. Dieses ist nicht mit dem Abschluss eines EMP-Studiums gleichzusetzen. Im Unterschied zu verschiedenen anderen Tandemkonzeptionen sollen die Teilnehmer dazu qualifiziert werden, ein musikalisches Angebot in der Kita *zu zweit* oder aber auch *alleine* zu gestalten. Es ist also nicht angedacht, aber auch nicht ausgeschlossen, dass Teilnehmende die Weiterbildung als Tandem durchführen und auch zu zweit in der Kita arbeiten.

Ziel der Weiterqualifizierung ist es, die Teamfähigkeit in künstlerisch-kulturellen Bereichen zu fördern, um unterschiedliche Umgangsweisen und Erfahrungen in der Rezeption und Produktion von Kunst und Kultur zum Ausdruck zu bringen. Die Teilnehmenden erwerben musikpädagogische und methodisch-didaktische Kenntnisse und Fertigkeiten und lernen darüber überfachlich auch den Umgang mit heterogenen Gruppen kennen. Exemplarisch wird das Projekt zunächst in zwei Durchgängen sowohl im urbanen Raum (Lehrgangsort I) als auch im ländlichen Raum (Lehrgangsort II) erprobt. Die Teilnehmenden arbeiten im Sinn der Praxisanbindung eng mit regionalen Kitas und Musikschulen zusammen. Die Konzeption, Durchführung und Evaluation der Maßnahme soll Erkenntnisse für effektive musikpädagogische Qualifizierungsmaßnahmen liefern und damit einen Beitrag zu einem hochwertigen musikalischen Angebot in Kitas und zur Stärkung der Frühpädagogik leisten.

1 Struktur der Weiterbildung

Die Weiterbildung wurde im Vorfeld durch ein sechsköpfiges Team von Expert*innen konzeptionell geplant. Dabei entstand ein Modulbuch, das die Grundlage für die spätere Durchführung bildete und insbesondere den Dozent*innen die Möglichkeit bot, sich differenziert auf die einzelnen Anforderungen und Zielsetzungen vorzubereiten. Bei der Auswahl der Expert*innen wurde Wert darauf gelegt, unterschiedliche Vertreter aus

den Bereichen Elementare Musikpädagogik (EMP), frühkindliche Bildung sowie Kulturvermittlung zusammenzubringen. Als hochrangige Expert*innen hatten sich sechs Personen bereiterklärt, die aus den genannten Bereichen an unterschiedlichen Institutionen (Hochschule, Universität) arbeiteten, aber aufgrund der Anonymisierung der Daten nicht namentlich genannt werden. Die Konzeption erfolgte im Zeitraum November 2014 bis Mai 2015 an mehreren gemeinsamen Treffen. Der Ablauf bestand aus vier Phasen:
- Brainstorming; Was ist Ziel der Weiterbildung? Welche Kompetenzen bringen die Teilnehmenden mit? Wie kann ein Kompetenzaustausch innerhalb der Weiterbildung zwischen den Teilnehmenden stattfinden? Welche Kompetenzen sind für das künftige Arbeitsfeld relevant?
- Clustern der Arbeitsergebnisse; Entwicklung relevanter Themen; Entwicklung der Module und Festlegen des Aufbaus bzw. der Struktur der Modulerarbeitung; Festlegen des Umfangs der einzelnen Module,
- Verteilung der Modulerarbeitung an Expert*innen,
- Korrektur und Ergänzung; Festlegen der konkreten Unterrichtseinheiten.

Bei der Erstellung des Modulhandbuchs wurde großer Wert darauf gelegt, die einzelnen Module möglichst präzise hinsichtlich der Inhalte und des Kompetenzerwerbs zu konzipieren, da so seitens der Evaluation der Wissenserwerb überprüft werden kann. Auch die Dozent*innen wurden angehalten, möglichst eng mit dem Modulhandbuch zu arbeiten, um die dortigen Inhalte und Ziele mit den Teilnehmenden umzusetzen. Erfahrungen aus anderen Weiterbildungen (VimuBi) haben ergeben, dass die Dozent*innen oftmals ihre eigenen Schwerpunkte in die Weiterbildung einbringen, ohne die spezifische Modulausrichtung zu kennen. Des Weiteren sind einige Modulhandbücher insbesondere im Bereich der frühkindlichen musikalischen Bildung so offen formuliert, dass nahezu alle Inhalte unterrichtet werden können. Dies sollte im Vorfeld durch ein differenziertes Handbuch und Ankerbeispiele umgangen werden, die gezielt die einzelnen Gegenstände der Module benennen. Ferner wird auch auf Literatur verwiesen, damit sich die Dozent*innen und Teilnehmenden weiter informieren können. Das Modulhandbuch und somit die grundlegende Struktur der Weiterbildung besteht aus folgenden neun Modulen.

Tab. 23: Modultitel und Umfang

MODUL	UMFANG (UE)
Grundlagen der frühkindlichen musikalischen Bildung	20
Professionelle Verständigung	14
Labor & Co – Formate mit Freiraum	16
Beobachtung und Interaktion (Kommunikation)	18
Repertoire	12
Erfahrung in Musik und Bewegung	24
Gestalten musikalischer Angebote	24
Zusammenarbeit	12
Interdisziplinarität/ Projekte	20
GESAMT	160
Praxismodul (Projektdurchführung und Hospitation)	20
Selbstlernphase (Führen des Lerntagebuchs; Erarbeitung von Aufgaben)	Nach Bedarf

Die Qualifizierung besitzt unterschiedliche Lernphasen. Hierzu gehören pro Lehrgang sechs Wochenendlehrgänge und zwei Lehrwochen, an denen die Modulinhalte im Gesamtumfang von 160 Unterrichtseinheiten (45 Minuten pro Einheit) an die Teilnehmenden vermittelt werden. Darüber hinaus absolvieren die Lehrgangsteilnehmenden in ihren Selbstlernphasen ein Praxismodul im Umfang von 20 UE. Dieses umfasst eine Hospitationsphase bei erfahrenen EMP-Lehrkräften (10 UE) sowie die Durchführung eines Praxisprojekts im Tandemverbund in der Kita der pädagogischen Fachkraft (10 UE).

Tab. 24: Weitere Strukturmerkmale der Weiterbildung

Ebenen	Anzahl/Dauer	Inhalte	Beteiligte
Wochenendblöcke	6 (16 UE)	Reflexion der Teamphasen und musikalische Weiterbildung; interne Weiterbildungen durch spez. Fähigkeiten des Teams	Lehrgangsleitungen, Coach, TN
Weiterbildungswochen	2 (32 UE)	offene Planungsfenster; interne Weiterbildungen durch spez. Fähigkeiten des Teams	Lehrgangsleitungen, Coach, TN
Hospitationsphasen (im Tandem), darin ein Praxisprojekt	10 x 2 UE	Begleitung durch Mentor*innen (Fachkräfte der frühkindlichen (musikalischen) Bildung (EMP))	Tandem, Mentor*innen
Prüfungsblock	1 (1 Tag)	Projektdokumentation als Portfolio, Präsentation	TN, Lehrgangsleitungen

Zwischen den Modulen finden Phasen des Selbstlernens statt, die durch entsprechende Aufgabenstellungen vorbereitet und ausgewertet werden. Diese Zeiträume beinhalten sowohl Eigenarbeit als auch das Arbeiten in Tandems. Zwischen den Lehrblöcken absolvieren die Teilnehmenden weiterhin ein Praxismodul im Umfang von 20 Unterrichtseinheiten. Dieses beinhaltet Hospitationen (10 UE) sowie die Durchführung eines Praxisprojekts im Tandem (10 UE) in einer Kita. Die Tandems werden in der Hospitationsphase nach Möglichkeit von Mentor*innen begleitet (ausgebildete Fachkräfte der frühkindlichen (musikalischen) Bildung (EMP)), die bereits in bestehenden Kita-Kooperationen arbeiten.

Ohne en detail auf jedes einzelne Modul einzugehen, unterscheiden sich die Module deutlich von anderen Angeboten im Bereich musikbezogener Weiterbildungen für Erzieher*innen, die oftmals aus vier Bausteinen bestehen (Gesang, Instrumentalspiel, Musik & Bewegung, Theorie). In MuBiKi werden im Modul *Professionelle Verständigung* Grundlagen für die gelingende Zusammenarbeit unterschiedlicher Professionen in der Arbeit mit Kindern vorgestellt. Hierzu gehören Verständigungen über gegenseitige Erwartungen, verschiedene Berufsvorstellungen und Leitlinien der eigenen Arbeit. Das Modul *Beobachtung und Interaktion* beinhaltet Grundlagen und Praxisübungen zum Beobachten und situativen Reagieren. Das Modul *Zusammenarbeit* stellt Formen und Inhalte von Kooperationen mit externen musikalischen Lernorten vor. Dabei werden unterschiedliche Veranstaltungsformate im Bereich der musikalisch-kulturellen Bildung (alternative Lernorte) thematisiert. Außerdem nimmt die Zusammenarbeit mit Eltern einen wichtigen Stellenwert ein. Im Modul *Interdisziplinarität & Projekte* werden fächerübergreifende Arbeitsformen und Themen wie etwa Natur & Musik oder Musik & Sprache behandelt.

Zur Vermittlung der Modulinhalte werden ausgewählte Dozent*innen eingesetzt, die das von den Expert*innen erstellte Konzept umsetzen. In Form eines Treffens mit allen Dozenten werden die Modulinhalte vor Beginn der Lehrgänge vorgestellt. Sie erhalten weiterführende Informationen über Inhalte und Ziele der Weiterqualifizierung und können eigene Anregungen einbringen.

1.1 Lehrgangsleitungen

Die Lehrgänge werden pro Standort von einer Lehrgangsleitung geleitet (Lehrgangsort I: Janina Gebauer; Lehrgangsort II: Tanja Christ).[15] Sie sind auch an der Konzeption des Modulhandbuchs als Expertinnen beteiligt und arbeiten in der Weiterbildung auch als Dozentinnen. So sind eine durchgängige Begleitung der Teilnehmenden und eine direkte Ansprechperson gewährleistet. Die Lehrgangsleitungen haben zudem einen engen Kontakt zum Projektteam, nehmen an verschiedenen Treffen teil und können direkt aus der Weiterbildungsarbeit berichten. Die Lehrgangsleitung übernimmt folgende Aufgaben:
- inhaltliche und organisatorische Abstimmung mit dem Lehrgangsteam und den Dozent*innen

---

15 Die Namen der Lehrgangsleitungen, der Teilnehmenden sowie der Dozent*innen und Expert*innen wurden anonymisiert.

- Qualitätssicherung der Lehrgangsinhalte
- möglichst kontinuierliche Teilnahme an den Lehrgangswochen(enden)
- Ansprechpartnerin bei inhaltlichen Fragen
- Konzeption und Leitung des Auswahlworkshops
- Konzeption und Durchführung der Prüfungen und Aufgaben in Absprache mit den Dozent*innen

1.2 Coach

Die einzelnen Module werden von einem Coach begleitet, der die Gruppe durch Supervisionen unterstützt und berät, sofern Konflikte im Tandem oder in der Gruppe auftauchen. Es besteht die Möglichkeit, in allen Phasen Kontakt mit dem Coach aufzunehmen. Er übernimmt als Fachdozent das Modul *Professionelle Verständigung* und unterstützt die Teilnehmenden bei der Tandembildung. Verschiedene Studien haben aufgezeigt, inwiefern Kenntnisse im Bereich der Gruppenleitung und Psychologie relevant erscheinen, um heterogene Gruppen in Bezug auf ihre unterschiedlichen kulturell-biographischen Hintergründe effektiv zu unterstützen (Stahl 2012).

1.3 Durchführung an zwei Standorten

Wie bereits oben erwähnt, fand die Weiterbildung an zwei Standorten (städtisch; ländlich) statt. So bestand die Möglichkeit, verschiedene Gruppen miteinander zu vergleichen. Aufgrund der Länge der Weiterbildung (14 Monate) wurde in MuBiKi darauf weitestgehend verzichtet. Allerdings wurden verschiedene Aspekte miteinander in Bezug gesetzt (Erwartungen, Ziele, Bewertungen). Zudem bestand eine unterschiedliche Modulabfolge und unterschiedliche am Projekt beteiligte Dozierende.

2 Ausschreibung & Bewerbung

Das Vorgehen der Akquise der Teilnehmenden und die Öffentlichkeitsarbeit bestand aus unterschiedlichen Phasen:

Abb. 12.: Ablauf der Ausschreibungs- und Werbephase

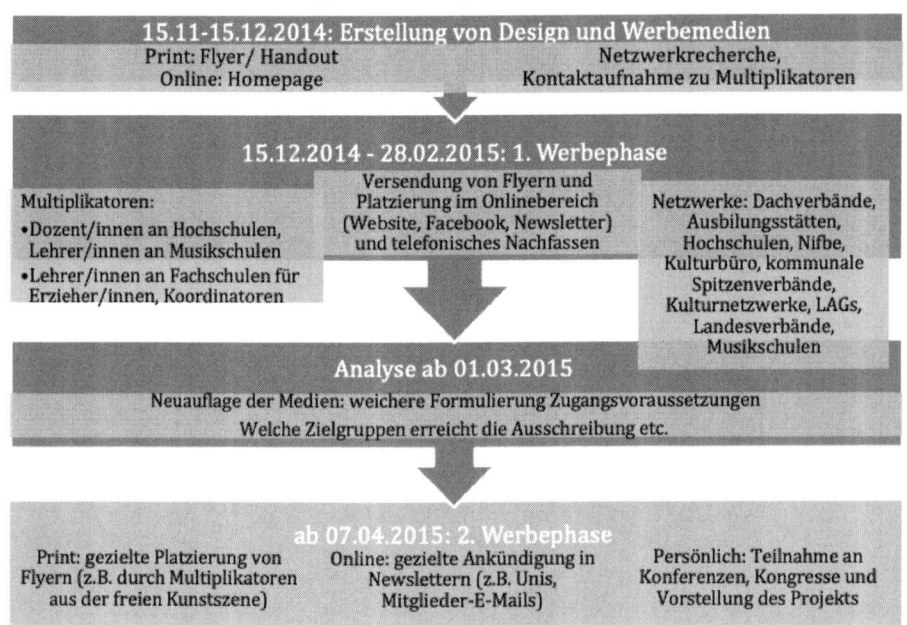

Eine große Verbreitung konnte insbesondere über verschiedene Email-Verteiler und Newsletter erreicht werden (z. B. über *Musikland Niedersachsen* oder *Landesmusikrat*). Verschiedene Institutionen (z. B. Landesverband der Musikschulen, Agentur für Erwachsenen- und Weiterbildung, Institut für Musik (Universität Oldenburg)) hatten in Flyern oder im Internet auf die Weiterbildung aufmerksam gemacht. Ferner wurden sowohl Netzwerke im Bereich der kulturellen Bildung, der Musikpädagogik und der frühkindlichen Bildung berücksichtigt. Die Ausschreibung wurde auch in verschiedenen Printmedien (v. a. musikpädagogische Fachzeitschriften und Fortbildungsdatenbanken zur musikalisch-kulturellen Bildung) vorgestellt bzw. beworben (z. B. Bundesvereinigung Kulturelle Kinder- und Jugendbildung (BKJ) oder Kultur bildet). Auch auf Konferenzen wurde auf die Weiterqualifizierung verwiesen.

Insgesamt hatten sich auf die MuBiKi-Ausschreibung 60 Personen beworben. Am Standort I waren dies 41 Personen: 16 Erzieher*innen (davon 15 weiblich) und 25 Künstler*innen (davon 20 weiblich). Am Standort II hatten sich 19 Personen beworben: 8 Erzieher*innen (davon 6 weiblich) und 13 Künstler*innen (davon 10 weiblich). Durch ein internes Vorauswahlverfahren im Konzeptionsteam wurden insgesamt 32 Personen zum gemeinsamen Auswahlworkshop eingeladen, davon 22 Personen für den

Standort I (8 Erzieher*nnen und 14 Künstler*innen) und 10 Personen für den Standort II (3 Erzieher*nnen und 7 Musiker*innen). Grundlage der Auswahl war ein Kriterienkatalog (1. Pädagogische Qualifikation, 2. Künstlerische Qualifikation, 3. Musikalische Praxis und 4. Musikvermittlung). Er verdeutlicht, dass musikalische Vorkenntnisse von beiden Seiten erwartet wurden und so auch die Qualität der musikpädagogischen Arbeit und der Anspruch im Bereich der EMP gewährleistet werden konnte. Für die Weiterbildung wurden dann insgesamt 30 Teilnehmende (18 Personen am Lehrgangsort I; 12 Personen am Lehrgangsort II) ausgewählt. Aufgrund der schwierigen Akquise der Teilnehmenden v. a. am Lehrgangsort II wurden die Bewerbungsunterlagen erneut gesichtet und weitere Personen nachgeladen. Die Weiterbildung startete dann mit 20 Teilnehmenden am Standort I und 14 Teilnehmenden am Standort II. Am Standort I stieg ein Tandem (Thade und Jessica) Anfang 2016 aus. Am Standort II verließen insgesamt fünf Personen das Projekt (eine Erzieherin und vier Musiker*innen (zwei nach dem ersten Lehrgangswochenende und zwei weitere Anfang 2016)). Die angeführten Gründe waren familien- und berufsbedingt. Dabei gab es eine Absage am Standort II, wobei angegeben wurde, dass die Fortbildung nicht zum künstlerischen Profil passt. Dafür konnten drei Musiker*innen nachträglich mitaufgenommen werden (Esmeralda, Joseph, Bärbel). Am Standort I haben 18 Personen und am Standort II 12 Personen die Weiterbildung absolviert.

Die ausgewählten Personen wurden zu einem zweitätigen Assessment-Center bzw. Auswahlworkshop eingeladen, in dem sie ihre musikalischen und pädagogischen Fähigkeiten und Fertigkeiten in verschiedenen Gruppenübungen praktisch vorstellen bzw. umsetzen sollten (z. B. Singen und elementares Instrumentalspiel; Grundkenntnisse in Melodik und Rhythmik, Musik und Bewegung, Fähigkeit zur Tandemarbeit). Die Übungen wurden durch die Lehrgangsleitungen, den Coach und das Projektteam begleitet, die gemeinsam auf Grundlage eines Kriterienkatalogs entschieden, wer für die Weiterqualifizierung geeignet erschien. In dem Auswahlworkshop wurde im Bereich Stimme (Lied & stimmlicher Ausdruck), improvisatorische Ensemblepraxis, Rhythmik, Körperarbeit (Tanz & Raumorientierung), kreative Techniken (Visualisieren & Verklanglichen) gearbeitet. Der Kriterienkatalog beinhaltete 1. musikalische Kompetenzen (z. B. Spielfähigkeit, Intonationssicherheit), 2. kreative Kompetenzen (z. B. Musik in andere Kontexte zu transformieren) sowie 3. interaktive Kompetenzen (z. B. Kommunikation in der Gruppe).

3 Fragestellung

Der qualitative Teil setzt sich in unterschiedlicher Form mit der Evaluation der Weiterqualifizierung auseinander und untersucht dabei insbesondere die Tandemarbeit als ein besonderes Herausstellungsmerkmal der Weiterbildung MuBiKi. Folgende drei große Fragenkomplexe werden thematisiert:

1. Wie wird die Weiterqualifizierung *bewertet*?
   - Welche Rolle spielen die Beteiligten (Teilnehmende, Dozent*innen, Lehrgangsleitungen)?
   - Auf welche Art und Weise erfolgt der Kompetenzerwerb?
   - Wie werden die Module bzw. das Modulhandbuch und daran gebundene Faktoren bewertet (Länge, Dozent*innen, Örtlichkeiten, Projekt, Hospitation, Lehrgangsleitungen)?
   - Inwiefern stimmt MuBiKi mit den Zielsetzungen der Ausschreibung (Weiterqualifizierung von Kunst- und Kulturschaffenden und Erzieher*innen für den Bereich Kita) überein?

2. Wie funktioniert die *Tandemarbeit*?
   - Wie erfolgt die Zusammenarbeit im Projekt im Hinblick auf Möglichkeiten transprofessionellen Lernens?
   - Welche Faktoren (äußere und innere Haltungen, Berufsvorstellungen, Organisation etc.) beeinflussen die Zusammenarbeit zwischen Musiker*innen und Erzieher*innen?

3. Wie beeinflusst die Weiterqualifizierung die *professionellen* Orientierungen und *biographischen* Vorerfahrungen?
   - Welche Professionalisierungsaspekte werden durch die Weiterqualifizierung ermöglicht, angeregt und benannt (bezogen auf die Tandemarbeit, spezielle Module/Hospitationen und spezielle Herausforderungen)?

Aus quantitativer Sicht wurden folgende Ziele verfolgt:
- Inwieweit findet ein Wissenszuwachs während der Weiterbildung statt?
- Inwieweit zeigen sich motivationale Effekte (hinsichtlich des Selbstkonzepts etc.)?
- Inwieweit findet aus Sicht der Teilnehmenden eine effektive Zusammenarbeit statt?
- Erkenntnisgewinn zur Wirksamkeit der Weiterbildungsmaßnahme, der kooperativen Lehr-/Lernformen und zu musikpädagogischen Lehr-/Lernprozessen,
- Entwicklung von Instrumenten zur Kompetenzerfassung im Rahmen musikpädagogischer Qualifizierungen,
- Erkenntnisgewinn zur optimalen strukturellen Organisation der Weiterbildung für die entsprechenden Zielgruppen.

Auf einer Metaebene werden in der qualitativen Erhebung durch die Zusammenarbeit von Erzieher*innen und Musiker*innen gesellschaftlich-musikalische Herausforderungen in der Kooperation im Bereich der kulturellen Bildung analysiert. Dabei geht es um ein Zusammenwachsen von Berufsfeldern sowie eine potenzielle Erweiterung traditioneller Arbeitsfelder. Ferner sollen Berufsbilder und daran gebundene Erwartungen und Sinnzuschreibungen kritisch reflektiert werden. Im weiten Sinne kann dabei von einer Dekonstruktion berufsbezogener und biographischer Rollenbilder ausgegangen werden, wobei sich *durch* die tandembezogene Zusammenarbeit neue Handlungsfelder eröffnen.

IV Evaluation

1 Teilnehmende

Im Folgenden erfolgt zunächst die Vorstellung der Teilnehmenden als gesamte Gruppe (Gesamtsample). Anschließend werden die Tandems und ihre jeweiligen Besonderheiten hinsichtlich der Zusammensetzung vorgestellt.

1.1 Gesamte Gruppe

Die Stichprobe umfasst alle Teilnehmenden der Weiterbildung MuBiKi (n = 36). Um fundierte Aussagen über den Wissenszuwachs treffen zu können, wurde eine Kontrollgruppe (n = 36) in das Forschungsdesign integriert. Für deren Auswahl wurde auf Kontakte und Verteilerlisten des Verbundpartners zurückgegriffen. Über ein Incentive in Höhe von 20 Euro für die Teilnahme an beiden Befragungen der Kontrollgruppe und durch ein personalisiertes Anschreiben wurde versucht, eine möglichst hohe Teilnahmebereitschaft zu erzeugen, was sich in der praktischen Umsetzung als schwierig herausstellte. Die Resonanz war insgesamt eher gering. Die größte Bereitschaft zur Teilnahme an der Kontrollgruppenbefragung wurde bei der Gruppe der Freizeitorchestermusiker*innen erreicht. Da diese Gruppe jedoch ähnliche Eigenschaften wie die der Teilnehmenden aufweisen sollte, wurden aus dieser Gruppe nur wenige Freiwillige für die Teilnahme zugelassen. Hierzu wurde nach Rückmeldung der Bereitschaft zur Teilnahme ein einmalig verwendbarer Zugangslink zur Onlinebefragung verschickt.

Für die Gruppe der Erzieher*innen wurden ca. 100 Kindertagesstätten und Kindergärten per E-Mail kontaktiert. Da hier der Rücklauf gegen Null ging, wurde versucht, mit einer telefonischen Anrufaktion die Quote zu erhöhen. Auch hier blieb die Teilnahmebereitschaft sehr gering. Um dennoch eine ausreichend große Kontrollgruppe für die Evaluation zur Verfügung zu haben, wurden nunmehr persönliche Kontakte zu Bekannten aller Mitarbeiter*innen des Projektes einbezogen. Erst durch diesen Schritt konnten ausreichend Teilnehmende für die Befragung akquiriert werden. Tabelle 25 zeigt eine Übersicht der soziodemografischen Angaben aller Befragten.

Tab. 25: Soziodemografische Angaben der Befragten

		Gruppe der Weiterbildungsteilnehmenden		Kontrollgruppe	
		Prozent	Anzahl	Prozent	Anzahl
Geschlecht					
Frauen		82,4	28	72,2	26
Männer		17,6	6	27,8	10
Alter		$M = 40,8$; $SD = 10,6$		$M = 34,5$; $SD = 11,4$	
unter 26 Jahre		8,8	3	13,9	5
26 bis unter 31 Jahre		8,8	3	41,7	15
31 bis unter 36 Jahre		11,8	4	8,3	3
36 bis unter 41 Jahre		23,5	8	8,3	3
41 bis unter 46 Jahre		8,8	3	8,3	3
46 bis unter 51 Jahre		14,7	5	2,8	1
älter als 50 Jahre		23,5	8	16,7	6
Berufsgruppe					
Pädagogik		50	18	47,2	17
Kunst und Kultur		50	18	52,8	19
Gesamt		100	36	100	36
Berufserfahrung in Jahren		$M = 14,67$; $SD = 10,7$		$M = 11,59$; $SD = 11,3$	
Erzieher*innen			18,3		16,1
Musiker*innen			10		7,6
Musikalische Erfahrung					
Spielen eines Instrumentes	Erzieherinnen	88,9	16	58,8	10
	Musiker	100	16	100	19
außerschulischer Instrumentalunterricht	Pädagogik	61,1	11	47,1	8
	Kunst und Kultur	93,8	15	100	19
Gesangserfahrung	Pädagogik	72,2	13	41,2	7
	Kunst und Kultur	93,8	15	78,9	15
außerschulischer Gesangsunterricht	Pädagogik	27,8	5	0	0
	Kunst und Kultur	68,8	11	36,8	7

Die Geschlechterverteilung der Teilnehmenden war vergleichbar (Teilnehmendengruppe (TN): 28 Frauen, Kontrollgruppe (KG): 26 Frauen), Geschlecht und Gruppe sind nicht assoziiert (Chi^2(1) = 1.02, p = .313). Auch hinsichtlich der Berufsfeldverteilung ergab sich kein signifikanter Unterschied (TN: 18 Musiker*innen; KG: 19 Musiker*innen; Chi^2(1) = 0.06, p = .814). Das Durchschnittsalter lag bei den Teilnehmenden bei 40,8 Jahren (SD = 10.60), bei der Kontrollgruppe bei 34,53 Jahren (SD = 11,39). Hier unterschieden sich die Gruppen signifikant (t(68) = 2.37, p = .021). Hinsichtlich der Berufserfahrung existierten keine signifikanten Unterschiede zwischen den Gruppen (t(64) = 1.14, p = .261). Die durchschnittliche Berufserfahrung bei den Teilnehmenden betrug 14,67 Jahre (SD = 10.74) und bei der Kontrollgruppe 11,59 Jahre (SD = 11.3). Im Bereich musikalischer Vorerfahrung unterschieden sich die Gruppen hinsichtlich des Spielens eines Instrumentes nicht signifikant (Chi^2(1)=2,87, p = ,09), das gilt auch für den außerschulischen Instrumentalunterricht (Chi^2(1) = 1.24, p = .266). Hinsichtlich der Gesangserfahrung ergab sich ein knapp signifikanter Unterschied zwischen den Gruppen (Chi^2(1) = 3.87, p = .049). Hier gaben die Teilnehmenden der Weiterbildung häufiger an, dass sie bereits Gesangserfahrung hatten. Bei der Frage nach dem außerschulischen Gesangsunterricht ergeben sich keine signifikanten Unterschiede (Chi^2(1) = 3.67, p = .056).

Im Hinblick auf die pädagogischen und künstlerischen Tätigkeiten der Teilnehmenden war eine klare Trennung nicht möglich. Insbesondere die Musiker*innen waren neben ihren freischaffenden Tätigkeiten immer auch als Pädagog*innen tätig. Diese Anmerkungen sind dahingehend wichtig, da, wie bereits mehrfach angesprochen, eine klare Trennung zwischen Musiker*innen und Erzieher*innen im Sinne der Ausschreibungslinie des BMBF und der daran gebundenen Finanzierungsproblematik (finanziell unterstützt wurden nur die Musiker*innen) nicht möglich war.

Die Mehrheit aller Musiker*innen, bis auf Christoph, hatte die allgemeine Hochschulreife erworben und ihr Studium an einer Musikhochschule (Gesa, Liane, Anna, Katharina), Universität (Jessica, Katharina, Rudolf, Bridget) sowie an einer Fachhochschule (Bärbel) absolviert und besaßen ein Diplom (Gesang, Violine, Querflöte, Musiktheorie). Diejenigen, die eine künstlerische Ausbildung absolviert hatten, waren zusätzlich auch in anderen Bereichen, v. a. Gesangs- oder Instrumentalpädagogik, qualifiziert. Die Musiker*innen hatten vor MuBiKi also nicht nur bereits Erfahrungen im Unterrichten gesammelt, sondern diese Tätigkeit machte sogar einen wesentlichen Teil ihres Einkommens aus. Zudem waren sie auch konzertierend unterwegs, aber nicht ausschließlich. Die Musiker*innen waren alle freiberuflich tätig, entweder als Honorarkraft für eine Musikschule, Musikwerkstatt eines Orchesters oder in ihrer eigenen Firma.

Unter den Musiker*innen befanden sich zwei Quereinsteiger. Während Rudolf ein Diplomstudium in Gartenbauwissenschaft absolviert hatte, bevor er ein Musikstudium begann, arbeitete Christoph in einem medizinischen Beruf. Er besaß keinen Universitäts- oder Hochschulabschluss in Musik, sondern zertifizierte, themenspezialisierte Weiterbildungslehrgänge im Bereich Bandcoaching und arbeitete an der Musikschule.

Bei den Erzieher*innen gab es keine Quereinsteiger*innen. Sie fingen alle nach ihrem Abschluss an, im Kindergarten zu arbeiten. Als höchsten Schulabschluss besaßen zwei Personen (Charlie und Viola) das Abitur, die anderen die Fachhochschulreife, Mittlere Reife, Sekundarschulabschluss und einen Hauptschulabschluss. Frieda hatte außerdem ein Studium der Sozialpädagogik absolviert. Einige der Erzieher*innen hatten leitende Positionen in der Kita. Alle Teilnehmenden übten ihren Beruf also entweder als Angestellte oder Erzieher*innen (Gruppenleitung, Zweitkraft, leitende Position) oder als freiberufliche Instrumentalpädagog*innen bzw. konzertierende, freischaffende Musiker*innen, freischaffende Musikschullehrende aus.

Die Teilnehmenden spielten Geige, Gitarre, Klavier, Percussion, Querflöte und sangen. Kerstin hatte zusätzlich zum Violinstudium auch Kulturwissenschaften mit Schwerpunkt Musik studiert. Bridget hat Musik auf Lehramt studiert und sich anschließend in Gesang qualifiziert (Diplom). Es nahmen drei Diplom-Sängerinnen (Bridget, Gesa, Melanie), eine Harfenistin (Esmeralda) und ein Musiktheoretiker bzw. Komponist (Rudolf) teil. Eine Erzieherin (Lisa) spielte Klarinette und Saxophon bereits seit der Schulzeit in einem Musikverein ihrer heimatlichen Kleinstadt.

Am Standort I verließ ein Tandem (Thade und Jessica) nach Ablauf des ersten Drittels aus persönlichen Gründen die Weiterbildung. Zudem stieg Charlie während des Verlaufs aus, so dass Christoph die Weiterbildung alleine abschloss. Thade und Jessica wurden als Tandem interviewt und später noch einmal einzeln telefonisch nach den Gründen für den Ausstieg befragt. Am Lehrgangsort II stiegen im Verlauf der Weiterbildung fünf Personen aus. Hierzu gehörten vier Musiker*innen (drei Frauen und ein Mann), von denen zwei aus persönlichen Gründen (Familie) nicht weiter teilnehmen konnten. Eine Musikerin (Musicaldarstellerin) hat nach dem ersten Lehrgangswochenende abgesagt, da sie ein Jobangebot erhielt. Ein weiterer Musiker stieg aus, da die Weiterbildung nicht seinem Profil entsprach. Eine Erzieherin, die bis Mitte der Weiterbildung teilgenommen hatte, musste aus Krankheitsgründen aussteigen. Auffallend ist, dass vier der insgesamt sieben Aussteiger*innen relativ jung waren und ihren Schwerpunkt im Bereich Populärer Musik hatten. Dafür eingestiegen sind Joseph, Esmeralda und Bärbel, wobei Letztere nur unregelmäßig teilgenommen und als einzige Person kein Zertifikat erhalten wollte, da sie bereits ein EMP-Diplom hatte. Von den insgesamt 30 Teilnehmenden (18 Personen am Lehrgangsort I; 12 Personen am Lehrgangsort II) waren fünf männlich. Davon sind zwei ausgestiegen (1 x Lehrgangsort II, 1 x Lehrgangsort I).

1.2 Ausgewählte Tandems

Die Beschreibung der Tandems wurde anhand ihres eingereichten Lebenslaufes und der Interviewdaten rekonstruiert. Die demographischen Daten werden wie folgt zusammen dargestellt:
- Pseudonym
- Geburtsjahr
- Persönliche Situation

- Bezug zur Musik
- Berufstätigkeit
- Höchster Schulabschluss

Auffallend ist, dass die Musiker*innen, bis auf eine Person, ein Gymnasium besucht und studiert haben, während nur eine Erzieherin (mit gymnasialem Abschluss) ein Gymnasium besucht hat und alle anderen eine Ausbildung absolviert haben.

1.2.1 Lehrgangsort I

Tandem 1: Anna & Kirsten
Anna (geb. 1977) ist Diplomgeigerin mit dem Schwerpunkt künstlerisches Hauptfach und Musikerziehung. Sie ist verheiratet und hat zwei jüngere Kinder. Zurzeit ist sie tätig als Geigen- und Klavierlehrerin, aber auch weiterhin aktiv in verschiedenen Orchestern.

Kirsten (geb. 1967), verheiratet, zwei erwachsene Kinder, arbeitet als leitende Erzieherin in einem Waldkindergarten, den sie auch mitgegründet hat. Ihr höchster Schulabschluss ist die Fachhochschulreife. Sie ist seit ihrer Kindheit musikalisch aktiv, spielt Gitarre und singt.

Tandem 2: Christoph & Charlie
Christoph (geb. 1979) unterrichtet Gitarre und Bandcoaching freiberuflich an einer Musikschule. Er ist vor wenigen Jahren aus seinem, über ein Jahrzehnt ausgeübten, ‚ersten Beruf' im medizinischen Bereich ausgestiegen. Er ist verheiratet und Vater eines kürzlich geborenen Kleinkindes. Sein höchster Schulabschluss ist die mittlere Reife (Realschulabschluss). Für seine professionelle Arbeit in Musik absolvierte er eine zertifizierte Weiterbildung im Bandcoaching. Im Gitarrenspiel ist er Autodidakt.

Charlie (geb. 1976), verheiratet, zwei Kinder, ist in ihrem Beruf als Erzieherin bereits seit über 15 Jahren tätig und aktuell in einer christlichen Kindertagesstätte angestellt. Ihr höchster Schulabschluss ist die allgemeine Hochschulreife (Abitur). Ihre Instrumente sind Gitarre, Percussion und Stimme. Außerdem tanzt sie gerne. Aufgrund persönlicher Gründe ist sie vorzeitig im Frühjahr 2017 ausgestiegen, so dass ihr Partner das Projekt alleine durchführen musste.

Tandem 3: Gesa & David
Gesa (geb. 1977), verheiratet, zwei Kinder, ist diplomierte Sängerin und Gesangspädagogin. Sie hat Gesang studiert und ist seitdem sowohl als freischaffende Sängerin mit den Schwerpunkten Konzert- und Liedgesang als auch als Gesangslehrerin tätig. Ihr höchster Schulabschluss ist die allgemeine Hochschulreife (Abitur).

David (geb. 1982) arbeitet seit mehr als zehn Jahren als staatlich geprüfter Erzieher in einem gemeinnützigen Kindergarten. Sein höchster Schulabschluss ist die Fachhochschulreife. Seine Instrumente sind Gitarre und Stimme.

Tandem 4: Jessica und Thade (ausgestiegen)
Jessica (geb. 1986), verheiratet, ein Kind, ist diplomierte Kulturwissenschaftlerin. Ihr höchster Schulabschluss ist die allgemeine Hochschulreife, woraufhin sie Kulturwissenschaften mit dem Schwerpunkt Musik studiert hat. Ihre Instrumente sind Klarinette und Gesang.

Thade (geb. 1989) arbeitet seit vier Jahren in seinem Beruf als Erzieher. Zuletzt war er in einem christlichen Kindergarten eines Wohlfahrtverbandes tätig. Sein höchster Schulabschluss ist der erweiterte Hauptschulabschluss. Seit einiger Zeit bringt er sich Gitarre, Bass und Cajon autodidaktisch bei.

Tandem 5: Kerstin & Renate
Kerstin (geb. 1979), verheiratet, zwei Kinder, ist diplomierte Jazzgeigerin. Ihr höchster Schulabschluss ist die allgemeine Hochschulreife (Abitur). Sie hat Kulturwissenschaften mit dem Schwerpunkt Musik studiert und Musikerziehung für Jazz/Rock/Pop mit Hauptfach Violine. Sie gibt regelmäßig Konzerte und unterrichtet Violine.

Renate (geb. 1955), verheiratet, drei erwachsene Kinder, verfügt über 40 Jahre Berufserfahrung als Erzieherin. Sie ist tätig als Kita-Leiterin, Coach in systemischer Beratung und zertifizierte Chorleiterin (C1- und C2-Niveau). Sie spielt regelmäßig Gitarre und hat Gesangserfahrungen durch Chormitgliedschaften. Seit sieben Jahren nimmt sie auch Gesangsunterricht.

Tandem 6: Rudolf und Helmine
Rudolf (geb. 1974), verheiratet, zwei Kinder, arbeitet als wissenschaftlicher Mitarbeiter an einer Universität und unterrichtet Musiktheorie. Sein höchster Schulabschluss ist die allgemeine Hochschulreife (Abitur). Er hat lange Klavier- sowie Gesangsunterricht genommen und spielt auch Gitarre und Percussion-Instrumente.

Helmine (geb. 1988), verheiratet, ist als staatlich anerkannte Erzieherin seit fünf Jahren in einer katholischen Kindertagesstätte tätig. Seit ihrer Kindheit spielt sie Klavier sowie etwas Blockflöte und Gitarre. Parallel zu ihrer Erziehertätigkeit gibt sie privaten Klavierunterricht und engagiert sich musikalisch auch im Gemeindeleben. Ihr höchster Schulabschluss ist die Fachhochschulreife.

1.2.2 Lehrgangsort II

Tandem 1: Bärbel & Alexa
Bärbel (geb. 1982) ist Diplom-Musikpädagogin, die sich im Schwerpunkt Elementare Musikerziehung und Instrumentalpädagogik (Querflöte) qualifiziert hat. Diese Fächer unterrichtet sie seit einigen Jahren an einer staatlichen Musikschule. Außer Querflöte spielt sie noch diverse andere Flöten und Klavier. Ihr höchster Schulabschluss ist das Abitur.

Alexa (geb. 1970) ist verheiratet und hat drei schulpflichtige Kinder. Sie arbeitet seit mehr als 20 Jahren als Erzieherin, seit einiger Zeit nun auch integrativ und macht aktiv

Musik in einer Gitarrengruppe sowie in einem Chor. Ihr höchster Schulabschluss ist die Fachhochschulreife.

Tandem 2: Liane & Barbara
Liane (geb. 1992) ist Instrumentalpädagogin für Querflöte mit Nebenfach Klavier. Sie hat eine langjährige Berufserfahrung als freiberufliche Querflötenlehrerin und arbeitet seit einigen Jahren auch als Lehrkraft für Elementare Musikpädagogik.

Barbara (geb. 1962), verheiratet, zwei Kinder im Erwachsenenalter, ist seit mehr als 30 Jahren als staatlich anerkannte Erzieherin in einem christlichen Kindergarten tätig. Von Kindheit an war sie musikbegeistert, hat Blockflöte und Akkordeon gelernt und musizierte in einem Akkordeonorchester. Während der Berufstätigkeit lernte sie noch Gitarre und spielte mit anderen Kolleg*innen in einer Gitarrengruppe. Außerdem begann sie vor ein paar Jahren noch Klavier zu lernen. Regelmäßiges Singen und Liedbegleitung gehören zu ihrem Berufsalltag. Ihr höchster Schulabschluss ist die mittlere Reife (Realschulabschluss).

Tandem 3: Bridget und Frieda
Bridget (geb. 1975), verheiratet, zwei jüngere Kinder im Kindergarten- und Grundschulalter, hat Musik auf Lehramt studiert und sich anschließend in Gesang qualifiziert (Diplom). Sie ist freiberuflich als Sängerin und Gesangspädagogin in einem Musikprojekt tätig, wo sie mit Kindern und Jugendlichen arbeitet. Ihr höchster Schulabschluss ist das Abitur.

Frieda (geb. 1963) ist verheiratet und hat drei schulpflichtige Kinder. Sie ist staatlich anerkannte Erzieherin und Diplomsozialpädagogin. In ihrem Beruf ist sie seit mehr als 25 Jahren tätig und seit den letzten fünf Jahren Leiterin einer christlichen Kindertagesstätte. Sie findet es wichtig, Kinder in Musik zu fördern, gibt aber nicht an, selber ein Instrument zu spielen. Allerdings singt sie immer wieder projektweise oder innerhalb des beruflichen Kontextes.

Tandem 4: Esmeralda & Viola
Esmeralda (geb. 1982), alleinerziehende Mutter eines Kleinkindes, ist diplomierte Harfenistin und Harfenpädagogin. In dieser Position arbeitet sie freiberuflich an einer Musikschule und in Grundschulprojekten. Außerdem ist sie weiterhin konzertierend tätig. Ihr höchster Schulabschluss ist das Abitur.

Viola (geb. 1979), verheiratet, zwei Kinder im Kindergarten- und Grundschulalter, ist in ihrem Beruf als Erzieherin seit über 16 Jahren in christlichen Kindergärten tätig. Privat ist sie musikalisch (Chor) und ehrenamtlich in einer Kirchengemeinde engagiert. Sie spielt als Autodidaktin Gitarre und singt. Sie hat das Gymnasium besucht und mit dem Abitur abgeschlossen.

Tandem 5: Joseph & Rita
Joseph (geb. 1962) ist freiberuflicher Lehrer für Gitarre, Percussion, Cajon und Elementare Musikpädagogik. Außerdem arbeitet er regelmäßig als Workshopleiter im Bereich

Multimedia mit digitalen Medien und Musik-Apps. Neben dem Instrumentalspiel singt er ebenfalls gerne und tanzt. Als höchsten Schulabschluss hat er einen Sekundarschulabschluss, erworben im Ausland. Joseph ist erst später in MuBiKi eingestiegen, da Tandempartner gesucht wurden.

Rita (geb. 1967) arbeitet seit fast zehn Jahren als Erzieherin in einer zweisprachigen Kita. Als höchsten Schulabschluss hat sie einen Sekundarschulabschluss im Ausland erworben. Die Stimme ist ihr bevorzugtes Instrument. Außerdem tanzt sie gerne. Beide haben bereits als Tandem gearbeitet und möchten durch MuBiKi ihre Tandemtätigkeit erneuern bzw. intensivieren.

Tandem 6: Katharina & Lisa
Katharina (geb. 1970), verheiratet, zwei Kinder im schulpflichtigen Alter, studiert seit drei Jahren Schulmusik. Vor zwanzig Jahren hat sie bereits das Erste Staatsexamen (Deutsch und Chemie) absolviert. Sie ist seit über 15 Jahren als Studiosängerin mit dem Schwerpunkt Popularmusik aktiv. Darüber hinaus arbeitet sie mit verschiedenen Bands zusammen, komponiert eigene Songs oder covert andere. Als weitere Instrumente spielt sie seit früher Kindheit Klavier. Das Gitarrespielen hat sie sich als Erwachsene selbst beigebracht. Ihr höchster Schulabschluss ist die allgemeine Hochschulreife (Abitur).

Lisa (geb. 1992) ist seit etwa vier Jahren staatlich anerkannte Erzieherin mit Fachhochschulreife. Seitdem arbeitet sie in einer pädagogisch offen konzipierten Kindertagesstätte. Sie ist seit ihrer Schulzeit musikalisch aktiv und spielt mehrere Instrumente (Klarinette, Saxofon und Gitarre). In ihrer Freizeit musiziert sie in einem Musikverein. Ihr höchster Schulabschluss ist ein erweiterter Sekundarabschluss I (Realschule).

Im Folgenden werden Ergebnisse hinsichtlich einer kategorienbasierten Auswertung vorgestellt und die drei Hauptebenen *Teilnehmende*, *Weiterbildung* und *Zukunft* erläutert. Im Zentrum der Darstellung steht dabei eine primär chronologische Ausrichtung, da untersucht wurde ‚wo die Teilnehmenden herkommen' (Teilnehmende), ‚was sie mitnehmen' (Weiterbildung) und ‚wo sie hingehen' (Zukunft). Diese zeitliche Dimensionierung verdeutlicht einen Wandel von Einstellung seitens der Teilnehmenden sowohl hinsichtlich der Selbst- und Fremdzuschreibungen als auch der transprofessionellen Zusammenarbeit. Die Ergebnisse umfassen alle erhobenen Interviews (Tandem, Experten, Lehrgangsleitungen, Gruppen), die thematisch aufeinander bezogen werden. In der Darstellung wird nicht en detail auf die beiden Standorte und daran gebundene Besonderheiten eingegangen. Vielmehr liegt ein Ziel darin, die Gesamtkonstellation aller Beteiligten zu beleuchten und systematisch darzustellen. Im Rahmen der Ergebnisdarstellung werden bewusst interpretative Aspekte mit hinzugenommen, die in der Diskussion noch einmal vertieft werden.

In den anonymisierten Zitaten ist notiert, ob ein/eine Erzieher*in (E) oder Musiker*in (M) die Aussage machte. Zudem finden sich auch Notizen über den Lehrgangsort (1 (städtisch) bzw. 2 (ländlich)) und den Zeitpunkt der Durchführung (v (vor) und n (nach)). Ferner werden Gruppendiskussionen (G) und Lehrgangsleitungen (L) mithinzugezogen.[16] Die Darstellung erfolgt als Bericht primär im Vergangenheitsmodus (Präteritum). Sofern auf die Datenauswertungen Bezug genommen wird, wird in die Gegenwartsform (Präsens) gewechselt.

1.3 Grundkonstellation der Tandembeziehung

Im Rahmen der MuBiKi-Weiterbildung kamen unterschiedliche Rollen- bzw. Berufsbilder im Sinne von Selbst- und Fremdzuschreibungen zur Geltung. Wie auch in der VimuBi-Weiterbildung zeigten sich insbesondere zu Beginn zahlreiche stereotype Einstellungen und Haltungen sowie daran gebundene Klischees. Viele Äußerungen verdeutlichten, dass es grundlegende *Hemmschwellen* in der Zusammenarbeit gab, welche die Rollenzuschreibungen leiteten.[17] Die Erzieher*innen ‚machten sich eher klein' und hoben hervor, dass sie wenig Kenntnisse über Musik besitzen. Das geringe Selbstwertgefühl wurde auffallend oft nur im Hinblick auf Musik geäußert, wobei die Stärken im Bereich der frühkindlichen Bildung (Tätigkeit als Erzieher*in) nicht direkt thematisiert wurden:

> Ich habe einen wahnsinnigen Respekt vor Musikern; was die alles können, was die alles wissen und wo ich so denke: Boah! Deswegen hatte ich persönlich nur die Sorge, dass ich vielleicht nicht gut genug für den Bereich bin (Helmine, E1v, 524–526).

Die Musiker*innen boten ihrerseits Hilfe und Unterstützung an. Dieses ‚Helfersyndrom' ist dahingehend problematisch, da das negative Selbstgefühl der Erzieher*innen indirekt akzeptiert wurde. Diese als Hemmschwelle bezeichnete Dynamik innerhalb des Tandems wird im Folgenden als eine *Grundkonstellation* der Zusammenarbeit beschrieben, da sie in beiden Weiterbildungen deutlich aus unterschiedlichen Perspektiven zur Geltung gelangte:

> I: Wie steht ihr zu der Überlegung, dass sich die Fortbildung an zwei Berufsgruppen richtet? Jessica: Hat meine Hemmschwelle gesetzt,[18] dass ich nicht nur als Vollblutmusikerin dabei bin. Thade: Also mich hat das ein bisschen gehemmt, weil ich dachte: die haben wirklich so viel Erfahrung und du hast halt nichts. Jessica: Dafür hast du ja mich an deiner Seite (Jessica & Thade, ME1v, 502–521).

Das obige Zitat ist aus unterschiedlichen Sichtweisen aufschlussreich für die Tandembeziehung, denn es verdeutlicht die *Komplexität* der Grundkonstellation. So wird der Begriff Hemmschwelle von der Erzieherin aufgegriffen, aber anders kontextualisiert. Sprach Jessica als Musikerin von Hemmungen, Musik auf geringerem Niveau zu pro-

---

16 Die Abkürzung M1v bedeutet demnach: Musiker*in, Lehrgangsort I (städtisch) und vor der Durchführung.
17 Auch der mehrfach genannte Begriff „Berührungsängste" (Kirsten, E1n, 155) verdeutlicht eine Hemmschwelle. Sehr deutlich auch: „Das ist auch immer so ein bisschen was mich hier immer so hemmt, weil: sie ist Musikerin" (Katharina, M2n, 22–23).
18 Der Begriff *Hemmschwelle gesetzt* ist nicht eindeutig formuliert; gemeint ist hier: *Hemmschwelle gesenkt.*

duzieren, so hob Thade als Erzieher seine grundlegenden Hemmungen hervor, überhaupt gegenüber den Musiker*innen musikalisch zu agieren.

Mehrfach war auch von einem „Ungleichgewicht" (Kirsten, E1v, 206) und „Berührungsängsten" (Rita, E2v, 43) die Rede, die durch unterschiedliche musikalische Vorerfahrungen zur Geltung gelangten. Interessant erscheint auch, dass sich die Hemmschwellen nicht zwingend mit den Ergebnissen der Fragebogenerhebungen decken, denn dort schätzten sich die Erzieher*innen positiv mit guten Grundkenntnissen ein und fühlten sich in Musik kompetent.

Der Begriff Hemmung wurde auch seitens des Expert*innenteams, welches das Modulhandbuch entwickelt hat, aufgegriffen und wiederum anders kontextualisiert. Demnach wirken Arbeitsweisen im Bereich der Elementaren Musikpädagogik (z. B. Improvisation) für Musiker*innen hemmend, da sie diese Musizierformen nicht gewohnt sind und beherrschen.

> Hemmungen besitzen demnach auch die Musiker ganz elementar zu improvisieren. Also vor allem, weil sie denken, jetzt unter vermeintlichem Erwartungsdruck zu stehen; weil: das sind jetzt die Musiker. Die müssen das jetzt können (Ex3, 260–266).

Die Grundkonstellation erklärt auch die Sorge der Erzieher*innen, dass Musiker*innen zu dominant auftreten könnten.

> Meine Sorge war: wenn irgendwie so ein Musiker ist, der hier nur so die ganze Zeit sein Ding durchziehen möchte, aber nicht so in diese pädagogische Seite rüber wechseln möchte, dann bin ich eingeschüchtert (Helmine, E1n, 481–498).

Es lassen sich unterschiedliche Gründe anführen, wie diese *Grundkonstellation* und daran gebundene *Hemmungen* in der Tandemarbeit entstehen. Seitens der hohen Wertschätzung der Musiker*innen schien deren künstlerische Tätigkeit – quasi nach der romantischen Vorstellung von Künstler*innen – eine Bewunderung auszulösen, da das Können als Ausnahmeerscheinung betrachtet wird. Ein Grund für das geringe Selbstbewusstsein der Erzieher*innen könnte das eher negative Prestige des Berufs als ‚Kindergärtnerin' sein, das historisch geprägt ist und mit Vorurteilen (z. B. anspruchslose Tätigkeit) und ungünstigen Rahmenbedingungen (geringes Gehalt) einhergeht. Auch die bereits angesprochene schlechte Ausbildungssituation führte zu diesem eher negativen Selbstkonzept (s. Hintergründe, Abschnitt III, Kapitel 2, ab S. 28). Hinsichtlich der transprofessionellen Zusammenarbeit wurden die Grundkonstellation im Verlauf der Weiterbildung und daran gebundene normative Sichtweisen auf die Berufe der Teilnehmenden deutlich geringer.

1.4 Stellenwert von Musik

Die Interviews aber auch die Fragebogenerhebungen verdeutlichen, dass die Erzieher*innen musikalische Vorerfahrungen besaßen (89,9 % spielen ein Instrument, 72,2 % haben Gesangserfahrung). Während diese insbesondere im Fragebogen als gut eingeschätzt wurden, verdeutlichen die Tandeminterviews ein eher geringes Selbstwertgefühl der Erzieher*innen, was möglicherweise an der Anwesenheit der Musiker*innen gelegen haben mag (Hemmschwellen). Anhand ausgewählter Zitate fällt aber auch hier der hohe Stellenwert von Musik seitens der Erzieher*innen auf, der emotional aufgeladen war und mit viel Pathos umschrieben wurde.

> Für mich im Grunde genommen, die Musik ist das Beste für uns, für die Menschheit, für die Kinder (Rita, E1v, 72–73).

Diese Begeisterung für Musik wurde auch als ein Grund zur Teilnahme an der Weiterbildung angeführt und stand im Kontext der Berufstätigkeit, in der Musik bereits eine wichtige Rolle einnahm und in Zukunft weiter intensiviert werden sollte. Vor diesem Hintergrund wird deutlich, dass Weiterbildungsinitiativen diejenigen Erzieher*innen, die geringe oder keine Vorerfahrungen besitzen, kaum erreichen. Vielmehr nehmen jene Personen an einer Weiterqualifizierung teil, die ihre Vorkenntnisse weiterentwickeln möchten.

Die Musiker*innen waren sich ihrer musikalischen Qualifikationen bewusst und suchten im Bereich der Elementaren Musikpädagogik neue Anregungen, die auch mit einer *Befreiung* von Regeln im Hinblick auf traditionelle Aufführungsrituale im Bereich der so genannten Klassischen Musik in Zusammenhang stehen.

> Aber das, was mir wirklich am meisten Spaß macht, ist, dass ich merke, dass ich das selber brauche, dieses einfach mich selber befreien. Wo ich nämlich selber wirklich viel zu früh durch klassischen Unterricht eingezwängt wurde in irgendwas, anstatt einfach Spaß dabei zu haben (Jessica, M1v, 75–78).

Die Überwindung von Ängsten im Umgang mit ungewohnten musikalischen Umgangsweisen (v. a. Improvisation) wurde auch als „Herausforderung" (Esmeralda, M2n, 387) bezeichnet. Renate hob als Erzieherin hervor, dass in der EMP viel „kreatives Potenzial" (Renate, E1v, 94) liegt. Dagegen müsse in der klassischen Musik „irgendwie alles richtig sein" (Gesa, M1v, 14). Die Musikerin Jessica gab an, dass sie „überhaupt nicht auf Hochkultur steht" (Jessica, M1v, 72). Der oben bereits erwähnte Begriff Hemmung wurde als Begrenzung durch eine klassische Ausbildung verstanden:

> Und man ist halt auch so klassisch ausgebildet, dass man jetzt sich also man tatsächlich auch noch ein bisschen Hemmung hat, dann, wenn man das sonst nicht macht, sich dann mit seiner Geige da irgendwie, hinzustellen (Anna, M1v, 803–814).

Die Erzieher*innen sahen die abendländische Musik und deren Ausübung eher kritisch, da „alles so gelenkt wird mit einer gewissen Erwartung" (David, E1v, 46). Auffallend oft beschrieben sich die Erzieher*innen grundsätzlich als offen gegenüber Musik.

> […] ja und für Musik bin ich schon immer offen gewesen. Also auch für jegliche Form von Musik. Sei es jetzt von klassisch bis zum härtesten Metal (David, E1v, 103).

Insbesondere das Bild von Musiker*innen war stark an bestimmte Vorurteilen gebunden, was v. a. anhand der vielen Adjektive auffiel, die damit in Verbindung gebracht wurden (professionell, freischaffend, seriös, anspruchsvoll, unzuverlässig). Viele Erzieher*innen bezeichneten sich als Laien und Autodidakten, wobei diese Selbstaneignung positiv mit Stolz betrachtet wurde und auch zu Erfolgen geführt hat.

Das Bild der Lehrgangsleitungen auf die Ausbildungssituation der Erzieher*innen und mögliche Kooperationen mit Musiker*innen war ebenfalls eher negativ konnotiert. Das folgende Zitat muss sicherlich mit dem dazugehörigen ironischen Unterton gelesen werden, verdeutlicht aber v. a. die desolate Ausbildungssituation und den schwierigen musikbezogenen Alltag der Erzieher*innen.

> Dienstags kommt die Musikpädagogin und wenn es hoch kommt singen sie mit, die Erzieherinnen. Wenn es schlecht ist, sitzen sie nebenan und lesen Brigitte und wenn es ganz schlecht geht, müssen sie in eine andere Gruppe, weil die Nächste krank ist (Janina, L1n, 293–297).

Aber auch Musiker*innen wurden von den Lehrgangsleitungen zunächst kritisch betrachtet, da sie erst lernen müssen, sich gegenüber dem frühkindlichen Bereich zu öffnen. Ein Grund lag in der bereits angesprochenen, an Regeln gebundenen klassischen Ausbildung und fehlendem kreativen Engagement:

> Und ich glaube fast, dass es ganz viele Musiker gibt hier, die den frühkindlichen Bereich noch gar nicht entdeckt haben oder reingeworfen wurden und damit gar nicht klarkommen (Janina, L1n, 754–749).

Den Lehrgangsleitungen war musikalische Qualität besonders wichtig, die in die Kita gebracht werden soll. Sie suchten daher Musiker*innen und Erzieher*innen, die musikalische Grundfertigkeiten besitzen sollten (Notenkenntnisse etc.), um auf dem EMP-Niveau in der Kita arbeiten zu können.

1.5 Musikbegriff

Insbesondere intensive biographische Erlebnisse führten zu einem spezifischen Musikverständnis, über das sich die Teilnehmenden definierten. Für Joseph waren z. B. außereuropäische Erfahrungen bedeutsam, die dann auch für sein Verständnis von Musikvermittlung in Verbindung standen:

> Okay, ich komme aus Peru und in meiner Familie habe ich das erlebt, Musik zu machen. Und dann habe ich weitergesungen. Ich habe unsere Kultur weitergegeben. Dann habe ich meine erste Erfahrung als Vermittler für unsere Musik mit Kindern gemacht (Joseph, M2v, 30–37).

Das Zitat verdeutlicht, inwieweit die Teilnehmenden ihren Musikbegriff reflektierten und ihn mit ihrer Persönlichkeit bzw. ethischen Aspekten in Bezug setzten. Diese im

Laufe der Weiterbildung zunehmenden Reflexionen wurden seitens der Lehrgangsleitungen als Ziel der Weiterbildung verstanden, was auch der Grundannahme der transprofessionellen Zusammenarbeit entspricht:

> Ja, also, das Wichtigste eigentlich ist, den eigenen Musikbegriff zu überdenken. Partizipativ mit den Kindern und nach dem Situationsansatz mit den Kindern arbeiten zu können und stark eben, also mit großer Offenheit zu arbeiten und zu gucken (Janina, L1v, 182–190).

Ein gemeinsamer Musikgeschmack und gleiche Musikerlebnisse beeinflussten auch die Zusammenarbeit, so dass die Teilnehmenden merkten, „wir sprechen ungefähr dieselbe Sprache, was Musik angeht" (Helmine, E1n, 397–399). Der Austausch führte dazu, dass insbesondere die Erzieher*innen Musik wieder entdeckten und anfingen, auf ihren Musikinstrumenten zu musizieren.

1.6 Erwartungen

Alle Teilnehmenden erwarteten von der Weiterbildung, dass sie lernen, *praktisch* mit Musik in der Kita zu arbeiten. Insbesondere zu Beginn wünschten sie sich viele Anregungen für die tägliche Arbeit (v. a. Liedvermittlung). Diese sollten als eine Materialsammlung schnell umzusetzen sein. Deutliche Unterschiede gab es zwischen den beteiligten Berufsgruppen hinsichtlich des Bedarfs an Musik und Pädagogik. Während die Erzieher*innen nach musikpraktischem Handwerkszeug suchten, wollten die Musiker*innen mit dem Bereich der Früherziehung vertraut gemacht werden.

> Wie bekomme ich irgendwie eine Gruppe ruhig, wie lenke ich eine Gruppe, wie schaffe ich es, mit zehn, zwanzig Kindern gleichzeitig zu arbeiten. Denn wenn man Einzelunterricht gemacht hat, ist das die Herausforderung (Bridget, M2n, 120–124).

Neben den Erwartungen, Handwerkszeug für den Alltag zu erhalten, wurde eine professionelle und selbstsicherere Haltung gewünscht. Diese hohe Erwartung kann allerdings kaum in einer Weiterbildung erfüllt werden. Einigen Teilnehmenden war dies zu Beginn nicht bewusst. Die Erwartungen deckten sich mit der Ungeduld, die Inhalte der Weiterbildung (zu) schnell in der Praxis zu erproben sowie einer gewissen Naivität, in der Annahme, durch die Weiterbildung eine vollständige Berufsausbildung zu erhalten.

> Also ich bin mit der Erwartung herkommen, dass, wenn ich hier rauskomme, kann ich in den Kindergarten gehen und dann unterrichten. Das finde ich nicht, dass ich das könnte (Esmeralda, M2n, 191–193).

Insbesondere der souveräne Umgang mit unterschiedlichen Sozialformen und Unterrichtsstörungen setzt entsprechende Erfahrungen voraus, die nur grundlegend in einer Weiterqualifizierung zu erwerben sind und langfristig durch viele Erfahrungen zur Geltung gelangen.

Die Suche nach schnell einsetzbaren und fertigen Unterrichtsmaterialien sowie einer eher traditionellen Unterweisung im Instrumentalspiel widersprach den eher offenen und explorativen Ansätzen der Lehrgangsleitungen, was seitens der Teilnehmenden große Verunsicherungen auslöste. Das anfängliche ‚Verwertbarkeitsdenken' veränderte sich im Laufe der Weiterbildung, indem die musikalische Qualität in der gemeinsamen Gestaltung und daran gebundene gruppenimprovisatorischen Prozesse mehr an Bedeutung gewannen. Der Fokus auf musikalische Qualität in Verbindung mit der Länge der Weiterbildung und dem Tandemkonzept sind spezifische und besondere Qualitätskriterien, die MuBiKi deutlich von anderen musikbezogenen Tandemkonzepten unterscheidet. In der Abschlussdiskussion hoben sowohl die Musiker*innen als auch die Erzieher*innen hervor, dass sie sich an besondere musikalische Momente erinnern und künstlerische Ideen verwirklichen konnten (s. Diskussion, Abschnitt I, ab S. 234).

1.7 Lerngruppe

Eine große Bedeutung spielte in der gesamten Weiterbildung der Zusammenhalt der Lerngruppe, der sich im Verlauf deutlich intensivierte. Auch wenn eine heterogene Grundkonstellation vorherrschend war, entstand ein ‚Gemeinschaftsgefühl', das sehr stark mit der Persönlichkeit der Lehrgangsleiterinnen in Bezug stand, die eine pädagogische Haltung vorlebten. Wie auch in der VimuBi-Fortbildung war der Zusammenhalt sehr groß und wurde als persönliche Bereicherung empfunden. Die Teilnehmenden hatten „einen Draht zueinander". Dabei wurde davon ausgegangen, dass die Stimmung in der Gruppe die Lernbereitschaft und -leistung beeinflusst. Das Vertrauen der Teilnehmenden untereinander war geprägt durch unterschiedliche Faktoren wie z. B. Humor und Konzentration.

> Die Gruppenatmosphäre besteht aus Konzentration und Humor. Das ist eine Atmosphäre, in der ich persönlich sehr viel aufnehmen kann, weil ich mir der Ernsthaftigkeit auch eines Inhaltes sehr wohl bewusst bin, aber natürlich man mit Spaß und Freude viel besser lernt. Das ist hier sehr gelungen. Insofern hat das für mich persönlich in dieser Gruppe sehr gut gepasst von Anfang (Gesa, M1n, 376–382).

In den Interviews wurde kritisch darauf verwiesen, dass die Freizeitgestaltung getrennt in den einzelnen Berufsgruppen stattgefunden hat, was ein Anzeichen dafür sein könnte, dass der hohe Stellenwert der Gruppe nur in der Seminararbeit bzw. den Tandeminterviews und gemeinsamen Diskussionen genannt wurde, während abseits der Zusammenarbeit eher traditionelle Verhaltensmuster zur Geltung gelangten. Weitere Informationen zum Stellenwert der Lerngruppe und Rollenerwartungen finden sich auch in der Diskussion, Abschnitt V, ab S. 243.

1.8 Gender

Ein wichtiger Aspekt, der aber nur punktuell angesprochen wurde, ist der Bereich Gender, da der Erzieher*innnenberuf v. a. weiblich konnotiert ist und dabei mit veralteten

Klischees verbunden scheint. Derzeit sind ca. 96 % der Erzieherinnen in Deutschland weiblich. Ein Musiker betrachtete die Männer daher als „Mangelware" (Christoph, M1v, 125–130) und erhoffte sich, eine Ausbildungslücke zu schließen.

2 Weiterbildung

2.1 Zufriedenheit mit der Weiterbildung allgemein

Die Weiterbildung wurde zum Erhebungszeitpunkt t2 insgesamt positiver bewertet als die erste Befragung. Auffällig ist, dass sich die Beurteilung in Abhängigkeit zum Weiterbildungsstandort stark unterscheidet.

Tab: 26: Bewertung der Weiterbildung insgesamt, t2

Standort \ Note	1	2	3	4	5	6	M (SD)
Ort II	2	2	8	0	0	0	2.5 (0,8)
Ort I	10	4	1	0	0	0	1.4 (0,6)
Gesamt	12	6	9	0	0	0	1.89 (0,9)

Bei der Beurteilung der Weiterqualifizierung hinsichtlich der beteiligten Berufsgruppen wird deutlich, dass die Erzieher*innen mit der inhaltlichen Ausgestaltung zufriedener waren als die Musiker*innen. Für diese ist die Teilnahme auch sehr aufwendig gewesen.

Tab. 27: Aspekte der Zufriedenheit; t3

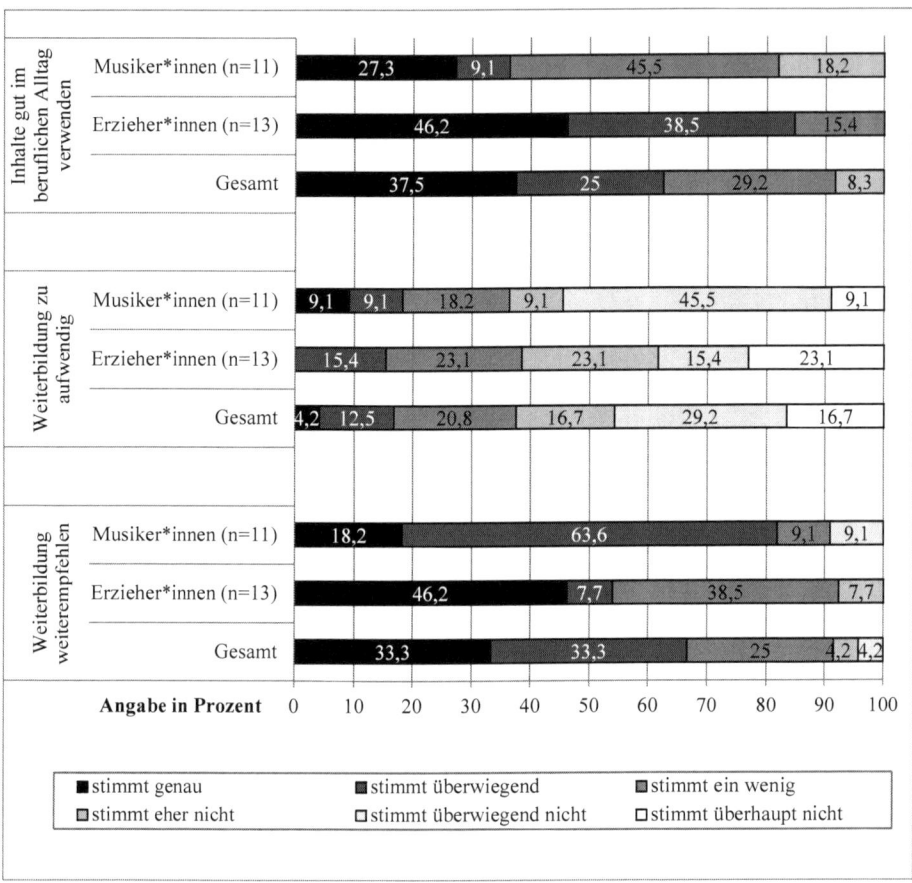

Die Teilnehmenden konnten bei insgesamt 15 Aspekten rund um die Weiterbildung einschätzen, wie wichtig ihnen dieser Aspekt ist, und vergleichend beurteilen, wie gut dieser Punkt tatsächlich umgesetzt wird. Dabei wurde die vorgegebene Skala bei der Datenanalyse wie folgt codiert:

Tab. 28: Codierung der Likert-Skala

Überhaupt nicht wichtig Nicht umgesetzt	Nicht wichtig Schlecht umgesetzt	Eher nicht wichtig Eher schlecht umgesetzt	Eher wichtig Eher gut umgesetzt	Wichtig Gut umgesetzt	Sehr wichtig Sehr gut umgesetzt
1	2	3	4	5	6

Es ergibt sich für die Mittelwerte folglich ein theoretisches Minimum von 1 und ein theoretisches Maximum von 6. In Tabelle 29 sind getrennt nach Standort die Mittelwerte der Einschätzungen aller 15 Items dargestellt. Dabei stehen sich die Einschätzung zur Wichtigkeit und die Einschätzung der tatsächlichen Umsetzung gegenüber. In der Spalte ‚Differenz' wird jeweils die Abweichung der Umsetzung von der Wichtigkeit dargestellt. Werte im positiven Bereich zeigen an, dass die Einschätzung der Umsetzung niedriger bewertet wird als die Wichtigkeit. Hier besteht folglich Verbesserungsbedarf. Bei Werten, die gegen Null gehen oder sogar negativ sind, scheinen dagegen die Erwartungen erfüllt zu sein.

Tab. 29: Doppelmatrix zur Bewertung der Wichtigkeit und Umsetzung verschiedener Faktoren der Weiterbildung, Darstellung der Mittelwerte und Standardabweichungen, t2

	Lehrgangsort II			Lehrgangsort I			Gesamt		
	Wichtigkeit M (SD)	Umsetzung M (SD)	Differenz	Wichtigkeit M (SD)	Umsetzung M (SD)	Differenz	Wichtigkeit M (SD)	Umsetzung M (SD)	Differenz
1. Verknüpfung von Theorie & Praxis	5,83 (0,39) n = 12	4,00 (1,34) n = 11	1,83	5,67 (0,49) n = 15	5,27 (0,7) n = 15	0,4	5,74 (0,45) n = 27	4,73 (1,19) n = 26	1,01
2. Vernetzung einzelner Module	4,50 (0,9) n = 12	3,92 (1,24) n = 12	0,58	4,21 (0,89) n = 14	4,20 (0,68) n = 15	0,01	4,35 (0,89) n = 26	4,07 (0,96) n = 27	0,28
3. Einbringen von Ideen bei Planung & Umsetzung von Projekten im Tandem	5,42 (0,9) n = 12	5,00 (0,95) n = 12	0,42	5,33 (0,72) n = 15	5,07 (0,8) n = 15	0,26	5,37 (0,79) n = 27	5,04 (0,85) n = 27	0,33
4. Gemeinsame inhaltliche Planung eines Konzepts für Projekt im Tandem	5,33 (0,89) n = 12	4,50 (1,31) n = 12	0,83	5,27 (0,7) n = 15	5,07 (0,92) n = 14	0,2	5,30 (0,78) n = 27	4,81 (1,13) n = 26	0,49
5. Gemeinsame Umsetzung des erarbeiteten Konzepts im Tandem	5,45 (0,52) n = 11	5,00 (0,58) n = 7	0,45	5,40 (0,63) n = 15	4,85 (0,9) n = 13	0,55	5,42 (0,58) n = 26	4,90 (0,79) n = 20	0,52
6. Unterstützung durch Arbeitgeber	4,92 (1,24) n = 12	3,50 (1,9) n = 10	1,42	4,07 (1,94) n = 14	4,62 (1,85) n = 13	-0,55	4,46 (1,68) n = 26	4,13 (1,91) n = 23	0,33
7. Individuelles Lern- & Arbeitstempo	4,83 (0,83) n = 12	4,36 (0,92) n = 11	0,47	4,67 (0,98) n = 15	4,79 (0,8) n = 14	-0,12	4,74 (0,9) n = 27	4,60 (0,87) n = 25	0,14
8. Vereinbarkeit mit familiären Verpflichtungen	5,42 (0,67) n = 12	3,92 (1,31) n = 12	1,5	5,00 (1,11) n = 14	4,36 (1,45) n = 14	0,64	5,20 (0,94) n = 26	4,15 (1,38) n = 26	1,05
9. Vereinbarkeit mit beruflichen Verpflichtungen	5,42 (0,67) n = 12	3,67 (1,07) n = 12	1,75	5,27 (0,7) n = 15	4,33 (1,29) n = 15	0,94	5,33 (0,68) n = 27	4,04 (1,22) n = 27	1,29
10. Erreichbarkeit der Lehrenden & Organisatoren	5,18 (0,6) n = 11	4,67 (1,15) n = 12	0,51	4,47 (0,92) n = 15	4,93 (0,8) n = 15	-0,46	4,77 (0,86) n = 26	4,81 (0,96) n = 27	-0,04
11. Zusammenarbeit in der Lerngruppe	5,25 (0,45) n = 12	5,00 (0,6) n = 12	0,25	5,15 (0,55) n = 13	4,92 (0,86) n = 13	0,23	5,2 (0,5) n = 25	4,96 (0,73) n = 25	0,24
12. Anwesenheit & Unterstützung durch Lehrgangsleitung	5,27 (0,47) n = 11	4,92 (1) n = 12	0,35	5,42 (0,52) n = 14	5,57 (0,51) n = 14	-0,15	5,36 (0,49) n = 26	5,27 (0,83) n = 26	0,09
13. Erwerb theoretischer Kompetenzen (frühkindliche Bildung)	5,27 (0,65) n = 11	3,75 (1,36) n = 12	1,52	5,33 (0,72) n = 15	5,07 (0,88) n = 15	0,26	5,31 (0,68) n = 26	4,48 (1,28) n = 27	0,83
14. Erwerb künstlerisch-praktischer Kompetenzen	5,08 (0,79) n = 12	4,75 (1,14) n = 12	0,33	5,07 (1,22) n = 15	4,73 (1,22) n = 15	0,34	5,07 (1,04) n = 27	4,74 (1,16) n = 27	0,33
15. Übernachtungsmöglichkeit in der Nähe des Lehrgangsortes	4,80 (1,69) n = 10	5,36 (0,67) n = 11	-0,56	3,80 (1,52) n = 15	4,53 (1,19) n = 15	-0,73	4,20 (1,63) n = 25	4,88 (1,07) n = 26	-0,68

Deutlich wird, dass bei den Items 1, 4, 6, 8, 9 und 13 am zweiten Lehrgangsort die größten Abweichungen im Mittelwert zwischen Wichtigkeit und Umsetzung sichtbar werden. Insbesondere bei den Aspekten *Verknüpfung von Theorie und Praxis* und *Erwerb theoretischer Kompetenzen (frühkindliche Bildung)* besteht am Standort II noch Verbesserungspotential. Die Aspekte *Zusammenarbeit in der Lerngruppe, Anwesenheit & Unterstützung durch Lehrgangsleitung, Erwerb künstlerisch-praktischer Kompetenzen* und *Übernachtungsmöglichkeit in der Nähe des Lehrgangsortes* entsprechen dagegen weitestgehend den Vorstellungen der Teilnehmenden bzw. werden besser umgesetzt, als es eigentlich gefordert wurde. Am Lehrgangsort I sieht es insgesamt positiver aus. Wie auch am Lehrgangsort II ist die Vereinbarkeit mit Familie und Beruf schwieriger als gewünscht. Es spiegelt sich die Ausrichtung der MuBiKi-Weiterbildungsstruktur wider, die mit über einem Jahr deutlich länger dauert als vergleichbare Projekte. Als inhaltlicher Aspekt der Weiterbildung sticht außerdem der Punkt *Gemeinsame Umsetzung des erarbeiteten Konzepts im Tandem* negativ heraus. Allerdings wird die Zusammenarbeit in der Gruppe von allen Teilnehmenden positiv bewertet.

In der folgenden Tabelle 30 wird nun die Wichtigkeit der neun Module der Zufriedenheitseinschätzung dieser Module gegenübergestellt. Die Lesart dieser Tabelle orientiert sich an Tabelle 29. Auch hier gilt, dass das theoretische Minimum bei 1 und das theoretische Maximum bei 6 liegt. An dieser Stelle sei darauf hingewiesen, dass besonders bei den Fragen nach der Zufriedenheit mit den Modulen *Projekte* und *Zusammenarbeit* viele missings (d. h. fehlende Werte) zu verzeichnen sind. Ursächlich hierfür ist, dass die Module zum Erhebungszeitpunkt noch nicht abgeschlossen waren und die Teilnehmenden daher kein endgültiges Urteil fällen wollten.

Tab. 30: Doppelmatrixfrage zur Wichtigkeit und Zufriedenheit mit Modulen, Darstellung der Mittelwerte und Standardabweichungen, t2

	Lehrgangsort II			Lehrgangsort I			Gesamt		
	Wichtigkeit M (SD)	Zufriedenheit M (SD)	Differenz	Wichtigkeit M (SD)	Zufriedenheit M (SD)	Differenz	Wichtigkeit M (SD)	Zufriedenheit M (SD)	Differenz
1. Grundlagen frühkindlicher musikalischer Bildung	5,58 (0,67) n=12	3,44 (1,59) n=9	2,14	5,53 (0,64) n=15	5,13 (0,74) n=15	0,4	5,56 (0,64) n=27	4,5 (1,38) n=24	1,06
2. Erfahrung in Musik und Bewegung	5,17 (0,94) n=12	5,09 (0,83) n=11	0,08	5,60 (0,74) n=15	5,47 (0,64) n=15	0,13	5,41 (0,84) n=27	5,31 (0,74) n=26	0,1
3. Repertoire	5,67 (0,49) n=12	5,11 (1,36) n=9	0,56	5,60 (0,74) n=15	4,93 (0,8) n=15	0,67	5,63 (0,63) n=27	5,00 (1,02) n=24	0,63
4. Labor – Formate mit Freiraum	4,67 (1,23) n=12	4,00 (1) n=9	0,67	5,13 (0,83) n=15	5,27 (0,88) n=15	-0,14	4,93 (1,04) n=27	4,79 (1,1) n=24	0,14
5. Professionelle Verständigung	4,50 (1,17) n=12	5,67 (0,5) n=9	-1,17	4,73 (1,03) n=15	5,33 (0,82) n=15	-0,6	4,63 (1,08) n=27	5,46 (0,72) n=24	-0,83
6. Beobachtung und Interaktion	4,92 (0,79) n=12	4,44 (1,24) n=9	0,48	4,47 (0,92) n=15	4,40 (0,99) n=15	0,07	4,67 (0,88) n=27	4,42 (1,06) n=24	0,25
7. Gestalten	5,92 (0,29) n=12	5,30 (1,25) n=9	0,62	5,40 (0,63) n=15	5,31 (0,75) n=15	0,09	5,63 (0,56) n=27	5,30 (0,97) n=24	0,33

musikalischer Angebote	n=12	n=10		n=15	n=13		n=27	n=23	
8. Projekte	4,92 (1,16) n=12	4,71 (1,5) n=7	0,21	5,27 (0,7) n=15	4,80 (0.45) n=5	0,47	5,11 (0,93) n=27	4,75 (1,14) n=12	0,36
9. Zusammenarbeit	5,17 (0,83) n=12	5,17 (1,17) n=6	0	5,47 (0,74) n=15	5,25 (0.5) n=4	0,18	5,33 (0,78) n=27	5,20 (0,92) n=10	0,13

Besonders positiv (unter Berücksichtigung des Mittelwertes für die Zufriedenheit und die Differenz der Mittelwerte zwischen Wichtigkeit und Zufriedenheit) stechen hier an beiden Standorten die Module *Professionelle Verständigung, Zusammenarbeit, Erfahrung in Musik und Bewegung* sowie *Gestalten musikalischer Angebote* heraus. Besonders großen Verbesserungsbedarf gibt es dagegen bei dem Modul *Grundlagen frühkindlicher musikalischer Bildung*. In einer folgenden Frage konnten die Teilnehmenden in einem offenen Frageformat angeben, welche Inhalte ihnen noch in der Weiterbildung fehlen. Insgesamt 10 Teilnehmende haben angegeben, dass ihnen Inhalte fehlen und diese spezifiziert. Am häufigsten wurden musikspezifische Inhalte wie Notenlehre, Stimmbildung oder musikalische Improvisation genannt.

Im Folgenden sind nun die Mittelwerte der verschiedenen Items zur Bewertung der Dozierenden dargestellt. Zu beachten ist bei der Betrachtung der Abbildung, dass die Mittelwerte zwischen 1 und 6 auf der Y-Achse für folgende Einstufung auf der Likert-Skala stehen:

Tab. 31 : Codierung der Likert-Skala

Stimmt überhaupt nicht	Stimmt überwiegend nicht	Stimmt eher nicht	Stimmt ein wenig	Stimmt überwiegend	Stimmt genau
1	2	3	4	5	6

Zusätzlich sind einige Items (2, 4, 8 und 12) in die entgegengesetzte Richtung gepolt. Bei diesen Items wäre dementsprechend ein geringer Mittelwert positiv zu sehen. Das theoretische Minimum liegt bei 1 und das theoretische Maximum bei 6.

Tab. 32: Bewertung der Dozierenden; Vergleich der Mittelwerte nach Standort; t2
$n_{StandortI}$=15; $n_{StandortII}$=12 (außer Items 2; 7; 10; 11: n=11)

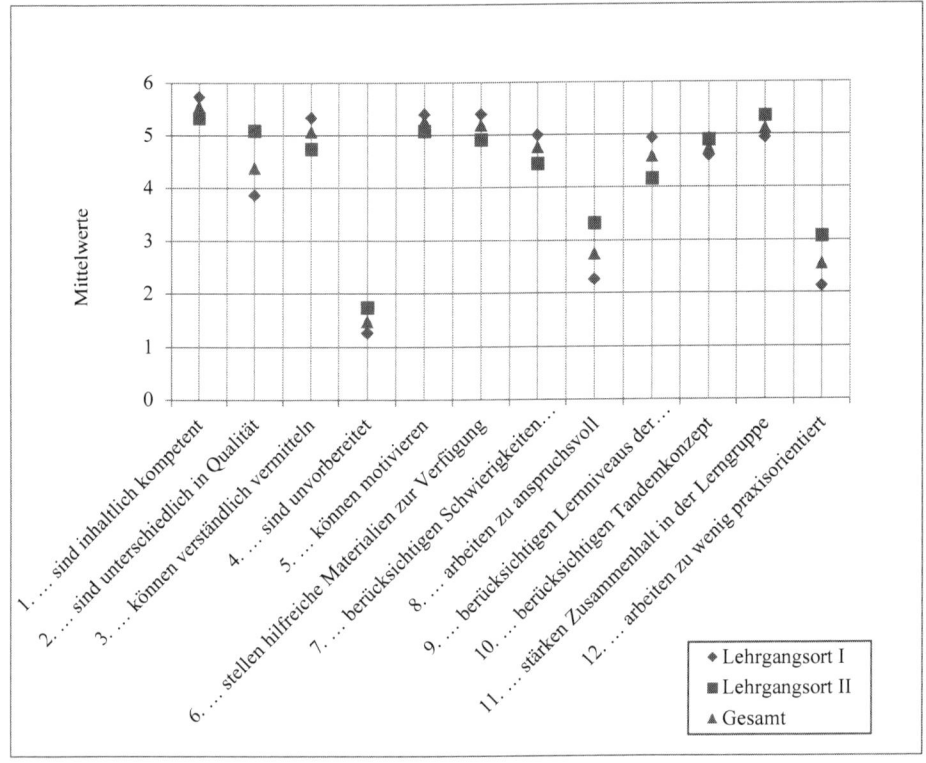

Auffällig ist, dass am Lehrgangsort II die Qualität der Dozent*innen als unterschiedlich gut eingestuft wurde (Aussage: *Die Dozierenden sind hinsichtlich der Qualität sehr unterschiedlich;* Mittelwert von 5,1 (entspricht der Aussage *stimmt überwiegend*)). Auch die Ergebnisse zu Item 8 und Item 12 sind auffällig. Aus diesen Mittelwerten könnte geschlussfolgert werden, dass am zweiten Lehrgangsort der Anspruch einiger Dozierenden zu hoch lag oder die Inhalte nicht der Zielgruppe entsprechend ausgerichtet waren. An dieser Stelle sei nochmals darauf hingewiesen, dass diese auffälligen Ergebnisse vor allem bei den negativ gepolten Items auftreten. Hier könnten also auch Verständnisprobleme beim Ausfüllen des Fragebogens zu diesen Ergebnissen geführt haben.

Deutlich positiv muss hervorgehoben werden, dass die Dozierenden die Lerngruppen an beiden Standorten individuell unterstützten. Dies spricht für eine Qualität der Arbeit im Bereich Differenzierung. Bei Betrachtung der Item-Mittelwerte in Abhängigkeit von der Berufsgruppe zeigen sich insgesamt deskriptiv keine gravierenden Unterschiede in der Bewertung. Einzig bei Item 4 (*Dozierende sind unvorbereitet*) und Item 7 (*Dozierende berücksichtigen Schwierigkeiten einzelner Teilnehmenden*) werden leichte Unterschiede deutlich: Erzieher*innen lehnten Item 4 um durchschnittlich 0,4 Punkte eher ab, im Umkehrschluss bedeutet dies, dass Musiker*innen die Dozierenden eher als unvorbereitet einstuften. Bei Item 7 beträgt die Differenz der Mittelwerte zwischen den Berufsgruppen insgesamt 0,77 Punkte. Erzieher*innen waren eher der Meinung, dass die Dozierenden der Weiterbildung Schwierigkeiten einzelner Teilnehmenden berücksichtigten. Diese Angaben sind jedoch nicht signifikant.

Tab. 33: Bewertung der Rahmenbedingungen; Vergleich der Mittelwerte nach Standort; t2
$N_{Standort1}=15$; $n_{Standort2}=12$ (außer Items 8 (n=7) und Item 9 (n=11))

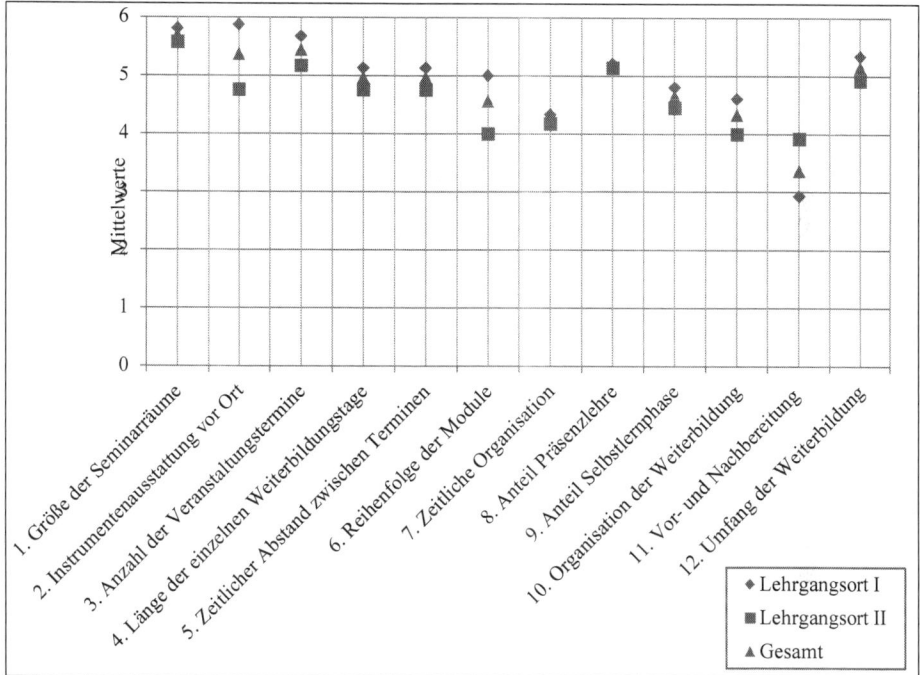

Positiv fällt in den Tabellen 32 und 33 die Bewertung der Dauer auf, die in MuBiKi im Vergleich zu anderen Weiterbildungen besonders lang erscheint. Hier stimmten die Teilnehmenden – trotz der Schwierigkeit, die Zeit mit Beruf und Familie zu vereinbaren – weitestgehend zu (Items 3–5). Kritisch wurde die zeitliche Umsetzung der Projekte und die Reihenfolge der Module erwähnt. Besonders auffallend erscheint die unterschiedliche Form der Abendgestaltung an beiden Standorten. Es wurde auffallend wenig nachgearbeitet, wobei am Lehrgangsort II wesentlich häufiger auch in den Abendstunden gemeinsam etwas unternommen wurde. Hinsichtlich der Relevanz bestimmter Vorteile, die sich durch die Weiterbildungsteilnahme ergeben können, ist der Erhalt eines Zertifikates oder einer Teilnahmebescheinigung nach Beendigung der Weiterbildung für die Mehrheit (ca. 85 %) der Teilnehmenden wichtig. Der Erhalt von Credit Points als Möglichkeit der späteren Anrechenbarkeit auf ein Studium ist dagegen deutlich weniger relevant. Hier stimmten 7,7 % der Musiker*innen und 23,1 % der Erzieher*innen dem Item *Die Möglichkeit, sich Credit Points für ein zukünftiges Studium anrechnen zu lassen, ist mir wichtig* mindestens ein wenig zu.

In einem abschließenden Teil der zweiten Erhebung konnten die Teilnehmenden weitere offene Fragen zur Weiterbildung beantworten. Auf die Frage *Was hat Ihnen an der Weiterbildung bisher gut gefallen und warum?* haben 14 Teilnehmende am Lehrgangsort I und 11 Teilnehmende am Lehrgangsort II Antworten gegeben. Wie bereits bei den geschlossenen Fragen wird der hohe Stellenwert der Dozierenden deutlich. Insgesamt erscheint auch die Gruppe sehr bedeutsam für das Zusammengehörigkeitsgefühl und den intensiven Austausch. Übereinstimmend werden die Vielfalt der Angebote, das Erlernen von Liedern sowie die praxisbezogene Ausrichtung der Module hervorgehoben (Repertoire). An beiden Standorten wurden Reflexionen und neue Sichtweisen genannt. Dabei wurde eine kritische Haltung gegenüber eigenen Erfahrungen und Einschätzungen erreicht. Die Lernatmosphäre, insbesondere am Lehrgangsort I, wurde als wertschätzend und auf gleicher Augenhöhe bezeichnet. Erwähnenswert ist auch, dass die Lehrgangsleitung und die Organisation dort positiv eingeschätzt wurden. Am zweiten Lehrgangsort erscheinen diese Bezüge nicht in so großer Deutlichkeit und Häufigkeit. Dort wurde aber die Tandemarbeit als gewinnbringend hervorgehoben.

Auf die Frage *Was hat Ihnen an der Weiterbildung bisher nicht gefallen und warum? Haben Sie Verbesserungsvorschläge?* fanden die Teilnehmenden beider Standorte deutliche Worte hinsichtlich der räumlichen Distanz, die sich sehr negativ auf die zeitliche Planung auswirkte (z. B. mit Blick auf Hospitationen). Explizit am Lehrgangsort II wurden mehrere organisatorische Mängel angesprochen. Dies gilt insbesondere für die äußerst schwierige Tandembildung. Hinzu kamen Fehlinformationen, die wiederum durch die schwierige Teilnehmendenorganisation begründet waren. Es wurde vorgeschlagen, die Berufsgruppen zu trennen. Auffallend sind Widersprüche zu Ergebnissen anderer offener Fragen (positive Bewertung) im Hinblick auf die Praxisorientierung sowie Anbindung an den Berufsalltag. Weiterhin nannte ein Teilnehmender die finanzielle Trennung zwischen den Teilnehmenden als organisatorisch „dämlich", wies aber darauf hin, dass dadurch das Gruppengefühl nicht beeinträchtigt wurde.

Die Befragten nannten auch einige Verbesserungsvorschläge. Hierzu gehörten eine frühere Tandembildung bzw. eine Anmeldung zur Weiterbildung als Tandem. Zudem wurde vorgeschlagen, die Partnerarbeit in die Modulstruktur hineinzuverlegen, so dass keine gesonderten Termine nötig sind. Ferner waren der Austausch von Ideen in Form einer Onlineplattform, rechtzeitige Infos über die Prüfungsanforderungen (aber auch über Projekte, Hospitationen) sowie alternative Hospitationsmöglichkeiten vor Ort weitere Optimierungsvorschläge. Wie bereits oben erwähnt, war am zweiten Lehrgangsort die Trennung der Berufsgruppen erwünscht.

In einer abschließenden offenen Frage zum zweiten Erhebungszeitpunkt konnten die Teilnehmenden weitere Wünsche bezüglich der Weiterbildung äußern. Am zweiten Lehrgangsort wurde mehrfach der praxisbezogene Umgang mit Instrumenten als ein Wunsch angeführt. Hinzu kamen die Bereiche Stimmbildung sowie didaktische Kenntnisse über Gruppenunterricht. Auffallende Unterschiede gab es an beiden Standorten hinsichtlich des Stellenwerts des Moduls *Musik und Bewegung*, was mit den unterschiedlichen musikalisch-biographischen Profilen der Lehrgangsleitungen zusammenhing (s. Projekt II, Abschnitt IV, ab S. 208). So wünschten sich am Lehrgangsort I die

Teilnehmenden mehr Tanz, während am Lehrgangsort II durch den bewegungsorientierten Schwerpunkt der Lehrgangsleitung zahlreiche körperbezogene Praxisübungen stattfanden und dahingehend kein Bedarf mehr vorhanden war. Abschließend sei angemerkt, dass am Lehrgangsort II mehr Kritikpunkte, Verbesserungsvorschläge und Wünsche angeführt wurden als am Lehrgangsort I. Besonders auffällig ist, dass die Tandemarbeit am Lehrgangsort I weniger skeptisch gesehen und eine Trennung kaum angesprochen wurde. Hier schien sich die Tandemarbeit besonders bewährt zu haben.

An dieser Stelle erscheint es ausdrücklich notwendig, sich noch einmal die unterschiedlichen Ausgangssituationen hinsichtlich der Organisation und Durchführung der Weiterqualifizierung vor Augen zu führen. Während am Lehrgangsort I die Teilnehmendenakquise und Tandembildung weitestgehend unproblematisch verlief, war am Lehrgangsort II die Zusammenführung der Teilnehmenden durch viele Absagen und die eher dezentrale Lage eine große Herausforderung. Die Wahl des Standortes ist demnach eine wichtige Bedingung zur Umsetzung der Weiterqualifizierung, da sich hier auch unterschiedliche Voraussetzungen zur Tandembildung ergeben. Dies gilt auch grundsätzlich für das Projekt in Bezug auf eine größere Einbindung von Musiker*innen.

2.2 Organisatorische Rahmenbedingungen

Die Wahl der beiden Weiterbildungsorte bedeutete für einen Großteil der Teilnehmenden mehrstündige Bahn- und Autofahrten, was große Auswirkungen insbesondere auf die Tandemarbeit sowie die Konzeption und Durchführung der Unterrichtsprojekte hatte. So wurde die Entfernungsproblematik in fast allen Interviews als ein Hinderungsgrund für eine intensivere Tandemarbeit angesprochen:

> Das war tatsächlich das Komplizierteste an unserer Tandemsituation: die räumliche Trennung [...]. Das war nicht so ganz optimal, weil sonst, von den gemeinsamen Ideen und der Umsetzung, habe ich das als sehr unkompliziert und bereichernd empfunden (Kerstin, E2n, 54–61).

Zum Teil haben Teilnehmende bei ihrem Tandempartner übernachtet, damit eine Planung möglich war. Sie stießen selbst mit Telefonieren und Skypen an die Grenzen eines Austausches, da das praktische Erproben von Liedern, Body Percussion usw. kaum möglich war. Die zum Teil schwierige Kommunikation beförderte eine Arbeitsteilung im Tandem, bei der die von außen kommenden Musiker*innen tendenziell eher in eine Rolle als Gast in die Kita kamen und zudem Vorbereitungen stärker vor Ort stattfanden. Bei den entfernt voneinander wohnenden und arbeitenden Tandems ergab sich tendenziell eine Rollenverteilung. Die meist erst anreisenden Musiker*innen waren für die Musik zuständig, wobei dieser Aufgabenbereich weniger mit Erzieher*innen geteilt wurde. Die Entfernungsproblematik beeinflusste zudem die Dauer der von den Tandems in den Kitas durchgeführten Unterrichtsprojekte. Trotz der schwierigen Organisation durch die Fahrzeiten zu den Seminaren wurde das Verhältnis von Fahr- und Aufenthaltszeit durch die meist dreitägige Aufenthaltsdauer positiv beschrieben. So haben viele Teilnehmende unterstrichen, dass ihnen der Abstand zum eigenen Berufsfeld half, dieses besser zu reflektieren und die Gemeinschaft in der Gruppe wertzuschätzen.

Zusammenfassend wurde die ca. 14-monatige *Gesamtdauer* als angemessen, ja oft sogar als ausdrücklich notwendig beschrieben, um zum einen organisatorisch Seminare und Tandemarbeit mit dem eigenen Berufsleben vereinbaren zu können und um zum anderen genügend Zeit zum Erproben der Lerninhalte zwischendurch zu haben:

> Ich finde es gut, dass es anderthalb Jahre geht, weil man dann die Möglichkeit hat, sich zu entwickeln. Also ich profitiere total davon, dass es so lange ist. Und nicht wie manche andere Fortbildungen, die nur irgendwie zwei Wochenenden gehen (Helmine, E1v, 540–548).

Für die positive Gesamtbewertung der Zeitdauer durch die Teilnehmenden sind zwei Aspekte zu bedenken: Erstens entstanden die positiven Rückmeldungen zur zeitlichen Rhythmisierung erst am Ende der Weiterbildung. Dies ist insofern wichtig, da bei fast allen Teilnehmenden und gerade von Seiten der Erzieher*innen anfangs eine stark vereinfachte Input-Erwartungshaltung beobachtbar war, die nach einer schnellen Qualifizierung verlangte und möglichst effizientes Material für die tägliche Arbeit bereitstellen sollte. Es war bemerkenswert, wie stark die meisten Teilnehmenden diese Perspektive schließlich verlassen konnten und zunehmend den persönlichen und künstlerischen Prozess wertschätzten, den sie in der Rückschau durchlaufen haben und den die Weiterbildung anstieß. Damit ließ sich gerade in den Endauswertungen eine Ambivalenz beobachten, aus der sie heraus die Weiterbildung sogar als einen gerade erst angestoßenen Prozess empfanden, der sich prinzipiell gar nicht abschließen lässt. Daher wurde auch nach Möglichkeiten gesucht, wie der gemeinsame Austausch und die Zusammenarbeit fortgesetzt werden könnten. Zweitens schien der zeitliche Rhythmus ohnehin wichtiger für den Erfolg zu sein als die Dauer. Dies gilt für beide Standorte, die eine unterschiedliche Abfolge der Module besaßen.

> Ich denke auch, dass das Projekt wirklich ganz gut getaktet ist, so wie es ist. Das Wissen, das man in den einzelnen Arbeitsphasen bekommt, hat dann wirklich Zeit zu sacken. Und eigentlich ist das ein ganz guter Rhythmus (Rudolf, M1v, 531–538).

Da die Weiterbildung verschiedene Personen, Berufsfelder und Tätigkeiten (Seminar, Projekt, Tandemaustausch) zusammenbrachte, war eine genaue Taktung zwischen Workshopwochenenden und -wochen samt den Hospitationen und der Projektgestaltung maßgeblich für einen intensiven Dialog. Aus diesem Grund wurde insbesondere der anfängliche Intensivblock an beiden Standorten gelobt, um die Begegnung mit anderen Personen zu ermöglichen. Der regelmäßige und zugleich zeitlich gestreckte Wechsel schien zudem das Zusammenwachsen der Gruppe und das vertrauensvolle Zusammenfinden der beiden Berufsgruppen befördert zu haben. Kritisch wurde allein angemerkt, dass die zeitlichen Belastungen anfangs kaum abschätzbar waren.

Die Äußerungen waren Ausdruck eines generellen Spannungsfeldes, in dem sich die Weiterbildung bewegte: Zum einen stand ein Pilotprojekt vor organisatorischen und inhaltlichen Herausforderungen, wozu auch die Reaktion der Teilnehmenden auf die Vorüberlegungen gehörten die sich nur begrenzt inhaltlich wie methodisch festlegen ließen. Zum anderen galt es aufgrund der zeitlichen Konflikte und der ungewohnten Zusammenarbeit der Teilnehmenden im Tandem möglichst viel Klarheit über konkrete Anforderungen zu gewinnen, auch wenn die Tandems den offenen Prozess der transprofessionellen Verständigung durch zu frühe Festlegung wieder einzuengen drohten (ausführlich zu den Spannungsfeldern in der Weiterqualifizierung s. Diskussion, Abschnitt I, ab S. 234). Die Zeitplanung zukünftiger Weiterbildungen müsste dem Wunsch vieler Teilnehmenden nach mehr Hospitationsmöglichkeiten mit der Seminargruppe Rechnung tragen. Wie bereits erwähnt, sah die Förderung nur die Finanzierung der Übernachtungen der Musiker*innen vor, jedoch nicht die der Erzieher*innen. Diese Differenz wurde von allen Teilnehmenden intensiv wahrgenommen und durchgängig stark negativ beurteilt.

> Die finanzielle Trennung zwischen Erziehern und Musikerinnen finde ich total blöd. Das schafft einen Statusunterschied, der sich ganz unwohl anfühlt (Kerstin, M1n, 193–198).

Durch die finanzielle Trennung wurden zum Teil unterschiedliche Übernachtungsorte gebucht, wodurch sich die Spaltung der Berufsgruppen verstärkte.

> Josephine hat die erste Woche im Auto geschlafen, weil sie hier sein will, aber nicht genug Geld für eine Unterbringung hatte; ich schlafe hier im Vierbettzimmer (Rudolf, M1v, 684–685).

Dieses ‚Auseinanderfallen' der Gruppe an den Abenden bestätigen auch teilnehmende Beobachtungen. Die Tatsache, dass die Teilnehmenden den *informellen* Austausch durchgängig als wichtig herausstellten, verweist aber auf den hohen Stellenwert der Gruppe auch im Hinblick auf individuelle Entwicklungsprozesse, die über den Rahmen der Seminarzeiten deutlich hinausgehen.

Die Differenz in der finanziellen Strukturierung der Weiterbildung kann möglicherweise auch Auswirkungen auf die Tandemstrukturen und das Selbstverständnis der teilnehmenden Musiker*innen wie Erzieher*innen gehabt haben. Die einseitige Finanzierung könnte somit unbewusst und ggf. ungewollt bei allen Beteiligten quasi eine Dynamik eines ‚Einkaufens von Stargästen' (also von Musiker*innen) ausgelöst haben, was im Widerspruch zum Grundanliegen der Weiterbildung stand. Auch vor dem Hintergrund solcher Auswirkungen auf das Rollenverständnis in den Tandems erscheint eine strukturelle und finanzielle Gleichbehandlung aller Teilnehmenden in der Zukunft wichtig.

Seitens der Konzeption wurde bereits zu Beginn von Liane vorgeschlagen, „dass man jemanden aus der Kita in der Planungsgruppe hat" (Liane, M2v, 165–166), der auch den Kita-Alltag genauer beschreiben und auf daran gebundene Bedürfnisse eingehen kann. Wie bereits oben formuliert, bestand das Planungsteam aus sechs renommierten Personen, von denen vier EMP-Erfahrungen hatten, eine im Bereich Musikvermittlung arbeitete und eine Person aus dem Bereich Erziehungswissenschaften mit dem Schwerpunkt frühkindliche Bildung stammte.

2.2.1 Teilnehmerakquise

Insgesamt war es deutlich schwieriger, Musiker*innen als Erzieher*innen für die Weiterbildung zu gewinnen. Dies ist insofern erstaunlich, da seit Jahren im professionellen Musikbereich eine starke und weiterhin zunehmende Nachfrage nach musikpädagogischen Professionalisierungen zu beobachten ist. Diese hat bereits zu einer Fülle von Studiengängen, Weiterqualifizierungen sowie zu fast flächendeckenden musikpädagogischen Angeboten u. a. an Konzert-, Opernhäusern usw. geführt. Insofern ist in Zukunft mit einem deutlich höheren Potential an Teilnehmenden gerade bei Musiker*innen zu rechnen, das womöglich allein aus ungünstigen Kommunikationswegen heraus noch nicht in der Fülle erreicht werden konnte. Ein Grund für die schwierige Akquise der Musiker*innen dürfte mit dem geringen Interesse am Beruf der Erzieher*in in Verbindung stehen. Hinzu kommt die schwierige Koordination mit alltäglichen Berufspflichten (z. B. Konzerte am Wochenende).

Dennoch ist anzunehmen, dass professionelle Musiker*innen noch nicht an den entscheidenden Orten angesprochen wurden und die richtigen Verteilerlisten kaum genutzt wurden. So wäre zu überlegen, ob ggf. ganz andere Motivierungen durch persönliche Besuche bei Orchestern etc. sinnvoller wären. Eine solche Form der Akquise könnte zugleich auftretende Unsicherheiten klären. Die Musiker*innen wiesen in unseren Befragungen immer wieder nachdrücklich auf Koordinierungsherausforderungen mit ihren so unterschiedlichen Zeitplänen hin. Sie haben unregelmäßige Arbeitszeiten an Abenden und Wochenenden, so dass die Blockwochenenden in Verbindung mit teils längeren Anfahrzeiten womöglich abschreckten. Vor diesem Hintergrund könnte eine frühe zeitliche Festlegung oder eine flexible zeitliche Abfolge der Module hilfreich sein.

Zusätzlich wurde gerade die Durchführung am zweiten Standort durch einige Absagen von Teilnehmenden (Musiker*innen) in der Anfangsphase belastet, was als besondere Herausforderung für die produktive Gruppendynamik und Zusammenarbeit empfunden wurde. Diese Belastung hatte sich aber mit Abschluss der Weiterbildung stark verringert.

2.2.2 Beginn der Weiterbildungen

Die Weiterbildung begann mit einer für beide Gruppen gemeinsamen Seminarwoche am Lehrgangsort I. Trotz des höheren Organisationsaufwandes (weitere Anreise sowie Block an Wochentagen) wurde dieser intensive Start in die Weiterbildung hinein durchgängig sehr positiv von allen Beteiligten dargestellt. Angesichts der Notwendigkeit, zwei verschiedene Berufsgruppen zusammenzuführen und dabei eine vertrauensvolle

Zusammenarbeit in Zweierteams entstehen zu lassen, wurde gerade die lange Zeit wertgeschätzt, sich behutsam kennenzulernen und geeignete Tandempartner zu finden:

> Ich fand das gut, dass eine ganze Woche am Anfang da war, dass man sich so beschnuppern konnte [...]. Wenn man nur ein Wochenende da gewesen wäre und dann nach zwei Monaten wieder ein Wochenende, da hätte man sich noch gar nicht richtig kennen gelernt (Kerstin, E1n, 283–286).

Die lange Zeit war zudem für *inhaltliche* Annäherungsprozesse als Schutz- und Entwicklungsraum wichtig, um angesichts der unterschiedlichen Vorerfahrungen neue berufliche Perspektiven und Umgangsweisen kennenzulernen und anzueignen:

> Also, als Orchestermusikerin komme ich hier hin und soll irgendwelche Tücher bewegen und mich im Kreis anfassen und tanzen oder irgendwelche Körperteile zur Musik bewegen. Also ich fand das wirklich schwierig. Und dann aber im Laufe der Woche, das war ja eine ganze Woche, hat sich das Blatt schon ziemlich schnell gewendet: das ist jetzt einfach mal was Neues und Anderes (Anna, M1n, 270–277).

In der ersten Woche wurde mehrfach der Coach Larissa Behrendt hinzugezogen, die aber weniger als Beraterin bei Konflikten zur Verfügung stand, sondern grundlegend Aspekte der professionellen Verständigung mit den Teilnehmenden besprach. Aus Sicht der transprofessionellen Zusammenarbeit ist hierbei wichtig, dass das Zusammenwachsen der verschiedenen Berufsfelder und Vorerfahrungen von den Teilnehmenden als so komplex empfunden wurde, dass hierfür der Coach eine wichtige Beratungsfunktion und nicht zuletzt eine beruhigende Funktion übernahm.

2.2.3 Seminare

Die Seminare bildeten den inhaltlichen Kern der gesamten Weiterbildung und prägten die Tandemarbeit. Grob stand die Konzeption vor folgender Herausforderung: Einerseits sollte sie bewährte Aspekte aus dem Bereich der EMP bzw. frühkindlichen musikalischen Bildung beinhalten. Andererseits sollte sie, durch die Zusammenführung zweier Berufsfelder, als Pilotprojekt ‚musikpädagogisches Neuland' betreten und Möglichkeits- sowie Entfaltungsräume für Kooperationsformen in den Tandems etablieren. Dieses Spannungsverhältnis entstand aber nicht allein bei den Dozierenden, welche die Module planten, sondern ließ sich zugleich deutlich auch an den immer wieder wechselnden Erwartungen und Erfahrungen der Teilnehmenden ablesen. Vor allem zu Beginn äußerten sowohl Musiker*innen wie auch Erzieher*innen starke Erwartungshaltungen in Bezug auf geeignete Methoden für die Alltagspraxis.

2.2.4 Projektarbeit

In Tabelle 34 ist zunächst die Bewertung der Projektarbeit im Vergleich zwischen den Berufsgruppen dargestellt. Alle Weiterbildungsteilnehmenden stimmten dem Item *Das*

Projekt ermöglichte es, Inhalte der Weiterbildung zu erproben mindestens ein wenig zu. Dem Item *Das Projekt war ein großer Erfolg* stimmte nur eine Person gar nicht zu. Demgegenüber gaben 80 % der Teilnehmenden an, dass sie dem Item mindestens überwiegend zustimmen. Insgesamt 88,5 % der Befragten gaben an, dass die Arbeit im Projekt zu einer guten Zusammenarbeit im Tandem führte. Dem gegenüber stehen die beiden negativ formulierten Items zum Aufwand der Projektarbeit und zur Aufgabenverteilung. Insgesamt 88,5 % der Befragten stimmten der Aussage, dass das Projekt aufwendig zu organisieren war, mindestens ein wenig zu. Ein Viertel der Befragten war zudem der Meinung, dass die Aufgaben während der Projektarbeit eher ungleich verteilt waren, wobei sich die Erzieher*innen positiver äußerten.

Tab. 34: Bewertung der Projektarbeit; Vergleich der Berufsgruppen; t2

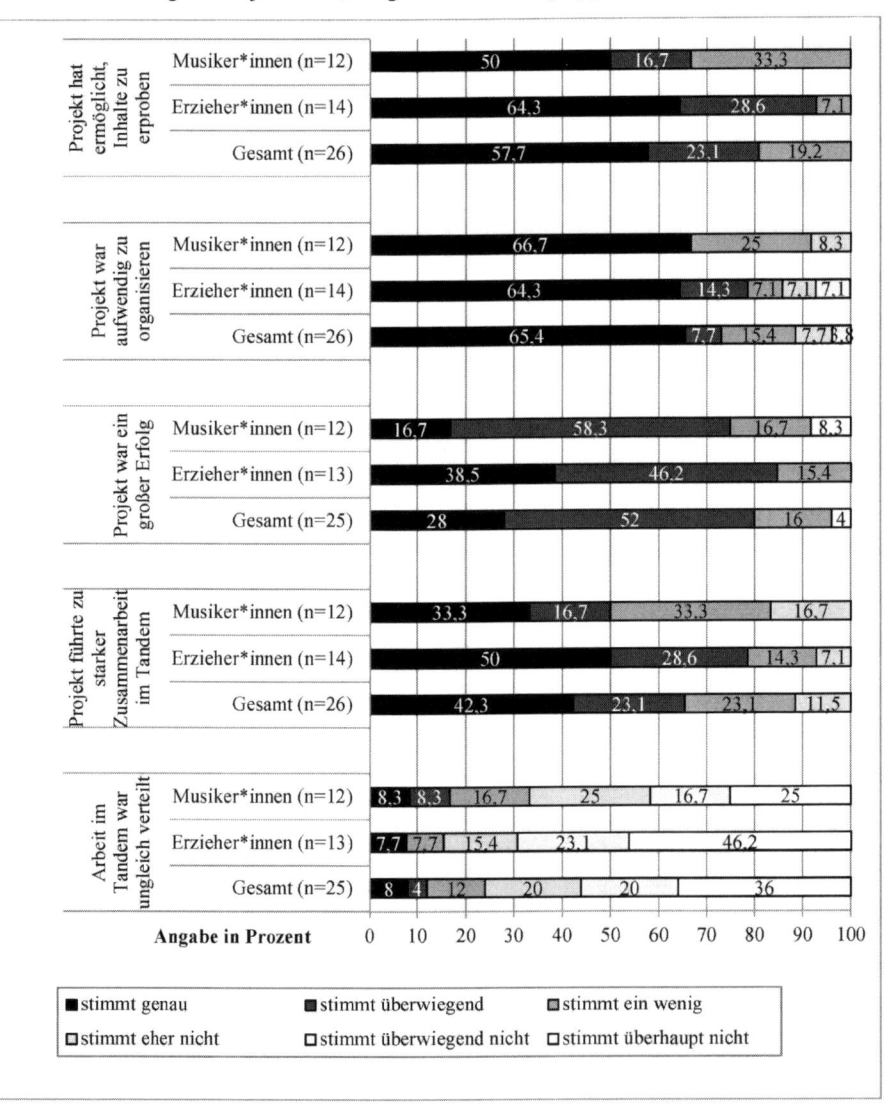

2.2.5 Umgang mit dem Coach

Als ein weiteres Merkmal der Weiterqualifizierung MuBiKi wurde ein Coach zur Unterstützung der Tandemarbeit eingesetzt. Neben dem integrierten Modul hatten die Teilnehmenden der Weiterbildung die Möglichkeit, sich bei Fragen oder Konflikten im Tandem mit dem Coach in Verbindung zu setzen. Bei Betrachtung der Ergebnisse zeigt sich, dass der Coach nur von 5 Teilnehmenden (21,7 %) in Anspruch genommen wurde. Gründe hierfür wurden mittels einer offenen Frage im Fragenbogen erfasst. Mehrheitlich wurde angegeben, dass es keine Notwendigkeit zur Inanspruchnahme gab. Insgesamt fünf Teilnehmende haben die Hilfe des Coaches genutzt, dabei aber eher praktische Tipps zum Projekt benötigt als Unterstützung bei der Bewältigung eventueller Konflikte im Tandem.

Hinsichtlich der geringen Inanspruchnahme wurden unterschiedliche Gründe angeführt. Zum einen „gab es keine Situationen, die das erfordert haben" (Lehrgangsort I); dennoch war die Anwesenheit nützlich. Es „gab keine Probleme" (Lehrgangsort II). Zum Teil war den Teilnehmenden aber auch nicht bewusst, dass sie den Coach außerhalb der Module ansprechen dürfen.

Bei Betrachtung von Tabelle 35 fällt auf, dass der Coach insgesamt als unterstützend empfunden wurde, auch wenn nur eine geringe Anzahl der Teilnehmenden tatsächlich mit dem Coach individuell zusammengearbeitet hat. Ein wenig kritischer wird dagegen das zweite Item beurteilt. Hier gaben insgesamt 30 Prozent der Teilnehmenden an, dass bei einer weiteren Durchführung der Weiterqualifizierung auf den Coach eher verzichtet werden könnte.

Tab. 35: Bewertung der Arbeit mit Coach; t2

Item	stimmt genau	stimmt überwiegend	stimmt ein wenig	stimmt eher nicht	stimmt überwiegend nicht	stimmt überhaupt nicht
Arbeit mit Coach als unterstützend empfunden (n=19)	31,6	36,8	21,1	10,5		
Auf Coach kann verzichtet werden (n=20)	10	10	10	20	5	45

Angabe in Prozent

2.2.6 Hospitationen

Als weiterer Bestandteil der Weiterqualifizierung wurden Hospitationen im Umfang von insgesamt 10 UE durchgeführt. Zur Vorbereitung des eigenen Praxisprojektes wurden diese Besuche insbesondere von den Musiker*innen als hilfreich erlebt. Bei den Erzieher*innen waren es insgesamt 58,4 Prozent, die dem Item *Hospitationen waren hilfreich für die Vorbereitung der Projekte* zustimmten. Zwei Drittel der Teilnehmenden gaben weiterhin an, dass es durch die Hospitationen möglich war, einen guten Einblick in das musikalische Angebot an Kitas zu gewinnen. Im Gegensatz hierzu gab ein Drittel der Teilnehmenden an, dass Hospitationen in Zukunft nicht mehr Bestandteil der Weiterqualifizierung sein sollten.

Tab. 36: Einschätzung der Hospitationen; t3

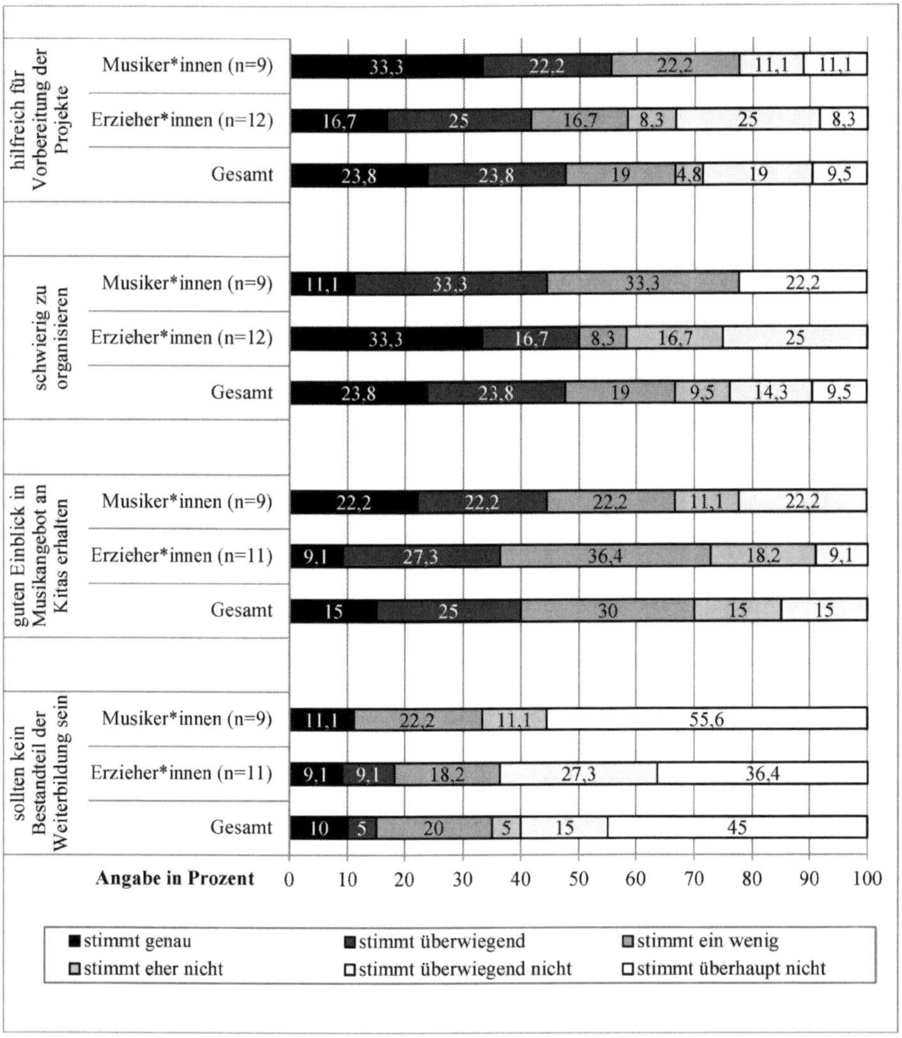

2.2.7   Tandem

Aus Tabelle 37 wird deutlich, wie positiv die Atmosphäre in der gesamten Lerngruppe eingeschätzt wurde. Dem Item „Der Zusammenhalt in der Lerngruppe ist stark" stimmten insgesamt 92,6% der Teilnehmenden mindestens überwiegend zu. Die Lerngruppe ermöglichte nach Einschätzung der meisten Teilnehmenden einen intensiven Austausch auf persönlicher Ebene sowie eine Reflexion der bisherigen Arbeit.

Tab. 37: Einschätzung der Lerngruppe; t2; n=27

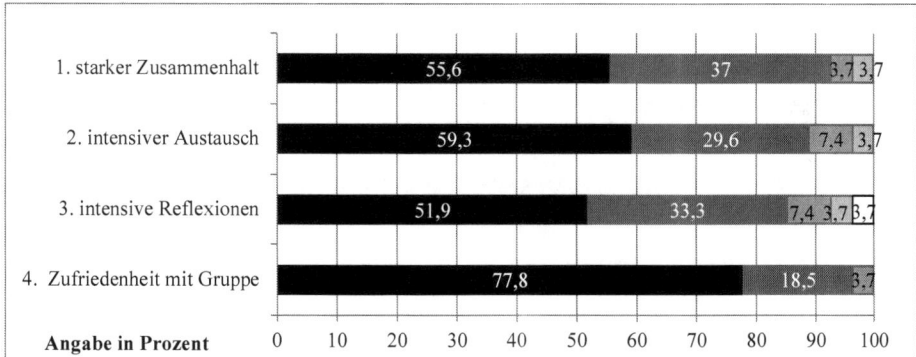

Zur Bewertung der Tandemarbeit wurden insgesamt 19 Items abgefragt. Insbesondere der angestrebte Wissens- und Erfahrungsaustausch und der daraus folgende Wissenszuwachs außerhalb des eigenen Fachgebietes sind zentrale Aspekte einer gelingenden transprofessionellen Zusammenarbeit. Mit einer Zustimmung von rund 70 Prozent (Item 6) und rund 77 Prozent (Item 7) wurde dieser Aspekt der Tandemarbeit von den Teilnehmenden als überwiegend positiv beurteilt.

Tab. 38: Bewertung der Tandemarbeit Teil 1; t2

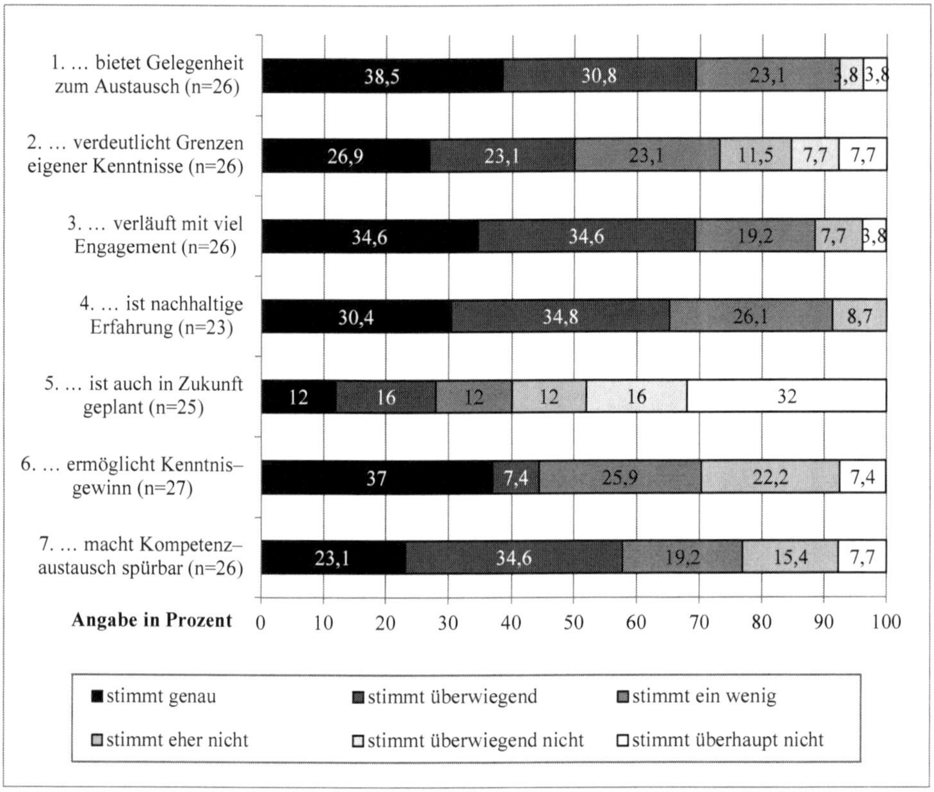

Die Tabelle 39 bildet die Ergebnisse der negativ formulierten Items ab. Bemerkenswert ist hier, dass zeitliche Aspekte sowie anderweitige Rahmenbedingungen die Arbeit im Tandem deutlich erschweren. In einer folgenden offenen Frageformulierung konnten die Teilnehmenden die Stärken und Schwächen der Tandemarbeit genauer beschreiben. Hierbei wurde vor allem die Distanz zwischen den Wohnorten der jeweiligen Tandempartner*innen als Schwierigkeit hervorgehoben.

Tab. 39: Bewertung der Tandemarbeit Teil 2; t2

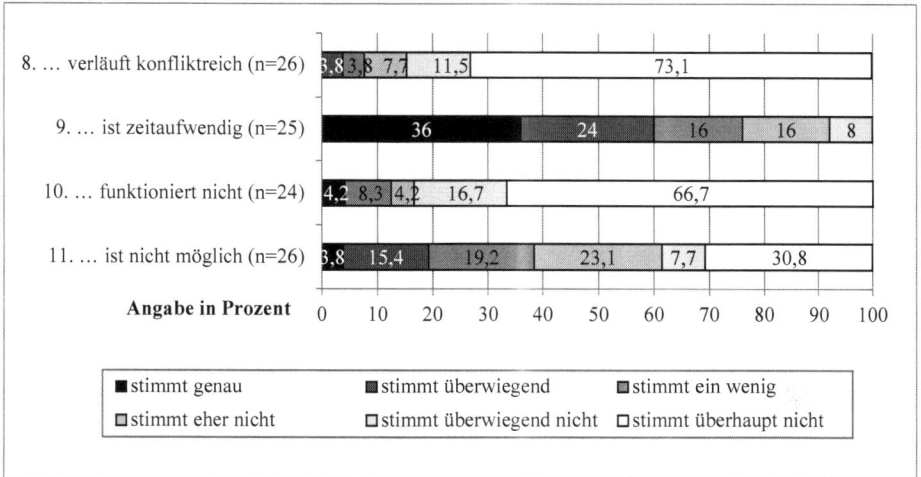

In einer abschließenden Frage zur Tandemarbeit mit insgesamt 8 Items zeigen die Ergebnisse, dass die Zusammenarbeit im Tandem gut funktioniert hat (Item 4) und in den meisten Fällen beide Tandempartner*innen gleichberechtigt gearbeitet haben (Item 5). So stimmten alle Befragten dem Item *Wir haben gut im Tandem zusammengearbeitet* zu, gleichzeitig lehnten 96 Prozent der Befragten das Item *Ich kam bei der gemeinsamen Tandem-Arbeit nicht richtig zum Zuge* ab. Der Lernerfolg durch das gemeinsame Lernen wurde ebenfalls positiv bewertet. So gaben drei Viertel der Befragten an, dass sie durch die Tandemarbeit Inhalte der Weiterbildung besser verstanden und mehr gelernt hätten, als wenn sie allein gearbeitet hätten.

Tab. 40: Bewertung der Tandemarbeit Teil 3; t3: N=25

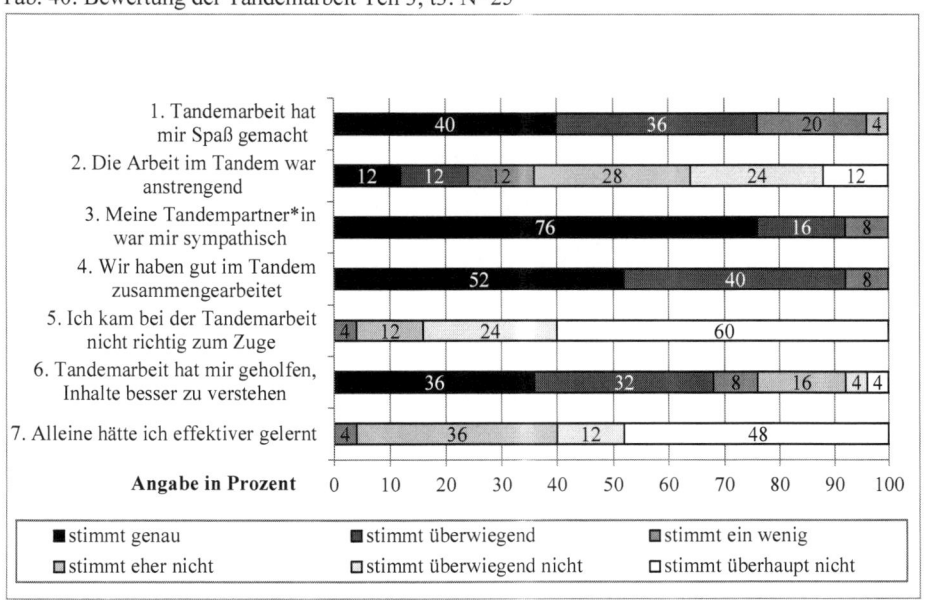

189

In einer offen formulierten Frage konnten die Teilnehmenden die Tandemarbeit detaillierter beurteilen. 24 Personen haben hierzu eine Antwort gegeben. Besonders positiv wurde hierbei herausgestellt, dass die Tandemarbeit als Bereicherung empfunden wurde. Als häufigster Kritikpunkt wurde die Distanz der einzelnen Wohnorte der Tandempartner*innen aufgeführt.

Angelehnt an die Ergebnisse zur Aufgabenverteilung und zu Rollenbildern im Projekt JeKi (vgl. Franz-Özdemir 2015, 92) wurde zum Einstieg in die Erforschung der transprofessionellen Arbeit im Projekt MuBiKi die Aufgabenverteilung im Tandem quantitativ erfasst. Hierbei sind die Ergebnisse getrennt nach Berufsgruppen dargestellt.

Tab. 41: Aufgabenverteilung im Tandem; Einschätzung durch die Teilnehmenden, Teil 1; t3

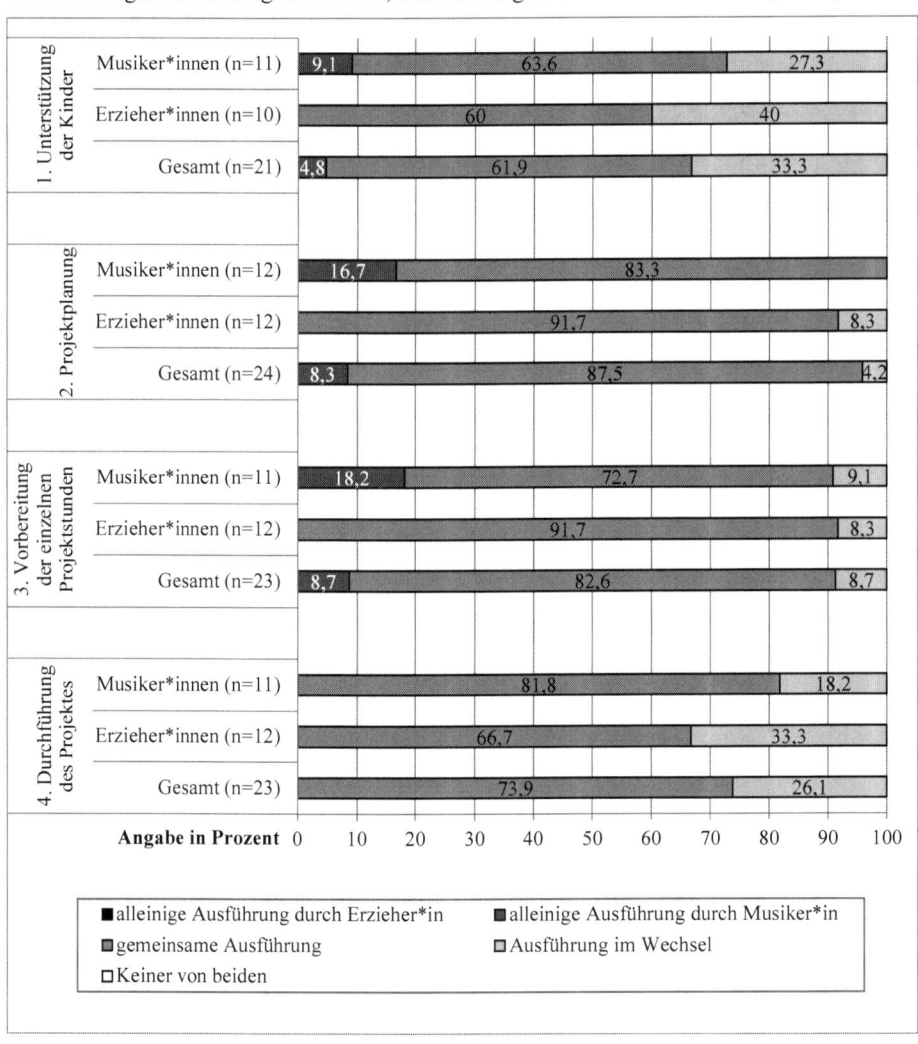

Es zeigt sich, dass die projektbezogenen Aufgaben wie die Planung, Vorbereitung, Durchführung und Reflexion zumeist von beiden Fachkräften gemeinsam durchgeführt wurden. Auffällig ist dagegen die Aufgabenverteilung bei der Übernahme von organisatorischen Aufgaben sowie pädagogischen (disziplinarischen) Maßnahmen. Hier gaben zwei Drittel der Teilnehmenden an, dass die Aufgaben zumeist von den pädagogischen Fachkräften übernommen wurden.

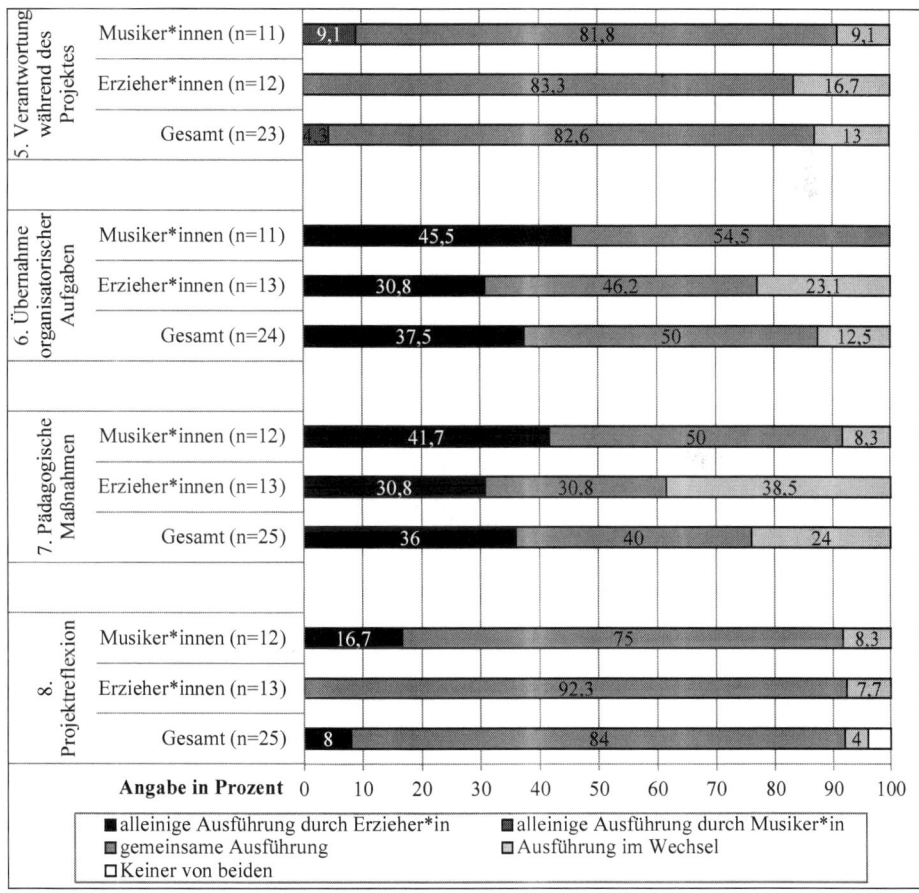

Tab. 42: Aufgabenverteilung im Tandem; Einschätzung durch die Teilnehmenden, Teil 2; t3

2.2.8 Tandemfindung

Im Gegensatz zu vielen anderen Weiterbildungen, in denen sich Tandems zur Weiterqualifizierung anmeldeten, begann in MuBiKi die Findung erst während des Verlaufs. Ursprünglich war geplant, ausgehend von einem ersten Kennenlernen der Gesamtgruppe bestimmte Personen zusammenzubringen, die sich hinsichtlich ihrer Fähigkeiten und

Fertigkeiten gut ergänzen, wobei auch organisatorische Aspekte eine Rolle spielen sollten (v. a. räumliche Nähe). Hierzu sollte ein Assessment-Center im Sinne eines Auswahlworkshops durchgeführt werden; anschließend bestand die Aufgabe des Coaches aber auch der Teilnehmenden selbst darin, geeignete Partner*innen zu finden. Die tatsächliche Umsetzung verdeutlichte aber, dass die Zusammensetzung der Tandems primär aus Sicht der Nähe von Wohn- bzw. Arbeitsorten erfolgte, um die gemeinsamen Treffen leichter organisieren zu können. Eine Berücksichtigung individueller Vorerfahrungen und Kompetenzen stand nicht im Zentrum, da „möglichst die, die am besten räumlich zusammenpassten" (Frieda, E2v, 198), miteinander als Tandem gearbeitet hatten. Obwohl die Nähe der Standorte berücksichtigt wurde, waren diese immer noch zu weit voneinander entfernt, um regelmäßiges Arbeiten im Tandem zu ermöglichen.

Die Tandemfindung wurde von Seiten der Teilnehmenden stark kritisiert. Lisa gab an, dass es „unendlich lange gedauert hat bis die Tandemgeschichte klar war" (Lisa, E2v, 181). Die Zusammensetzung stand für viele Teilnehmende bereits nach kurzer Zeit fest aufgrund der Nähe der Wohnorte oder bereits im Vorfeld geklärter Zusammenarbeit (z. B. in einer gemeinsamen Kita). Es gab vereinzelte Ausnahmen von Tandems, in denen die Zusammenarbeit auch aufgrund anderer Kriterien erfolgte. Anna hob hervor, dass „es sich so ergeben" (Anna, M1v, 177) hatte und die Sympathie eine entscheidende Rolle spielte. Die Wahl der Tandempartner*innen wurde aufgrund der schwierigen Organisation als „großer Knackpunkt in dieser Fortbildung" (Viola, E2v, 91–92) bezeichnet. Als Alternative wurde vorgeschlagen, dass die Zusammenarbeit nur klappt, „wenn man sich zusammen anmeldet. Und vorher schon auch sich darüber im Klaren ist: Okay, passt das auch!" (Lisa, E1v, 156–157). Eine durch den Coach durchgeführte Festlegung wurde als „undemokratisch" (Katharina, M2v, 583) bezeichnet. Insbesondere am zweiten Lehrgangsort gestaltete sich die Tandembildung als schwierig, da dort fünf Personen ausgestiegen sind und drei neue hinzukamen. Die Teilnehmenden mussten sich mit den Bedingungen zurechtfinden.

Einigen Teilnehmenden war die „Tandemgeschichte gar nicht so bewusst" (Esmeralda, M1v, 92) und anderen war sie „egal; das ist nicht das, was mich interessiert" (Alexa, E2v, 25). Die Weiterbildung hat aber auch deutlich gezeigt, dass – so naiv das klingen mag – mit diesen Schwierigkeiten umgegangen werden kann und sich Lösungen finden, die am Ende des Projekts positiv betrachtet wurden. Auch wenn Bedenken geäußert wurden, dass durch eine falsche Wahl des Tandemmitglieds die Weiterbildung nicht zur eigenen Zufriedenheit durchgeführt werden könne, sollte die Zusammenarbeit nicht unreflektiert mit einer beliebigen Person erfolgen.

2.2.9 Tandemarbeit

Während der Weiterqualifizierung wurde die Tandemarbeit von nahezu allen Tandems als bereichernd beschrieben.

> Unsere Zusammenarbeit währenddessen hat reibungslos geklappt. Wir haben uns die Bälle zugeschmissen und uns abgewechselt; im Grund so wie ein altes Team (Bridget, M2n, 272–276).

Oftmals wurde eine konstruktive Ergänzung von Kompetenzen thematisiert.

> Wir haben uns gut ergänzt und ich hatte nicht das Gefühl, dass ich groß unter Beobachtung stand oder so. Deine Rückmeldung nachher, die hat mir einfach gut getan (Frieda, E2n, 266–271).

Die Tandemarbeit stand auch im Kontext individueller Vorerfahrungen in der Zusammenarbeit und der Teamfähigkeit der Teilnehmenden. Wie bereits in der Tandemfindung wurde die räumliche Distanz als schwierig bezeichnet. Die Kommunikation verlief oftmals über E-Mail oder Telefon. Konkrete Treffen waren schwer zu koordinieren. Einzelne Tandems gaben an, nur telefoniert zu haben (Rudolf & Helmine).[19] Dennoch äußerten sie sich positiv dazu, dass Ideen während der Weiterbildung inhaltlich konkretisiert und gemeinsam besprochen wurden.

Schwierigkeiten ergaben sich hinsichtlich der regelmäßigen Anwesenheit der Tandems in den Projekten, da oftmals die Musiker*innen nicht regelmäßig vor Ort sein konnten und die Stunden dann einzeln durch die Erzieher*innen weitergeführt wurden.

> Ich fand das ganz toll das Projekt, ich wäre die ganze Woche da gewesen; hätte man schön intensiv weiterarbeiten können, aber ich konnte ja nur mit den Kindern diese 45 Minuten und dann wieder raus (Bärbel, M1n, 98–101).

Vor diesem Hintergrund wünschten sich viele Tandems mehr Zeit in der gesamten Zusammenarbeit. Dadurch könnten Ideen weiter ausgebaut und Angebote vorbereitet werden. In verschiedenen Tandems wurde durch krankheits-, berufs- oder familienbedingte Absage an Modulen der Weiterbildung die Zusammenarbeit verzögert, was zu einer „ungünstigen Konstellation" (Kerstin, M1v, 321) führte, „weil ich im November nicht da sein konnte und du warst im Februar krank. Das heißt wir hatten zwei Module, wo wir nicht zusammengearbeitet haben und das hat uns eben in unserer Planung gleich auch so zurückgeworfen" (Kerstin, M1v, 321–323). Bärbel schilderte ein „Aha-Erlebnis" ihrer Partnerin (= Erzieherin) im Rahmen der Zusammenarbeit, als sie Fragen zur Musik erläuterte:

> Da kam bei ihr wirklich der Aha-Effekt. Sie ist zu mir gekommen und sagt: ich weiß es aber nicht musikalisch und dann ist sie eigentlich fragend zu mir herangetreten: Wie setzt du das um, diese Klangbausteine? Wie setzt du das um, wie kann ich das mit den Tonarten machen? Und auf einfache Weise habe ich dann versucht ihr zu erklären. Es war noch intensivere Zusammenarbeit. Und sie hat das dann fortgeführt, weitergearbeitet und dann

---

19 In diesem Kontext sollte erwähnt werden, dass in den Workshops Teilnehmende öfter gefehlt haben bzw. alternative Wege der Teilnahme durch eine verspätete Teilnahme gesucht werden mussten. Hierdurch kommt es zu unterschiedlichen Rollenaufteilungen und nicht zuletzt zu Spannungen im Tandem.

> waren die Kinder schon mehr vorbereitet und ich konnte nach einer Woche daran weiterarbeiten (Bärbel; M2n, 56–77).

Diese Form der intensive(re)n Weiterarbeit ist ein Zeichen für die transprofessionelle musikbezogene Verständigung. Es gab aber auch Tandems, die deutlich von einer stereotypen Rollenverteilung ausgingen, aber doch hervorhoben, dass sie bei der Entwicklung des Projektes „eigentlich beide in gleichen Teilen mitgewirkt" hatten (Anna, M1n, 117–118).

Die Zitate machen deutlich, dass ihnen die Rollen in der Zusammenarbeit zwar bewusst waren, sie damit aber auch flexibel umgehen konnten. Interessanterweise fällt in den Interviews mit Anna und Kirsten oftmals der Begriff „Freiheit", der auch in Zusammenhang mit der Loslösung von Normen und einer transprofessionellen Arbeit stehen könnte. Trotz der positiven Erwähnung der Zusammenarbeit wurde mehrfach hervorgehoben, dass insbesondere in den privaten Phasen zwischen den Workshops (Abendessen, Abendgestaltung) eine Distanz bzw. Trennung zwischen Musiker*innen und Erzieher*innen auffällig war:

> Wo wir irgendetwas zusammen machen, ist die Toleranz was miteinander riesengroß. Gleich von Anfang an. Dann bricht es sofort auseinander und das hat was schon damit zu tun, dass die Erzieherinnen zahlen müssen, das heißt die organisieren sich weg in der Übernachtung, gucken dass sie nach Hause kommen. All die Gespräche finden nicht statt; die Musiker fangen an was zu spielen und sogleich als Musikbegeisterte traue mich da nicht rein. Ja, ist doch ein anderes Level (Renate, E1v, 205–214).

Auch wenn mehrfach ein Ungleichgewicht zwischen den Berufsgruppen angesprochen wurde, ist interessant zu beobachten, dass im Verlauf der Weiterbildung die Erzieher*innen explizit ihre Fähigkeiten in der Beobachtung thematisierten und so ihre Stärken gegenüber den Musiker*innen positionierten. Der Musiker Christoph verstand es als „Herausforderung, diese ganzen Punkte im pädagogischen Bereich zu berücksichtigen" (Christoph, M1v, 328–329). Die Haltung gegenüber den beruflichen Anforderungen der Erzieher*innen wurde im Verlauf der Weiterbildung von den Musiker*innen zunehmend geschätzt.

> Also, bei manchen Erzieherinnen merke ich so ein bisschen Respekt vor deren Können. Der kann ja Gitarre spielen. Ich bin mit Erzieherinnen eher auf einer Wellenlänge, weil die halt nicht so diese Musiker sind wie die anderen (Jessica, M1v, 447–453).

Viele Musiker*innen sprachen von neuen Erfahrungen und großen Herausforderungen, wenn sie als Lehrperson vor den Kindern stehen und pädagogische Aspekte berücksichtigen müssen. Positive wie negative Erlebnisse in pädagogischen Bereichen (Organisation & Zeitmanagement) führten zu Freude über die Projektgestaltung und Achtung gegenüber den Erzieher*innen. Dabei war gegenseitiges Feedback sehr wichtig.

2.2.10 Projektarbeit im Tandem

Im Rahmen der Weiterqualifizierung sollte im Tandem in einer Kita ein Projekt durchgeführt werden (s. Projekt II, Abschnitt IV, Kapitel 4, ab S. 220). Die Dokumentation und Präsentation war Bestandteil der Prüfungsleistung. Die Themenwahl war frei, wobei auch in den Workshops verschiedene Absprachen und Vorbereitungen erfolgen konnten.

Das Projekt wurde als eine Herausforderung angesehen, wobei der Stellenwert unterschiedlich gesehen wurde. Während ein Teil der Teilnehmenden eher an Inhalten (Input) interessiert war, hob ein anderer Teil die Umsetzung in der Praxis hervor. Vereinzelt wurde gewünscht, dass das Projekt stärker begleitet wird. Insbesondere den Erzieher*innen waren solche Projekte in Zusammenarbeit mit Musiker*innen wichtig, da sie als ‚Aushängeschild' dienen und die Musikalisierung der Kita ermöglichen. Folglich wünschten sich die Erzieher*innen „regelmäßig solche Projekte" (Barbara, E2v, 147) und Kerstin fand es „toll, irgendwann eine Geige [gemeint ist eine Geigerin] bei uns im Kindergarten zu haben" (Kirsten, E1v, 236–237). Ein Tandem berichtete, dass es in der Durchführung „einmal so ein bisschen aneinander gerasselt" ist, was aber als positives Zeichen interpretiert wurde, da „aufgrund dieser Reibung dann man sich einfach neu justieren kann. Und sich dann entscheidet: Gehen wir es zusammen, oder gehen wir es nicht" (Renate, E1n, 86–88). Das Thema Zeit spielte hinsichtlich der Vorbereitungen eine wichtige Rolle:

> Und ihre Planung ist eigentlich nur hier machbar, weil ich finde nicht, dass man erwarten kann, dass man sich zwischendurch nochmal trifft, zwischen diesen Wochenenden (Viola, E2n, 154).

Viele Projekte konnten nur realisiert werden, da in den Workshops abseits des Programms die Ideen weiter konkretisiert wurden. Liane wünschte sich mehr Zeit auch in den Workshops bzw. den Modulerarbeitungen:

> Und ich hatte mir auch vorgestellt, dass es eine engere Arbeit ist und man wirklich so ein Projekt zusammen gemeinsam entwickelt und sich dann nochmal trifft und sowas. Und so war es halt: Wir konnten das nur in diesen Pausen machen, die wir hatten, die sehr, sehr kurz sind, also nur in der Fortbildung selber und wo man sowieso schon von morgens bis abends den Kopf voll hat und das ist ganz, ganz unrealistisch (Liane, M2n, 114–132).

Kritisiert wurde v. a. am zweiten Lehrgangsort, dass durch die Entfernung und den Zeitdruck kein ‚Projektgefühl' zustande kam. Zudem zeigte sich, dass eine arbeitsteilige Planung und Nachbereitung des Projekts erfolgte:

> Zwei Tage war ich da und genau einen Tag hat Barbara vorbereitet und nachbereitet alleine aber im Endeffekt war das für mich jetzt kein Projektgefühl, es war so einmal da so ein bisschen was gemacht und da aber nichts intensiv machen können, leider (Liane, M2n, 135–139).

Das fehlende Projektgefühl hing mit der Koordination anderer Verpflichtungen zusammen, da neben privaten Angelegenheiten auch berufliche Absprachen in den Kitas erfolgen mussten. Immer wieder wurde – aus unterschiedlichen Richtungen – das Thema Zeit thematisiert (Zusammenarbeit; Planung, Durchführung und Reflexion des Projekts; Teilnahme an den Workshops): „Zum Beispiel wenn wir nochmal zusammenarbeiten würden, ist es halt besser mehr vorzubereiten; dass einfach viel mehr Zeit dafür da ist" (Helmine, E2n, 473–474). Interessant ist, dass tendenziell eine distanzierende Haltung gegenüber der Konzeption eingenommen wurde (insbesondere in den Gruppenreflexionen). Dagegen wurde die inhaltliche Herausforderung als bereichernd beschrieben.

2.2.11 Lernen von Anderen – Gemeinsames Arbeiten

Die Zusammenarbeit wurde von vielen Teilnehmenden als „respektvoll" (Jessica, M1n, 209) und „bereichernd" (Helmine, E1n, 65) beschrieben. Sie erfolgte stets „auf Augenhöhe" (David, E1n, 554) und war von großer Wertschätzung geprägt.

> Und mit der Art, die du hast und wie du das mit den Kindern machst und die Kinder damit kriegst, das ist schon was Besonderes. Das macht nicht jeder; kann nicht jeder so. Und ja, ganz dickes Lob an dich, wenn ich das hier an der Stelle so sagen darf (Christoph, M1n, 361–364).

Insbesondere die Tandemarbeit wurde – trotz der schwierigen organisatorischen Rahmenbedingungen – als „sinnvoll" und „notwendig" (Kirsten, E1n, 214) bezeichnet. Darüber hinaus wird die Begegnung und das Lernen von Anderen trotz der unterschiedlichen Niveaus als positives Merkmal hervorgehoben: „einfach mal in Kontakt mit Musikern kommen; also mit Leuten zu sein, die wirklich Ahnung von ihrem Fach haben" (David, E1n, 448–449). Nach Gesa gab es aus menschlicher Sicht „gar keine Reibungspunkte" (Gesa, M1n, 557). Fachlich gesehen waren die pädagogischen Erfahrungen der Erzieher*innen (v. a. Organisation und Disziplin) sehr wertvoll für die Musiker*innen. Aber auch die Erzieher*innen sprachen von „musikalischen Schlüsselerlebnissen, da die Zusammenarbeit im Tandem sehr aufschlussreich war" (Charlie, E1n, 52). Immer wieder wurde aus unterschiedlichen Perspektiven die „Einheit der Gruppe" (Christoph, M1n, 78) hervorgehoben, die gemeinsam „auf einem Level, wo wir gut mitgehen können" (ebd., 79–81), gearbeitet hat. Die Weiterbildung regte ein Gefühl der Zusammengehörigkeit an, das als Glücksfall und Magie beschrieben wurde. Eine wichtige Rolle spielten dabei die Lehrgangsleitungen:

> Also ich habe das Gefühl, dass das eine sehr gute Gruppe ist. Wir sind so unterschiedliche Leute und alle mit einem Draht zueinander. Also, das hat was von Magie. Und ich glaube, dass das einerseits ein Glücksfall ist, dass diese Leute da sind, aber dass es andererseits auch von Beginn an von Janina und wer alles da war, einfach unheimlich gut so unterbewusst vorbereitet wurde. […] Also irgendwie war das so wahnsinnig professionell, ohne dass man es mitgekriegt hat (Rudolf, M1v, 433–441).

Die Zusammenarbeit beinhaltet transprofessionelle Merkmale, da es um eine Erweiterung von Kompetenzen durch gemeinsame Zusammenarbeit ging:

> Jeder hat ja so sein Wissen, aber dann bleibt man irgendwo stecken, weiß nicht so wirklich, wie man weiterkommt und da braucht man jemanden, der dann halt von der anderen Seite kommt so. Und dann geht man zusammen (Kirsten, E1v, 293–295).

Auffallend ist aber, dass diese Ergänzung im Laufe der Zusammenarbeit anders wahrgenommen wurde. Galt sie zuerst als „andere Seite" und als „Ungleichgewicht" (Kerstin, M1v, 223) bzw. als „zwei Sparten" (Kirsten, E1v, 114) im Sinne eines Kontrasts, so kam im Laufe der Kooperation das „gemeinsame Erleben" (ebd.) ins Spiel. Dennoch wurden die Berufsrollen weitestgehend beibehalten.

> Kerstin: Also du warst schon hauptsächlich für die Musik zuständig. Anna: Ja ich glaube das ergibt sich von allein. Kerstin: Das war schon eindeutig, genau (EM1n, 94–96).

Die Beibehaltung von Rollen ist ein pragmatisches Mittel, um schnell und effektiv zusammenzuarbeiten. Insofern wird verständlich, dass das Festhalten an Mustern „klare Orientierung" bot (Gesa, M1n, 108). Insbesondere das Tandem von Gesa und David sprach von der klaren Rollenaufteilung sowie von „unterschiedlichen Schwerpunkten" (ebd., 547). Sehr deutlich wurde die Trennung der Aufgabenbereiche auch im Tandem von Anna und Kerstin:

> Also ein Lied komponieren oder daraus das Lied machen aus den Noten, das war natürlich klar, dass das irgendwie mein Job sein wird. Und dieses Lied dann auch präsentieren war auch irgendwie klar, dass das mein Job wird. Also da hatten wir schon ziemlich klare Aufgabenteile (Anna, M1n, 97–103).

Die Rollenaufteilung bzw. das Festhalten an spezifischen Kompetenzzuteilungen wurde von Renate als „gemeinsames Wachsen" (Renate, E1n, 262) bezeichnet, wobei darauf verwiesen wurde, dass die Musiker*innen „in der Qualität geschulter" (Kerstin, M1n, 264) sind und die Möglichkeit besteht, „sich die Bälle auch zuzuspielen" (ebd.). Die Zitate machen deutlich, dass die Trennung in zwei berufliche Qualifikationen hilfreich zur Organisation war, aber insbesondere zu Beginn der Weiterbildung nicht den Herausforderungen transprofessioneller Zusammenarbeit entsprach. Die Begriffe Austausch und Ergänzung unterstreichen die Aufteilung in Zuständigkeiten, die Sicherheit und Kontrolle bot.

> Sich nochmal austauschen, sich vorher treffen. Also das lief irgendwie total reibungslos, hatte ich das Gefühl und konnte mich immer darauf verlassen: dass wir uns ergänzen und deswegen finde ich es auch wichtig, in dieser Konstellation mit dem räumlichen Abstand auch eine gewisse Trennung der Bereiche zu haben (Kerstin, M1n, 561–563).

Ein anderes Tandem unterstützte sich stark gegenseitig, was zu großem Planungsaufwand führte, der für die zukünftige gemeinsame Praxis als eher unrealistisch eingeschätzt wurde.

> Alles gemeinsam anzuwenden gibt auch eine große Unruhe und bedarf viel mehr noch gemeinsamen Planungsaufwand. Das finde ich gar nicht realistisch, auch nicht unbedingt notwendig, muss ich offen sagen (Gesa, M1n, 570–573).

2.2.12 Transprofessionelle Zusammenarbeit

Die transprofessionelle Zusammenarbeit thematisiert die Reflexion und Überschreitung von Rollenmustern auch im Sinne einer Institutionskritik, so dass das eigene Verhalten bewusster wahrgenommen wird.

> Und diese Gegensätzlichkeit auch von Institutionen zu erleben, das war für mich eine ganz wichtige Sache. Und dann auch zu sehen, wie man eben auch von diesen Idealen, die man hat, sich auch ein Stück sich entfernen muss. Das ist glaube ich das wichtigste, was für mich bei der Tandemarbeit rausgekommen ist (Rudolf, M1n, 347–350).

Das Reflektieren von Einstellungen und Überschreiten gewohnter Handlungsroutinen fand in MuBiKi in Bezug auf das ‚andere' Verhalten des bzw. der Tandempartner*in statt. So forderte Rudolf für sich selbst ein strengeres Durchsetzungsvermögen. Er äußerte seine Vorstellungen zwar als Musiker, ging aber explizit auf das Verhalten seiner Tandempartnerin ein:

> Man darf die Ideale haben, aber man muss sich die Mittel aneignen, um die umzusetzen. Nämlich auch eine gewisse Strenge haben. Also eine gewisse Konsequenz und ein Durchsetzungsvermögen; auch noch einen Schritt weiterdenken. Und das ist was, was meine Tandempartnerin sehr gut kann, wobei ich sie beobachtet habe in der Tandemarbeit im Kindergarten. Und vielleicht andererseits auch, dass sie dann diesen Freiraum, der einem dieses musikalische Denken gibt, auch im Gegenzug mitgekriegt hat (Rudolf, M1n, 351–359).

Renate sprach in Bezug auf die Zusammenarbeit davon, dass „wir uns gegenseitig erlebt" haben (Renate, E1n, 103). Dabei wurde darauf Bezug genommen, dass sie eine Einheit bildeten und „nicht mit jedem so gearbeitet" hätten (ebd., 104). Auf die Gemeinschaft wurde in der Tandemarbeit mehrfach Bezug genommen: „zu zweit ist mehr als eins plus eins" (ebd., 104).

> Also ich habe irgendwie das Gefühl, man merkt das eigentlich fast kaum, dass es entweder Musiker oder Erzieher sind. Nur wenn man dann wirklich genauer hinschaut. Man ist schon so fast auf einer gleichen Ebene und man versteht sich auch sofort und hat so die gleiche Wellenlänge. Nur im Gespräch merkt man: ok, alles klar, Pädagoge, Musiker. Aber es fügt sich auch ganz gut zusammen; also ist schon fast kein Unterschied. Also jetzt im Laufe der dieser Fortbildung. Am Anfang, klar; da sah man: das sind Musiker, das sind Pädagogen; und jetzt mischt es sich; klar man kennt sich jetzt untereinander, aber man könnte jetzt nicht sagen, ah du! Nein mittlerweile ist es so: ich frage bist du jetzt im Kindergarten oder bist du jetzt Musiker (Christoph, M1n, 287–300).

Insbesondere das Tandem von Christoph und Charlie war – obwohl Christoph das Projekt alleine durchführte und seine Tandempartnerin sich als „Randerscheinung" (Charlie, E1n, 410) bezeichnete – von einem intensiven Austausch geprägt, der deutlich über die eigenen Fachgrenzen hinauswies: „Also ich lerne ganz viel dazu auf der fachlichen Ebene auch. Auch viele Dinge, wo ich mich nicht mal ansatzweise annähern kann, wo ich einfach nur aufnehme" (ebd., 412–414). Entscheidend scheint hier die Offenheit zu sein, Neues auf sich wirken zu lassen und (begeisternd) aufzunehmen.

Es wurde hervorgehoben, dass es in den einzelnen Modulen Arbeitsphasen gab, „wo es genau um diesen Austausch von Kompetenzen ging" (Rudolf, M1n, 200–202). Allerdings wurde vom Tandem Kerstin und Renate die mangelnde zeitliche Flexibilität kritisiert:

> mehr Zeitfenster für Organisation, für Reflexion vielleicht auch mal zwischendrin, das ist auch total hilfreich. Und tatsächlich ein Zeitfenster um gemeinsam pädagogisch, künstlerische Aktionen zu machen, die man dann gegenseitig beobachten kann (Kerstin, M1v, 338–340).

Der von mehreren Teilnehmenden verwendete Begriff der „Bereicherung" (Gesa, Liane, Barbara, Kerstin) in der Zusammenarbeit lässt sich transprofessionell als Erweiterung gewohnter berufsbedingter Handlungsmuster durch wechselseitige Zusammenarbeit verstehen. In den Workshops wurde der Tandempartner als wertvolles Gegenüber (Part) bezeichnet, das einem zur Seite stand.

> Super, Tandem – musst du es nicht allein machen in der Einrichtung, sondern hast jetzt noch einen professionellen Part zur Seite (Frieda, E2v, 73–74).

Verschiedene Teilnehmende hoben hervor, dass sie sich „von den Kompetenzen super ergänzt" (Lisa E2n, 437) haben, so dass auch „so klassisch aufgeteilte Kompetenzbereiche, wie das vielleicht in anderen Tandems der Fall ist" (ebd., 440–441) nicht zur Geltung gelangten. Es finden sich zahlreiche Beispiele, in denen Außenstehende nicht mehr Musiker*innen von Erzieher*innen unterscheiden konnten:

> Also die Leute, die beiden, die da unten sind, die wussten auch nicht, wer ist jetzt hier Musiker und wer ist Pädagoge (Rudolf, M1n, 450–452).

Das Tandem Joseph und Rita sah die Tandemarbeit und die Projektgestaltung als Chance, um durch EMP-Kenntnis der Weiterbildung den Stellenwert von Musikvermittlung mit Kindern an ihrem Standort zu ändern. Zusammenfassend lässt sich nochmals festhalten, dass insbesondere die schwierige Zusammenarbeit im Tandem sowie daran gebundene zeitliche Organisationsproblematiken angesprochen wurden, welche gegen Ende des Projekts aber hinsichtlich der besonderen Herausforderungen und der gelungenen Projektpräsentationen relativiert wurden, und die Teilnehmenden die Zusammenarbeit grundlegend positiv bewerteten.

2.2.13 Einschätzung des Lernerfolgs

Der Lernerfolg und somit die Bewertung der Wirksamkeit der Weiterqualifizierung MuBiKi wurde mittels eines Wissenstests untersucht. In Tabelle 43 sind die Ergebnisse von vier Items dargestellt, die Aufschluss über den subjektiven Lernerfolg geben. Insgesamt stimmten 95,8 Prozent der Teilnehmenden der Aussage *Ich habe das Gefühl, viel gelernt zu haben* mindestens überwiegend zu. Defizite zeigten sich bei den Teilgebieten der Theorien und Konzepte der Elementaren Musikpädagogik und der Projektumsetzung. Hier betrug die maximale Zustimmung zu den Items nur 29,2 bzw. 25 Prozent. Ein/e Musiker*in fühlte sich über Theorien und Konzepte der Elementaren Musikpädagogik sogar eher nicht ausreichend informiert.

Tab. 43: Einschätzung des subjektiven Lernerfolgs; t3

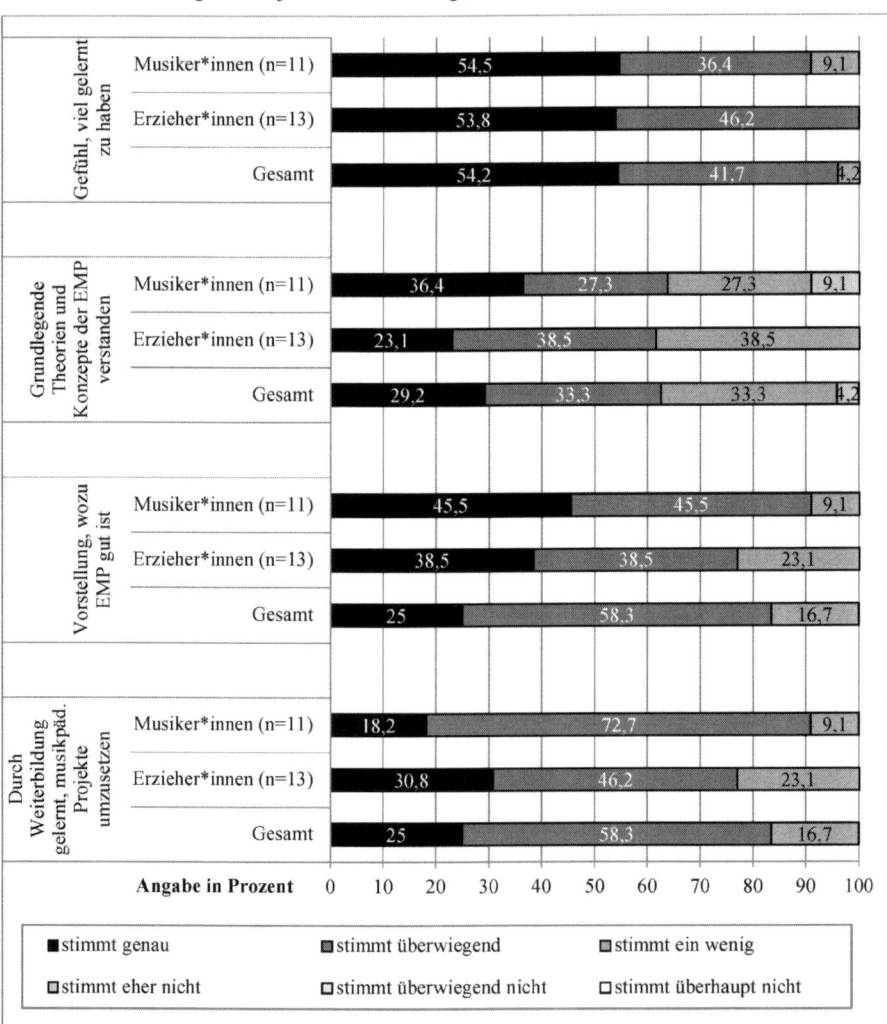

Zur Ermittlung des Lernerfolgs wurde, wie bereits in den Hintergründen (Abschnitt VI, Kapitel 6.1, ab S. 56) beschrieben, ein Wissenstest eingesetzt.[20] In Tabelle 44 sind jeweils die Ergebnisse der Teilnehmenden und der Kontrollgruppe (Mittelwert und Standardabweichung) aus dem Vor- und Nachtest abgebildet.

Tab. 44: Auswertung Wissenstest, Teil 2

Summe
(theor. Max.: 40)

		Vortest		Nachtest		
		M	(SD)	M	(SD)	Δ
TN	Musiker*innen (11)	21,36	4,37	22,64	2,5	1,28
	Erzieher*innen (14)	17,21	2,78	20	3,21	2,79
	Gesamt (25)	19,04	4,07	21,16	3,16	2,12
KG	Musiker*innen (16)	14,69	6,25	15,44	5,98	0,75
	Erzieher*innen (10)	14,7	4,79	14,7	3,09	0
	Gesamt (26)	14,69	5,63	15,15	5	0,46

Im Bereich des Vorwissens wurde bei den Teilnehmenden mit durchschnittlich 19,04 Punkten ($SD = 4,07$) fast die Hälfte der möglichen Punkte erreicht, die Kontrollgruppe startete mit durchschnittlich 14,69 Punkten ($SD = 5.63$). Hier ergaben sich signifikante Unterschiede zwischen den Gruppen ($t(49) = 3,15$; $p = .003$). Eine Varianzanalyse mit Messwiederholung und dem Gruppenfaktor „Gruppenzugehörigkeit" (mit $N = 51$) ergab einen signifikanten Haupteffekt des Messwiederholungsfaktors ($F(1, 49) = 5,71$, $p = .021$, $\eta^2 = .104$). Die Interaktion des Messwiederholungsfaktors mit dem Faktor „Gruppenzugehörigkeit" war nicht signifikant ($F(1, 49) = 2.36$, $p = .131$). Es zeigt sich folglich, dass sich die Teilnehmenden der Weiterqualifizierung um durchschnittlich 2,12 Punkte signifikant verbessert haben, im Vergleich zur Kontrollgruppe jedoch kein signifikanter Unterschied beim Wissenszuwachs zu erkennen ist.

Bei Betrachtung des Wissenszuwachses der MuBiKi-Teilnehmenden in Abhängigkeit zu den Berufsgruppen zeigt sich, dass die Musiker*innen mit durchschnittlich 21,36 Punkten ($SD = 4,37$) in die Weiterbildung gestartet sind. Die Erzieher*innen erzielten im Vortest durchschnittlich 17,21 Punkte ($SD = 2,78$). Hier ergaben sich signifikante Unterschiede zwischen den Gruppen ($t(23) = 3,194$; $p = .008$). Im Nachtest erreichten die Musiker*innen durchschnittlich 22,64 Punkte ($SD = 2,5$) und die Erzieher*innen 20 Punkte ($SD = 3,21$). Die Berechnung einer Varianzanalyse mit Messwiederholung und dem Gruppenfaktor „Berufsgruppe" ($N = 25$) ergab für die Gruppe der Teilnehmenden einen signifikanten Haupteffekt des Messwiederholungsfaktors ($F(1,$

---

20 Für die folgenden Auswertungen zum Lernerfolg, musikpädagogischen Selbstkonzept und Interesse sowie zur Einstellung zum kooperativen Lernen wurden nur die Personen einbezogen, die an allen Erhebungen teilgenommen haben. Es wurden weiterhin Personen von der Analyse ausgeschlossen, die als Teil der Kontrollgruppe im Zeitraum der Evaluation an einer anderen Weiterbildung im musikpädagogischen Bereich teilgenommen haben.

23) = 9.95, p = .004; η^2 = .302) und keine signifikante Interaktion des Messwiederholungsfaktors mit dem Faktor „Berufsgruppe" ($F(1, 23)$ = 1.38, p = .252). Zwischen den Erzieher*innen und Musiker*innen bestehen somit keine signifikanten Unterschiede im Bereich des Wissenszuwachses. Abschließend wurde für den Wissenszuwachs auch der Faktor Standort (also Lehrgangsorte I/II) genauer betrachtet. Auch hier gab es einen signifikanten Haupteffekt des Messwiederholungsfaktors ($F(1, 23)$ = 10.69, p = .003; η^2 = .317) und keine signifikante Interaktion des Messwiederholungsfaktors mit dem Faktor „Standort" ($F(1, 23)$ = 0,23, p = .64). Der Weiterbildungsstandort hatte somit keinen Einfluss auf den Wissenszuwachs.

Bei Betrachtung des musikpädagogischen Selbstkonzepts (s. Tab. 45) werden in einem ersten Schritt die Ausgangswerte der Gesamtskala je Gruppe betrachtet.[21] Der Wert der Teilnehmenden lag im Durchschnitt bei 3.83 Punkten (SD = 1.19) und bei der Kontrollgruppe bei 2.96 Punkten (SD = 1.21). Hierbei zeigt sich, dass zwischen den Gruppen „Teilnehmende" und „Kontrollgruppe" signifikante Unterschiede bestehen ($t(49)$ = 2,57, p = .013). Eine Varianzanalyse mit Messwiederholung und dem Gruppenfaktor „Gruppenzugehörigkeit" (mit N = 51) ergab einen signifikanten Haupteffekt des Messwiederholungsfaktors ($F(1, 49)$ = 14.53, $p < .001$, η^2 = .229). Die Interaktion des Messwiederholungsfaktors mit dem Faktor „Gruppenzugehörigkeit" war ebenfalls signifikant ($F(1, 49)$ = 10.09, p = .003, η^2 = .171).

Bei Betrachtung des musikpädagogischen Selbstkonzeptes in Abhängigkeit zu den Berufsgruppen zeigt sich, dass der Ausgangswert des Selbstkonzeptes für die Musiker*innen bei durchschnittlich 3,42 Punkten (SD = 1,17) und für die Erzieher*innen bei 4,14 Punkten (SD = 1,15) lag. Hier ergaben sich keine signifikanten Unterschiede zwischen den Gruppen ($t(23)$ = 1,54; p = .137). Zum Messzeitpunkt t3 lag die Einschätzung des musikpädagogischen Selbstkonzepts bei den Musiker*innen bei durchschnittlich 5 Punkten (SD = 0,65) und bei den Erzieher*innen bei durchschnittlich 4,67 Punkten (SD = 0,64). Die Berechnung einer Varianzanalyse mit Messwiederholung und dem Gruppenfaktor „Berufsgruppe" ergab einen signifikanten Haupteffekt des Messwiederholungsfaktors ($F(2; 44)$ = 14,96; $p<.001$; η^2 = .405). Die Interaktion des Messwiederholungsfaktors mit dem Faktor „Berufsgruppe" zeigte kein signifikantes Ergebnis ($F(2, 44)$ = 2,9, p = .066). Eine abschließende Varianzanalyse mit Messwiederholung und dem Gruppenfaktor „Standort" ergab wiederum einen signifikanten Haupteffekt des Messwiederholungsfaktors ($F(2, 44)$ = 11,656, $p<.001$, η^2 = .346) sowie keine signifikante Interaktion des Messwiederholungsfaktors mit dem Faktor „Standort" ($F(2, 44)$ = 2,15, p = .128).

---

21 Abweichendes N bei TN bei Messzeitpunkt t2: n(Musiker*innen) = 10 (bei Interesse und Einstellung zum koop. Lernen); n(Erzieher*innen) = 13; n(Lehrgangsort I) = 14 (bei Interesse und Einstellung zum koop. Lernen); n(Lehrgangsort II) = 9.

Tab. 45: Selbstkonzept & Einstellung zum kooperativen Lernen (t1–t3)

					TN					KG		
					Musiker (11)	Erzieher (14)	Lehrgangsort I (n=15)	Lehrgangsort II (n=10)	Gesamt (25)	Musiker (16)	Erzieher (10)	Gesamt (26)
Musikpädagogisches Selbstkonzept (3 Items)	Theor. Min.: 1	Theor. Max: 6	t1	M	3,42	4,14	3,53	4,27	3,83	2,6	3,53	2,96
				(SD)	1,17	1,15	1,11	1,23	1,19	1,1	1,21	1,21
			t2	M	4,18	4,46	4,4	4,22	4,33			
				(SD)	0,98	1,04	0,64	1,46	1			
			t3	M	5	4,67	4,73	4,93	4,81	2,75	3,53	3,05
				(SD)	0,65	0,64	0,4	0,93	0,65	0,91	0,98	1
Musikpädagogisches Interesse (3 Items)	Theor. Min.: 1	Theor. Max: 6	t1	M	5,67	5,48	5,38	5,83	5,56	4,06	4,33	4,17
				(SD)	0,37	0,68	0,6	0,36	0,56	0,98	1,03	0,99
			t2	M	5,73	5,36	5,36	5,78	5,52			
				(SD)	0,38	0,46	0,4	0,44	0,46			
			t3	M	5,21	5,4	5,22	5,47	5,32	4,06	4,6	4,27
				(SD)	0,92	0,46	0,75	0,59	0,69	0,92	0,87	0,92
Einstellung zum kooperativen Lernen (8 Items)	Theor. Min.: 1	Theor. Max: 6	t1	M	4,91	4,73	4,59	5,13	4,81	4,39	4,36	4,38
				(SD)	0,59	0,74	0,73	0,43	0,67	0,5	0,96	0,7
			t2	M	4,91	4,52	4,46	5,06	4,69			
				(SD)	0,69	0,64	0,65	0,56	0,68			
			t3	M	4,91	4,61	4,56	5,01	4,74	4,52	4,46	4,5
				(SD)	0,41	0,77	0,54	0,71	0,64	0,48	1	0,69

Die Analyse der Skala zum musikpädagogischen Interesse zeigt, dass es einen signifikanten Unterschied beim Ausgangswert zwischen den beiden Gruppen gab ($t(49)$ = 6,16; $p<.001$). Bei den Teilnehmenden liegt das musikpädagogische Interesse im Mittel bei 5,56 Punkten (SD = 0,56), bei der Kontrollgruppe bei 4,17 Punkten (SD = 0,99). Eine Varianzanalyse mit Messwiederholung und dem Gruppenfaktor „Gruppenzugehörigkeit" (mit N = 51) ergab keinen signifikanten Haupteffekt des Messwiederholungsfaktors ($F(1, 49)$ = .254, p = .617). Auch die Interaktion zwischen Messwiederholungsfaktor und Gruppenfaktor war nicht signifikant ($F(1, 49)$ = 1,58; p = .215). Für die Teilnehmenden wurde weiterhin eine Varianzanalyse mit Messwiederholung und dem Gruppenfaktor „Berufsgruppe" gerechnet. Dies ergab keinen signifikanten Haupteffekt des Messwiederholungsfaktors ($F(2, 42)$ = .57; p = .528).[22] Die Interaktion des Messwiederholungsfaktors mit dem Faktor „Berufsgruppe" zeigte kein signifikantes Ergebnis ($F(2, 42)$ = .981, p = .366). Eine abschließende Varianzanalyse mit Messwiederholung und dem Gruppenfaktor „Standort" ergab wiederum keinen signifikanten Haupteffekt des Messwiederholungsfaktors ($F(2, 42)$ = .596, p = .519, η^2 = .028) sowie keine signifikante Interaktion des Messwiederholungsfaktors mit dem Faktor „Standort" ($F(2, 42)$ = .487, p = .575, η^2 = .023).

Bei der abschließenden Betrachtung der Skala zum kooperativen Lernen wird ein signifikanter Unterschied beim Ausgangswert zwischen den beiden Gruppen (KG und TN) deutlich ($t(49)$ = 2.23; p = .031; d = 0,628). Die Gruppe der Teilnehmenden zeigten hierbei mit durchschnittlich 4,81 Punkten (SD = 0,67) auf einer 6er-Likert-Skala eine positivere Einstellung gegenüber kooperativen Lernformen als die Kontrollgruppe mit einem Mittelwert von 4,38 (SD = 0,7). Eine Varianzanalyse mit Messwiederholung und dem Gruppenfaktor „Gruppenzugehörigkeit" (mit N = 51) ergab keinen signifikanten Haupteffekt des Messwiederholungsfaktors ($F(1, 49)$ = .073, p = .788). Auch die Interaktion zwischen Messwiederholungsfaktor und Gruppenfaktor war nicht signifikant ($F(1, 49)$ = 0,975; p = .328). Bei einer von Beginn an recht hohen Bereitschaft zum kooperativen Lernen war eine weitere Veränderung dieser Einstellung auch nicht zu erwarten.

2.3 Sichtweisen der Lehrgangsleitungen

Das Projekt wurde von zwei Lehrgangsleitungen begleitet (Janina Gebauer (Standort I) und Tanja Christ (Standort II)). Beide arbeiten als Professorinnen für Elementare Musikpädagogik, sind an der gleichen Universität tätig und teilen sich im Berufsalltag eine ganze Stelle sowie das Büro. Sie haben bereits in anderen Projekten zusammengearbeitet. Ihr Verhältnis beschreiben sie als freundschaftlich. Janina ist die ältere und berufserfahrene von beiden. Sie blickt auf etwa 30 Jahre Arbeitsleben zurück und hat bereits viele Weiterbildungen durchgeführt. Ihr Schwerpunkt liegt im Bereich der EMP. Tanja ist ca. 20 Jahre jünger und hat zum ersten Mal so eine lange Weiterbildung durchge-

---

22 Korrekturverfahren Greenhouse-Geisser verwendet, da Mauchly-Test auf Sphärizität signifikant.

führt. Ihr Schwerpunkt liegt auch im Bereich der EMP unter besonderer Berücksichtigung von Tanz und musikbezogener Bewegung. In ihrer Rolle gegenüber der Gruppe fühlte sich Tanja wie eine Marionettenspielerin:

> Ich komme mir vor wie eine große Marionettenspielerin, die die richtigen Fäden zieht. Ich möchte, dass diese erwachsenen Menschen sich wohlfühlen und sich mir anvertrauen und loslassen können. Das war mir schon ein großes Anliegen (Tanja, 2351–2365n).

Janina und Tanja hoben in den Interviews mehrfach hervor, dass zu Beginn seitens der Teilnehmenden unterschiedliche Erwartungen, Ansprüche und Möglichkeiten hinsichtlich des Stellenwerts der Leitungen formuliert wurden. Aufgrund des Pilotprojekts musste die Rolle auch in Absprachen mit dem Koordinationsteam entwickelt werden. Im Verlauf haben die Lehrgangsleitungen eine zentrale Rolle auch in der Durchführung der Weiterqualifizierung eingenommen, was hinsichtlich der ursprünglichen Konzeption zunächst nicht vorgesehen war. Insbesondere Janina wünschte sich konkretere Absprachen mit dem Leitungsteam. Sie erwartete von ihm und von allen Teilnehmenden eine partizipative Haltung. Ein zentrales Ziel der Lehrgangsleitungen war, die Teilnehmenden in die Lage zu versetzen, künstlerisch zu arbeiten.

> Womit ich jetzt zufrieden bin und was für mich ein ganz großes Ziel gewesen ist, dass so eine künstlerische Ästhetik in dem Bereich da ist. Sonst wird es ganz schnell peinlich, wenn sich die Musiker oder die Erzieher nicht wohl fühlen; und dann wird ganz schnell unsere Arbeit herabgemindert. Und es gehört einfach diese künstlerische Präsenz im Bereich Musik und Bewegung dazu. Auch, um vor die Kinder zu treten (Tanja, 27–45n).

Der künstlerische Anspruch wurde zunächst seitens der Teilnehmenden insbesondere am Lehrgangsort II (Tanz) kritisch gesehen und eher abgelehnt. Nach Aussage von Tanja kamen die Teilnehmenden mit der Erwartung zur Weiterbildung, dass „man ihnen nun Rezepte an die Hand gäbe, wie es gemacht werden sollte" (Tanja, 32–33v). Da die Lehrgangsleitungen einen künstlerisch-partizipativen Ansatz vermittelten, entstanden Spannungen in der Zusammenarbeit. Insbesondere die Gruppe am zweiten Lehrgangsort entwickelte zeitweise eine solche Eigendynamik, die mit Forderungen an die Lehrkraft einhergingen, ihre Erwartungen an Rezepte in den Weiterbildungen stärker zu berücksichtigen. Im letzten Drittel der Weiterbildung änderte sich dieses Verhältnis enorm. Die künstlerische Darstellung war zentraler Bestandteil der Prüfung und wurde seitens der Teilnehmenden als enorme Qualität gewürdigt.

In diesem Kontext wurde in den Gruppendiskussionen das Überschreiten von Hemmungen und Grenzen mehrfach genannt. Diese auch sehr persönliche Arbeit hing mit dem Vorleben von Haltungen seitens der Lehrgangsleitungen zusammen und übertrug sich auf die Lerngruppe. Die künstlerische Basisarbeit stand im Kontext der individuellen Bedeutung von Musik für jeden einzelnen Teilnehmenden, mit dem Ziel, gemeinsame Erfahrung zu möglichen.

> Eine ganz wichtige Sache für mich ist, gar nicht unbedingt sofort der Transfer auf die Zielgruppen, sondern eher der eigene Blick auf Musik; dass Erzieher und Musiker

> eben gucken, was ist für sie Musik. Bei Erzieherinnen ist, ich sage das ein bisschen polemisch, häufig so: 13 Strophen ‚Dornröschen war ein schönes Kind'. Das ist dann Musik und viele experimentelle Sachen sind es gar nicht. Es ist mein Ziel aus dem ästhetischen Blickwinkel darauf zu gucken: Was ist eigentlich Musik und wie lässt sie sich gemeinsam erfahren (Janina, 49–59n).

Das Erproben neuer Umgangsweisen soll dazu führen, den eigenen Musikbegriff zu reflektieren und partizipative sowie situationsspezifische Aspekte aufzugreifen.

> Ja, also, das ist für mich das Wichtigste: den eigenen Musikbegriff zu überdenken. Partizipativ mit den Kindern nach dem Situationsansatz arbeiten zu können und mit großer Offenheit zu arbeiten (Janina, 182–184n).

Janina kritisierte, dass einige Musiker*innen hinsichtlich experimenteller Spielformen eingeschränkt waren und keine Offenheit gegenüber ‚fremder' Musik entwickeln konnten.

> Musiker können zwar mit ihrer Expertise projektorientiert in die Kita gehen, bringen den populären oder interkulturellen Ansatz in die Kita rein und machen was mit den Kindern. Das finde ich gut, aber solche Leute sollten dann eigentlich, wenn sie so eingeschränkt musizieren, dann auch nicht prinzipiell was übernehmen, wo eigentlich ganz andere Sachen noch reingehören. Also wenn ich nicht in der Lage bin, von meinem Stil wegzukommen und über den Tellerrand zu schauen, finde ich die Offenheit nicht mehr gegeben, die für die Kinder in dem Alter notwendig ist (Janina, 182–207n).

Das Zitat ist in vielerlei Hinsicht aufschlussreich. Janina macht deutlich, dass ein Fokus auf populäre oder interkulturelle Inhalte bzw. Musikpraxen nicht ausreicht, um in der Kita das erforderliche Musikspektrum abzudecken und der kindlichen Entwicklung gerecht zu werden. Hierzu gehören – auch wenn dies nicht explizit genannt wurde – Umgang mit Liedern sowie die explorativ-improvisatorische Arbeit als ein Zentrum der EMP-Ausrichtung. Janina argumentiert somit deutlich als EMP-Lehrkraft, die implizit die daran gebundenen Ziele der Ausbildung verteidigt, da dort keine Künstler*innen als Quereinsteiger*innen die Arbeit übernehmen sollten. Dieser Ansicht ließe sich entgegnen, dass Künstler*innen, die einen musikalischen Fokus mitbringen (z. B. Sänger*in, Pianist*in, Tänzer*in), nicht automatisch als eingeschränkt bezeichnet werden müssten, da deren Expertise ja in vielfältige Zusammenhänge eingebunden werden kann.

Es scheint also eine Spannung vorzuliegen, in denen sich die Lehrgangsleitungen befanden. Auf der einen Seite arbeiteten sie als Lehrgangsleitungen in einem Projekt, das sich explizit mit beruflichen Einsatzmöglichkeiten von Künstler*innen in der Kita auseinandersetzte; auf der anderen Seite agierten sie als EMP-Lehrkräfte, die sich von solchen Ansätzen eher distanzieren. Diese Spannung fand sich unterschwellig auch zwischen dem Konzeptionsteam und den Lehrgangsleitungen. Zu überlegen ist, inwiefern durch die Orientierung an einem kreativ-explorativen Musikbegriff normative Ansprüche geltend gemacht werden, wie Musik in der Kita unterrichtet werden soll, insofern dies nur nach den spezifischen Kriterien der EMP erfolgt (s. Diskussion, Abschnitt IV ab S. 241). Dennoch betonte Janina mehrfach, sich nicht explizit an den EMP-Grundlagen zu orientieren.

> Die Musiker sollen den Alltag der Kita mit Musik erweitern. Die sollen verstehen, wie Musik in alle Bereiche hineinfließen kann; aber die sollen eigentlich keinen EMP-Unterricht machen. Sie sollen ihre Expertise nutzen und sagen: Wir machen mit den Kindern tatsächlich musikalisch etwas (Janina, 66–81n).

In diesem Zusammenhang legte Janina großen Wert auf die kontinuierliche Weiterentwicklung eines reflektierten Musikverständnisses. Der von den Lehrgangsleitungen häuf verwendete Begriff ‚Offenheit' bzw. ‚offen sein' steht für diesen Anspruch. Die Einstellung geht über die Musik hinaus und betrifft auch die Teilnehmenden, die Konzeption und Inhalte der Weiterbildung sowie neue Kooperationspartner*innen im Kita-Alltag. Offenheit wird aber auch als zentrale Fähigkeit verstanden, um „über den Tellerrand rauszugucken" (Janina, 204–207n) und einen neuen Blick auf sich selbst und eigene Präferenzen zu erhalten. Tanja beschrieb zu Beginn ausdrücklich, dass die Teilnehmenden mit der Offenheit der Seminarkonzeption nicht gut umgehen konnten:

> Manche können nicht damit klarkommen, dass eine Offenheit da ist und dass man nicht konkret weiß, wie es jetzt als nächstes weitergeht (Janina, 2215–2218n).

Beide Lehrgangsleitungen dachten intensiv über die Reichweite der Weiterbildung in Bezug auf die Professionalisierung nach. Dabei stand die Frage im Fokus, inwiefern die Teilnehmenden mit ausgebildeten EMP-Lehrkräften hinsichtlich der musikalischen und pädagogischen Qualifikationen vergleichbar sind. Die Lehrgangsleitungen sahen große Bedenken, dass durch die Weiterqualifizierung von Musiker*innen der Stellenwert und die Qualität der Elementaren Musikpädagogik in der Kita sinken könnte. Demnach berechtigt die Teilnahme an einer Weiterqualifizierung nicht dazu, diese mit dem Anspruch eines EMP-Studiums gleichzusetzen, denn MuBiKi sei „kein billiger Abklatsch vom EMP-Studium" (Tanja, 571n).

Tanja wünschte sich für die Zukunft, dass die Tandemarbeit und die Kooperation zwischen unterschiedlichen Berufen zu neuen Entwicklungen in der frühkindlichen Bildung führen. Es ist für sie daher wichtig, dass sich Institutionen öffnen und aus ihren gewohnten Lernräumen herausgehen. Tanja erhoffte sich, dass sich „neue Wege und neue Anstellungsmöglichkeiten ergeben. Auch bei den sogenannten Musikpädagogen, gerade bei denen, die nicht EMP studiert haben, um sich breiter aufzustellen" (Tanja, 434–474n).

2.4 Stellenwert der Lehrgangsleitungen

Es kann nicht deutlich genug hervorgehoben werden, welche hohe Bedeutungen die Lehrgangsleitungen für die Gruppen an beiden Standorten besaßen. Im Hinblick auf positive Erfahrungen wurden sie seitens der Teilnehmenden oft an erster Stelle genannt und ausdrücklich gelobt:

> Janina fand ich tatsächlich auch von der Mischung aus Wissen und Arbeit und auch Humor bereichernd. Das ist einfach eine sehr gute Lernatmosphäre, weil sie sehr motivierend ist (Gesa, M1n, 246–248).

Ferner wurden Glaubwürdigkeit und Authentizität von Janina mehrfach hervorgehoben. In ähnlicher Weise schätzten die Teilnehmenden am zweiten Standort den persönlichen, wertschätzenden und individuell fördernden Umgang durch Tanja. Eine große Bedeutung spielte hier – auch aufgrund individueller Schwerpunkte der Lehrgangsleitung – die tanzimprovisatorische Arbeit. Besaßen einige Teilnehmende zunächst große Hemmungen, sich körperlich auszudrücken, konnte gegen Ende aber eine hohe Offenheit auch gegenüber der Gruppe hinsichtlich tänzerischer Gestaltungsversuche festgestellt werden:

> Zu Beginn hatte ich die Schwierigkeit, wenn da Tanzmodule kommen und ich dann Tanja sehe, wie die sich bewegt; aber daran bin ich gewachsen. Jetzt habe ich wirklich kein Problem mehr vor der Gruppe (Frieda, E2n, 49–60).

Gleichermaßen gab es Kritik, dass das tänzerische Angebot am zweiten Lehrgangsort zu dominant war, denn die Teilnehmenden wünschten sich „eigentlich noch ganz andere Sachen, die dann eher zum Schluss kamen" (Viola, E2n, 45–49).

An beiden Standorten führte die durchgängig anwesende Lehrgangsleitung zur Gestaltung eines inhaltlichen Gesamtbogens und motivierte die Teilnehmenden als Identifikations- und unmittelbare Vorbildfunktion für Lernprozesse. Eine durchgehend anwesende Lehrgangsleitung ist auch in Bezug auf Folgeprojekte von großer Bedeutung.

2.5 Fachdozierende

Die Dozierenden unterrichteten ein insgesamt breites inhaltliches Spektrum während der Weiterbildung. Eine Person konzentrierte sich auf die Vermittlungen musikalischer Spiele und kindgerechter Arbeitsformen. Dabei stand der Coach Larissa Behrendt durchgängig beratend zur Verfügung. Ergänzend zum Workshopangebot wurden auch Personen eingebunden, die ihre Institutionen vorstellten, wie z. B. ein Musikkindergarten aus Hamburg. Die Rückmeldungen der Teilnehmenden waren dahingehend positiv.

> Dozenten, die sind absolutes Topniveau, da kann man nichts dran aussetzen (Rudolf, M1n, 104–105).

Kritische Rückmeldungen gab es zu einem Dozenten, der an beiden Standorten zwei Module unterrichtete, wobei seine Kenntnisse im Bereich *Grundlagen musikalischer Entwicklung* in der abschließenden Gruppendiskussion am Standort II seitens der Teilnehmenden als veraltet kritisiert wurden.

> Herr Instadt ist ganz inspirierend, aber für frühkindliche Bildung ist er zu alt, Punkt. Was er zur musikalischen Bildung in Bezug auf den Spracherwerb sagt, kann ich nicht nachvollziehen (GD2, 251–258).

Dagegen hoben die Teilnehmenden am Standort I insbesondere seine Vermittlungsfähigkeiten im Bereich *Labor & Co – Formate mit Freiraum* durch viele improvisatorische Anteile hervor.

> Sehr interessant. Weil er einfach Musik neu vermittelte; dass ein Raum schon ein Instrument sein kann. Das gab eine ganz andere Perspektive, die er aufgezeigt hat (David, E1n, 253–258).

Die Gegensätzlichkeit der Beurteilungen verdeutlicht, dass die Bewertungen von individuellen Präferenzen abhingen, v. a. gegenüber experimentell-improvisatorischen Arbeitsformen. Die Dozent*innen erfüllten den Teilnehmenden auch ihren Wunsch nach konkretem Material für die Alltagspraxis.

> Wir haben so viel Material bekommen. Das war so ein richtiger Berg, der sich über einem aufgetürmt hat. Und dann hat man sich gedacht: Oh das ist geil, das mache ich (Rudolf, M1n, 219–225).

Die Dozierenden vermittelten den Erzieher*innen Sicherheit im Umgang mit Musik, so dass auch die anfänglich geäußerten Sorgen musikalisch überfordert zu sein, aufgehoben werden konnten.

Die teilnehmenden Beobachtungen verdeutlichen eine intensive Seminaratmosphäre mit hoher methodischer Abwechslung und einer allgemein hohen Dichte an musikpädagogischen Übungen und Spielen. Es wurden Unterrichtssituationen simuliert und das Musikmaterial mit den Teilnehmenden erprobt. Die Dozierenden bildeten dabei Rollenvorbilder, die für beide Berufsgruppen wichtig waren und ein Gefühl von Sicherheit vermittelten:

> Man lernt schon so viel, indem man denen nur zuschaut, wie sie das machen, was sie machen. Die haben so eine Grundruhe und so eine Souveränität, die aber nie ins Arrogante rüber geht (Rudolf, M1n, 178–183).

Hinsichtlich der Qualität der Dozent*innen wurde daher der Wunsch genannt, sich inhaltlich noch besser auf die unterschiedlichen Berufsgruppen abzustimmen. Sie sollten sich auch untereinander austauschen, um inhaltliche Überschneidungen zu vermeiden. Eine bessere Absprache zwischen den Dozent*innen ist immer auch an den Umgang mit dem Modulhandbuch gebunden, in dem insbesondere in MuBiKi ausführlich der Kompetenzerwerb, aber auch inhaltliche Gestaltungsvorschläge vorgegeben waren.

2.6 Atmosphäre

Wie bereits oben beschrieben, war die Weiterbildung von Annäherungen zwischen zwei unterschiedlichen Berufsgruppen geprägt und forderte nicht nur die Erzieher*innen, sondern ebenso die Musiker*innen mit den musikpädagogischen Praxisübungen stark heraus: So waren die auf den Einsatz in der Kita zugeschnittenen musikalischen Spiele, Übungen und Anleitungsverfahren auch für die Musiker*innen meist völlig neu, die sich beispielsweise in der gewohnten Interpretation so genannter klassischer Musik im Rahmen eines Orchesters sicherer fühlten als im körper- und spielorientieren Anleiten elementarer Musikspiele mit Kindern. Es entstanden regelmäßig Situationen von großer persönlicher Herausforderung, wenn beispielsweise ungewohnte musikalische Übungen vor der Gruppe ausprobiert und gezeigt wurden.

Es war Zeit und Geduld nötig, um in ungewohnten Situationen (in kooperativen Arbeitsformen) gewohnte musikbezogene Umgangsweisen kritisch zu hinterfragen, und das ‚Fremde' anzunehmen. Die teilnehmenden Beobachtungen und Interviews zeigen hier eine gelungene Gestaltung einer vertrauensvollen und motivierenden Atmosphäre, deren Zustandekommen die Teilnehmenden vor allem positiv den beiden Lehrgangsleitungen zuschrieben. Rudolf betonte einen „respektvollen Umgang" (Rudolf, M1n, 450), der durchaus exemplarisch für eine Fülle von Rückmeldungen beider Gruppen steht und zugleich die Sensibilität der Arbeitsprozesse ausdrückte. Insgesamt bestand die Arbeit aus einer gelungenen Balance zwischen Gelassenheit und Humor mit anspruchsvollen Anforderungen und ernsten Diskussionen.

2.7 Gruppe

Der Zusammenhalt der Gruppe spielte eine wichtige Rolle für das Gelingen der gesamten Weiterqualifizierung. Es erfolgte ein intensiver Austausch auf Augenhöhe nicht nur im Tandem. Dieses Ergebnis findet sich auch in anderen kooperativen Weiterbildungen (VimuBi), ist aber umso erstaunlicher, da die Teilnehmenden durch die Kostenübernahme unterschiedlich gewertet bzw. klassifiziert wurden. Interessant erscheint, dass der Zusammenhalt der Gruppe als *Lernerfolg* verstanden wurde. Insbesondere gegen Ende der Weiterbildung wurde der Erwerb sozialkommunikativer Fähigkeiten deutlich, auch hinsichtlich der Übernahme neuer Rollen und des Feedbacks durch Andere. Entscheidend scheint auch – und insbesondere vor dem schwierigen Tandemfindungsprozess am Lehrgangsort II –, dass im Verlauf ein Zusammenwachsen erfolgte, da schwierige Hürden *überwunden* wurden (Tandemfindung).

In diesem Kontext fielen gegen Ende der Weiterbildung (v. a. in der gemeinsamen Gruppendiskussion) immer wieder Begriffe wie „gleichberechtigt", „ausgeglichen" oder „auf Augenhöhe" und „voneinander lernen" (Charlie, E1v, 211–213). Allerdings wurde der Austausch nur teilweise im Anschluss der Seminare weitergeführt, da sich aufgrund der unterschiedlichen Finanzierung räumliche Trennungen ergaben und verschiedene Gruppen den Abend gemeinsam verbrachten. Dennoch standen die

Gruppe und das gemeinsame Arbeiten für den Zusammenhalt und die gemeinsame Weiterentwicklung. Dabei erschien auch die Gruppengröße von ca. 20 Personen angemessen, da so das „Miteinander von jedem Einzelnen eingebracht werden kann, um Dinge intensiv zu besprechen" (Christoph, M1n, 79–81).

In der Beschreibung des Stellenwerts der Lerngruppe entstand ein Wandel. Wurde zunächst die Weiterbildung als Zusammensetzung von Erzieher*innen und Musiker*innen betrachtet, so vollzog sich im Verlauf eine Veränderung der *Haltung*, indem der gemeinsame Zusammenhalt verstärkt herausgestellt wurde.

> Es gab für mich ab September eine echte Wende, wo ich einmal für mich eine andere Haltung gefunden habe, aber wo ich auch das Gefühl habe, da ist in der Leitung auch was passiert. Wir waren nicht glücklich damit, dass wir, als es so schwierig war: wie finden wir jetzt Tandems. Wir haben uns zum Beispiel auch ganz engagiert, dass wir jetzt endlich zueinander finden. Ich habe mit der anderen Musikerin telefoniert. Wir haben da ganz viel mitorganisiert, dass es so wie es ist letztendlich zustande kam (Katharina, M2n, 542–551).

Diese deutliche Veränderung der Blickrichtung hing mit der schwierigen organisatorischen Gesamtorganisation zusammen, die gemeinsam durch Unterstützung überwunden wurde und das Engagement der Teilnehmenden verdeutlichte. Es gab aber auch Bedenken, die v. a. zu Beginn der Weiterbildung geäußert wurden und mit organisatorischen Rahmenbedingungen in Verbindung standen.

> Wo wir irgendetwas zusammen machen, ist die Toleranz miteinander riesengroß. Gleich von Anfang an. Und dann bricht es sofort auseinander und das hat was schon damit zu tun, dass die Erzieherinnen zahlen müssen, das heißt die organisieren sich weg in der Übernachtung, gucken dass sie nach Hause kommen. All die Gespräche finden nicht statt, die Musiker fangen an was zu spielen und sogleich als Musikbegeisterte traue mich da nicht rein, ist ja doch ein anderes Level (Renate, E1v, 402–412).

2.8 Inhalte und Didaktik

In den Seminaren wurde praxisorientiert gearbeitet und ein Großteil der im Modulhandbuch angeführten Inhalte wurden auch umgesetzt und reflektiert. Es bestand ein großer Wunsch, diese Übungen möglichst zeitnah in der eigenen Praxis bzw. im Projekt umzusetzen.

> Also, ich nutze auch nach jedem Seminarwochenende den Input und wende das aktiv im Kindergartenalltag an (David, E1n, 222–225).

Trotz der Praxisorientierung wurde insbesondere von Musiker*innen Kritik hinsichtlich der geringen Kita-Hospitationen geäußert. Demnach fehlte eine Anwendung der Weiterbildungsinhalte in einer Kita-Lerngruppe.

> Ich hätte es interessant gefunden, wenn einmal eine wirkliche Kindergruppe dabei gewesen wäre und jemand was mit denen macht. Es hätten auch die Dozenten sein können; dass man mal guckt, wie sich das realisieren lässt (Gesa, M1n, 689–691).

Hinsichtlich der Planung von ähnlichen Projekten sind die Einbindung von gemeinsamen Hospitationen mit dem Seminar sowie die Erprobung von Inhalten während der Seminare in einer Probe-Kita sinnvolle Weiterentwicklungen. In MuBiKi hatten sich die Teilnehmenden zum Teil ihre Kitas selbst ausgesucht und dabei weite Entfernungen in Kauf genommen. Trotz des Hospitationsdefizits profitierten die Musiker*innen von der Seminargestaltung und integrierten deren Inhalte in ihre berufliche Tätigkeit.

> Und da kann ich auch ganz viel für meinen Musiker- und Künstleralltag anwenden. Im Unterrichten kann ich so viel mit Einbringen von den Inhalten, die ich hier lerne. Also gar nicht so sehr bezogen auf den Kita-Alltag (Kerstin, M1n, 72–76).

Immer wieder gab es aber auch kritische Stimmen in Bezug auf einen detaillierteren Transfer in die eigene künstlerische Berufspraxis, da sich künstlerische Tätigkeitsbereiche zum Teil erheblich von den Inhalten der Weiterbildung unterschieden (Arbeit als Orchestermusiker*in).

Im Rahmen der didaktischen Zielsetzungen äußerten viele Musiker*innen, dass die kindgerechte Vermittlung der Inhalte in der Praxis mit Kindern für sie eine große Herausforderung sei, die sie zu Beginn der Weiterbildung nicht erwartet hatten. Die Frage nach dem Einbringen künstlerischer Expertise bzw. deren Adaption für kindliche Lernvorgänge ist eine der zentralen Schnittstellen im MuBiKi-Projekt, gerade vor dem Hintergrund, individuelle künstlerische Expertise nicht zu vernachlässigen und bestenfalls mit elementaren Lernvorgängen in der Kita zu kombinieren (ausführlich zu dieser Problematik s. Diskussion, Abschnitt I, ab S. 234).

2.9 Binnendifferenzierung nach Bedürfnissen der Teilnehmenden

Die Frage nach der didaktischen Differenzierung stand im Zentrum der gesamten Weiterbildung und lässt sich auf zwei Aspekte fokussieren:
- Inwieweit ging die Weiterbildung konkret auf die *unterschiedlichen* Bedürfnisse der beiden Berufsgruppen Musiker*innen und Erzieher*innen ein?
- Inwieweit ging die Weiterbildung in ihrer Konzeption von *einem* bestimmten Berufsbild aus, das reproduziert oder verändert werden kann? Förderte die Weiterbildungsmaßnahme die Entstehung *neuer* und *individueller* Berufsbilder in einem transprofessionellen Sinne?

Insgesamt haben sich – trotz der inhaltlich positiven Bewertung der Seminare – Lehrgangsleitungen wie Teilnehmende deutlich mehr Binnendifferenzierung gewünscht:

> Grundsätzliche Sachen, was die Musik angeht, wurden für die Erzieher überhaupt nicht gemacht: also so wirklich so Grundfragen, wie ist ein Akkord aufgebaut. Das hätte ich

nicht schlecht gefunden. Viele wissen nicht, in was für einer Tonart ein Lied steht und mit welchen Akkorden man das beispielsweise begleiten könnte (Anna, M1n, 375–391).

Die Musikerin Anna fasste einen vielfach geäußerten Wunsch der Erzieher*innen zusammen, der so auch in den Abschlussrunden rückblickend als einer von wenigen Kritikpunkten stark geäußert wurde. Das Bedürfnis nach musiktheoretischen Fachkenntnissen widerspricht auch dem Bedürfnis der Erzieher*innen nach schnell einsetzbaren Materialien für die Kita-Praxis.

Unsere teilnehmenden Beobachtungen in den Seminaren ergaben insgesamt, dass wenige theoretische Grundlagen vermittelt wurden (wie z. B. Notenlehre usw.), dafür aber – zudem aus seminardidaktisch nachvollziehbaren Gründen – eine Fülle von musikalischen Spielen und Interaktionsübungen, die wesentlich zu der insgesamt so hohen positiven Bewertung der Inhalte beitrugen.

Die Musiker*innen beschrieben ihrerseits den Wunsch, im Rahmen der Seminare und überhaupt mehr mit Kindergruppen in Berührung zu kommen, z. B. als Modellgruppe unterrichtend im Seminar oder häufiger gemeinsam hospitierend in nahe gelegenen Kindergärten.

> Wie gehe ich denn in den Kindergarten? Ich weiß nicht, wie man das umsetzen kann. Ich habe nicht das Rezept, wo ich sage so und so muss man das machen (Elena, M2n, 212–217).

Grundsätzlich finden sich hinsichtlich der inhaltlichen Gestaltung der Weiterbildung ambivalente Äußerungen, indem einerseits das Zusammenwachsen der Gruppe geschätzt und andererseits mehr Wert auf individuelle Angebote gelegt wurde. Diese Differenzierungen waren berufsspezifisch, so dass die Erzieher*innen mehr musikalisches Grundlagenwissen wünschten, während die Musiker*innen mehr Informationen zum Umgang mit Kindern als Verbesserung hervorhoben. Allen gemeinsam war wiederum der Wunsch nach Grundlagenwissen bzw. Rüstzeug für die alltägliche Praxis.

Dieser unterschiedliche Fokus auf die Inhalte der Seminare war der grundlegenden Ausrichtung der Weiterbildung geschuldet, die sich direkt an zwei Berufsgruppen richtete und somit die Differenz bereits in der Ausschreibung mit sich brachte. Die daran gebundene Vision, die Musiker*innen pädagogisch und die Erzieher*innen musikalisch so zu fördern, dass alle auf einem ähnlichen Niveau sind, wäre eine utopische und normative Vorstellung. Vielmehr ist es eine Qualität, mit heterogenen Voraussetzungen zu arbeiten, um so Formen transprofessioneller Zusammenarbeit anzubahnen. Der auch in anderen Tandemweiterbildungen mehrfach geäußerte Wunsch nach Binnendifferenzierung ist aus beruflicher Perspektive nachvollziehbar. Er widerspricht auch nicht dem transprofessionellen Tandemansatz, dieses Wissen durch das Lernen vom Anderen und dessen ‚Expertise' zu erhalten.

3 Zukunft

In der Kategorie *Zukunft* wird zusammengefasst, was die Teilnehmenden von der Weiterbildung mitgenommen haben. Grundlegend wurde sie als „bereichernd" (Kerstin, M1n, 71) und „gewinnbringend" empfunden (Rudolf, M1n, 404–408). Die Datenerhebungen belegen zudem, dass die Teilnehmenden das Gefühl besaßen, viel gelernt zu haben. Gleichermaßen kann aber auch festgehalten werden, dass große Veränderungen, z. B. im Sinne beruflicher Umorientierungen (noch) nicht erfolgten. Allerdings sprachen einige Teilnehmende von „neuen Anregungen für die berufliche Praxis" (Renate, E1n, 82–86), die durch die Weiterbildung initiiert wurden. Wertvoll waren für die Teilnehmenden die Reflexionen von Haltungen und ihrer eigenen Berufsverständnisse, die nicht zuletzt auch durch die gemeinsamen Gruppenerfahrungen intensiv erlebt wurden.

Solange die musikalische Arbeit in der Kita durch traditionelle EMP-Arbeitsweisen geprägt sein wird, bleibt es eine große Herausforderung, Musiker*innen im frühkindlichen Bereich zu beschäftigen. Gleichermaßen ist es längst gängige Praxis, dass das EMP-Angebot in der Kita von Musikpädagog*innen, die auch Kunst- und Kulturschaffende sind, meist in Kooperation mit der Musikschule durchgeführt wird. Dennoch könnte die Öffnung gegenüber neuen Musikpraxen und musikalischen Arbeitsfeldern in Zukunft größer sein durch ‚echtes Inkludieren' der künstlerischen Vielfalt aller Beteiligten.

3.1 Transfer in die berufliche Praxis

Ein Großteil der Teilnehmenden gab an, die Inhalte der Weiterbildung in die Praxis zu übertragen. Bereits während der Weiterbildung hatten viele Erzieher*innen verschiedene Materialien und Methoden in ihren Kita-Alltag eingebunden, wobei sie beschrieben, dass sich die Einstellung der Kinder gegenüber dem musikalischen Angebot verändert hat.

> Also die Kids die freuen sich jede Woche darauf. Die haben ja immer nur einmal Musik, und die fragen auch immer ob wir dies oder jenes nochmal machen können oder auch Sachen, die ich aus der Fortbildung einfach mit reingebracht habe. Die wollen das wieder erleben (Helmine, E1n, 132–136).

Einige Erzieher*innen sahen die Teilnahme an der Weiterbildung als Auffrischung musikalischer Kenntnisse. Dabei suchten sie sich aus dem vielseitigen Angebot gezielt für ihre Lerngruppen geeignete Inhalte und Methoden heraus, um es „in das eigene Repertoire mit aufzunehmen" (Babette, MEP1 nach 208–209). Überraschend positiv erscheint, dass auch auf Seiten der Musiker*innen Inhalte aus den Seminaren in die Unterrichtspraxis eingesetzt wurden.

> Aber ein paar einzelne Sachen konnte ich tatsächlich auch schon mal für den Instrumentalunterricht mitnehmen (Anna, M1v, 304–305).

Es gab aber auch kritische Stimmen. Viola hob hervor, dass sie zwar „etwas mit nach Hause nimmt" (Viola, E2n, 247), sich aber in Zukunft keine beruflichen und finanziellen Veränderungen ergeben würden.

> Also irgendwie nimmt jeder was aus dieser Fortbildung mit nach Hause. Aber finanziell oder beruflich bringt das überhaupt nichts; ich kriege nicht mehr Geld, ich habe auch keinen speziellen Aufgabenbereich danach (Viola, E2n, 248–250).

Liane verdeutlichte, dass die Kita-Praxis anders aussieht, da in der Weiterbildung „alles immer auf ein Podest gestellt" (Liane, M2n, 123) wurde. Es wurden also Grenzen sichtbar, die Konzeption der Weiterbildung direkt in die Kita zu übersetzen. Ausschlaggebend für den schwierigen Transfer in die Praxis sind zwei Gründe: erstens die Infrastruktur in der Kita und zweitens die örtlichen Voraussetzungen (zur Kooperation). Es finden sich zahlreiche eher resignative Äußerungen, dass die Inhalte der Weiterbildung nicht in den Kita-Alltag übernommen werden können, da dort kein zeitlicher Rahmen dafür vorhanden ist und eine Unterstützung seitens der Kita-Leitungen nicht überall erfolgt.

> Ich habe das mit meiner Chefin besprochen. Es ist unbefriedigend für mich, weil ich aus dieser Fortbildung kaum etwas umsetzen kann. Was aber nur an meinen Stunden liegt im Moment, die alle verplant sind (Viola, E2n, 580–586).

Auch die Infrastruktur einiger Kitas bot kaum genügend Platz und Material, um die Inhalte der Weiterbildung umzusetzen. Trotz dieser zum Teil schlechten Rahmenbedingungen berichteten die Teilnehmenden von einer „Vision" (Katharina, M2n, 196–203), das musikalische Leben in der Kita zu verändern. Über die Kita-Einrichtung hinaus finden sich aber auch außerhalb der Institution insbesondere in dörflichen Regionen kaum geeignete Institutionen oder Musiker*innen, mit denen kooperiert werden kann.

> Hier auf den Dörfern ist es nicht möglich, mit unseren Kindern nach Hannover zu fahren oder uns Leute aus Hannover einzuladen, weil die Entfernung einfach zu weit weg ist (Viola, E2n, 110–114).

Seitens der Musiker*innen bestand Unklarheit, ob mit dem Zertifikat die Möglichkeit besteht, in einer Kita unterrichten zu dürfen. Auch in Bezug auf den Titel ‚Fachkraft für musikalisch-kulturelle Bildung' wurde kritisch gesehen, welche beruflichen Perspektiven damit verbunden sind.

> Was heißt Fachkraft für musikalisch-kulturelle Bildung? Ist das etwas Offizielles, was wir mitnehmen oder vorweisen können, um in den Einrichtungen zu arbeiten (Viola, E2n, 296–302)?

Kerstin sah im Erwerb des Zertifikats ein „gutes Standbein" (Kerstin, M1v, 97), um Musik in der Kita anzubieten. Katharina zog als Fazit, dass sie dadurch in Zukunft „die Strömung der EMP" (Katharina, M1n, 72) vertreten kann. Durch das Zertifikat fühlte sie sich grundsätzlich bestärkt, auch in Zukunft „Projekte auszuprobieren und das ganz offen zu machen " (Katharina, M2n, 91–99). Überhaupt ist auffallend, dass insbesondere gegen Ende der Weiterqualifizierung mehrfach der Abbau von Berührungsängsten hervorgehoben wurde.

> Die Musiker verlieren die Hemmung vor den Einrichtungen, sie trauen sich dorthin zu kommen. Und wir Erzieher holen uns jemanden von außen (Viola, E2n, 245).

Hinsichtlich der persönlichen Erfahrungen wurden das Überschreiten von Grenzen und der Mut, etwas Neues vor der Gruppe auszuprobieren erwähnt, was als eine positive „Selbsterfahrung" (Barbara, E2n, 212–213) beschrieben wurde.

3.2 Projektentwickelung und neue Anwendungsfelder

Bärbel äußerte sich als Musikerin optimistisch, in Zukunft verstärkt projektorientiert mit unterschiedlichen Kooperationspartner*innen zusammenzuarbeiten. Im Rahmen der Projektgestaltung in der Tandemarbeit war eine Äußerung von Rudolf auffallend, in der er vom Durchsetzungsvermögen sprach, sich die Mittel anzueignen, um diese umsetzen zu können. Die gemachten Erfahrungen im Kita-Projekt führten zum Wunsch, in Zukunft die Planung stringenter und differenzierter zu gestalten. Hierzu gehören auch genauere Absprachen zwischen dem Tandempartner*innen:

> Und diese Arbeit mit dem Projekt und dem Tandempartner, das war in meinen Augen ein großes Durcheinander und organisatorisch noch sehr undurchdacht (Viola, E2n, 53–56).

Die Teilnehmenden beider Berufsgruppen hoben neue Interessen für spezifische Fähigkeiten hervor, die sie im Rahmen der Weiterbildung kennen und schätzen gelernt haben. Das betrifft v. a. Methoden in der Gestaltung musikalischer Lernumgebungen, aber auch grundlegende musikbezogene Fertigkeiten, die durch das gemeinsame bzw. wechselseitige Lehren und Lernen ermöglicht wurden. Hierzu gehört auch die Vermeidung musikbezogenen Fehlverhaltens.

> Durch die Fortbildung ganz gezielt darauf achten, die Tonlage so zu singen, dass es für die Kinder angenehm ist (Bärbel, M2n, 8–9).

3.3 Bezahlung & Finanzen

Das Thema Finanzen bzw. Bezahlung spielte in der Weiterbildung eine große Rolle und wurde auf unterschiedlichen Ebenen implizit und explizit angesprochen. Erstens erschien es insbesondere den Musiker*innen fraglich, inwiefern die Arbeit in der Kita eine berufliche Alternative sein sollte, sofern die Bezahlung unangemessen und unvergleichbar erscheint.

Aber dadurch dass ich Musiker bin und dass das auch mein Beruf ist, kann ich nicht für 7,50 Euro die Stunde arbeiten. Der Kindergarten wird kein Budget haben. Da ist ja eher zu wenig Geld. Die Erzieher werden auch nicht besonders gut bezahlt" (Gesa, M1v, 206–214).

Indirekt kommen in diesem vor der Weiterbildung geäußerten Zitat wiederum unterschiedliche Selbst- und Fremdeinstellungen zur Geltung, die normativ geprägt sind und nur schwer ‚aufzubrechen' sind.

Zweitens wurde seitens der Musiker*innen die kostenfreie Teilnahme an der Weiterbildung als „ein großer Pluspunkt für diese Fortbildung" (Viola, E2n, 36–38) genannt. Dies war „überhaupt nicht selbstverständlich" und ein „riesen Glück" (Gesa, M1n, 475). Allerdings fanden sich auch viele kritische Stimmen nicht nur seitens der Erzieher*innen, da durch die ungerechte Finanzierung die Gruppe geteilt wurde.

3.4 Arbeitsbelastungen

Trotz der langen Zwischenzeiten, in denen Erfahrungen verarbeitet wurden, hatten einige Teilnehmende die Arbeit in den Seminaren als belastend empfunden, zumal sie dies bei der Anmeldung nicht einschätzen konnten.

> Ich war persönlich nicht darauf eingestellt. Mich hat das eher überrumpelt. Dann merkt man: Das schaffe ich nicht. Es müsste im Vorfeld überlegt werden, wie viel kann man denn den Leuten zumuten bei einer berufsbegleitenden Weiterbildung (David, E1n, 676–780).

Die Belastungen hingen mit dem hohen Aufwand hinsichtlich der Projektarbeit (Fahrtkosten) sowie der Vereinbarkeit mit anderen familiären Verpflichtungen, insbesondere an den Wochenendseminaren, zusammen. Auch wenn die Befragungen ergaben, dass die Teilnehmenden mit der zeitlichen Struktur zufrieden waren, gab es in den Interviews vereinzelt Stimmen, eine erneute Wiederholung „zeitlich zu reduzieren" (Katharina, M2n, 691–692).

3.5 Zukünftige Zusammenarbeit im Tandem und in der Gruppe

Auffallend oft wurde die hohe Motivation genannt, die Erfahrungen in der Praxis zu erproben und die gemeinsame Gestaltung von Projekten zu vertiefen. Die Teilnehmenden äußerten den Wunsch, sich auch in Zukunft mit der Gruppe zu treffen und auszutauschen.

> Ich brauche auch in Zukunft eine Kollegin, um Erfahrungsaustausch, Beobachtung von Kindern zu machen. Man redet über seine Projekte, über die Erfahrung. Ich möchte in meiner Gruppe weiterhin reden, was ist dort im Kindergarten passiert (Lisa, E1n, 484–490).

Die Idee einer kontinuierlichen Austausch- und Reflexionsmöglichkeit für die zukünftige Arbeit wäre eine wichtige Option, die Nachhaltigkeit von MuBiKi zu überprüfen, aber auch um gemeinsam an spezifischen Inhalten und Zielen zu arbeiten.

> Mein Wunsch ist, aus diesen Ideen vielleicht auch wirklich was Nachhaltiges zu machen. Ob vielleicht aus dieser Idee sogar etwas Regelmäßiges stattfindet. Dass man sich wirklich regelmäßig trifft (David, E1n, 331–333).

Bei einem erneuten Treffen sollte ein weiterführender Austausch zwischen den unterschiedlichen beruflichen Gruppen ermöglicht werden, auch um die „Berührungspunkte mit Leuten, die Musik studiert haben", aufrechtzuerhalten und „über den eigenen Tellerrand hinauszuschauen" (Liane, M2n, 438–441). Tatsächlich hatten sich beide Gruppen nach Ende der Weiterbildung erneut gemeinsam getroffen. Im Rahmen der Evaluation konnten aber aus Kostengründen keine weiteren Daten erhoben werden. Es wurden weitere Treffen angedacht, da auch die Sorge bestand, dass „sonst alles verloren geht, was wir gemeinsam erarbeitet haben" (Liane, M2n, 438–439).

Auch über die Zukunft der Tandemarbeit machten sich die Teilnehmenden Gedanken. Während auf der einen Seite zwischen verschiedenen Tandems eine gemeinsame Weiterarbeit konkret geplant wurde, blieb dennoch eine grundlegende kritische Sichtweise auf die unterschiedlichen Fähigkeiten der Berufsgruppen vorhanden. Immer wieder wurde der Wunsch geäußert, „dass man so Erzieher und Musiker einfach auch mal trennt" (Barbara, E2n, 529). Dabei wurde insbesondere das fehlende musikalische Fachwissen als ein Hindernis für die Seminararbeit gesehen, was zu Missverständnissen führte, zumal einige Teilnehmende – trotz eines Auswahlworkshops – keine Grundkenntnisse besaßen.

> Es sind auch einige bei uns dabei gewesen, die noch nicht mal jetzt Noten können; und die sich anfangs auch gewünscht haben, dass das auch irgendwo gemacht wird. Das ist überhaupt nicht berücksichtigt worden (Barbara, E2n, 528–540).

Es muss aber auch deutlich hervorgehoben werden, dass solche Äußerungen im Widerspruch zu den Kriterien des Auswahlverfahrens und zur positiven Hervorhebung der Tandemarbeit stehen. Aus transprofessioneller Sicht wurde das Kriterium der Offenheit gegenüber neuen Erfahrungen als zentrale Grundeinstellung hervorgehoben, die sich nur schwer in festgelegte Berufsschienen einbinden lässt und neue Begegnungen und Auseinandersetzungen mit der Vielfalt der Musik (und der Menschen) ermöglicht. Diese Offenheit ist eine Grundbedingung, die bei einer Fortsetzung von MuBiKi auch für eine Beteiligung aller Berufsgruppen relevant erscheint.

> Falls MuBiKi fortgeführt werden soll, müsste man eigentlich mehr offener sein; nicht nur Orchestermusiker, auch die Erzieher (Bärbel, M2n, 377–381).

3.6 Veränderungen von Rollenbildern

Je länger die Musiker*innen in der Kita waren und dort (negative) Erfahrungen gemacht hatten, desto stärker änderten sich die Blickrichtungen und Perspektiven sowohl hinsichtlich der Selbst- als auch der Fremdzuschreibungen. Insbesondere die organisierenden und methodisch-pädagogischen Tätigkeiten der Erzieher*innen wurden positiv betrachtet.

> Also, wenn es jetzt um Beobachtung geht und so, da sind dann die Erzieherinnen wesentlich fitter; wir kennen ganz viele Methoden nicht, haben wir nie gelernt in unserem Studium. Und da finde ich hat sich dann schon nochmal wiederum dahingehend ein Ungleichgewicht ergeben (Kerstin, M1v, 430–435).

Auch die Erzieher*innen lernten im Verlauf ihre eigenen Fähigkeiten schätzen und revidierten ihr überhöhtes Bild von Musiker*innen.

> Als wir diesen Workshop Beobachtung hatten, war für uns das alles ganz klar, während den Musikern dieser Punkt nahe gebracht werden musste. Und wir dachten: Das machen wir jetzt seit unserer Ausbildung. Also, für uns gehört Beobachtung dazu. [...] Wenn ich ein Angebot mache, habe ich meinen Blick immer bei den Kindern, nehme ich die Gruppe wahr, weiß aber, was ich machen möchte. Die Musiker können das auch nicht wegen ihrer Ausbildung. Sie sind dann mehr fokussiert auf ihr Angebot (Alexa, E2v, 105–118).

Im Rahmen der Zusammenarbeit wurde oft der Begriff „Selbsterfahrung" (Barbara, E2n, 212) genannt. Der Begriff lässt sich hinsichtlich der transprofessionellen Zusammenarbeit interpretieren, indem hierunter – auch aus psychologischer Sicht – erstens das Kennenlernen und Reflektieren über das Erleben und Agieren der eigenen Person in herausfordernden Situationen und zweitens der Prozess des Rollentauschs verstanden wird. Diese Selbsterfahrung in der Tandemarbeit als Selbstzuschreibung lässt sich in unterschiedlichen Äußerungen wiedererkennen. Hierzu gehört auch das Symbol des Wachsens:

> Also zu Beginn hatte ich für mich immer so die Schwierigkeiten [...] und wenn ich sehe, wie die sich da biegt und bewegt, du liebe Güte, aber merke ich auch so, bin ich auch dran gewachsen (Frieda, E2n, 53–55).

Auffallend ist, dass sich ein Wandel hinsichtlich der Form der Zusammenarbeit und des Stellenwerts des Tandempartners ergab. Wünschten sich die Teilnehmenden zu Beginn primär Anregungen, Unterstützung und Austausch, so kamen gegen Ende weitere Äußerungen hinzu, welche Input und Feedback seitens des Partners hervorhoben.

> Ich wünsche mir, dass ich auch von ihr [= Musikerin] noch ganz viel Input bekomme, dass ich mich noch weiterbilde und dass sie mir dann auch so ein Feedback gibt und sagt: Probiere das doch mal so und mache doch mal das! Das könntest du, die Instrumente könntest du dafür einsetzen (Alexa, E2v, 147–152).

Diese Äußerungen lassen sich auch auf das Konzept der transprofessionellen Zusammenarbeit beziehen, da Fähigkeiten des Tandempartners adaptiert wurden. Vor diesem Hintergrund fiel gegen Ende der Weiterbildung oft der Begriff ‚aufgreifen', auf, der einen Wandel hinsichtlich der Anerkennung von etwas Fremdem verdeutlichte:

> Und als sie dann nicht mehr da war, habe ich ja, den Kindern hat das so gut gefallen, das musst du jetzt aufgreifen. Und hab dann, ja dann trau dich jetzt mal, so mit dem Singen, weil ich dann von der Tonhöhe her nicht weiß, aber das hat total gut geklappt. Und das singen die heute noch (Viola, E2n, 497–500).

4 Videographische Analysen

4.1 Videobeschreibungen und -interpretationen

Im Folgenden werden zunächst Situationsbeschreibungen und anschließend deren Interpretationen von jeweils zwei Videosequenzen pro Tandem dargestellt (zur Methodik s. Hintergründe, Abschnitt VI, Kapitel 5, ab S. 54). [23]

4.1.1   Tandem I, Szene 1: „Rudolf singt allein"

Beschreibung
Vier Jungen und ein Mädchen sitzen zusammen mit dem Tandem im Halbkreis auf dem Boden. Vor ihnen liegt ein Blatt Papier, auf dem sich Krümel befinden. Rudolf nimmt die Gitarre und beginnt ein Lied zu singen („bis die Zähne blitzeblank sind"). Helmine bleibt in der Hocke, singt nicht mit, und schaut zu den Kindern, die zur Musik wischende Handbewegung ausführen. Mit der Zeit fallen Krümel vom Blatt und sie spricht mit einem Mädchen. Mehrmals wird das Blatt hin- und hergeschoben. Helmine gibt dem Mädchen Tipps, wo sie noch überall putzen kann. Gegen Schluss haben alle Kinder ihre Blätter leer gewischt und dabei eine Strategie entwickelt, die Krümel wieder auf das Blatt zu legen und von vorne anzufangen.

Interpretation
Die Zusammenarbeit des Tandems besteht in Form einer Arbeitsteilung. Rudolf ist für das Fachliche zuständig und übernimmt das Musizieren. Unbeeindruckt und unbeirrt konzentriert er sich auf die Liedbegleitung und den Gesang, zeigt keine Reaktion auf die Ablenkungsversuche der Kinder. In der Musik ist er in seinem Element. Helmine kümmert sich um die Kinder. Durch die gespannte Körperhaltung (Kniehocke) wirkt sie unruhig und ist bereit aufzuspringen, um auf Unvorhergesehenes zu reagieren. Sie konzentriert sich primär auf die Mädchen und zeigt ihnen, wie das Wischen funktioniert.

---

23   Die Analysen (Writing und Reading Mode) können unter dem folgenden Link heruntergeladen werden: http://bit.ly/2oj3QEG.

Helmine agiert nicht musikalisch, auch wenn sie durch ihr jahrelanges Klavierspiel dazu in der Lage wäre. Rudolf wirkt dominant und durch sein Verhalten als ein Künstler, der als Gast in der Kita ist. Möglicherweise hält sich Helmine zurück, weil Rudolf mehr musikalische Berufserfahrungen besitzt.

4.1.2 Tandem I, Szene 2: Der Rainmaker

Beschreibung

Die Kinder sitzen im Kreis mit Rudolf auf dem Fußboden, während Helmine auf Knien, mit dem Rücken zur Kamera, außerhalb sitzt. Rudolf und ein Kind haben Spielfiguren in der Hand, während Helmine den Rainmaker in die Hand nimmt. Rudolf fragt die Kinder plötzlich, was Helmine für ein „buntes Ding dort hat"? Auch Helmine fragt, ob die Kinder den Gegenstand kennen. Sie stellt sich vor die Kindergruppe und präsentiert das Instrument. Sie sollen das dazugehörige erklingende Geräusch erraten (Regen). Auch Rudolf fragt die Gruppe nach dem erklingenden Geräusch, das sich anhört „wie eine Kuckucksuhr, ein Gong, wie ein Wecker oder wie eine Sanduhr". Als Helmine anschließend den Rainmaker vorführt, sitzt Rudolf hinter den Kindern und fragt über deren Rücken hinweg, ob sie ihn auch einmal ausprobieren möchten. Diese zeigen große Begeisterung und machen Anzeichen loszustürmen. Helmine bittet sie auf der Bank zu bleiben. Sie reagieren sofort und setzen sich wieder. In der Zwischenzeit verschwindet Rudolf, mit der Sanduhr in der Hand, kurz aus dem Bild. Er kommt mit einem Becher wieder, setzt sich auf die Bank und trinkt etwas. Während Helmine neben einem Kind steht, das den Regenmacher ausprobiert, kommentiert er von der Bank aus („Die Zeit ist aber ganz schnell rumgegangen").

Abb. 13 und 14: Räumliches Setting und Vorstellung des Rainmakers

Interpretation

Bereits die Sitzordnung verdeutlicht ein spezifisches Setting, das auch die Arbeitssituation im Tandem umschreibt. Rudolf bildet mit Kindern im Kreis eine Einheit; Helmine sitzt außerhalb und beobachtet das Geschehen. Rudolf agiert als steuernder Wortführer, Helmine dagegen als die Ansagen ausführende Assistentin. Erst auf Rudolfs Aufforderung nimmt sie den Rainmaker in die Hand. Er kontrolliert das Geschehen auch durch den lauten Stimmeinsatz und bleibt während der ganzen Szene körperlich auf Augenhöhe der Kinder. Helmine führt dagegen das Instrument im Stehen vor, grenzt sich deutlich von der Gruppe ab und agiert pädagogisch als Lehrperson. Während Rudolf die Einheit mit der Kindergruppe verkörpert und die Situation stark steuert, fällt Helmine durch ihre stringente Führung auf. Rudolf scheint so stark auf das reibungslose Gelingen der Szene konzentriert zu sein, dass er individuelle Reaktionen der Kinder nicht bemerkt. Störungen werden v. a. durch Helmine unterbunden. Ihre Rolle als Assistentin wird durch ‚das Verschwinden' von Rudolf, um etwas zu trinken zu holen, verstärkt. Er wirkt als Beobachter und Kommentator auf der Bank und darf eine Pause machen. Die Situation erinnert an typische Probenabläufe bei Musiker*innen, die sich nach ihrem Teil erholen (z. B. hinter der Bühne). Rudolf wirkt hinsichtlich seines Verhaltens als Künstler und nimmt sich Rechte heraus, die aus pädagogischer Sicht eher ein Tabu sind.

4.1.3   Tandem II, Szene 1: Anna auf der Konzertbühne im Wald

Beschreibung
Das Projekt findet in freier Natur (Waldkindergarten) im Winter statt. Es ist kalt und die Gruppe bewegt sich langsam auf eine Lichtung zu. Die Kinder laufen der Erzieherin Kirsten hinterher, während die Musikerin Anna abseits steht und mit ihrer Geige zu musizieren beginnt. Anschließend bewegen sie sich zu bestimmten Musikmotiven und übernehmen spezifische Bewegungsmuster. Anna wirkt vertraut mit ihrer Geige und spielt virtuos und ausdrucksstark. Die Kinder reagieren teils offen und neugierig, aber auch distanzierend und eher gehemmt auf die Musik. Kirsten umkreist die Kinder. Auf der einen Seite ahmt sie die Bewegungen zur Musik nach, auf der anderen Seite greift sie in die Interaktion der Kinder ein (Schuhe zubinden).

Abb. 15: Kinder bewegen sich zur Geigenmusik im Wald

Interpretation

Die Szene wirkt vertraut und zugleich surreal; vertraut scheint es für Kinder und die Erzieherin zu sein, in den Wald zu gehen; surreal wirken die Musik und die Geigerin im Wald. Besonders auffällig ist das Verhalten von Anna, die sich wie auf einem Konzertpodium, einer imaginären Bühne, inszeniert und entsprechend typische Haltungen einnimmt. Dabei agiert sie (auch durch die klassische Musikauswahl (Vivaldi)) als außenstehende Musikerin und wirkt trotz freundlicher Gestik und Mimik eher distanzierend; Kirsten agiert auf zwei Ebenen. Auf der einen Seite ist sie Teil der Gruppe, auf der anderen Seite distanziert sie sich von einer Teilnahme am musikalischen Spiel, geht aus der Rolle heraus und umzingelt die Kinder. Dabei greift sie vor allem organisierend in die Interaktion der Kinder ein; es scheint, dass die Situation für sie nicht vertraut ist, auch da es sich um den Beginn des Projektes handelt.

4.1.4 Tandem II, Szene 2: Kirsten unterstützt

Beschreibung

Die Szene spielt erneut im Wald und Anna singt im Stehkreis ein Kinderlied vor („die Blätter wiegen leise hin und her"). Dabei hebt sie unterstützend die Hände. Die Kinder nehmen unterschiedliche Haltungen ein, und es erscheint unklar, ob sie mitsingen sollen. Kirsten verschränkt die Hände hinter dem Rücken, geht am Ende des Liedes zu einem Jungen mit einer Klangdose, um diesen aufzufordern, zuzuhören. Dabei steht sie hinter ihm, flüstert ihm etwas ins Ohr und beugt ihren Oberkörper nah an das Kind heran. Kirsten zieht sich immer mehr aus dem Kreis zurück und agiert kontrollierend. Anna bemerkt das Eingreifen, gestaltet aber weiter das musikpädagogische Setting und spricht ohne Unterbrechung. Die Kinder kommen sowohl singend als auch musizierend eher wenig zum Einsatz.

Abb. 16: Die Erzieherin kümmert sich um ein einzelnes Kind.

Interpretation

Kirsten ist als Erzieherin für das Verhalten der Lerngruppe zuständig, während Anna als Musikerin und externer Gast das musikalisch-pädagogische Setting durchführt. Es ist zu beobachten, wie sich die Erzieherin aus dem musikalischen Geschehen zurückzieht und als Kontrollinstanz zwischen den Schüler*innen bewegt. Der Rollenwechsel vollzieht sich im ersten Video erst nach ein paar Minuten, im zweiten Video schon nach einigen Sekunden. Aus dem Herumzingeln ist ein auch offensiveres körperliches Eingreifen geworden. Die Musikerin übernimmt die gesamte musikalische und pädagogische Situation; Kirsten greift auf Erfahrungen zurück, die sie schon im Umgang mit der Lerngruppe erworben hat (Berücksichtigung von verhaltensauffälligen Kindern). Wie auch im ersten Video scheint das Verhalten von Anna zu einer Verunsicherung zu führen, da sie in einen vertrauten Raum eindringt.

4.1.5 Tandem III, Szene 1: Bewegungsanleitung zum Lied „Mein Schiff, das schaukelt hin und her"

Beschreibung

Renate und Kerstin sitzen mit den Kindern im Kreis auf dem Boden. Einige bringen anfangs Renate noch Arbeitsmaterialien der vorherigen Arbeitsphase zurück. Im Anschluss ruft sie ein lautes „okay" als Startsignal, worauf Kerstin beginnt: „Wir haben ein Lied, wo wir all diese Geräusche, die wir gerade geübt haben, noch gebrauchen können". Renate und Kerstin musizieren gemeinsam das Lied, die Kinder hören aufmerksam zu und bewegen sich dazu. Im nächsten Durchgang animiert Renate gemeinsam mit Kerstin die Kinder zum Mitschaukeln zur Musik. Einige Kinder beginnen sofort, ein Mädchen schiebt ihre Sitzmatte als Schiff in die Mitte; fast alle anderen Kinder lassen sich davon anstecken, fahren als Schiffe umher oder wiegen sich auf ihren Plätzen.

Abb. 17: Gemeinsames Musizieren; Kinder schaukeln mit Sitzkissen

Interpretation

Vier Aspekte lassen das Tandem Renate und Kerstin deutlich als gemeinsames Team erscheinen: 1. Beide treten als Musikerinnen mit eigenem Instrument sowie singend in Erscheinung. 2. Sie sitzen nebeneinander im Kreis, wechseln sich mit Aufgaben ab und kommunizieren dabei regelmäßig. 3. Beide bringen sich mit Impulsen ein bzw. halten Blickkontakt zur Gruppe. 4. Beide strahlen durch ihre Körperhaltung Wichtigkeit aus und sind dadurch gleichermaßen als Spielleiterinnen erkennbar. Dennoch lassen sich durch folgende Aspekte die Rollenmodelle Erzieherin und Musikerin noch erkennen: 1. Das Signal zum Anfang setzt Renate mit ihrem lauten ‚okay'. 2. Im Gestus der Körperhaltung bleibt Renate breiter aufgestellt als Kerstin und 3. wird Renates Rolle als vertraute organisatorische Ansprechpartnerin für die Kinder auch durch die sie umrahmenden Materialien sichtbar. 4. Kerstin setzt dagegen noch etwas häufiger wichtige künstlerische Impulse. Dennoch treten beide deutlich als Team, also als gemeinsam Handelnde und vor allem als gemeinsam Musizierende auf. Zu beobachten ist dabei eine gelungene Dynamik gemeinsamer Entscheidungen, da sich beide sowohl für die Musik als auch für die Gruppe verantwortlich fühlen. Zudem ist das schnelle Reagieren der Kinder auffallend, was drei Gründe haben kann: 1. das beschriebene bewegliche Wechselspiel zwischen Renate und Kerstin und das dabei sichtbare Auftreten als Team mit engem Zusammensitzen und klaren Impulsen, 2. das inhaltlich gut auf die Zielgruppe abgestimmte Lied mit anregenden Impulsen zum körperlichen Bewegen sowie 3. das geschickte Raumarrangement im Kreis mit den Sitzmappen, die für die Kinder unterschiedliche Funktionen übernehmen (Objekte als Teil einer Sitzordnung und als Gestaltungsobjekte eines Schiffes für die Musik), so dass eine hohe Identifikation mit dem Lied stattfinden kann.

4.1.6 Tandem III, Szene 2: Bodypercussion zum Lied „Herzlich willkommen"

Beschreibung

Wieder sitzen Renate und Kerstin mit den Kindern auf kleinen Sitzmatten im Kreis, allerdings mit zwei weiteren zwischen den Kindern verteilten Erzieherinnen. Es wird ein einstudiertes Lied gesungen und der Klatschrhythmus in Form einfacher Bodypercussion wiederholt. Renate hält ihre Gitarre noch in der Hand und ermuntert Kerstin: „Lass Deine Geige zu Gehör bringen", was diese ohne zu zögern aufgreift. Allerdings setzt sie unmittelbar vor dem ersten Ton noch einmal ab und erinnert die Kinder daran, die bereits bekannte Bodypercussion mitzumachen, indem sie diese einmal kurz vormacht. Die Kinder setzen sofort alle mit ein, trotz des nicht einfachen 3-gegen-2-Rhythmus. Renate begleitet von Anfang an mit der Gitarre, dieses Mal ein wenig zurückhaltender als in Szene 1. Beide setzen dann deutlich mit dem Gesang ein. Einige Kinder singen leise mit, machen aber alle deutlich – wie die weiteren Erzieherinnen – den Klatschrhythmus der Bodypercussion mit.

Interpretation

Auch in dieser Szene bleibt Renate als die für die Gruppe hauptsächlich verantwortliche Erzieherin erkennbar, indem sie der Gruppe und Kerstin gegenüber das Startsignal gibt. Dabei interagiert sie jedoch kollegial auf Augenhöhe, so dass beide als stark aufeinander und ebenso gemeinsam auf die Kinder bezogenes Team wirken. Auch hier handeln Renate und Kerstin vorrangig als Musikerinnen. In dieser zweiten Szene wird diese Form der Rollenübernahme durch die Anwesenheit zweier weiterer Erzieherinnen gefördert. Sie unterstützen zwar durch Vorklatschen das musikalische Geschehen, scheinen aber vor allem durch ihre schlichte Präsenz eine pädagogisch betreuende Rolle der Kinder von Renate zu übernehmen, also genau jene Funktion, die im typischen 2er-Tandem sonst eher von der Erzieherin wahrgenommen wird. Neben der Tatsache, dass Renate Gitarre spielen kann, trägt dies mit dazu bei, dass sie sich im Sinne einer transprofessionellen Rollendynamik flexibel zwischen ihren Aufgaben als Musikerin und denen als Erzieherin hin und her bewegen kann. Zudem ist das sofortige Reagieren und Mitmachen der Kinder (bei einem nicht einfachen Rhythmus) auffallend, das – ähnlich wie im ersten Video – mit dem gesamten didaktischen Setting und dem erfolgreichen vorherigen Einstudieren begründet werden kann; insbesondere das gut abgestimmte und gemeinsame Musizieren und Handeln von Renate und Kerstin, die sichtbare Integration aller Anwesenden und das für die Altersgruppe gut ausgewählte und fordernde Lied, welches in angemessener Lage gesungen und engagiert vorgetragen wird, führte zu diesem gelungenen Produkt.

4.2 Formen transprofessioneller Zusammenarbeit im Tandem

Aus der Rekonstruktion der Videoanalysen lassen sich drei Formen transprofessioneller Zusammenarbeit ableiten. Sie ergeben sich durch die Beschreibung der Interaktion und der Beibehaltung bzw. Loslösung von spezifischen berufsbedingten Verhaltensweisen und Rollenzuschreibungen. Die drei Formen lassen sich nicht statisch in allen Interaktionen nachweisen, sondern repräsentieren bewegliche Rollenmuster, die von Situation zu Situation variieren, aber potenzielle Muster der Tandemkooperationen bilden.

4.2.1 Der unabhängige Künstler und die musikpädagogisch arbeitende Erzieherin (Tandem I)

Die Arbeit im Tandem Rudolf und Helmine besteht aus einer Arbeitsteilung, die eine Trennlinie und ein hierarchisches Verhältnis zwischen dem übergeordneten Künstler (Rudolf) und der musikpädagogisch arbeitenden Assistentin (Helmine) erkennen lässt. Rudolf verkörpert einen typischen Künstlertypus, der als Gast für die Musik zuständig ist und auch Phasen der Erholung (hinter der Bühne) benötigt. Er „zieht sein Ding durch" und lässt sich durch nichts beirren. Dabei geht er mit den Kindern in die Interaktion, wobei Helmine durch ihr Verhalten eher distanzierend zur Lerngruppe und nur im Hintergrund pädagogisch wirkt.

4.2.2 Pädagogische Umrahmung der Musik auf der Bühne (Tandem II)

Anna präsentiert sich als Musikerin auf der Bühne. Dabei übernimmt sie typische Verhaltensweisen (Gestik, Haltung) und spielt klassische Musik virtuos auf ihrer Geige. Auch wenn sie als Gast im Vordergrund steht, bildet die Erzieherin den vertrauten Bezugspunkt und umrahmt die Szene, so dass die Planungen umgesetzt werden können. Im Verlauf der beiden Videos zieht sie sich immer mehr zurück und greift organisierend und unterstützend, zum Teil aber auch disziplinierend, in das Geschehen ein. Sowohl das musikalische als auch das pädagogische Engagement liegen auf Seite der Musikerin. Das Verhältnis der beiden ist von gegenseitiger Unterstützung geprägt, auch wenn sich eine stereotype Rollenaufteilung erkennen lässt.

4.2.3 Gemeinsames Musizieren und Handeln auf Augenhöhe (Tandem III)

Renate und Kerstin musizieren gemeinsam und stehen in einem offenen Dialog. Eine klare Rollenaufteilung ist nur rudimentär zu erkennen (Startsignale; Organisation durch Renate). Im Zentrum steht die musikalische Interaktion und die Freude am Spiel, die sich auch auf die Kinder überträgt. Auch die pädagogischen Aufgaben sind gleichwertig verteilt und ermöglichen eine flexible Gestaltung. Letztlich sind in dieser Zusammenarbeit transprofessionelle Handlungsweisen erkennbar, indem gemeinsam ein Musikprojekt durchgeführt wird, in dem die berufsbedingten Rollen flexibel gestaltet und stereotype Muster aufgehoben sind.

4.3 Vergleich

Ein Vergleich der drei Formen transprofessioneller Zusammenarbeit verdeutlicht unterschiedliche Intensitätsgrade hinsichtlich des gemeinsamen Einbringens künstlerischer und pädagogischer Erfahrungen. Während Anna mit ihrer Geige direkt auftritt und sich als Künstlerin (und Musikvermittlerin) präsentiert, agiert Rudolf eher indirekt durch sein Verhalten als Künstlertyp und beschränkt seine musikalischen Aktionen auf den Bereich der Elementaren Musikpraxis. Renate ist die einzige Erzieherin, die sich explizit als Musikerin einbringt, so dass auch Kerstin weniger dominant wirkt und sich pädagogisch einbringen kann. Dieses Tandem erfüllt demnach die Kriterien der transdisziplinären Zusammenarbeit. Alle anderen Erzieher*innen nehmen entweder eher eine Distanz zu den Musiker*innen ein, oder Letztere wirken dominant, so dass ein hierarchisches Verhältnis entsteht.

Alle drei Projekte werden in der Kita umgesetzt, so dass die Erzieherinnen institutionelle und organisierende Kontaktpersonen sind. Sie sind mit den Kindern vertraut und können deren Verhalten besser einschätzen (und reglementieren) als die von außen kommenden Musiker*innen. Indirekt ließe sich so von einer impliziten „Didaktik des Ortes" sprechen, da Räume und die damit assoziierten sozialen Erwartungen stark die transprofessionelle Interaktion prägen. Hinzu kommen auch zeitliche Aspekte, denn je

länger die Tandemarbeit in der Kita andauert, desto mehr besteht die Möglichkeit, Formen der transprofessionellen Arbeit zu entwickeln, auch wenn durch Beobachtung von zwei Videos pro Tandem gezeigt werden konnte, dass sich die Rollenmuster in den einzelnen Videos wiederholen und ritualisiert werden. Da Rudolf als einziger männlicher (und deutlich älterer) Tandempartner die Situation im Tandem dominiert, schließen sich auch weitere Überlegungen im Bereich gendersensiblen Verhaltens (im Tandem) an. Zusammenfassend lässt sich der transprofessionelle Vergleich der Rollenbilder in Form von drei Positionen bzw. Thesen bündeln:
- Je mehr sich die Erzieherin musikalisch einbringen kann, umso dynamischer können die verschiedenen Aufgaben im Tandem wechseln und dadurch beide als wahrnehmbares Team auftreten.
- Durch den Ort des Kindergartens bleibt die Erzieherin immer ein Stück weit der Rolle als pädagogisch-organisatorische Bezugsperson der Kinder verbunden und muss daher eine stärkere Rollenbeweglichkeit umsetzen als der Musikergast.
- Je mehr das Tandem gemeinsam auftritt, umso eindeutiger erscheinen die Impulse, ohne dabei in Loyalitäts- oder Mehrdeutigkeitskonflikte zu geraten (z. B. zwischen pädagogischer „Aufpasser*in" und den Ideen des musikalischen Gasts).

Das zentrale Ergebnis der Videostudie liegt in der Herausstellung drei unterschiedlicher Formen transprofessioneller Zusammenarbeit im Tandem, die durch verschiedene Intensitätsgrade der Übernahme fremder Rollenanteile gekennzeichnet sind (Oberhaus & Eller 2018). Aus methodenkritischer Sicht hat sich der modifizierte Ansatz von Breidenstein, drei Videos auf drei Personen zu verteilen und die erstellten Beobachtungen erneut fremdinterpretieren zu lassen, bewährt. Die eingenommene reflektierte Einstellung ermöglicht erneute Distanz zum Material und fordert das Involviertsein im Sinne der „Nutzung der Beobachterrolle" (Breidenstein 2012, 31). Beide Perspektiven (Situationsbeschreibung & Interpretation) bieten wertvolle Aspekte für ethnographische Beobachtungen, lassen sich aber nicht klar trennen. Vielmehr überschneiden sie sich, so dass bereits in der Beschreibung reflektierende Aspekte mitangelegt sind.[24] Die Interpretation dient v. a. als *Reflexion* von einer fremden Person, die quasi als Korrektiv ein Feedback im Sinne einer *Interpretation von außen* und abstrakte Kommentierung des Protokolls ermöglicht.

Die Überlegungen schließen an Untersuchungen zur Veränderung berufsbezogener Professionen an und fordern eine Aufwertung des Stellenwerts von Musik in der Kita. Der transprofessionelle Ansatz kann Brücken schlagen und Mut machen, Handlungsweisen aus anderen Berufen zu adaptieren, auch um Routinehandlungen kritisch zu reflektieren. Der im vorliegenden Beitrag definitorisch verankerte Begriff der Transprofessionalität lässt sich auch auf weitere Forschungen zur Tandemarbeit von Kunst- und Kulturschaffenden übertragen. Die hier vorgestellte Untersuchung ist insofern metho-

---

24 Emerson, Fretz und Shaw (1995, 46) bezeichnen den Wechsel von Writing Mode in den Reading Mode als entscheidenden Schritt für die Aktivierung des analytischen Blicks. Auch Breidenstein spricht von einem Wechsel zwischen „was man beschrieben hat und wie man es beschrieben hat" (Breidenstein 2012, 33).

disch innovativ, da erstmals videographische Analysen und Beobachtungen zur Kita-Praxis zur Geltung kommen.

Die qualitativen Interviews lassen übergeordnete Zusammenhänge zwischen Rollenmustern und Veränderungen von Verhaltensweisen erkennen. Eine weitere Perspektive wäre es, dass die Musiker*innen sich die Videos im Nachhinein anschauen und analysieren, so dass transprofessionelle Umgangsweisen reflektiert und für weitere Zusammenarbeiten neu durchdacht werden, um Rollenmuster bewusst zu machen.

Anschlussfähig sind die drei Formen transprofessioneller Praxis – vorsichtig formuliert – an Untersuchungen zur Typenbildung (Schütze 2000), auch wenn hier sicherlich nicht die erforderliche Dichte an Fallbeschreibungen berücksichtigt wurde. Professionalisierung beinhaltet demnach Auseinandersetzungen mit Widersprüchen (im Sinne der Vernetzung unterschiedlicher Berufsfelder), verbunden mit Selbstreflexionen, um transprofessionelle Arrangements zur Geltung zu bringen (s. dazu auch Bauer 2000). Vor diesem Hintergrund erscheint es eine zentrale Aufgabe, musikalische Weiterqualifikationen im Bereich der Kunst- und Kulturschaffenden so berufs- und kompetenzoffen zu konzipieren, dass vielseitige künstlerisch-pädagogische Vorerfahrungen eingebracht und weiterentwickelt werden, ohne sie durch vorgeschriebene Inhalte und Kompetenzzuschreibungen zu verdecken.

METHODENKRITIK

I Datentriangulation

Die qualitativen und quantitativen Ergebnisse wurden aufeinander bezogen dargestellt, so dass eine vertiefende Bezugnahme auf die Ergebnisse ermöglicht wurde. Hilfreich ist eine solche Datentriangulation insbesondere dann, wenn quantifizierende Elemente durch qualitative Aspekte unterstützt bzw. ergänzt werden. Eine Triangulation kann demnach „Nachteile beider Methodologien überwinden helfen und Erkenntnisse gewinnen, die einerseits über rein statistische Zahlen und andererseits über einzelne Fälle hinausweisen" (Schneider 2014, 15). In letzter Zeit wurde die Datentriangulation bei der Evaluation sozialer Arbeit aber auch im Bereich der kulturellen Bildung verstärkt eingesetzt (ebd.).

Gleichermaßen ist es sinnvoll, die schwierige Kombination und unterschiedliche Herangehensweise beider Methoden zu betonen. So ist das quantitative Paradigma mit den Stichworten Quantifizierung, Deduktion und Hypothesenbildung sowie Standardisierung und das qualitative mit Subjektorientierung, Alltagsbezug, Deskription, Interpretation und argumentativer Verallgemeinerung verbunden (Mayring 2010). Auch hinsichtlich der Gütekriterien lassen sich Divergenzen anführen: Während die quantitative Forschung meist im ‚Dreiklang' von Validität, Reliabilität und Objektivität steht, ist bei der qualitativen Forschung das Spektrum der Aussagen dazu ein breiteres (z. B. Objektivität, Reliabilität sowie interne und externe Validität (Allolio-Näcke & van Oorschot 2007)).

Ferner lässt sich anführen, dass eine Triangulation nicht zwingend aus einer wechselseitigen Kombination oder integrativen Interpretation besteht, sondern den Forschungsgegenstand aus zwei *verschiedenen* Perspektiven im Sinne von unterschiedlichen Datengrundlagen beschreibt, so dass das hier verwendete Mixed-Methods-Design selbst als ein tringulatives Verfahren angesehen werden kann.

> Demnach werden je nach Fragestellung und des zu untersuchenden Problems empirische Methoden im Forschungsansatz und -setting miteinander so kombiniert, dass die Stärken beider Ansätze zum Zuge kommen (Stegmann & Schwab 2012, 14).

Die Triangulation der Daten erfolgte sowohl bei VimuBi als auch bei MuBiKi erst nach dem Projekt, auch wenn in mehreren Besprechungen und Publikationen das Verhältnis der unterschiedlichen Forschungsmethoden deutlich angesprochen wurde. In VimuBi und MuBiKi lassen sich aber durchaus implizite Aspekte der Datentriangulation im Sinne einer gegenseitigen Ergänzung der Ergebnisse anführen, die nicht nur auf Übereinstimmungen, sondern auch auf *Unterschieden* basiert, welche durch die Erhebungsformen zur Geltung gelangten.

II Wissenstest

Aufgrund fehlender Instrumente zur Erfassung des Wissenszuwachses in der Musikpädagogik wurde in MuBiKi ein eigener Wissenstest entwickelt. Dabei wurde sich an den Inhalten des Modulhandbuches orientiert. Es ergab sich die Schwierigkeit, dass nicht mit Sicherheit vorhergesagt werden konnte, ob die angeführten Inhalte des Wissenstests auch tatsächlich während der Weiterbildung von den Dozent*innen vermittelt wurden. Auch wenn durch die teilnehmenden Beobachtungen festgehalten werden konnte, dass die Inhalte der Module zum Einsatz gelangten, besitzt jede/jeder Dozent*in eigene Schwerpunkte, die sich nicht vollständig mit dem Modulhandbuch bzw. Wissenstest decken. Als strategische Lösung wurden die Dozierenden bei der Konzeption der Fragen und der Musterlösung einbezogen. Zudem haben einige der Expert*innen auch die Module durchgeführt. Hinzu kommt allerdings, dass aufgrund von Absagen seitens der Dozierenden unterschiedliche Dozierende für ein Modul an den Weiterbildungsstandorten eigesetzt wurden und so auch die Art der Vermittlung variierte. Grundsätzlich ist daher eine Abweichung von den geplanten Lehrinhalten bei der tatsächlichen Umsetzung möglich und wahrscheinlich.

Für die Konzeption des Wissenstests war es weiterhin problematisch, eine richtige Balance zwischen Fachwissen und Alltagswissen zu finden. Im Speziellen bedeutet dies, dass durch eine zu fachspezifische Formulierung der Wissensfrage eine Demotivation der Kontrollgruppe zu befürchten war, was einen erhöhten Drop Out zur Folge hätte haben können. Für die Auswertung des Tests war es schwierig, eine angemessene Abgrenzung zwischen richtigen und falschen Antworten zu treffen, da mithilfe von Alltagswissen beantwortete Fragen zum Teil nicht falsch waren, erwartete Fachtermini oder spezielle Weiterbildungsinhalte allerdings nicht genannt wurden. Zudem lassen sich im Bereich der ästhetisch-musikalischen Bildung oftmals keine eindeutigen Antworten festmachen, sofern es um didaktische Tätigkeiten (Planung von Inhalten; Liedeinführung) und Entscheidungen geht. Insbesondere im Bereich der Instrumentenkunde waren Vorkenntnisse vorhanden (Blasinstrumente, Streichinstrumente), die als richtig bewertet wurden, auch wenn sie nicht mit einer wissenschaftlichen Kategorisierung (Aerophone, Chordophone) in Verbindung standen. Durch die Verwendung einer Musterlösung sowie mehrerer Rater*innen konnte dieser Problematik nur bedingt entgegengewirkt werden. Zukünftig könnte hier überlegt werden, ob der Einsatz von Singlebzw. Multiple-Choice-Fragen eine sinnvolle Alternative wäre.

Bei der statistischen Analyse der erhobenen Daten, und dies betrifft nicht nur die Auswertung des Wissenstests, muss ebenso die geringe Zahl der Teilnehmenden kritisch angemerkt werden. So nahmen insgesamt nur 25 Personen an der Weiterbildung und 26 Personen aus der Kontrollgruppe an *allen* Befragungen teil. Statistisch abgesicherte Analysen zu Unterschieden in den beiden Gruppen sind so nur schwer möglich.

III Videographie

Besonders wertvoll und ergiebig waren die videographischen Erhebungen in der MuBiKi-Weiterbildung. Dieses erstmals im Hinblick auf die frühkindliche musikalische Bildung eingesetzte Verfahren ermöglichte es, die Interaktion der Tandems in der Praxis gezielt zu beobachten, um bestehende Rollen und musikbezogene Verhaltensweisen zu erschließen. Die hier verwendete und eigens entwickelte Form einer videoethnographischen Interpretation im Forscherteam ist hinsichtlich der Konzeption (Reading & Writing Mode) innovativ und lässt sich für weitere Forschungen im Bereich der Interpretativen Sozialforschung einsetzen, auch um alternative Verfahren der Intercoderreliabilität und die intersubjektive Abgleichung der Daten zu ermöglichen.

In Zukunft wäre es denkbar, die Videos auch durch Stimulated Recalls kommentieren zu lassen, um Interpretationen auch aus Sicht der beteiligten Akteure mit aufzunehmen. Hierdurch würden auch die Gütekriterien der qualitativen Forschung (v. a. Objektivität) verstärkt berücksichtigt werden. Zudem lassen sich durch verbale Reflexionen im Tandem vertiefende Bezüge zur transprofessionellen Zusammenarbeit aufzeigen.

IV Tandeminterviews

Die Tandems wurden in beiden Weiterbildungsprojekten alle zu zweit interviewt. Schwierigkeiten innerhalb der Zusammenarbeit und personelle Dynamiken konnten durch die gemeinsame Anwesenheit nicht explizit aufgezeigt werden. Die einzelnen Personen waren möglicherweise gehemmt, sich untereinander zu kritisieren. Zudem war in vielen Interviews erkennbar, dass Aussagen direkt bestätigt oder wiederholt wurden, so dass abweichende Meinungen nicht direkt zur Geltung gelangten. Mehrfach war auffällig, dass sich eine Rangfolge bei der Beantwortung der Fragen ergab. Diese Hierarchie beruhte weniger auf den beruflichen Status, sondern war durch Charaktereigenschaften der Personen bestimmt. In den Fragebogenerhebungen bestand dagegen die Möglichkeit, individuell die Meinung zum Tandemverhalten zu bewerten.

Auf Einzelinterviews wurde v. a. aufgrund der begrenzten Ressourcen verzichtet, da bereits die Befragung der Tandems, das Ausfüllen der Fragebogen und die teilnehmenden Beobachtungen als Behinderung des Ablaufs seitens der Teilnehmenden empfunden wurden. Für zukünftige Studien ist auch eine getrennte Befragung der Tandems (Einzelinterviews) zu empfehlen.

V Teilnehmende Beobachtungen

In der Evaluation wurden die teilnehmenden Beobachtungen nur ergänzend hinzugezogen. Ihr Einsatz diente primär dazu, zu überprüfen, ob die im Modul und im Wissenstext berücksichtigten Inhalte in der Praxis umgesetzt wurden. Auch wenn anhand der Dokumente nachgewiesen werden konnte, dass die Dozierenden das Modulhandbuch und die dortigen Zielsetzungen explizit berücksichtigt haben, lassen Beobachtungen mehr Deutungsspielräume zu. So können auch Reaktionen der Teilnehmenden festhalten werden. Die Beobachtungsbögen ermöglichen daher auch eine Art ‚Korrektiv' gegenüber den Interviews und der Fragebogenerhebung, um diese Aussagen abzugleichen und die subjektiven Sichtweisen der Protokollanten explizit miteinzubinden. Dabei hat sich ein offenes Notieren in Stichpunkten, das anschließend ausformuliert wurde, bewährt.

VI Musikpädagogische Arbeit und Sichtweisen der Kinder

Im Fokus der Evaluationen standen primär die Beziehungen und Rollenzuschreibungen der Tandems. Zwei weitere für die Musikpädagogik grundlegende Perspektiven wurden in beiden Weiterbildungsprojekten nur wenig berücksichtigt: zum einen die Perspektive der Kinder und ihres Erlebens der von den Tandems initiierten Musikerfahrungen und zum anderen die Untersuchung der musikalischen Praxis bzw. die Erprobung der in der Weiterbildung thematisierten Inhalte. Dies betrifft insbesondere die Projektarbeit der Teilnehmenden. Entwicklungen von Ideen, Umsetzungen und Reflexionen wurden in der Erhebung nicht mitberücksichtigt, da im Zentrum die Zusammenarbeit im Tandem stand. Letztlich lässt sich die musikalische Praxis nicht von der Tandemarbeit abkoppeln, so dass sich die Zusammenarbeit immer auch an der musikalischen Tätigkeit und an der ästhetischen Erfahrung dokumentiert. Dennoch finden sich auf Grundlage des Forschungsdesigns wenige Informationen darüber, wie die Workshoparbeit in die Projekte miteinfloss. Um die musikpädagogische Arbeit der Teilnehmenden und der Kinder stärker in den Fokus zu stellen, wären Anschlussprojekte mit anderen Fragestellungen relevant.

DISKUSSION

Ziel der folgenden abschließenden Überlegungen ist es, übergreifend zentrale Ergebnisse beider Weiterbildungen (VimuBi und MuBiKi) vor einem größeren kontextuellen Hintergrund und in thematische Schwerpunkte bzw. Forschungsfelder einzubinden und zu fokussieren. Die Darstellung ist kritisch-reflexiv ausgerichtet, um auch Veränderungsmöglichkeiten für zukünftige Projekte aufzuzeigen.

I Spannungsfelder der Tandem- und Weiterbildungsarbeit

Sowohl zwischen den quantitativen und qualitativen als auch innerhalb der beiden Forschungsperspektiven wurden Differenzen erkennbar. Diese waren sowohl zwischen Tandems, verschiedenen Teilnehmenden in der Gruppe und sogar einzelnen Personen beobachtbar. Ein Teil dieser Widersprüche lässt sich durch Entwicklungsprozesse während der Dauer der Weiterbildung erklären. Dennoch bleiben bei einer Gesamtbetrachtung widerstrebende Interessen der Teilnehmenden, Lehrgangsleitungen und Dozierenden so stark bestehen, dass sie sich mitunter polar gegenüberstehen und fast gegenseitig ausschließen. Diese Differenzen werden im Folgenden durch vier Spannungsfelder beschrieben, die für MuBiKi charakteristisch waren und womöglich weitere transprofessionelle Kooperationen in der Musikpädagogik beleuchten können. Spannungsfelder finden sich oft in Kooperationsprojekten im Bereich ästhetisch-kultureller Bildung, da durch die Zusammenarbeit „alle möglichen kulturellen subjektiven Aneignungsformen" (Liebau 2014, 26) thematisiert und verschiedene Berufsfelder in Bezug gesetzt werden.

1 Traditionelle versus neue Berufspraxen

Beide Weiterbildungen waren von der Idee geprägt, sowohl die Erzieher*innen musikalisch als auch die Musiker*innen pädagogisch zu fördern. *Einerseits* orientierten sich die Projekte an traditionellen Berufsbildern, auch wenn es ein Anspruch war, diese zu überschreiten. *Andererseits* entstand in den Tandems eine transprofessionelle Zusammenarbeit, die traditionelle Berufspraxen überstieg. Solche ‚neuen' Berufspraxen wurden von den Teilnehmenden im Verlauf zunehmend reflektiert. Es wurden Wünsche nach weiteren Lernorten außerhalb der Kita geäußert und eine stärkere Unterstützung für offene Kooperationen gefordert. Die Durchführung der Weiterbildung stand im Spannungsfeld zwischen der Reproduktion traditioneller Rollenerwartungen und dem Wunsch, Raum für die Entwicklung neuer Lösungen an Zusammenarbeit und Lernorten usw. offenzulassen. Die mit der Heterogenität der Gruppe verbundenen Unsicherheiten und Unplanbarkeiten sind damit kein Makel, sondern für Weiterbildungen eine Chance, um transprofessionelle Berufspraxen zu ermöglichen. Entscheidend für deren Umsetzung sind der Verzicht auf strikte Vorgaben eines durchgeplanten Modulhandbuchs und ein flexibler Einbezug von Expertisen und Professionen der Teilnehmenden und damit verbundenen Wirkungsorten. Empirische Forschungsergebnisse (z. B. 2. Jugend-Kultur-Barometer) bestätigen, dass kulturelle Teilhabemöglichkeiten nach einer „Öffnung in den Sozialraum und in die Bildungslandschaft" (Positionspapier bkj 2015, 7) verlangen. Allerdings wurden in VimuBi und MuBiKi die Musiker*innen als Gäste und die Erzieher*innen als organisatorische Ansprechpartner*innen wahrgenommen, so dass spezifische Rollenzuschreibungen bereits durch den Lernort aufrechterhalten wurden. Eine mögliche Konsequenz wäre es, die Begegnung an andere Orte zu verlegen, die nicht durch Verhaltensweisen vorgeprägt sind und Möglichkeiten zur musikalischen Begegnung bieten.

Weiterbildungen wie VimuBi und MuBiKi, die sich explizit an zwei oder mehrere Berufsgruppen richten, verleiten dazu, stereotype berufsbezogene Umgangsweisen und Haltungen auf die Tandemarbeit zu übertragen, obwohl sich nicht alle Teilnehmenden den Kategorien ‚Erzieher*in/Pädagog*in' und ‚Künstler*in/Musiker*in' eindeutig zuordnen ließen. Musiker*innen arbeiten oft in pädagogischen Kontexten, aber auch Erzieher*innen machen in ihrer Freizeit Musik. Folglich müssten nicht Berufsfelder ausgewiesen, sondern eher bestimmte Erfahrungsfelder als Teilnahmevoraussetzung formuliert werden. Zusätzlich sieht sich der Bereich Kulturelle Bildung einer Erweiterung der Aufgabenfelder und Arbeitsformen gegenüber (Smilde 2017).

2 Berufsbezogene Differenzierung versus Begegnung im Tandem

Die Teilnehmenden hatten einerseits ein hohes Bedürfnis nach spezifischen Angeboten für die jeweilige Berufsgruppe: So forderten Erzieher*innen immer wieder elementares musikalisches Grundwissen oder den Erwerb musikpraktischer Kenntnisse ein. Die Musiker*innen kritisierten dagegen nachdrücklich, dass sie gerne häufiger praktisch mit Kindern gearbeitet und z. B. bei eingeladenen Kindergruppen hospitiert hätten, um den Umgang mit ihnen zu üben. Andererseits beschrieben Teilnehmende bei der Weiterbildungen die Zusammenarbeit im Tandem positiv als wichtige Erfahrung und wünschten sich mehr Zeit für die gemeinsame Arbeit. Das Spannungsfeld zwischen individuellen Weiterbildungszielen und Begegnungen im Tandem löste sich im Verlauf der Weiterbildung zwar leicht auf, war aber bis zum Ende präsent. Insbesondere in den offenen Fragen im MuBiKi-Fragebogen wurde für beide Berufe eine arbeitsteilige Durchführung der Weiterbildung gefordert:

> Künstler und Erzieher trennen. Erzieher: Notenlehre; Künstler: Beobachtung (FB, 212).

Dagegen wurden in den Gruppendiskussionen sowohl das „partnerschaftliche Miteinander" (Rudolf, M1n, 676–684) als auch das starke Bedürfnis nach Differenzierung hervorgehoben.

Die Projektdurchführungen an den unterschiedlichen Standorten standen somit kontinuierlich im Spannungsfeld, die Gruppe zu teilen und differenziert zu unterrichten oder Begegnungen zwischen den Berufsfeldern zu ermöglichen. Auch die Lehrgangsleitungen (VimuBi und MuBiKi) bestätigten die Wahrnehmung der Teilnehmenden, dass mehr binnendifferenzierte Arbeitsphasen möglich und wünschenswert gewesen wären. Bemerkenswert ist dabei, dass sich die Lerngruppen auch längere Arbeitsphasen im Tandem gewünscht haben, so dass eine geringere Binnendifferenzierung der Seminare nicht automatisch zu mehr Tandembegegnungen führt und umgekehrt. Das hier beschriebene Spannungsfeld wurde in seinen Polen von den Seminaren daher weder in die Richtung einer Binnendifferenzierung noch im Sinne einer Zusammenarbeit im Tandem voll ausgeschöpft. Stattdessen arbeiteten die Dozent*innen am häufigsten mit der Gruppe als Ganzes und förderten somit eher ein für alle Teilnehmenden homogenes Berufsbild.

3 Didaktik versus Kunst

Das dritte Spannungsfeld wurde durch einen charakteristischen Entwicklungsprozess sichtbar, den die Teilnehmenden gemacht haben: in der Frage danach, wie viel Kunst und wie viel Didaktik oder wie viel Künstlertum und wie viel Handwerkszeug die Weiterbildung vermitteln sollte und wie sich diese aufeinander beziehen ließen. So forderten die Teilnehmenden zu Beginn Unterrichtstipps und Materialien für die Praxis zu erhalten. Erst gegen Ende wurden künstlerische Erfahrungen sowie daran gebundene Präsentationsformen reflektiert und wertgeschätzt, die jenseits didaktischer Überlegungen persönlich für sie selbst bedeutsame Erlebnisse mit Musik darstellten:

> Weil wir selber eigene Ideen entwickeln konnten, die auch aus uns herauskommen, aus unserer Musikalität. Weil ich mich geöffnet habe im gemeinsamen Musizieren (Frieda, E2n, 472–475).

Bemerkenswert ist, dass sich auch die Musiker*innen – aus dem Wunsch heraus, das Berufsfeld Kita kennenzulernen – anfangs stark auf didaktische Fähigkeiten konzentrierten und – im Sinne eines traditionellen Rollenverständnisses – die Erzieher*innen primär den Bedarf an musikalischen Fertigkeiten als wichtig ansahen. Diese technisch-didaktische Erwartungshaltung *beider* Seiten an die Weiterqualifizierung wurde jedoch durch eine Wertschätzung eigenen *künstlerischen* Erlebens und Gestaltens ergänzt. So reflektierten beide Berufsgruppen zum Ende hin den Erwerb persönlich bedeutsamer Erfahrungen mit Musik als unverzichtbare Voraussetzung, um auch Kindern solche Erfahrungen vermitteln zu können. Das hier beschriebene dritte Spannungsfeld ließe sich auch als nie ganz trennbare Dichotomie zwischen Handwerk (bzw. craftmanship) und Kunst (bzw. artistry) beschreiben, deren Beziehungen zueinander Oliver Krämer auf drei verschiedene Weisen beschreibt: Handwerk und Kunst erstens als hierarchische Qualitätsstufen, zweitens als Realisierungsweg zur Umsetzung künstlerischer Ideen und drittens als voneinander unabhängige Kategorien (Krämer 2013). So standen die Seminare kontinuierlich im Spannungsfeld, einerseits erste konkrete Handlungsmöglichkeiten, also ‚Handwerkszeug' an die Hand zu geben und andererseits persönlich bedeutsame Erfahrungen mit Musik zu ermöglichen.

4 Individuelle Vorerfahrung versus formale Vorgaben

Sofern Weiterqualifizierungen auf formalen Vorgaben (Modulhandbücher; Prüfungsordnungen etc.) und Voraussetzungen (Auswahlworkshop) beruhen, die erfüllt werden müssen, ergibt sich ein Spannungsfeld zu den individuellen Vorerfahrungen der Teilnehmenden. Die in VimuBi und MuBiKi durch die Expert*innengruppe entworfenen Modulhandbücher sind im Vergleich zu anderen Handbüchern im Bereich der musikalisch-kulturellen Bildung originell gestaltet und ein wichtiges Medium, um auf Ausschreibungskriterien zurückzugreifen und bestimmte Erwartungen zu formulieren; aber ein Modulhandbuch kann nicht im Vorfeld spezifische Expertisen der Teilnehmenden berücksichtigen und einbinden. Diese Diskrepanz zwischen individuellen Vorerfahrungen und formalen Vorgaben sind in beiden Weiterbildungen besonders deutlich geworden.

Es wurden zwei unterschiedliche Berufsfelder miteinander in Bezug gesetzt, da Personen mit hohen Kenntnissen v. a. im Bereich der abendländischen Musiktradition (Hochschulstudium) für die Arbeit in der Elementaren Musikpädagogik qualifiziert werden sollten. Beide Modulhandbücher orientieren sich allerdings eher an traditionellen Lernfeldern im Bereich der EMP-Ausbildung und berücksichtigen weniger die *Weiter*qualifizierung von Künstler*innen, auch wenn sicherlich pädagogische Aspekte erweitert werden. Das gilt auch für die inklusive Ausrichtung von VimuBi, die im Modulhandbuch nicht direkt verankert ist. Tendenziell ist die Ausrichtung eher für Erzieher*innen geeignet, was sicherlich auch daran liegt, dass ein Angebot in der Kita etabliert werden soll. Überspitzt formuliert werden Musiker*innen nicht weiter-, sondern eher neu-qualifiziert; zudem operiert die EMP mit bestimmten Handlungsweisen, die nicht unmittelbar mit der künstlerischen Expertise der Musiker*innen in Verbindung stehen. Hieraus folgt, dass die Künstler*innen ihre individuellen künstlerischen Fähigkeiten nicht in dem Maße einsetzen können. Sie werden eher ‚ausgeblendet' oder durch spezifische Erwartungskontexte im Bereich der EMP ‚verdeckt'. In der Evaluation wurde dies insbesondere durch die videographischen Erhebungen in MuBiKi deutlich, in denen z. B. ein Musiker gar nicht auf seinem Instrument musizierte, sondern Klangexperimente auf Alltagsgegenständen erprobte (s. Projekt II, Abschnitt IV, Kapitel 4, ab S. 220).

Dabei wäre es durchaus interessant, jene ‚unbekannten' Vorkenntnisse in die Kita einzubringen, wie z. B. spezifische Erfahrungen im Gesang (Opernsänger*in) oder Instrumentalspiel (Musiker*in) sowie besondere stilistische Kenntnisse (Neue Musik, Hip-Hop, Klassik). Für gelingende Weiterbildungen, die auf ein transprofessionelles Tandemmodell setzen, ist es daher wichtig, *Gestaltungsspielräume* einzuplanen, in denen die besonderen Fähigkeiten a) zur Geltung gelangen, b) für die Teilnehmenden relevant werden und c) auch in der Kita selbst zum Einsatz kommen. Vor diesem Hintergrund scheinen Weiterbildungen insbesondere dann besonders effizient, wenn neben der Aufhebung normierter Rollenzuschreibungen auch die räumlichen Aspekte ‚entinstitutionalisiert' werden, so dass auch die Kinder selbst durch den neuen Lernort außerhalb der Kita mit anderen musikbezogenen Umgangsweisen abseits der vertrauten

Instrumente vertraut gemacht werden. Es wäre wichtig, in weiteren Weiterqualifizierungsangeboten auf eine offene inhaltliche und kompetenzorientierte Struktur zu setzen, die sich erst durch die Zusammensetzung der Teilnehmenden ergibt. Dabei wird nicht nur auf Seiten der Musiker*innen auf individuelle Kenntnisse zurückgegriffen, die dem Team nützlich sind und durch die Vermittlung auch auf einem anderen Niveau erscheinen. Es ist für die Zukunft wichtig, jene Erfahrungen aufzugreifen und zu nutzen, die durch die Dominanz von Modulhandbüchern gar nicht zur Geltung gelangen.

Auch wenn die Weiterbildungen die *Begegnung* mit Anderen und das gemeinsame Lernen unterschiedlicher Berufsgruppen in den Mittelpunkt stellten, auch um auf Erkenntnisse aus anderen Evaluationen zu reagieren, wurde neben den individuellen Expertisen der Teilnehmenden auch das binnendifferenzierte Unterrichten zu gering betont. Dieses Anliegen ist symptomatisch für die in MuBiKi vorhandene Dichotomie zwischen individuellen spezifisch berufsbezogenen Weiterbildungsansprüchen und flexiblen transprofessionellen Kooperationsformen. Transprofessionalität lässt sich nicht als Fertigpaket anbieten, sondern ist nur durch das eigene, mühevolle *Zusammenführen* durch die Teilnehmenden selbst und durch die Fülle *unterschiedlicher* Angebote möglich.

II Konsistenz und Stringenz der Themenschwerpunkte

Hinsichtlich der Schwerpunktsetzungen der beiden Fortbildungen (Vielfalt & Künstler*innen/Erzieher*innenkooperation) ist bereits mehrfach angesprochen worden, dass insbesondere in VimuBi der Fokus auf Vielfalt im Sinne von Inklusion und Diversität nicht in dem Umfang thematisiert worden ist, wie er angedacht war. Zwar entwickelte sich zwischen den Teilnehmenden eine wertschätzende Kommunikation auf Augenhöhe, die dementsprechend auch inklusive Aspekte beinhaltete. Aber die Evaluation hat deutlich gezeigt, dass der Titel *Vielfalt in der frühkindlichen musikalischen Bildung* missverständlich war und inhaltlich als methodische Vielfalt ausgelegt wurde. Diese Ausrichtung findet sich bereits in der Expertinnenplanung wieder, wobei argumentativ davon ausgegangen wurde, dass Musikunterricht ‚immer schon' vielfältig ist und dementsprechend für heterogene Lerngruppen ‚a priori' geeignet sei. So verständlich der Ansatz bei der musikbezogenen Vielfalt auch ist, kamen zentrale Umgangsweisen mit Menschen mit (körperlichen) Beeinträchtigungen in der Weiterbildung nicht deutlich genug zur Geltung. Diese Unschärfe ist aus evaluationsbezogener Sicht sehr weitreichend, da bestimmte theoretische Grundannahmen bzw. Fragestellungen nicht direkt aufgegriffen oder weiter verfolgt werden konnten. Das gilt insbesondere für Aspekte einer inklusiven Didaktik, die in dem Projekt I (Abschnitt II, Kapitel 7, ab S. 74) ausführlich dargelegt, in der Praxis der Weiterbildung aber nicht kontextualisiert wurden.

Und auch in MuBiKi ergab sich durch eine nur schwer zu realisierende Trennung von Künstler*innen und Pädagog*innen, wie es in der BMBF-Ausschreibung vorgegeben wurde, eine Vermischung der angedachten Förderung verschiedener Professionen und deren Kooperationen. Die Evaluation hat deutlich gezeigt, dass diese Trennung zur

Verhärtung von stereotypen Sichtweisen führt und das Ziel gerade in einer Aufhebung vermeintlich festgelegter Professionen und daran gebundenen Wertvorstellungen liegen soll (transprofessionelles Handeln).

Es gibt also keine direkte konsistente und stringente Anbindung an die theoretischen Überlegungen. Vor diesem Hintergrund ergeben sich auch keine weiteren Rückschlüsse zwischen theoretisch-deskriptiven und empirisch-evaluativen Ansätzen in der Weiterbildung.

III Subjektivierung – Selbst- und Fremdzuschreibungen

In der Evaluation der Projekte wurde deutlich, dass die Rollenzuschreibungen dominant sind, latent trotz der langen Weiterbildungsdauer bestehen bleiben und sich auch nur schwer verändern lassen. Zwar wandeln sich die Sichtweisen und Herangehensweisen, aber letztlich bleiben Zuschreibungen und Hemmschwellen bestehen. Dies bestätigen auch andere Forschungen, welche verdeutlichen, dass die Veränderung von Verhalten insbesondere in pädagogischen Berufen schwer ist (Wahl 2006). In einer Weiterbildung, die sich mit der Zusammenarbeit unterschiedlicher Berufe beschäftigt, ist ein solcher Vorgang nicht verwunderlich, da die Personen über daran gebundene Fähigkeiten und Fertigkeiten verfügen und sich darüber definieren. Überlegenswert scheint es dennoch, nach dem Grund dieser Verhärtung der Rollen zu fragen. Hier scheinen starke Zuschreibungen gegenüber der/dem Künstler*in und der/dem Erzieher*in im Sinne normativer Berufszuschreibungen auffallend. Es handelt sich also um tief verwurzelte Vorstellungen über bestimmte Berufe und wie sie in der Gesellschaft sowie in Weiterbildungen reproduziert werden. Hinsichtlich einer Weiterqualifizierung bedarf es eines weitaus größeren Maßes an Reflexion und intensiver langer Arbeit, um diese ‚Bilder' zu entmythologisieren.

Es lohnt sich, an dieser Stelle die Frage nach den Zuschreibungen und daran gebundenen Vorstellungen beruflicher Stereotype ein wenig genauer zu verfolgen. Hinsichtlich des Weiterbildungskonzepts in MuBiKi, welches davon ausgeht, dass Teilnehmende in tandembezogenen Weiterbildungen unterschiedliche Brillen aufsetzen, scheint ein kulturwissenschaftlicher Ansatz geeignet, der sich auf die Analyse *sozialer Praktiken* konzentriert (Alkemeyer et al. 2013, Campos 2015) und sich zunächst mit dem Begriff *Subjektivierung* fassen lässt. Dabei wird davon ausgegangen, dass Subjekte sich nicht durch ein Selbst im Austausch mit der Welt *entfalten*, sondern durch bestimmte gesellschaftliche Strukturen und Sinnzuschreibungen *gemacht* werden. Kritisiert wird ein neuhumanistisches Subjektverständnis, das von der Selbstbildung des Subjekts ausgeht und durch Individualität, Reflexivität und Bildung gekennzeichnet ist. Entgegen einer „Verknüpfung unseres Ichs mit der Welt" (Humboldt 1960 [1793], 235) geht das dezentralisierte Subjekt in einem Geflecht aus Diskursen auf, welches seine Autonomie als illusionär erscheinen lässt. Diese Überlegungen Michel Foucaults aufgreifend, entwickelt Judith Butler eine Perspektive auf die Konstitution des Subjekts und berücksichtigt dabei die Performativität des sozialen Geschehens. Subjektivierung wird als

Anerkennungsgeschehen verstanden: Subjekte entstehen durch die Anerkennung als ein bestimmter Jemand. Sie bedürfen der Akzeptanz durch Andere, um den sozialen Ort ‚bewohnen' zu können.

Im Rahmen der Subjektivierung spielen insbesondere im ästhetisch-kulturellen Kontext die Praktiken eine wichtige Rolle. Der amerikanische Soziologe Theodore R. Schatzki prägt den Begriff von Praktiken als „Site of the Social" (Schatzki 2002), verstanden als Schauplatz des Sozialen, die als „kleinste Einheit des Sozialen" (Reckwitz 2003, 290) die soziale Welt organisieren. Der Begriff hebt die ‚Geordnetheit' des Sozialen hervor und betont die Eigenaktivität der Subjekte im Hinblick auf ihre Subjektivierung. Subjekte bringen sich zwar selbst hervor, d. h. sie verfügen über Gestaltungsspielräume, Möglichkeiten zur Umdeutung von Normen oder zum widerständigen Verhalten, *bleiben in ihrer Selbst-Bildung jedoch immer auf normative Rahmungen* bezogen (Alkemeyer et al. 2013, 20f.).

Soziale Praktiken sind ein geordnetes und ordnendes Arrangement von sprachlichen und körperlichen Handlungen als „organized nexus of doings and sayings" (Schatzki 2002, 77). Die Praktik selbst lässt sich in zwei Organisationsformen ordnen. ‚Tasks' sind kurze Verhaltensweisen (Händeschütteln), die aber als ‚projects' in einen größeren Kontext (Abendveranstaltung) eingebunden sind, wodurch sich eine Struktur der sozialen Praktik erkennen lässt, die seitens der Akteure als ‚practical understanding' aufgefasst wird und allen Teilnehmenden als Aktionsrahmen zur Verfügung steht. Diese Interaktionsformen stehen in Bezug zu einem normativen Bezugsrahmen (‚practical intelligibility'). Er gilt als Voraussetzung für ‚practical understandings' und führt zu einem produktiven Spannungsfeld zwischen dem Vollzug (musikbezogener) Praktiken und den darin eingelagerten normativen Ordnungen.

Interessant und ergiebig ist eine Übertragung dieser subjektanalytischen und praktikentheoretischen Annahmen auf Weiterbildungen in der kulturellen Bildung, da diese stark von Prozessen der Subjektivierung durchzogen, aber gleichsam in ein übergeordnetes Ordnungssystem (Organisation der Weiterbildung) eingebunden sind. In tandembezogenen Weiterbildungen kommt verstärkt eine Außenperspektive durch die Anerkennung und Adressierung durch den Anderen mit ins Spiel, der eine eigene Rollenpositionierung mit sich bringt. Das gilt insbesondere durch die Vernetzung und potenzielle Überschreitung von Berufsgrenzen. Vor dem Hintergrund einer Entfaltung neuer Praxen spielen a) berufsbezogene Stereotype und b) organisatorische Vorentscheidungen hinsichtlich der Struktur der Weiterbildung (Modulhandbuch etc.) eine wichtige Rolle. Letztlich *durchkreuzen* sich so Gewohnheiten (habituelle Verhaltensweisen) bezüglich normierter Sichtweisen auf eigene, aber auch andere Berufsbilder und neue Praxen im Sinne der Übernahme neuer Rollenanteile und deren Reflexion im Rahmen des transprofessionellen Rollenverständnisses. Folglich bietet sich an, eher von Subjektivierungen als von Zuschreibungen zu sprechen.

IV Zum Alleinstellungsmerkmal der EMP in der Kita

Die bisherigen Überlegungen verdeutlichen, dass das Musikangebot in der Kita sehr stark von den Grundlagen der EMP bestimmt ist und die Vermittlung auf bestimmten Grundlagen basiert, die eng verbunden sind mit einem spezifischen Musik- und Kindbegriff. Vor diesem Hintergrund ließe sich fragen, warum Musikangebote in der Kita primär von Personen unterrichtet werden, die einen Hochschulabschluss in EMP (oder einen berufsqualifizierenden Weiterbildungsabschluss) erworben haben (und an einer Musikschule arbeiten). Überspitzt formuliert: Warum ist die EMP das ‚Hoheitsgebiet‘ der Kita und warum besitzt sie eine Art Vorrecht, um Musik dort anzubieten? Warum finden sich nur wenige ausgebildete Musiker*innen (Kunst- und Kulturschaffende), die mit pädagogischen Kenntnissen (oder im Tandem mit Erzieher*innen) das Musikangebot gestalten? Da diese Personen die *spezifischen* Grundlagen kindgerechten Lernens der EMP nicht vollständig ‚abdecken‘, erhalten sie nur schwer Eingang in die Kita. Anders gesagt: Die Prämissen der EMP sind normativ ausgerichtet und basieren auf einem bestimmten Musik- und Kindbegriff (Oberhaus 2017). Dieser steht erstens im Kontext mit der komplexen Geschichte der EMP, die in Zusammenhang mit anderen Lernfeldern und Konzeptionen gesehen werden muss, wie z. B. Rhythmik und musikalischer Elementarerziehung. Zweitens – und dies ist entscheidend – wird damit ein bestimmter Umgang mit Musik in Verbindung gebracht, der angeblich nur durch die EMP gewährleistet werden kann. Im Zentrum steht dabei ein kreativer gruppendynamischer und prozessorientierter Umgang mit Musik, da musikalische Inhalte über Improvisationen (Klangexperimente) und Bewegung vermittelt werden. Hinzu kommt der seit den Schriften von Juliane Ribke herausgestellte anthropologische Bezug, in dem die Vermittlung eine bestimmte Haltung voraussetzt, so dass musikalische Früherziehung als Persönlichkeitsbildung verstanden wird.

Dartsch und Weber-Krüger distanzieren sich dabei deutlich von einem ideologischen Kindbegriff, der Kindern das Potenzial zuschreibt, sich in kreativer Eigentätigkeit zu *entfalten*. Kritisiert werden die Idealisierung der kindlichen Unschuld und der Drang des Kleinkindes zur Selbstfindung, wie es seit dem 17. Jahrhundert in Literatur zum kindlichen Lernen beschrieben wurde (Friedrich Schiller, Jean-Jacques Rousseau). Dagegen greifen sie aktuelle Ergebnisse der Kindheitsforschung auf, die ein Verständnis von kindgerechter Entwicklung als Bevormundung kritisieren, da Kindheit auf ein Übergangsstadium zum Erwachsensein reduziert wird. Auch wenn Dartsch und Weber-Krüger sich von diesem Verständnis distanzieren, scheint weder ein alternativer Kindbegriff entwickelt noch eine deutliche Distanzierung zum alten Paradigma eingenommen zu werden, insofern musikalische Früherziehung, wie bereits bei Ribke beschrieben, zu nichts Geringerem als zur *Identitätsfindung des Kindes* im Rahmen seines psychosozialen Lernfelds führen soll. Insofern Objektexploration als Selbstexploration verstanden wird, entfalten sich Kinder zwangsläufig, so dass unterschwellig durchaus einige Anknüpfungspunkte an die antirationale Persönlichkeitsbildung der Reformpädagogik bestehen bleiben. Anlagen werden spielerisch entwickelt, was damals mit dem Begriff des schöpferischen Gestaltens in Verbindung gebracht wurde und heute durch den Kreativitätsbegriff ersetzt wird: „Selbstbestimmte, freie Erkundung ist Voraussetzung kreativ-gestalterischer Prozesse" (Ribke 1995, 186). Auch wenn die innovative Arbeit von Weber-Krüger aus konstruktivistischer Sicht die Perspektive des Kindes und dessen Bedeutungszuweisungen hervorhebt und durch „Austausch von musikbezogenen Versatzstücken" (Weber-Krüger 2014, 349) an individuelle Erlebnisse, Kenntnisse von Musik anknüpft, bleibt ein Festhalten an der explorativen Eigenaktivität des Kindes auf der Metaebene bestehen.

Diese implizite normative Ausrichtung des Kindbegriffs hat Konsequenzen für den daran gebundenen Musikbegriff und die Vermittlungsformen, welche tenzenziell ‚kindgerecht' erscheinen müssen. Durch das Bild des sich selbst entdeckenden Kindes im Schonraum der Kita ist es tendenziell schwierig, stilistische Vielfalt musikalischer Werke oder musikbezogene Umgangsweisen miteinzubinden, da diese das explorative Lernen nicht unmittelbar ‚am Material' ermöglichen.[25] Wenn Kinder auf eine spezielle Art und Weise an die Musik herangeführt werden sollen, die spielerisch explorativ ist, dann scheint dafür nur diejenige Musik geeignet, die diese Möglichkeiten mit sich bringt. Schwierig wird es aber mit Musik, die das explorative Verhalten eher hindert, wie z. B. Werke, die mit bestimmten Inhalten verknüpft sind oder konkrete musikbezogene Umgangsweisen behandeln. So erklärt sich die Forderung von Gerd Schäfer, spezifischen Vermittlungsabsichten und Inhalten „entgegenzuarbeiten" (Schäfer 2014, 119), wie das Erlernen eines Instruments, die Reproduktion von Musikstücken oder die Einführung in die musikalischen Elemente der Musikkultur. Vor diesem Hintergrund ließe sich fragen, ob die in der musikpädagogischen Arbeit mit Vorschulkindern enthaltenen verschiedenen ‚Mythen', wozu insbesondere die Begriffe „ganzheitlich, kreativ, elementar und kindgemäß" zählen (Schatt 2014, 78), wirklich überwunden sind. Ohne auch nur ansatzweise die Grundlagen der Musikalischen Früherziehung kritisieren zu wollen, ließe sich hinterfragen, ob dieser Musik- und Kindbegriff für den Kita-Bereich nicht begrenzt erscheint, um a) die Vielfalt der Menschen, b) der Musik und c) der Vermittlung mitzuberücksichtigen.

Gleichermaßen kann aber auch gefragt werden, ob nicht durch einen gesellschaftlichen Wandel, auch in der Welt der Kinder, alternative Musikangebote denkbar wären, die nicht unmittelbar mit persönlichkeitsbildenden Annahmen der EMP kompatibel erscheinen, um einen weiten Musikbegriff sowie die Breite musikalisch-kultureller Bildung zu nutzen, wie z. B. ein verstärkter Bezug zu Neuen Medien und Populärer Musik. Darf und kann ein DJ (mit grundlegenden pädagogischen Kenntnissen) in der Kita ein (musikalisch hochwertiges) Musikangebot anbieten? Diese Frage soll nicht als pädagogische Unbedenklichkeitserklärung verstanden werden, so als ob sich alle musikalischen Praxen direkt in die Kita übertragen lassen und die Tore weit für alle Künstler*innen geöffnet werden. Vielmehr scheint ein Umdenken erforderlich, das nicht die stimmige musikalische Grundausbildung, sondern eher eine Erweiterung des Blickfelds

---

25 Dieses Bild wird im Kontext der Verschulung des Kindergartens durch die Verabschiedung neuer Bildungs- bzw. Orientierungspläne wieder neu gefordert (Fölling-Albers 2008); aus musikpädagogischer Sicht siehe auch Kautny 2015.

vor den Anforderungen der Vielfalt kultureller Praxen im Fokus hat. Im Hinblick auf die beiden Weiterbildungsprojekte sollten alternative Wege der Zusammenarbeit gesucht werden, indem nicht nur EMP-Lehrkräfte, sondern Musikschullehrkräfte (VimuBi) oder Kunst- und Kulturschaffende (MuBiKi) das Angebot ausrichten. Durch diese alternativen Möglichkeiten, Musik in die Kita zu bringen, könnte das tendenziell normativ ausgerichtete Spektrum der Elementaren Musikpädagogik erweitert werden.

V Einschätzungen zu den Weiterqualifizierungsprojekten

Abschließend sollen grundlegende Potenziale und Grenzen beider Weiterbildungen sowie der Evaluationen zusammengefasst werden. Dabei wird auf eine rein defizit- oder ressourcenorientierte Darstellung im Sinne von Stärken und Schwächen verzichtet. Im Zentrum stehen eher Reflexionen über spezifische Prozesse, Entwicklungen und konzeptionelle Aspekte. Diese Punkte sind auch für weiterführende Evaluationen in ähnlichen thematischen Kontexten relevant und stellen die Ergebnisse in einen größeren Gesamtkontext.

1 Zum Verhältnis von Konzeption, Durchführung & Evaluation

Beide Weiterbildungen basieren auf einer pyramidenartigen Struktur von drei Bereichen (s. Hintergründe, Abschnitt V, Kapitel 1, ab S. 45). Ausgehend von der Entwicklung eines Modulhandbuchs durch Expert*innen (I) folgt die Einarbeitung von Dozierenden (II) und die Vermittlung an Teilnehmende (III). Diese Ausrichtung besitzt Vor- und Nachteile. Sie ermöglicht auf der einen Seite eine stringente *chronologische* Strukturierung der Weiterbildung und eine möglichst gezielte Aufarbeitung und Weitergabe von Inhalten und Kompetenzen. Auf der anderen Seite erhalten aber die Expert*innen selbst eine dominante Position, so dass die Pyramide implizit auch eine *hierarchische Struktur* in sich trägt. Ferner bleibt die Grundfrage bestehen, wie genau die Planung der Expert*innen auf andere Ebenen übertragen werden kann bzw. wie die Vermittlung der Konzeption an die Dozent*innen und die Teilnehmenden erfolgen soll. In den Weiterbildungen gab es zwar ein Dozent*innentreffen, an dem auch die Expert*innen zum Teil mit anwesend waren und ihre Ideen vorstellen konnten. Allerdings ergab sich durch den Wechsel von Dozent*innen, durch krankheitsbedingte Ausfälle und zeitlich-organisatorische Umorientierungen eine Neustrukturierung, die nicht mehr genau nachvollziehbar machte, ob alle Aspekte der Expert*innenplanung (bzw. des Modulhandbuchs) auch zu den Teilnehmenden (in die Praxis) transferiert wurden.

Dieses auch aus anderen Evaluationen bekannte Problem lässt sich kaum lösen und ist dem Umstand geschuldet, dass die Dozierenden selbst individuelle Schwerpunkte besitzen und diese in eine Weiterbildung einbringen. Für die Zukunft sind daher gezielte Informationen, Feedback und Rückmeldungen seitens der Lehrenden und Teilnehmenden, genaue Absprachen mit dem Organisationsteam wichtig. Als gewinnbringend haben sich gezielte Informationen (z. B. Ankerbeispiele) im Modulhandbuch erwiesen.

Aus Sicht der Evaluation waren auch die teilnehmenden Beobachtungen ergiebig, insofern die tatsächliche Erprobung von vorgegebenen Inhalten auch überprüft werden konnte.

Das nicht unproblematische Verhältnis zwischen Konzeption und Realisierung findet sich auch auf einer anderen Ebene, die auch für Evaluationen von Pilotprojekten bzw. Weiterbildungen typisch sind. So ist die Evaluation auf der einen Seite ein zentraler Bestandteil der Weiterbildungsprojekte, der aber immer auch als Fremdkörper seitens der Teilnehmenden und der Lehrgangsleitungen angesehen wird. Trotz langfristiger und genauer Absprachen fühlten sich Lehrgangsleitungen und Teilnehmende durch die Datenerhebungen während der Workshops gestört. Dieser Umstand hängt mit unterschiedlichen Sichtweisen auf die Ziele der Weiterbildungen zusammen. Wünschten sich die Teilnehmenden und Lehrgangsleitungen störungsfreie Workshops/Seminare, so war das Evaluationsteam an einer möglichst vollständigen und unkomplizierten Datengewinnung interessiert. Die Erhebungen fanden daher vereinzelt unter Zeitdruck statt. Dies gilt v. a. für das Ausfüllen der Fragebogenerhebungen. Aber auch in Tandeminterviews, die zum Teil während der Workshoparbeit durchgeführt wurden, ergab sich eine Spannung zwischen der Arbeit in der Weiterbildung und den Datenerhebungen in der Evaluation.

2 Zusammenhalt der Gruppe

Der Entwicklungsprozess der Teilnehmenden im Hinblick auf die Reflexion eigener Berufserfahrungen, die Übernahme neuer und ungewohnter musikalisch-pädagogischer Handlungsmuster sowie die wertschätzende Kommunikation in der Gruppe stellen zentrale Ergebnisse beider Weiterbildungsprojekte dar. Insbesondere der intensive persönliche und emotionale gemeinsame Austausch ist einer der zentralen Qualitätsaspekte. Die positiv erlebten Gruppensituationen lassen sich auf unterschiedliche Faktoren zurückführen. Hierzu gehören die kontinuierliche Arbeit in den Workshops und Tandems, die durchgängige Begleitung durch Lehrgangsleitungen als Ansprechpartnerinnen, die Berücksichtigung des Coaches (MuBiKi) sowie der Wunsch, gemeinsam voneinander und miteinander zu lernen. Insbesondere der letzte Punkt scheint für eine transprofessionelle Weiterbildung, an der unterschiedliche Berufe beteiligt sind, von großer Bedeutung. Der Zusammenhalt wird auch durch spezifische organisatorische und inhaltliche Herausforderungen (Tandemfindung, Entfernungen, Inklusion) und daran gebundene Auseinandersetzungen bzw. Erfahrungen geprägt. Im Verlauf der Zusammenarbeit erhält zudem die ästhetische Qualität der musikalischen Praxis in der Gruppe eine wichtige Bedeutung.

In Zukunft müssen weitere Evaluationen zeigen, inwiefern die Grundkonzeption einen intensiven Austausch ermöglicht oder ob spezifische Konstellationen in der Gruppe dafür verantwortlich sind. Nicht zu unterschätzen ist dabei auch der Wunsch der Teilnehmenden, sich bzw. ihre Berufssituation zu *verändern*, so dass die daran gebundenen Wünsche und Ängste immer auch in einem Feld, in dem Menschen sind, die ähnliche Interessen haben, intensiv ausgetauscht werden können und sich viele Gemeinsamkeiten ergeben. Zudem müsste geprüft werden, inwiefern dieser Zusammenhalt sich nachhaltig in Form zukünftiger Treffen auswirken kann. Die Teilnehmenden von MuBiKi haben sich ca. drei Monate nach der Weiterbildung noch einmal getroffen, um sich über weitere Entwicklungen auszutauschen. Dort wurden aber keine Daten zur Evaluation mehr erhoben. Mehrfach wurde der Wunsch geäußert, über Onlineplattformen miteinander in Kontakt zu bleiben und Materialien auszutauschen. Über den Verlauf der Zusammenarbeit in den damaligen Tandems liegen keine zusätzlichen Informationen vor.

3 Innovative Aspekte I: Dauer, Coach, Modulstruktur

Eine Besonderheit des MuBiKi-Projekts war die lange Weiterbildungszeit von insgesamt 14 Monaten mit sechs Wochenenden und zwei ganzen Wochen. Die vor und während der Weiterbildung genannten zeitlichen und organisatorischen Herausforderungen wurden im Verlauf der Durchführung relativiert und in einem Gesamtbild summierend positiv eingeschätzt. Dies gilt auch für die Möglichkeit, erworbene Inhalte in der Zwischenzeit zu reflektieren. Für die Zukunft bedeutet dies, dass berufsbegleitende Weiterqualifizierungen, (nicht nur) im Bereich der frühkindlichen musikalischen Bildung und der Weiterqualifizierung von Kunst- und Kulturschaffenden, organisatorisch herausfordernd sein und sich über einen längeren Zeitraum erstrecken können. Dies gilt auch für die ungewöhnliche und originelle Modulstruktur. Oftmals sind musikbezogene Weiterbildungen im EMP-Bereich nach einem ‚Strickmuster' konzipiert, das sich auf spezifische Inhalte beschränkt und dabei oft Lernfelder wie z. B. ‚Singen, Bewegen und Instrumentalspiel' berücksichtigt, die durch zeitlich nah beieinander liegende Workshops thematisiert werden (VimuBi). Die Teilnehmenden erwarten und erhalten dabei v. a. Rüstzeug für die tägliche Praxis. Durch die kooperative Anlage und die transprofessionelle Ausrichtung wurde in MuBiKi bereits im Modulhandbuch ein anderer Fokus gelegt, der sich auf die Reflexion von Berufsbildern, die Erweiterung von Handlungsspielräumen und den gemeinsamen Austausch beruflich-biographischer Erfahrungen bezog. Hierdurch ergab sich auch eine andere Modulstruktur mit neuen Anregungen (z. B. Beobachtung). Auch der Einbezug eines Coaches, der die Zusammenarbeit mitbegleitete, ist ein innovativer Bestandteil musikbezogener kooperativer Weiterbildungsarbeit, da explizit die Dynamik in beruflich heterogenen Tandems mitberücksichtigt wird.

4 Innovative Aspekte II: Transprofessionelle Zusammenarbeit

Die transprofessionelle Zusammenarbeit ist sicherlich ein besonderer konzeptioneller Aspekt des MuBiKi-Projekts, die ansatzweise auch bereits in VimuBi thematisiert wurde. Auch wenn interprofessionelle Zusammenarbeit (Teamteaching) von einer gegenseitigen Unterstützung ausgeht, basiert sie eher auf einer Arbeitsteilung und Beibehaltung von berufsbezogenen Einstellungen und Haltungen. Das Tandem ergänzt sich durch *individuelle* professionsbezogene Stärken. Die transprofessionelle Zusammenarbeit geht von einer Überschreitung solcher Fähigkeiten aus, indem durch die Zusammenarbeit neues und anderes Wissen bzw. Können erworben wird. Dieser *gemeinsame Austausch* von Stärken steht mit einer kritischen Revision und Reflexion der eigenen (Berufs-)Biographie in Verbindung.

Die transprofessionelle Zusammenarbeit in heterogenen Gruppen besitzt besondere Herausforderungen, da das starke Bedürfnis der Teilnehmenden nach einer Aufteilung der Seminarinhalte (Musiker*innen & Erzieher*innen) nicht unmittelbar erfüllt werden kann und soll. Vielmehr müssen musikpädagogische Defizite und stereotype Verhaltensweisen *gemeinsam* erkannt und reflektiert werden, um die Einstellung zu entwickeln, *voneinander* zu lernen. Dies ist die *Voraussetzung*, um in einen Dialog zu treten und eine Veränderung des eigenen beruflichen Selbstbildes anzubahnen.

Daher erscheint es als eine mögliche Konsequenz, transprofessionell orientierte Weiterbildungen in einer doppelten Perspektive zu planen:
- mit differenzierten Phasen der individuellen Ich-Stärkung und gezielten methodischen Repertoireerweiterungen eines jeden einzelnen Teilnehmenden als Grundlage für einen Dialog und
- mit Phasen von offenen Räumen für transprofessionelle Begegnungen und unterstützenden Angeboten, die diese Offenheit inhaltlich wie persönlich begleiten.

5   Interpretative Forschung im Team

Im Rahmen des MuBiKi-Forschungsdesigns und der dort angewandten Verfahren ist die gemeinsame interpretative Arbeit im Forschungsteam eine Besonderheit. Die Daten wurden in einem ständigen Austausch interpretiert und das Kategoriensystem gemeinsam entwickelt. Bewährt hat sich in MuBiKi eine Arbeitsteilung der umfassenden Erhebungen in Bezug auf die beiden Standorte (pro Mitarbeiter*in), die dann auf gemeinsamen Treffen reflektiert und untereinander verglichen wurde. Insbesondere die gemeinsame Interpretation der Videos, die sich auf die Beschreibung und Fremddeutung von Videos bezieht und dabei immer neue Perspektiven von Außenstehenden berücksichtigt, ist eine innovative methodische Möglichkeit, einen ungewohnten Blick auf das Material zu erhalten. Gerade für zukünftige Forschungen im Team bietet sich dieses Verfahren an (Oberhaus et al. 2018).

6   Modulhandbuch

Das VimuBi-Modulhandbuch orientiert sich an einer eher traditionellen bzw. typischen musikbezogenen Modulgliederung (Stimme & Sprache, Musik & Bewegung, Instrumentalspiel) und greift den Bereich Inklusion und Vielfalt als ein Einstiegsmodul auf, das in den anderen Lernfeldern weiter berücksichtigt werden sollte. Das MuBiKi-Modulhandbuch ist dagegen unkonventioneller konzipiert. Es fokussiert sich verstärkt auf übergeordnete Fähigkeiten, die beide Berufsgruppen betreffen. Modultitel wie z. B. ‚Professionelle Verständigung', ‚Beobachtung' sowie ‚Interaktion und Zusammenarbeit' sind nicht nur unterschiedliche innovative Formate, sondern verweisen auf die Tandemarbeit sowie transprofessionell-übergreifende und nicht mehr auf Professionen fokussierte Adressierungen im Bereich der kulturellen Bildung.

Für beide Weiterbildungen sollten Modulhandbücher für zwei verschiedene Berufsgruppen erstellt werden, die *beide* weiterqualifiziert werden sollten. Kritisch kann angeführt werden, dass in den Modulhandbüchern beider Weiterqualifizierungen keine Informationen über arbeitsteilige Verfahren und eine berufsspezifische Trennung der Teilnehmenden angeführt werden. Diese methodische Gestaltung widerspricht zwar nicht direkt dem Ansatz transprofessioneller Zusammenarbeit, fördert aber ein eher stereotypes Rollendenken. Es ließe sich diskutieren, welche Art von Teilnehmenden sich das Konzeptionsteam vorgestellt hat: Sind dies Personen, die über minimale Kenntnisse im Bereich Musik und frühkindlicher Bildung verfügen und sich diesbezüglich weiterbilden wollen? Oder werden bestimmte Berufsgruppen bevorzugt und andere übergangen, indem Vorkenntnisse und Fähigkeiten normativ gesetzt werden?

7 Begleitung durch Lehrgangsleitungen

Wie bereits mehrfach erwähnt, war die durchgehende Anwesenheit der Lehrgangsleitungen insbesondere für die Teilnehmenden ein hoher Qualitätsgewinn für beide Weiterqualifizierungen. Sie standen beratend zur Verfügung, kannten die Stärken und Schwächer der Teilnehmenden und begleiteten ihren Lernprozess. Darüber hinaus gaben sie dem Organisations- und Evaluationsteam wichtiges Feedback über die Situation vor Ort und zur differenzierten Ausgestaltung der Weiterqualifizierung (z. B. Prüfungsordnung, Zertifizierung). Es kann also festgehalten werden, dass die Lehrgangsleitungen auch konzeptionell die Weiterbildung mitgestaltet und durch ihr spezifisches EMP-Profil geprägt haben.

Im Hinblick auf die bereits in der Diskussion (Abschnitt IV, ab S. 234) geäußerten Überlegungen, dass das Musikangebot in der Kita nach spezifischen (normativen) Grundlagen der EMP erfolgt, ergaben sich Schwierigkeiten hinsichtlich der Einbindung der Lehrgangsleitungen in die Konzeption und Evaluation der Weiterqualifizierung, da diese beide als EMP-Lehrkräfte arbeiteten. Sie waren, wie auch alle Personen im Konzeptionsteam, der Meinung, dass ein deutlicher Unterschied zwischen EMP-Lehrkräften (mit Studienabschluss) und den Teilnehmenden der Weiterbildung (bzw. des Zertifikats) besteht. Eine umfassende EMP-Ausbildung (Studium) mit den relevanten musikbezogenen Voraussetzungen ist nicht mit den Inhalten und dem Umfang einer Weiterqualifizierung vergleichbar. Allerdings wurden in der Ausschreibung und in der Auswahl der Bewerber*innen jene für die EMP typischen hohen Erwartungen im Bereich der musikalischen Grundausbildung oder musikbezogenen Elementarlehre geltend gemacht. Es bestand also ein Widerspruch zwischen dem Wunsch nach Abgrenzung gegenüber der Elementaren Musikpädagogik einerseits und der Aufrechterhaltung des für damit zusammenhängenden musikbezogenen Anspruchs andererseits. So finden sich im Flyer zur Anmeldung folgende Voraussetzungen für die Teilnahme:
– „Freude an der Arbeit mit Kindern im Vorschulalter

- Kreativität, Spontaneität und Bewegungsfreude
- Musikalische Ausdrucksfähigkeit auf einem Instrument und/oder im Gesang
- Theoretische und musikalische Grundkenntnisse der Musik
- Rhythmus- & Melodiesicherheit" (MuBiKi-Flyer)

Insbesondere die dort formulierte Rhythmus- und Melodiesicherheit sowie die theoretischen und musikalischen Grundkenntnisse könnten Erzieher*innen aufgrund des hohen Anspruchs ‚abgeschreckt' haben, sich zu bewerben. Es wird also deutlich, dass durch die Einbindung der beiden Lehrgangsleiterinnen sich die Konzeption einerseits davon distanzieren wollte, die Weiterqualifizierung mit einem EMP-Studium zu vergleichen. Andererseits wurde insbesondere bei der Akquise der Teilnehmenden darauf geachtet, dass jene EMP-Kriterien erforderlich sein müssen, um überhaupt in der Kita Musik unterrichten zu dürfen.

An dieser Stelle soll noch einmal deutlich hervorgehoben werden, dass es nicht das Ziel beider Weiterbildungsprojekte war, an Kriterien der EMP anzuknüpfen. Vielmehr sollten alternative Wege der Förderung von Musik in der Kita gesucht werden. Das Ziel der Konzeption lag in der Berücksichtigung eines weiten Begriffs musikalisch-kultureller Bildung, der nicht auf spezifisch theoretisches Vorwissen begründet war. Die Schwierigkeiten stehen im Kontext von spezifischen Menschenbildannahmen und Erwartungen seitens der Elementaren Musikpädagogik und bestimmten Vorgaben, wie ‚Kinder' an Musik in der Kita ‚herangeführt' werden sollen (Lieder singen, bewegen, Improvisation).

Auf den Punkt gebracht: Es bestand ein Unterschied zwischen den Beteiligten im Projektteam (Personen, die den BMBF-Antrag konzipiert hatten, sowie den Lehrgangsleitungen, die später zum Team hinzukamen und die Weiterbildung maßgeblich begleitet haben) hinsichtlich der Erwartungen an die musikalischen Vorkenntnisse der Teilnehmenden.

Hätten die Lehrgangsleitungen nicht auch konzeptionell in die Weiterbildung eingegriffen oder wären sie nicht aus dem EMP-Feld ausgewählt worden, und wäre an der Ursprungsidee festgehalten worden, in einem Auswahlworkshop geeignete Personen zu finden, die v. a. durch musikalische Umgangsweisen und Engagement im Bereich Vermittlung sowie Teamkompetenz besonders auffallen, hätte sich die Zusammensetzung der Tandems anders entwickelt. Ursprünglich war geplant, eine Vielzahl von Personen mit unterschiedlichen musikalischen Hintergründen als Teilnehmende einzubinden (auch Tänzer*innen, Laienmusiker*innen), die musikalisch-künstlerisch arbeiten, aber eher geringe musikalische Voraussetzungen besitzen (z. B. geringe Notenkenntnisse). Im Laufe der Überlegungen zu den Voraussetzungen der Teilnehmenden wurden Kompromisse zwischen Konzeptionsteam und Lehrgangsleitungen gemacht; schlechtenfalls wurde das ursprüngliche Konzept einer alternativen Qualifizierung von Musiker*innen und Erzieher*innen verändert und den traditionellen Kriterien der EMP angeglichen. Solche Entwicklungen scheinen v. a. im Rahmen von Drittmittelprojekten zu entstehen, in denen die Konzeption erst (nach der Bewilligung) erstellt werden muss, und sich im

Zuge der konkreten Planung und Umsetzung auch Abweichungen ergeben (müssen). Nicht zuletzt scheint diese Schwierigkeit auch in Zusammenhang mit Evaluationen zu stehen, die je nach Verlauf das ursprüngliche Forschungsdesign verändern müssen.

Die Berücksichtigung der Interessen der Lehrgangsleitungen soll anhand einer anonymisierten E-Mail von einer Person aus dem Konzeptionsteam verdeutlicht werden, die während der schwirigen Teilnehmer*innenakquise verfasst wurde:

> Ich habe folgende Anmerkungen: 1. Das nach wie vor geringe Teilnehmerinteresse und die mangelhafte Basisqualifikation vieler Bewerberinnen macht mir ernsthaft Sorgen. Irgendwie ist es uns (noch) nicht gelungen, unsere Zielgruppe überzeugend zu erreichen. Ein Teil der bisher eingegangenen Bewerbungen ist sicher gut geeignet, viele der bisherigen Interessentinnen aber wohl eher nicht. Ich habe die fachlichen Bedenken von Janina und Tanja gehört und kann sie auch nachvollziehen. Wir müssen einfach bestimmte Qualitätsstufen einhalten. 2. Ich bin sehr froh, dass Janina und Tanja sich bereit erklärt haben, die Lehrgangsleitung und damit auch Mitverantwortung für das Gesamtprojekt zu übernehmen. Deshalb ist es für mich selbstverständlich, dass sie ohne Ausnahme in das gesamte Auswahlverfahren eingebunden sind (E-Mail, Konzeptionsteam).

Die Lehrgangsleitungen haben nur unter bestimmten Grundannahmen an der Weiterbildung teilgenommen, da auch die Gefahr bestand, dass sie ihren Namen für ein Modellprojekt preisgeben, das den traditionellen Leitlinien der EMP nicht gerecht wird. Aus Sicht der Projektleitung hätte sich durch einen möglichen Ausstieg der Lehrgangsleitungen die Umsetzung des MuBiKi-Projekts enorm verzögert.

Hinsichtlich der Gütekriterien empirischer Forschungen (Objektivität) ergeben sich aus der Dominanz der Lehrgangsleitungen im MuBiKi-Projekt einige Bedenken, da sie sowohl in der Durchführung als auch in der Evaluation der Weiterbildung arbeiteten. Diese doppelte Zugehörigkeit ist fraglich, insofern Informationen bzw. bestimmte Zielsetzungen der Weiterbildungen die Interviews mit den Teilnehmenden beeinflusst haben sollten. Da ihnen Hintergründe und übergreifende Informationen bekannt waren, könnten die Interviews dadurch gelenkt worden sein (soziale Erwünschtheit).

8 Differenzierung

Es war ein wiederholt geäußerter Wunsch der Teilnehmenden, die Gruppe zu teilen und bedarfsspezifisch (musikalisch, pädagogisch) zu arbeiten. Auf den ersten Blick erscheint diese Binnendifferenzierung sinnvoll, sofern insbesondere für die Erzieher*innen musikalische Grundlagen gefestigt werden müssen (Notenlehre). Und auch aus pädagogischer Sicht ist es verständlich, Musiker*innen auf bestimmte Aufgaben und Herausforderungen im frühkindlichen Bereich aufmerksam zu machen. Gleichermaßen reproduziert eine solche Sichtweise stereotype Rollenzuschreibungen. Gegen diese Forderung nach Binnendifferenzierung spricht die *gemeinsame Arbeit im Tandem*, die auf Formen *gegenseitiger Unterstützung* basiert. Zudem ist es das Ziel der Weiterbildungen, dass die Teilnehmenden voneinander lernen, so dass spezifische Fähigkeiten untereinander vermittelt und in der Zusammenarbeit ergänzend berücksichtigt werden.

Hinzu kommt das Ziel, spezifische Rollenmuster gemeinsam zu reflektieren. Es sollen also bewusst Grenzen aufgezeigt und Diversität bewusst gemacht werden, anstatt Unterschiede durch arbeitsteilige Aufteilungen aufzuheben. So wie es nicht ‚die Musiker*innen' und ‚die Erzieher*nnen' gibt, lässt sich auch kein festgelegter Kanon an zu erwerbenden Fertigkeiten anführen, der dazu führt, dass alle Teilnehmenden auf der gleichen Stufe stehen und ein qualitativ hohes musikalisches Angebot an Kitas anbieten können. Vielmehr bringt jeder Teilnehmende individuelle Fähigkeiten mit, von denen die gesamte Gruppe profitieren kann.

Vor diesem Hintergrund müsste bei Weiterbildungen, in denen unterschiedliche Berufe zusammenarbeiten, eine weitaus größere *Offenheit* gegenüber individuellen Kompetenzen der Teilnehmenden gelegt werden. So vollzieht sich bestenfalls durch die heterogene Zusammenarbeit eine alternative Sichtweise auf die eigene Profession, da bestimmte musikalische Fähigkeiten durch die Berücksichtigung pädagogischer Herausforderungen *in einem anderen Kontext* thematisiert und reflektiert werden. Sicherlich ist es ein falsches Zeichen, wenn künstlerische Expertise nicht mit in die Kita eingebunden und ausschließlich elementarpädagogische Tätigkeiten vollzogen würden, insofern z. B. ein Pianist nur noch in der Kita-Praxis auf Alltagsgegenständen musiziert. Vielmehr gilt es, individuelle Kompetenzen der Teilnehmenden so aufzugreifen, dass sie dem Anspruch *musikalischer Bildung* in der Kita gerecht werden können. Dies betrifft dann aber auch ein erweitertes Verständnis von Elementarer Musikpädagogik bzw. flexibler musikbezogener Einsatzformen in der Kita. Demzufolge ist dort nicht allein der/Die Allrounder*in gefragt, der/die singen, tanzen und musizieren kann; auch ein/eine Spezialist*in, der/die Musikexpert*in ist, kann die Arbeit dort bereichern. Das bedeutet nicht, dass gar nicht mehr gesungen werden soll; aber der Fokus könnte verlagert werden, um (stilistische) Vielfalt in der Kita zu etablieren.

9 Stellenwert und Umsetzung der Tandemarbeit

Einer der wohl schwerwiegendsten und grundlegenden Kritikpunkte ist die Tandemarbeit während der Weiterbildungen. So ließe sich anführen, dass zwar ein Ziel der beiden Projekte die Zusammenarbeit von Erzieher*innen mit Musiker*innen war, diese Kooperation wurde aber nicht explizit in allen Modulen der Weiterbildung thematisiert. So hat bereits das Team der Expert*innen bei der Konzeption zwar wichtige Strukturen in den Modulen gelegt, allerdings ist nur ein MuBiKi-Modul (Professionelle Verständigung) konkret auf die Tandemarbeit bezogen. In beiden Modulhandbüchern wurden kaum die unterschiedlichen Berufe (Musiker*innen, Erzieher*innen) berücksichtigt und es wird nicht beschrieben, wie die Tandemarbeit gestaltet werden soll. Trotz innovativer Ideen haben die Experten letztlich keine Tandemweiterqualifizierung geplant, sondern waren von idealtypischen Voraussetzungen eines/einer musikalisch interessierten Erziehers/Erzieherin bzw. eines/einer pädagogisch vorgebildeten Musikers/Musikerin ausgegangen. Vor diesem Hintergrund kann streng gesehen keine transprofessionelle Zusammenarbeit stattfinden, da gar nichts ‚überschritten' oder ‚ausgetauscht' wird, denn dazu hätte die Heterogenität explizit berücksichtigt werden müssen.

In Zukunft sollten den Expert*innen bei der Planung die konkreten Ziele (Kooperatives Lernen) deutlicher vorgestellt und Personen vom Projektteam auch bei der Konzeption mit anwesend sein. Die Modulhandbücher beinhalten im Vergleich zu anderen Weiterbildungen neue Schwerpunktsetzungen. Tendenziell werden aber eher die Erzieher*innen schwerpunktmäßig berücksichtigt und Grundlagen der EMP aufgegriffen. Natürlich lernen auch Musiker*innen Wissen für die Kita-Praxis, aber sie sollten nicht nur in den Kita-Projekten als *Gäste* auftreten. Da die Weiterbildung ja für die Kita angeboten wird, kommen Musiker*innen von außen. Dabei wäre es durchaus denkbar, auch die Erzieher*innen als Gäste für Tätigkeitsfelder der Musiker*innen einzubinden.

Grundlegend kann als ein zentrales Ergebnis die Notwendigkeit festgehalten werden, *vorurteilsfreie Begegnungsstätten* zu schaffen, um Rollenmuster (in den Kita-Projekten) aufzuheben. Die vielen Kritikpunkte v. a. in MuBiKi zur räumlichen Distanz und zu Zeitproblemen lassen darauf schließen, dass eine intensive Tandemarbeit (v. a. im Sinne der Vorbereitung, aber auch in den Seminaren) nicht wirklich stattgefunden hat. Auf den Punkt gebracht: Die räumliche Distanz führte dazu, dass die Vorbereitung aufgeteilt wurde, so dass dann das Angebot arbeitsteilig umgesetzt wurde, was eher für interprofessionelle als für transprofessionelle Zusammenarbeit spricht.

10 Akquise der Teilnehmenden

Die schwierige Akquise der Teilnehmenden beeinflusste die ursprüngliche Konzeption, aber auch die Gesamtbewertung von MuBiKi von Anfang an. So konnte durch die geringe Anmeldung von Musiker*innen keine Zusammenarbeit in örtlicher Nähe wie geplant erfolgen. Die weiten Entfernungen erschwerten die Tandemarbeit und führten zu großen zeitlichen Belastungen. Die Gründe der schwierigen Erreichbarkeit der Zielgruppe der Musiker*innen lassen sich auf unterschiedliche Gründe zurückführen. Hierzu gehören eher dezentral liegende Lehrgangsorte, in denen sich eher weniger Musiker*innen befanden, aber gute Weiterbildungsräume zur Verfügung standen. Zudem hätten direkte Ansprechpersonen und ein (noch) größerer Verteiler weitere Musiker*innen aufmerksam machen können.

Aus einer anderen Perspektive ist die geringe Bewerberanzahl weniger problematisch. Denn es haben sich insgesamt 60 Personen beworben und davon 25 Künstler*innen am Standort I und 13 Künstler*innen am Standort II. Erst durch die interne Vorauswahl von 32 Personen, die daran gebundene weitere Auswahl auf *eines* Auswahlworkshops (für beide Lehrgangsorte) und daran gebundene Absagen ergab sich die schwierige Personalsituation. Vor dem Hintergrund ist es sinnvoll für weitere Nachfolgeprojekte, die Auswahl nicht zu stark extern im Vorfeld zu regulieren, sondern den Teilnehmenden unvoreingenommener zu begegnen. Es sollte die Möglichkeit bestehen, in den Auswahlworkshop auch besonders interessante Konstellationen hinsichtlich der Zusammenarbeit zu entdecken. Die musikalische Qualifikation darf nicht das zentrale Kriterium zur Teilnahme sein.

Als einer der zentralen Gründe der schwierigen Akquise dürfte das Berufsfeld des Erziehers/der Erzieherin gelten, das durch Vorurteile geprägt ist und durch geringe bzw.

schlechte Bezahlungen und große Belastungen nicht zu den attraktiven beruflichen ‚Alternativen' von Musiker*innen gehört. Der Beruf des Musikers/der Musikerin (als Künstler*in) steht nicht auf dem gleichen Niveau wie der eines Erziehers/einer Erzieherin. Das hat nicht nur mit einer qualitativen Bewertung zu tun, sondern auch mit unterschiedlichen Arbeitsformen, die nicht kompatibel erscheinen. Zu Beginn beider Weiterbildungen wurde in den Interviews diesbezüglich eine ‚Erhöhung' und Bewunderung des Musikerberufs (durch Stereotype) erkennbar und daran gebunden Hemmungen seitens der Erzieher*innen, mit ihnen zusammenzuarbeiten. Aber auch die Künstler*innen selbst sahen es nicht direkt als ihre Aufgabe an, sich *musikalisch* für die Arbeit in der Kita weiterzubilden, da sie sich als musikalische Professionelle verstanden. Erst im Verlauf der Weiterbildung wurden ritualisierte Verhaltensweisen in der klassischen Musik kritisiert und die improvisatorische Arbeit auch der Erzieher*innen positiv hervorgehoben.

In Zukunft muss dahingehend weitere Arbeit geleistet werden, das Berufsbild der Erzieher*innen attraktiver zu gestalten. Dies kann nicht nur in einer besseren Bezahlung, sondern in einer Aufwertung als Studienberuf und einer generellen Verbesserung der Ausbildung geschehen. Trotz zahlreicher Forderungen der Berücksichtigung frühkindlicher Bildung herrscht insbesondere aus Sicht der ästhetisch-kulturellen Bildung immer noch ein zu geringes Verständnis dafür, inwiefern die dortige Arbeit *grundlegend* für alle weiterführenden schulischen Entwicklungen ist.

11 Die Kita als Lernort – Der Musiker als Gast

Ein wichtiges Ergebnis der Evaluation ist der Stellenwert des *Lernraums* in der gemeinsamen Tandemarbeit. Sofern Musiker*innen als Gäste in die Kitas kommen, werden bestimmte Rollenbilder schnell reproduziert. Die Erzieher*innen sind für die Organisation zuständig, da sie die Lerngruppe und die Räumlichkeiten der Kita kennen; die Musiker*innen kommen ‚als Gast' und bieten besondere künstlerische Lernsituationen an. Durch die Aufhebung der räumlichen Normierungen in Form eines neutralen Lernortes kann in Zukunft die Rollenaufteilung verringert werden. Dies könnten unterschiedliche Kulturinstitutionen sein (Theater, Museen, Räume im Bereich der Jugendkulturarbeit, Kirchen). Wichtig wäre dabei auch, dass Musiker*innen regelmäßig und über eine längere Zeit die Kinder begleiten und so die Lerngruppe kennenlernen. Sofern Kitas oftmals über eine schlechte musikbezogene Infrastruktur (Instrumente) verfügen, wäre es denkbar, Lernumgebungen zu finden, in denen musikalisch gearbeitet werden kann. Es bieten sich aber auch andere Örtlichkeiten an, die erst musikalisch entdeckt werden müssen. Das kann die Natur (Wald etc.) sein und sich auf andere Spielstätten ausweiten. Im Sinne vernetzender Kooperationen mit anderen Institutionen bewegt sich die Kita ‚nach draußen' und die Kinder nehmen am Leben außerhalb des gewohnten Lernorts teil.

12 Konzeptionelle Veränderung der zweiten Durchführung

Da die Weiterbildung an zwei verschiedenen Standorten stattfand, liegt es nahe, eine so genannte formative Evaluation durchzuführen. Deren Ziel liegt insbesondere in der Optimierung der Weiterbildung durch bereits erworbene Erkenntnisse. Die formative Ausrichtung erfasst Schwächen und Stärken in einer eher vorläufigen Fassung eines Projekts mit dem Ziel, eine erneute Durchführung zu verbessern (Scriven 1972). Die Evaluation wird dabei in mehrere Teile gegliedert, wobei die Durchführungen inhaltlich bzw. methodisch modifiziert sind. Eine summative Evaluation wird erst nach der Gesamtdurchführung durchgeführt und dient v. a. zur abschließenden Bewertung oder Überprüfung grundlegender Fragestellungen mit dem Ziel der Verbesserung der Ergebnisse durch ein Gesamtfeedback, das den Prozessverlauf und die darin enthaltene Wiederholung von Teilprojekten ersichtlich macht. Es handelt sich somit um einen Vergleich zwischen postuliertem und erreichtem Zielzustand.

Im Projekt MuBiKi finden sich sowohl formative als auch summative Anteile in der Evaluation. Für eine eher formative Ausrichtung spricht die Durchführung von zwei Durchgängen, die leicht modifizierend stattgefunden haben. So verlief am zweiten Standort insbesondere der Ablauf der Module in einer anderen Reihenfolge. Aber auch die eher ländliche Region führte zu Unterschieden, die sich bereits bei der Tandemfindung zeigten. Für eine eher summative Ausrichtung sprechen die Länge der Weiterbildung und die damit zusammenhängende Überschneidung beider Durchgänge, so dass aus zeitlichen Gründen keine Überarbeitung des Projekts durch bereits vorhandene Evaluationsergebnisse möglich war. Im strengen Sinne ist es daher auch nicht sinnvoll, von zwei verschiedenen bzw. unabhängigen Durchgängen zu sprechen, da beide Durchführungen zeitlich nah zueinander stattfanden. Allerdings ergaben sich durch die zeitliche Versetzung von einigen Monaten immer auch Möglichkeiten, Erkenntnisse in den zweiten Durchgang zu implementieren. Dabei handelte es sich aber eher um Erfahrungen in der Organisation (z. B. Abschlussprüfung, Zertifikatsvergabe).

Hinsichtlich der formativen Anteile kann festgehalten werden, dass eine unterschiedliche Modulstruktur keine Schwierigkeit hinsichtlich der Durchführung darstellt. Teilnehmende beider Standorte lobten explizit die Gesamtstruktur und formulierten gemeinsame Wünsche, die sich v. a. auf eine größere Anbindung an die Praxis und längere, sich wiederholende Projektphasen bezogen. Positiv wurde insbesondere die gemeinsame Lehrgangswoche zu Beginn hervorgehoben, in der sich die Teilnehmenden kennenlernten. Interessant erscheint, dass Dozent*innen, die an beiden Standorten gearbeitet haben, unterschiedlich bewertet wurden. Auffallend ist sicherlich eine unterschiedliche Gesamtbewertung, wie sie sich anhand der quantitativen Daten ablesen lässt, in denen der Lehrgangsort I (mit vorwiegend sehr gut und gut) deutlich besser als Lehrgangsort II (auch mit befriedigend) bewertet wurde. Explizit wurde das Modul *Grundlagen frühkindlicher musikalischer Bildung* negativer beurteilt, was offenbar mit dem Dozenten in Verbindung steht, der das Modul unterrichtet hat. In der Abschlussdiskussion am Lehrgangsstandort II wurde ausgiebig darüber gesprochen. Dies verdeutlicht, dass Dozent*innen seitens der Lerngruppen nicht nur unterschiedlich bewertet wurden, sondern dass ihnen die hohe Qualität der Weiterbildung bzw. der Dozent*innen *bewusst* war. Sie reagierten demnach kritisch darauf, sofern ein/eine Dozent*in die hohen Erwartungen nicht erfüllte.

> Also, das möchte ich ganz klar sagen: das geht nicht, das ist ein No-Go, das ist nicht mehr state of the art gewesen und das kann man in so einer hochkarätigen Fortbildung nicht bringen; das finde ich auch richtig; also wenn ich hier so sitze und ich muss die Füße still halten, dass ich meinem Dozenten nicht sage: ey puh! Also du bist ja eigentlich – ja das geht nicht irgendwie nicht. Da kann so ein Peter Kaiser kommen und der ist unheimlich streitbar aber er ist wenigstens weit vorne; also der ist aktuell und Herr Instadt ist ganz inspirierend in all diesen Sachen, aber für frühkindliche Bildung ist er zu alt, Punkt. Oder eben er hat sich nicht weitergebildet (GD1, 250–256).

Wie bereits oben angeführt, wurden viele Aspekte von beiden Lerngruppen ähnlich bewertet. Hierzu gehörten neben der Qualität der Dozent*innen auch die Einschätzung des hohen Wissenserwerbs und eine grundsätzliche Zustimmung zur Konzeption der Weiterbildung. Ferner wurde den Lehrgangsleitungen eine sehr hohe Bedeutung zugeschrieben und der Zusammenhalt der Lerngruppe wurde hervorgehoben.

13 Zukunft

Die Evaluationsergebnisse beider Weiterbildungen legen es nahe, die Tandemarbeit im Bereich der frühkindlichen musikalischen Bildung zu intensivieren und einen Fokus auf die transprofessionelle Kooperation unterschiedlicher Berufe zu legen. Daran schließt sich die Frage an, ob und wie sich die Situation der ästhetisch-musikalischen Bildung an Kitas sowie die Situation der Musiker*innen bzw. Kunst- und Kulturschaffenden in Zukunft ändern wird. Vor dem Hintergrund, dass zunehmend Quereinsteiger*innen auch ohne spezifische Ausbildung in pädagogischen Berufen tätig sind bzw. sein dürfen, eröffnet sich ein neues weites Feld, das sich mit der Integration fremder Berufsbiographien auseinandersetzt, wie es auf einer anderen Ebene auch in MuBiKi erfolgte. Für den Stellenwert musikalisch-kultureller Bildung in der Kita wäre es am besten, die Ausbildungssituation der Erzieher*innen *grundlegend* zu verändern, so dass der Bedarf an Weiterbildungen erst gar nicht entsteht. Wünschenswert wäre es, wenn sich die Musik in der Kita an der Vielfalt musikalischer Professionen und Praxen orientieren und so auch der Bereich der Elementaren Musikpädagogik erweitert und gestärkt würde. Die Konzeptionen und Evaluationen der Weiterbildungsmaßnahmen VimuBi und MuBiKi könnten gerade mit Perspektive auf berufswelterweiternde und transprofessionelle Zusammenarbeit für einen solchen Prozess wichtige Impulse geben.

LITERATUR

Albers, Timm (2010): Inklusion in der frühen Kindertagesbetreuung. Anforderungen an eine inklusive Frühpädagogik, in: Frühe Kindheit 2/2010, S. 24–28.
Alkemeyer, Thomas; Budde, Gunilla; Freist, Dagmar (Hg.) (2013): Selbst-Bildungen. Soziale und kulturelle Praktiken der Subjektivierung, Bielefeld: transcript.
Allolio-Näcke, Lars; van Oorschot, Jürgen (2007): Suchbewegungen zum Überleben der Qualitativen Sozialforschung?, in: Erwägen – Wissen – Ethik (EWE), 18 (2), S. 208–211.
Alt, Michael (1968): Didaktik der Musik, Düsseldorf: Schwan.
Amann, Klaus; Hirschauer, Stefan (1997): Die Befremdung der eigenen Kultur. Zur ethnographischen Herausforderung soziologischer Empirie, Frankfurt a. M.: Suhrkamp.
Amrhein, Franz (2001): Den Musikunterricht auf die Füße stellen – die Bedeutung der Bewegung für musikalisches Lernen, Hannover: impf.
Amrhein, Franz; Bieker, Margret (1999): Lernen mit den Sinnen. Aspekte von Theorie und Praxis ästhetischer Erziehung im Sonderpädagogikstudium am Beispiel Musik, in: Holger Probst (Hg.): Mit Behinderungen muß gerechnet werden, Mönchengladbach: Oberbiel Verlag, S. 125–155.
Amrhein, Franz; Bieker, Margret (2005): Ästhetische Erziehung/Musik in der Sonderschullehrerausbildung und in der Sonderschule, in: Zeitschrift für Heilpädagogik 01/2005, S. 21–27.
Amrhein, Franz (2007): Die Förderung von Bewegung, Wahrnehmung, Ausdruck und Kommunikation mit Musik, in: Jürgen Walter & Franz B. Wember (Hg.): Sonderpädagogik des Lernens, Göttingen: Hogrefe, S. 774–780.
Autorengruppe Bildungsberichterstattung (2016): Bildung in Deutschland 2016. Ein indikatorengestützter Bericht mit einer Analyse zu Bildung und Migration, München: Bertelsmann.
Balluseck, Hilde von; Nentwig-Gesemann, Iris (2008): Wissen, Können, Reflexion. Die Verbindung von Theorie und Praxis in der Ausbildung von ErzieherInnen, in: Sozial Extra 3, S. 28–32.
Band ohne Noten (2018): Das Konzept für Einsteigerbands zum Musikmachen ohne Notenkenntnisse, unveröffentlichtes Manuskript.
Barth, Dorothee (2008): Ethnie, Bildung oder Bedeutung? Zum Kulturbegriff in der interkulturell orientierten Musikpädagogik, Augsburg: Wißner.
Bauer, Karl-Oswald (2000): Pädagoge – Profession und Nebenbeschäftigung, in: Olga Jaumann-Graumann & Walter Köhnlein (Hg.): Lehrerprofessionalität – Lehrerprofessionalisierung, Bad Heilbrunn: Klinkhardt, S. 25–44.
Bastian, Hans Günther (2001): Kinder optimal fördern – mit Musik. Intelligenz, Sozialverhalten und gute Schulleistungen durch Musikerziehung, Mainz: Schott.
Beher, Karin; Walter, Michael (2012): Zehn Fragen – Zehn Antworten. Qualifikation und Weiterbildung frühpädagogischer Fachkräfte. Bundesweite Befragung von Einrichtungsleitungen und Fachkräften in Kindertageseinrichtungen, München: WiFF.
Behindertenrechtskonvention (2017): Die UN-Behindertenrechtskonvention. Übereinkommen über die Rechte von Menschen mit Behinderungen (Convention of the United Nations on the rights of persons with disabilities). Amtliche, gemeinsame Übersetzung von Deutschland, Österreich, Schweiz und Lichtenstein, Beauftragte der Bundesregierung für

die Belange von Menschen mit Behinderungen (Hg.), Berlin https://www.behindertenbeauftragte.de/SharedDocs/Publikationen/UN_Konvention_deutsch.pdf?__blob=publicationFile&v=2 (04.01.2020)

Bertelsmann Stiftung (2009): Kita macht Musik. Abschlussbericht, in Verbindung mit Ute Welscher, Marie-Luise Borek, Tobias Henn und unter Mitarbeit von Klaus Bredl, Werner Buxot, Iris Gärtner, Wolfgang Probst und Christel Wolf, Gütersloh: Bertelsmann.

Berufsbildende Schule am Museumsdorf (2019): Fachschule Sozialpädagogik. https://www.bbsam.de/schulangebot/vollzeitschulen/803-fss/ (04.01.2020).

Berufsbildende Schule Leer (2019): Fachschulen. http://www.bbs1-leer.de/index.php?option=com_content&task=view&id=48&Itemid=81 (22.05.2019).

Bielefeldt, Heiner (2009): Zum Innovationspotenzial der UN-Behindertenrechtskonvention, 3. Auflage, Deutsches Institut für Menschenrechte https://www.institut-fuer-menschenrechte.de/uploads/tx_commerce/essay_no_5_zum_innovationspotenzial_der_un_behindertenrechtskonvention_aufl3.pdf (11.11.2019).

Bockhorst, von Hildegard; Reinwand, Vanessa-Isabelle; Zacharias, Wolfgang (2012) (Hg.): Handbuch kulturelle Bildung, München: kopaed.

Böhm-Kasper, Oliver (2012): Beobachtung, in: Klaus-Peter Horn, Heidemarie Kemnitz, Winfried Marotzki & Uwe Sandfuchs (Hg.): Klinkhardt Lexikon Erziehungswissenschaft, Bad Heilbrunn: Klinkhardt, S. 107.

Bohnsack, Ralf (2014): Rekonstruktive Sozialforschung. Einführung in qualitative Methoden, 9. Auflage, Opladen & Toronto: Barbara Budrich.

Booth, Tony; Ainscow, Mel (2003): Index für Inklusion. Lernen und Teilhabe in der Schule der Vielfalt entwickeln, übersetzt für deutschsprachige Verhältnisse, bearbeitet und herausgegeben von Ines Boban & Andreas Hinz, https://www.eenet.org.uk/resources/docs/Index%20German.pdf (11.11.2018).

Booth, Tony; Ainscow, Mel (2011): Index for Inclusion: developing learning and participation in schools, Bristol, CSIE.

Booth, Tony; Ainscow, Mel; Kingston, Denise (2012): Index für Inklusion (Tageseinrichtungen für Kinder). Spiel, Lernen und Partizipation in der inklusiven Kindertageseinrichtung entwickeln, Frankfurt: GEW.

Borsch, Frank (2010): Kooperatives Lehren und Lernen im schulischen Unterricht, Stuttgart: Kohlhammer.

Bossen, Anja; Jank, Birgit (2017): Sprache im Musikunterricht: Ausgewählte Aspekte sprachbewussten Handelns im Kontext von Inklusion, Potsdam: Universitätsverlag Potsdam.

Bradler, Katharina (2016a) (Hg.): Vielfalt im Musizierunterricht. Theoretische und praktische Anregungen, Mainz: Schott.

Bradler, Katharina (2016b): Vielfalt im Musizierunterricht. Einführendes zu einem weiten Themenfeld, in Katharina Bradler (Hg.): Vielfalt im Musizierunterricht. Theoretische und praktische Anregungen, Mainz: Schott, S. 9–23.

Bräu, Karin (2005): Individualisierung des Lernens. Zum Lehrerhandeln bei Bewältigung eine Balanceproblems, in: Karin Bräu und Ulrich Schwerdt (Hg.): Heterogenität als Chance, Münster: Lit, S. 129–149.

Braun, Edith (2008): Das Berliner Evaluationsinstrument für selbsteingeschätzte studentische Kompetenzen (BEvaKomp), Göttingen: V&R.

Breidenstein, Georg (2012): Ethnographisches Beobachten, in: Heike de Boer & Sabine Reh (Hg.): Beobachtung in der Schule. Beobachten lernen, Wiesbaden: Springer, S. 27–44.

Breidenstein, Georg; Hirschauer, Stefan; Kalthoff, Herbert; Nieswald, Boris (2015): Ethnographie. Die Praxis der Feldforschung, 2. Auflage, Konstanz: UVK-Verlagsgesellschaft.

Brinker, Patricia; Cloos, Peter; Oehlmann, Sylvia (2010): Musikalische Bildung in der Qualifizierung für Kindertageseinrichtungen in Nordrhein-Westfalen. Kurzdarstellungen der Ergebnisse, http://www.miz.org/downloads/dokumente/559/studie_bertelsmann_kindertages-einrichtungen.pdf (14.11.2018).

Brünger, Peter (2003): Singen im Kindergarten. Eine Untersuchung unter bayerischen und niedersächsischen Kindergartenfachkräften, Augsburg: Wißner.

Brunsch, Dagmar (2013): Inklusion – was tun? Checklisten für den inklusiven Unterricht an der Grundschule, Hamburg: Persen-Verlag.

Büchner, Peter (2013): Familie, soziales Milieu und Bildungsverläufe von Kindern. Rahmenbedingungen einer familienorientierten Bildungsbegleitung von Eltern aus bildungssoziologischer Sicht, in: Lena Correll & Julia Lepperhoff (Hg.): Frühe Bildung in der Familie. Perspektiven der Familienbildung, Weinheim: Beltz, S. 46–57.

Bundesgesetzblatt 2008: Gesetz zu dem Übereinkommen der Vereinten Nationen vom 13. Dezember 2006 über die Rechte von Menschen mit Behinderungen sowie zu dem Fakultativprotokoll vom 13. Dezember 2006 zum Übereinkommen der Vereinten Nationen über die Rechte von Menschen mit Behinderungen, http://www.un.org/depts/german/uebereinkommen/ar61106-dbgbl.pdf (11.11.2018).

Campos, Samuel (2015): Subjekte der Praxis – Praxis der Subjekte. Subjektivierung als Perspektive musikpädagogischer Unterrichtsforschung, in: Anne Niessen & Jens Knigge (Hg.): Theoretische Rahmung und Theoriebildung in der musikpädagogischen Forschung, Münster: Waxmann, S. 111–124.

Charta der Vielfalt (2018): Vielfalt zeigen https://www.charta-der-vielfalt.de/fileadmin/user_upload/Ueber_die_Charta/Materialien/Charta-der-Vielfalt-Leitfaden-2017-RZ-WEB-bf.pdf (11.11.2018).

Clausen, Bernd (2009): „Vielfalt" in musikbezogenen Diskursen, in: Perspektiven einer Interkulturellen Musikpädagogik, Potsdam: Potsdamer Schriftenreihe zur Musikpädagogik, S. 124–134.

Clausen, Bernd (2013): Responses to Diversity: Musikunterricht und -vermittlung im Spannungsfeld globaler und lokaler Veränderungen, in: Jens Knigge & Hendrikje Mautner-Obst (Hg.): Responses to Diversity. Musikunterricht und -vermittlung im Spannungsfeld globaler und lokaler Veränderungen, Stuttgart, S. 8–40, https://www.pedocs.de/frontdoor.php?source_opus=8175 (11.11.2018).

Cloppenburg, Monika; Bonsen, Martin (2012): Führt die Anwesenheit einer zweiten Lehrkraft im Unterricht zu mehr Lehrerkooperation? Ein Vergleich von Lehreraussagen zur Kooperation mit Musikschullehrkräften und Fachlehrkräften in der Grundschule, in: Anne Niessen & Jens Knigge (Hg.): Musikpädagogisches Handeln. Begriffe, Erscheinungsformen, politische Dimensionen, Essen: Die Blaue Eule, S. 172–194.

Dartsch, Michael (2010): Mensch, Musik und Bildung: Grundlagen einer Didaktik der Musikalischen Früherziehung, Kassel: Breitkopf & Härtel.

Dartsch, Michael (2012): Außerschulische Musikerziehung. Deutsches Musikinformationszentrum, http://www.miz.org/static_de/themenportale/einfuehrungstexte_pdf/01_Bildung-Ausbildung/dartsch.pdf (14.02.2018).

Dartsch, Michael (2001): Erzieherinnen in Beruf und Freizeit. Eine Regionalstudie zur Situation von Fachkräften in Tageseinrichtungen für Kinder, Opladen: Leske + Budrich.

Dartsch, Michael (2012): Außerschulische Musikerziehung, http://www.miz.org/static_de/themenportale/einfuehrungstexte_pdf/01_BildungAusbildung/dartsch.pdf (20.12.2018).

Deutsche UNESCO-Kommission (2018): Inklusive Bildung in Deutschland, https://www.unesco.de/bildung/inklusive-bildung-deutschland (11.12.2018).

Diekmann, Andreas (2012): Empirische Sozialforschung. Grundlagen, Methoden, Anwendungen, 6. Auflage, Reinbek: Rowohlt.

Dinkelaker, Jörg; Herrle, Matthias (2009): Erziehungswissenschaftliche Videographie. Eine Einführung, Wiesbaden: Springer.

Dresing, Thorsten; Pehl, Thorsten (2013): Praxisbuch Transkription. Regelsysteme, Software und praktische Anleitungen für qualitative ForscherInnen, Marburg: Eigenverlag.

Eberhard, Daniel Mark; Höfer, Ulrike (2016): Inklusions-Material Musik Klasse 5–10, Berlin: Cornelsen, S. 6–21.

Emerson, Robert; Fretz, Rachel; Shaw, Linda (1995): Writing Ethnographic Fieldnotes, Chicago & London: University of Chicago Press.

Euler, Dieter; Walzik, Sebastian (2008): Qualität beruflicher Bildung durch kooperatives Lernen, in: Thomas Bals, Kai Hegmann & Karl Wilbers (Hg.): Qualität in Schule und Betrieb, Bielefeld: Bertelsmann.

Erpenbeck, John; Heyse, Volker (1999): Die Kompetenzbiographie: Strategien der Kompetenzentwicklung durch selbstorganisiertes Lernen und multimediale Kommunikation, Münster: Waxmann.

Faas, Stefan (2014): Elementare kulturelle Bildung – Oder: Welche Bedeutung hat Musik? in: Stefan Faas & Mirjana Zipperle (Hg.): Sozialer Wandel. Herausforderungen für kulturelle Bildung und Soziale Arbeit, Wiesbaden: Springer, S. 127–138.

Fölling-Albers, Maria (2008): Bildung und Kindheit. Pädagogik der Frühen Kindheit in Wissenschaft und Lehre, Leverkusen: Budrich.

Foucault, Michel (1971): Die Ordnung der Dinge. Eine Archäologie der Humanwissenschaft, Frankfurt a. M.: Suhrkamp.

Forge, Stephanie; Gembris, Heiner (2012): Singförderung in der Grundschule. Evaluation des Projekts „Singen macht Sinn", Münster: Lit.

Fornefeld, Barbara (2008) (Hg.): Menschen mit Komplexer Behinderung. Selbstverständnis und Aufgaben der Behindertenpädagogik, München: reinhardt.

Franz-Özdemir, Melanie (2012): Interprofessionelles Teamteaching. Realisierungsformen und institutionelle Bedingungen, in: Jens Knigge & Anne Niessen (Hg.): Musikpädagogisches Handeln. Begriffe, Erscheinungsformen, politische Dimensionen, Essen: Die Blaue Eule, S. 132–151.

Franz-Özdemir, Melanie (2015): Co-Teaching. Gemeinsames Unterrichten von Grund- und Musikschullehrenden, in: Ulrike Kranefeld (Hg.): Instrumentalunterricht in der Grundschule. Prozess- und Wirkungsanalysen zum Programm Jedem Kind ein Instrument, Bielefeld: Bertelsmann, S. 124–133.

Frommberger, Dietmar; Lange, Silke (2018): Zur Ausbildung von Lehrkräften für berufsbildende Schulen: Befunde und Entwicklungsperspektiven, Hans-Böckler-Stiftung, https://www.boeckler.de/pdf/p_fofoe_WP_060_2018.pdf (06.06.2019).

Frommherz, Brigitte; Halfhide, Therese (2003): Teamteaching an Unterstufenklassen der Stadt Zürich. Beobachtungen in sechs Klassen, Pädagogisches Institut der Universität Zürich, http://www.uni-koeln.de/hf/konstrukt/didaktik/teamteaching/teamteaching_zuerich-.pdf (14.02.2020).

Fuchs-Heinritz, Werner (2009): Biographische Forschung. Eine Einführung in Praxis und Methoden. 4. Auflage, Wiesbaden: VS Verlag.

Fussangel, Kathrin & Gräsel, Cornelia (2014): Forschung zur Kooperation im Lehrerberuf, in: Ewald Terhart, Hedda Bennewitz & Martin Rothland (Hg.): Handbuch der Forschung zum Lehrerberuf, 2. Auflage, Münster: Waxmann, S. 846–864.

Gembris, Heiner; Kraemer, Rudolf-Dieter; Maas, Georg (2003) (Hg.): Macht Musik wirklich klüger? Musikalisches Lernen und Transfereffekte, 2. Auflage, Augsburg: Wißner.

Gembris, Heiner; Langner, Daina (2005): Von der Musikhochschule auf den Arbeitsmarkt. Erfahrungen von Absolventen, Arbeitsmarktexperten und Hochschullehrern, Augsburg: Wißner.

Görres, Birgit; Zechert, Christian (2011): Inklusion fördern! Exklusion vermeiden! Arbeit und finanzielle Grundsicherung sind Schlüssel zur sozialen Teilhabe. Ergebnis einer Befragung Psychiatrie-Erfahrener, in: Psychosoziale Umschau 2/ 2011, S. 12–14.

Goppel, Thomas (2014): Vorwort des Bayrischen Musikrats, in: Michael Dartsch (Hg.): Musik im Vorschulalter. Dokumentation Arbeitstagung 2013, Kassel: Bosse, S. 6–7.

Gräsel, Cornelia; Fußangel, Kathrin; Pröbstel, Christian (2006): Lehrkräfte zur Kooperation anregen. Eine Aufgabe für Sisyphos?, in: Zeitschrift für Pädagogik 52/2, S. 205–219.

Greuel, Thomas; Schilling-Sandvoß, Katharina (Hg.) (2012): Soziale Inklusion als künstlerische und musikpädagogische Herausforderung, Herzogenrath: Shaker.

Grest, Gaby (2014): Von der Förderschule über die kooperation zur Inklusion. Persönliche Sicht einer Förderlehrerin, in: AfS-Magazin 38/14, S. 17–21.

Gruhn, Wilfried (1993): Geschichte der Musikerziehung: Eine Kultur- und Sozialgeschichte vom Gesangunterricht der Aufklärungspädagogik zu ästhetisch-kultureller Bildung, Hofheim: Wolke.

Gruhn, Wilfried; Rauscher, Frances H. (2007) (Hg.): Neurosciences in Music Pedagogy, New York: Nova Science.

Haak, Carroll (2008): Wirtschaftliche und soziale Risiken auf den Arbeitsmärkten von Künstler, Wiesbaden: VS Verlag.

Häußler, Michael; Wittenstein, Ralf (2011): Lebenswelt und musikalische Kompetenzen. Musikunterricht im Förderschwerpunkt geistige Entwicklung, in Christoph Ratz (Hg.): Unterricht im Förderschwerpunkt geistige Entwicklung. Fachorientierung und Inklusion als didaktische Herausforderungen, Oberhausen: Athena, S. 283–304.

Hahnen, Peter (1995): Musikhören – Gedanken und Handreichungen zum Musikhören mit schwerstbehinderten Schülern, in: Lernen konkret 14/1995, Heft 4, S. 23–25.

Handbuch schulische Inklusion. Sozialwissenschaftlich und pädagogisch: Inklusion in der Schule, Stuttgart: utb.

Hammel, Lina (2014): Rezension: Forge, Stephanie; Gembris, Heiner (2012). Singförderung in der Grundschule. Evaluation des Projekts „Singen macht Sinn", in: Beiträge empirischer Musikpädagogik 5(1), S. 1–9, http://www.bem.info/index.php?journal=ojs&page==article&op=view&path%5B%5D (14.02.2018).

Helfferich, Cornelia (2009): Die Qualität qualitativer Daten. Manual für die Durchführung qualitativer Interviews. 3. Auflage, Wiesbaden: VS Verlag.

Helmke, Andreas; Schrader, Friedrich-Wilhelm; Wagner, Wolfgang; Nold, Günther; Schröder, Konrad (2008): Selbstkonzept, Motivation und Englischleistung, in: Klieme, Eckhard (Hg.): Unterricht und Kompetenzerwerb in Deutsch und Englisch. Ergebnisse der DESI-Studie, Weinheim: Beltz, S. 244–257.

Heye, Andreas; Forge, Stephanie; Peters, Corinna; Gembris, Heiner (2015): Evaluation des Projekts Musik im Kita-Alltag (MiKA). Abschlussbericht. Bertelsmann Stiftung. https://www.bertelsmann-stiftung.de/fileadmin/files/user_upload/MIKA_Evaluation_Weiterbildung_2015_final_kurz.pdf. (14.02.2018).

Hinz, Andreas (2006): „Inklusion", in: Markus Dederich, Iris Beck, Georg Antor und Ulrich Bleidick (Hg.): Handlexikon der Behindertenpädagogik, Stuttgart: Kohlhammer, S. 97–99.

Hinz, Andreas (2009): Inklusive Pädagogik in der Schule. Veränderter Orientierungsrahmen für die schulische Sonderpädagogik!? Oder doch deren Ende, in: Inklusive Pädagogik in der Schule 5/2009, S. 171–179.

Hinz, Andreas (2013): Inklusion – von der Unkenntnis zur Unkenntlichkeit!? Kritische Anmerkungen zu einem Jahrzehnt Diskurs über schulische Inklusion in Deutschland, Zeitschrift für Inklusion, https://www.inklusion-online.net/index.php/inklusion-online/article/view/26 (17.11.2018).

Hinz, Andreas (2016): Einführung. Was ist Inklusion, in: Daniel Mark Eberhard & Ulrike Höfer (Hg.): Inklusions-Material Musik Klasse 5–10, Berlin: Cornelsen, S. 6–21.

Hirschauer, Stefan (2001): Ethnografisches Schreiben und die Schweigsamkeit des Sozialen. Zu einer Methodologie der Beschreibung, in: Zeitschrift für Soziologie 30/6, S. 429–451.

Hirte, Gabriele (2017): Qualitätsmerkmale inklusiven Musikunterrichts in der Grundschule, in: Juliane Gerland (Hg.): Kultur Inklusion Forschung. Weinheim, Basel: Beltz Juventa, S. 48–60.

Höppner, Christian; Bäßler, Hans (2014): Inklusion und Interkulturalität als Herausforderungen für die Musikpädagogik, in: MusikForum 4/14, S. 45–47.

Honnens, Johann (2017): Sozioästhetische Anerkennung. Eine qualitativ-empirische Untersuchung der arabesk-Rezeption von Jugendlichen als Basis für die Entwicklung einer situativen Perspektive auf Musikunterricht, Münster: Waxmann.

Hopf, Christel; Schmidt, Christiane (1993) (Hg.): Zum Verhältnis von innerfamilialen sozialen Erfahrungen, Persönlichkeitsentwicklung und politischen Orientierungen. Dokumentation und Erörterung des methodischen Vorgehens in einer Studie zu diesem Thema, Hildesheim: http://nbn-resolving.de/urn:nbn:de:0168-ssoar-456148 (14.02.2018).

Hübern, Mirjam (2016): Die Mischung macht's: Multiprofessionell in Kitas arbeiten, https://p-werk.de/multiprofessionell-in-kitas-arbeiten (26.2.2019).

Humboldt, Wilhelm von (1960) [1793]: Bildung und Sprache, Leipzig: Reclam.

Jacobs, Sven (2005): Integrative Prozesse bei der Teamarbeit im gemeinsamen Unterricht: Qualitative Studie aus der Innenperspektive eines Teams an einer integrierten Gesamtschule, Hamburg: Kovac.

Janssen, Rolf (2011): Die Ausbildung Frühpädagogischer Fachkräfte an Berufsfachschulen und Fachschulen. Eine Analyse im Ländervergleich, München: WiFF.

Josef, Konrad (1976): Musikinstrumente für Behinderte, Berlin: Marhold.

Jungmair, Ulrike E. (1992): Das Elementare: Zur Musik- und Bewegungserziehung im Sinne Carl Orffs. Theorie und Praxis, Mainz: Schott.

Kaufmann, Michael; Piendl; Stefan (2011): Das Wunder von Caracas: Wie José Antonio Abreu und El Sistema die Welt begeistern, München: Irisiana.

Kautny, Oliver (2015): Populäre Musik in der Grundschule. Zwischen kindlichem ‚Schonraum' und ‚richtiger' Welt, in: Diskussion Musikpädagogik 67/15, S. 5–15.

King, John C.; Nelson, T. Russell; Blankenship, Karen J.; Turturro, Thomas C. (1998): Rehabilitation, Team Function and Precriptions, Referrals, and Order Writing, in: Joel A. Delisa, Bruce M. Gnas & Nicolas E. Walsh (Hg.): Physical Medicine and Rehabilitation. Principles and Practive, Volume 1, Philadelphia: Lippincott, S. 1051–1072.

Kita macht Musik (2008): Abschlussbericht. Bertelsmann Stiftung. http://www.bertelsmann-stiftung.de/bst/de/me-dia/xcms_bst_dms_24279_24280_2.pdf. (25.03.2017).

KiTaG (2018): Gesetz über Tageseinrichtungen für Kinder (KiTaG), Fassung vom 22.06.2018, http://www.nds.voris.de/jportal/?quelle=jlink&query=KiTaG+ND+Inhaltsverzeichnis&psml=bsvorisprod.psml&max=true (10.12.2018).

Kleining, Gerhard; Burkart, Thomas (2001): Group-based Dialogic Introspection and its Use in Qualitative Media Research, in: Mechthild Kiegelmann (Hg.): Qualitative Research in Psychology, Schwangau: Huber, S. 217–239.

Klemm, Klaus (2015): Inklusion in Deutschland. Daten und Fakten, im Auftrag der Bertelsmann Stiftung, Gütersloh: Bertelsmann.

Klein, Gabriele; Kreie, Gisela; Kron, Maria; Reiser, Helmut (1987): Integrative Prozesse in Kindergartengruppen. Über die gemeinsame Erziehung von behinderten und nichtbehinderten Kindern, Reihe Integration behinderter Kinder, Weinheim/München: DJI-Materialien.

Klusen, Ernst (1974): Zur Situation des Singens in der Bundesrepublik Deutschland. Teil 1: Der Umgang mit dem Lied, Köln: Gerig.

Knigge, Jens (2011): Modellbasierte Entwicklung und Analyse von Testaufgaben zur Erfassung der Kompetenz „Musik wahrnehmen und kontextualisieren", Münster: LIT.

Knigge, Jens; Niessen, Anne (2012) (Hg.): Musikpädagogisches Handeln. Begriffe, Erscheinungsformen, politische Dimensionen, Essen: Die Blaue Eule.

Knigge, Jens; Mautner-Obst, Hendrikje (2013) (Hg.): Responses to Diversity. Musikunterricht und -vermittlung im Spannungsfeld globaler und lokaler Veränderungen, Stuttgart, https://www.pedocs.de/volltexte/2013/8117/pdf/Knigge_Mautner_2013_Responses_to_Diversity.pdf (11.11.2018).

Köpfer, Andreas; Sturm, Tanja (2015): Ambivalenzen in der Umsetzung schulischer Inklusion am Beispiel des Förderschwerpunkts Lernen in Nordrhein-Westfalen, S. 1–8, urn:nbn:de:0111-pedocs-101567 (11.11.2018).

Konrad, Klaus; Traub, Silke (2010): Selbstgesteuertes Lernen in Theorie und Praxis, München: Oldenbourg.

Kopp, Birgitta; Mandl, Heinz (2007): Kooperatives Lernen wofür? Welche Potenziale besitzt kooperatives Lernen?, in: Zeitschrift für Berufs- und Wirtschaftspädagogik 21, S. 17–29.

Krämer, Oliver (2013): Music Education between Artistic Aspiration and the Teaching of Craftsmanship, in: Adri de Vugt & Isolde Malmberg (Hg.): Artistry. European Perspectives on Music Education, Esslingen: Helbling, S. 13–46.

Kranefeld, Ulrike (Hg.) (2015): Instrumentalunterricht in der Grundschule. Prozess- und Wirkungsanalysen zum Programm Jedem Kind ein Instrument, Berlin: BMBF.

Kranefeld, Ulrike; Heberle, Kerstin; Pankoke, Carla (2015): Zur videographischen Erfassung von Passungsprozessen im Musikunterricht. Methodologische Überlegungen und fallanalytische Perspektiven, in: Beiträge empirischer Musikpädagogik 6 (2), S. 1–20.

Krause-Benz, Martina (2013): (Trans-)Kulturelle Identität und Musikpädagogik – Dimensionen konstruktivistischen Denkens für Kultur und Identität in musikpädagogischer Perspektive, in: Knigge, Jens; Mautner-Obst, Hendrikje (Hg.): Responses to Diversity. Musikunterricht und -vermittlung im Spannungsfeld globaler und lokaler Veränderungen. Stuttgart: pedocs, S. 72–84, https://www.pedocs.de/volltexte/2013/8177/pdf/Knigge_-Mautner_Obst_Responses_2013_Krause_Benz_Trans_kulturelle_Identitaet.pdf (12.02.2020).

Krause, Ulrike-Marie (2007): Feedback und kooperatives Lernen, Münster: Waxmann.

Krebber-Steinberger, Eva (2003): Mit meinen Ohren. Musikhören im gemeinsamen Unterricht unter dem Aspekt heterogener Zugangsweisen, in: Zeitschrift für Heilpädagogik 2/2003, S. 76–83.

Krimm-von Fischer, Catherine (1979): Rhythmik und Sprachanbahnung zur Förderung des entwicklungsgestörten und des behinderten Kindes, Ravensburg: Otto Maier.

Kruse, Jan (2014): Qualitative Interviewforschung. Ein integrativer Ansatz, Weinheim & Basel: Beltz.

Kruse, Remmer; Hinz, Robert; Frenzke, Peer (2008): Band ohne Noten, Mainz: Schott.

Kuckartz, Udo; Grunenberg, Heiko (2010): Qualitative Daten computergestützt auswerten. Methoden, Techniken, Software, in: Barbara Friebertshäuser & Annedore Prengel (Hg.): Handbuch Qualitative Forschungsmethoden in der Erziehungswissenschaft, Weinheim & München: Juventa, S. 501–514.

Kuckartz, Udo (2016): Qualitative Inhaltsanalyse. Methoden, Praxis, Computerunterstützung, 3. Auflage, Weinheim: Beltz.

Küsters, Yvonne (2009): Narrative Interviews. Grundlagen und Anwendungen, Wiesbaden: VS Verlag.

Kulin, Sabrina; Özdemir, Melanie (2011): Lehrer-Kooperation im JeKi-Kontext. Erwartungen und Umsetzungen, in: Beiträge empirischer Musikpädagogik 2 (2), S. 1–27, http://www.b-em.info/index.php?journal=ojs&page=article&op=view&path[]=61&path[]=151 (14.02.2020).

Kunert, Johanna (2014): Didaktische Konzeption des Musikunterrichts für Schülerinnen und Schüler mit geistiger Beeinträchtigung, unveröffentlichte Masterarbeit im Bereich Sonderpädagogik und Musik an der Carl von Ossietzky Universität Oldenburg.

Lamnek, Siegfried (1998): Gruppendiskussion. Theorie und Praxis, Weinheim: Beltz.

Lamnek, Siegfried (2005): Qualitative Sozialforschung, Weinheim: Beltz.

Lehmann, Katharina; Hammel, Lina; Niessen, Anne (2012): „Wenn der eine den Unterricht macht und der andere diszipliniert ..." Aufgabenverteilung im Lehrenden-Tandem des musikpädagogischen Programms „Jedem Kind ein Instrument", in: Jens Knigge & Anne Niessen (Hg.): Musikpädagogisches Handeln, Essen: Die Blaue Eule, S. 195–211.

Lehmann-Wermser, Andreas; Hammel, Lina; Krupp, Valerie (2014): Evaluation des Programms MUBIKIN in der Stadt Nürnberg, Kurzfassung, Bremen: edukatione, https://mubikin.nuernberg.de/files/mubikin_evaluation_kurzbericht.pdf (14.02.2018).

Leuphana Universität Lüneburg (2019): Bachelorstudiengang Sozialpädagogik Studieren. https://www.leuphana.de/college/bachelor/lehramt/sozialpaedagogikstudium/studieninhalte.html (23.03.2019).

Liebau, Eckart (2014): Wie beginnen? Metatheoretische Perspektiven zur Erforschung Kultureller Bildung, in: Eckart Liebau, Benjamin Jörissen & Leopold Kleoacki (Hg.): Forschung zur Kulturellen Bildung. Grundlagenreflexionen und empirische Befunde, München: Kopaed, S. 13–28.

Liebau, Eckart; Jörissen, Benjamin; Klepacki, Leopold (2014) (Hg.): Forschung zur Kulturellen Bildung. Grundlagenreflexionen und empirische Befunde, München: Kopaed.

Lohaus, Arnold; Vierhaus, Marc (2015): Entwicklungspsychologie des Kindes- und Jugendalters für Bachelor, Berlin: Springer.

Lokhande, Mohini (2013): Hürdenlauf zur Kita. Warum Eltern mit Migrationshintergrund ihr Kind seltener in die frühkindliche Tagesbetreuung schicken, Sachverständigenrat deutscher Stiftungen für Integration und Migration, Berlin, https://www.stiftung-mercator.de/media/downloads/3_Publikationen/SVR_Huerdenlauf-zur-Kita_Juni_.pdf (17.11.2019).

Loos, Peter (1999): Zwischen pragmatischer und moralischer Ordnung. Der männliche Blick auf das Geschlechterverhältnis im Milieuvergleich, Wiesbaden: Springer.

Lüpke, Stefanie (2014): Es geht immer ums Ganze! Stefanie Lüpke im Interview mit Karsten Herrmann, Niedersächsisches Institut für frühkindliche Bildung und Entwicklung, https://www.nifbe.de/fachbeitraege/themenstruktur?view=item&id=385:inklusion-es-geht-immer-ums-ganze&catid=45 (11.11.2019).

Mac Naughton, Glenda M. (2006): Respect for diversity. An international overview, Hague: Bernard van Leer Foundation.

McCall, Tamara (2012): Kreativer Tanz für Kinder mit und ohne Behinderung – auf gleichberechtigter Ebene treffen, in: Timm Albers, Stefan Bree, Edita Jung & Simone Seitz (Hg.): Vielfalt von Anfang an. Inklusion in Krippe und Kita, Freiburg: Herder.

Mayring, Philipp (2010): Qualitative Inhaltsanalyse. Grundlagen und Techniken, 13. Auflage, Weinheim: Beltz.

Merkt, Irmgard (2014): Hindernisse für Inklusion liegen nicht in der Musik, in: nmz-Hochschulmagazin Dezember 2014/Januar 2015, S. 1–2.

Merten, Klaus (1995): Inhaltsanalyse, Opladen: Westdeutscher Verlag.

Mogge-Grotjahn, Hildegard (2012): Alter Wein in neuen Schläuchen? Einladung zur Auseinandersetzung mit Theorien sozialer Inklusion, in: Soziale Inklusion als künstlerische und musikpädagogische Herausforderung, hg. von Thomas Greuel und Katharina Schilling-Sandvoß, Aachen: Shaker, S. 13–23.

Moog, Helmut (1978): Blasinstrumente bei Behinderten, Tutzing: Schneider.

Moog, Helmut (1988) (Hg.): Musik bei Behinderten. Beiträge der ersten internationalen Forschungstagung zur Musik bei Behinderten und zur Musiktherapie in Bad Honnef vom 29.6.–5.7.1986, Frankfurt a. M.: Lang.

Morgan, David L. (2016): Essentials of Dyadic Interviewing, London & New York: Routledge.

Moritz, Christine (2012): „Kriminalfilm? – Horrorfilm!" Annäherung an Emotionen im Unterricht mit der Feldpartitur, in: Martina Krause & Lars Oberhaus (2012): Musik und Gefühl. Interdisziplinäre Annäherungen in musikpädagogischer Perspektive, Hildesheim: Olms, S. 119-131.

MuBiKiN (2013): Musikalische Bildung für Kinder und Jugendliche in Nürnberg. Ausschreibung für das Betriebsjahr 2014/2015, http://mubikin.nuernberg.de/files/mubikin_ausschreibungsunterlagen/kindergarten_2014_-2015_1.pdf (14.02.2019).

Mück, Thomas (2008): Ganzheitliche Förderung durch Musik im Grundschulalter bei Kindern mit sonderpädagogischem Förderbedarf. Förderschwerpunkte Lernen, Sprache und sozial-emotionale Entwicklung. Musikunterricht an Schulen zur Lernförderung und Sonderpädagogischen Förderzentren in Bayern, Küps: Eigenverlag.

Mück, Thomas (2009): Neukonzeption eines Musikunterrichts für Kinder mit sonderpädagogischem Förderbedarf im Grundschulalter (Förderschwerpunkte Lernen, Sprache, sozial-emotionale Entwicklung) basierend auf Erfahrungen mit dem Luxemburger Modell „Musik ist das Spiel mit dem Klang", http://www.sfz-hof.de/assets/pdf/Ausarbeitung-Luxemburg-Vortrag.pdf (11.11.2019).

Niedersächsische Landesregierung (2010): Antwort der Niedersächsischen Landesregierung auf die Große Anfrage, Landtagsdrucksahe 16/3160, https://_Bildung_-_Antwort_auf_-die_Grosse_Anfrage_vom_09.12.2010_Drucksache_1-6_3160_-.pdf (27.02.2019).

Niedersächsisches Kultusministerium (2016a): Die Ausbildung als Erzieherin/Erzieher, https://www.mk.niedersachsen.de/startseite/schule/unsere_schulen/berufsbildende_schulen/ausbildung_als_erzieherin_erzieher/die-ausbildung-als-erzieherinerzieher-6476.html (14.02.2018).

Niedersächsisches Kultusministerium (2016b): Rahmenrichtlinien für die berufsbezogenen Lernbereiche – Theorie und Praxis – in der Berufsfachschule Sozialpädagogische Assistentin/Sozialpädagogischer Assistent. https://www.nibis.de/uploads/2bbs-kuels/sopaedass.pdf (14.05.2019).

Niedersächsisches Kultusministerium (2016c): Rahmenrichtlinien für die berufsbezogenen Lernbereiche – Theorie und Praxis – in der Fachschule Sozialpädagogik. http://www.nibis.de/uploads/2bbs-kuels/fsp.pdf (23.03.2019).

NKLM (2015): Lernzielkatalog Medizin. Die eigenen Aufgaben, Verantwortungsbereiche und Grenzen im interprofessionellen Team in typischen Arbeitssituationen erläutern, http://www.nklm.de/kataloge/nklm/lernziel/view/id/101 (11.11.2018).

Nohl, Arnd-Michael (2001): Migration und Differenzerfahrung. Junge Einheimische und Migranten im rekonstruktiven Milieuvergleich, Leverkusen: Leske & Budrich.

Oberhaus, Lars (2014): Eine Planung, drei Lehrende, drei Stunden. Videographischer Vergleich von drei Unterrichtsstunden im Fächerverbund „Mensch – Natur – Kultur" zum Thema „Gefühle", in: Michael Fröhlich und Georg Brunner (Hg.): Impulse zur Musikdidaktik. Festschrift für Mechtild Fuchs, Esslingen: Helbling, S. 317–333.

Oberhaus, Lars; Nonte, Sonja (2016): Inklusion in der frühkindlichen musikalischen Bildung. Kooperationspotenziale zwischen Erzieherinnen und musikpädagogischen Fachkräften in der Kita, in: Anne Niessen & Jens Knigge (Hg.): Musikpädagogik und Erziehungswissenschaft, Münster: Waxmann, S. 73–88.

Oberhaus, Lars (2017): Heißes Eisen oder rotes Tuch? Zur musikalischen Ausbildungssituation von Erzieherinnen, in: Neue Musikzeitung 10/17, S. 23.

Oberhaus, Lars; Eller, Ragnhild; Kivi, Alexis (2018): Gemeinsam sind wir stärker. Videografische Rekonstruktionen transprofessioneller Zusammenarbeit von Musiker*in-Erzieher*in-Tandems in der Kindertagesstätte, in: Helmut Ittner & Joachim Ludwig (Hg.): Forschung zum pädagogisch-künstlerischen Wissen und Handeln, Wiesbaden: Springer, S. 253–278.

Oberhaus, Lars; Eller, Ragnhild (2018): Verschleierte Blicke durch rosarote Brillen. Berufsbezogene Rollenzuschreibungen in einer berufsfelderweiternden Qualifizierung zur Zusammenarbeit von Musiker-Erzieher-Tandems in der Kita, in: Kulturelle Bildung Online https://www.kubi-online.de/artikel/verschleierte-blicke-durch-rosarote-brillen-berufsbezogene-rollenzuschreibungen (10.11.2019).

Oberhaus, Lars; Kivi, Alexis (2018): Musiker und Erzieherinnen in Kitas. Spannungsfelder ihrer Zusammenarbeit, in: Bernd Clausen & Susanne Drechsler (Hg.): Soziale Aspekte des Musiklernens, Münster: Waxmann, S. 207–220.

Oberhuemer, Pamela; Schreyer, Inge (2009): Fachpersonal in Kindertageseinrichtungen der Europäischen Union. Ausbildungen und Arbeitsfelder, Staatsinstitut für Frühpädagogik http://www.ifp.bayern.de/imperia/md/content/stmas/ifp/090831_bmfsfj_fachpersonal_eu 27.pdf (21.01.2019).

OECD (2006): Starting Strong II. Early Childhood. Education and Care. http://www.oecd.org/newsroom/37425999.pdf. (21.01.2018).

Petersen, Peter; Petersen, Else (1965): Die Pädagogische Tatsachenforschung. Paderborn: Schöningh.

Pfadenhauer, Michaela (2009): Das Experteninterview. Ein Gespräch zwischen Experte und Quasi-Experte, in: Alexander Bogner, Beate Littig & Wolfgang Menz (Hg.): Das Experteninterview. Theorie, Methode, Anwendung, Heidelberg: Springer, S. 99–116.

Pfaff, Franziska; Schwabe, Christoph (1997): Didaktik, in: Christoph Schwabe & Helmuth Rudloff (Hg.): Die Musikalische Elementarerziehung, Crossen: Akademie für angewandte Musiktherapie, S. 136–209.

Pfeffer, Martin (2006): Ausbildung für Musikberufe, in: Deutscher Musikrat (Hg.): Musik Almanach, Regensburg: Conbrio, S. 25–37.

Piel, Walter (1985): Musikinstrumentenbau mit behinderten Kindern, Frankfurt a. M.: Lang

Plessner, Helmuth (1975): Die Stufen des Organischen und der Mensch. Einleitung in die philosophische Anthropologie, Berlin: de Gruyter.

Positionspapier bkj (2015): Kulturelle Bildung ist Koproduktion. Außerschulische und schulische Kulturelle Bildung wirksam entfalten, https://www.bkj.de/fileadmin/documents/-Publikationen/Positionspapier_Kulturelle_Bildung_ist_Koproduktion.pdf (11.11.2018).

Preis, Nina; Kanitz, Katharina (2018). Multiprofessionelles Arbeiten in der Lehrerbildung. Strategien und Realisierungsformate, in: heiEDUCATION Journal 1/2|2018, S. 175–195.

Prengel, Annedore (2010), Inklusion in der Frühpädagogik. Bildungstheoretische, empirische und pädagogische Grundlagen. Expertise für das Projekt Weiterbildungsinitiative Frühpädagogische Fachkräfte (WiFF) unter Mitarbeit von Katja Zschipke, Dorit Horn und Sebastian Schultz, Frankfurt a. M.: Deutsches Jugendinstitut.

Probst, Werner (1972): Musik in der Sonderschule für Lernbehinderte. Mit zahlreichen Unterrichtsbeispielen, Berlin: Marhold.

Probst, Werner (1991): Instrumentalspiel mit Behinderten. Ein Modellversuch und seine Folgen, Mainz: Schott.

Probst, Werner; Schuchhardt, Anja; Steinmann, Brigitte (2006): Musik überall. Ein Wegweiser für Förder- und Grundschule, Braunschweig: Westermann.

Przyborski, Aglaja; Wohlrab-Sahr, Monika (2008a): Gruppendiskussion, in: Aglaja Przyborski & Monika Wohlrab-Sahr (Hg.): Qualitative Sozialforschung. Ein Arbeitsbuch, München: Oldenbourg, S. 88–101.

Przyborski, Aglaja; Wohlrab-Sahr, Monika (2008b): Qualitative Sozialforschung. Ein Arbeitsbuch, München: Oldenbourg.

Przyborski, Aglaja (2013): Gesprächsanalyse und dokumentarische Methode. Qualitative Auswertung von Gesprächen, Gruppendiskussionen und anderen Diskursen, Wiesbaden: Springer.

Rechlin, Sandra (2009): Musikerziehung im Vorschul- und Grundschulalter, in: Ministerium für Bildung, Jugend und Sport Brandenburg (Hg.): Kulturelle Bildung in der Kita, Potsdam: Eigenverlag MBJS, S. 14–17.

Reckwitz, Andreas (2003): Grundelemente einer Theorie sozialer Praktiken. Eine sozialtheoretische Perspektive, in: Zeitschrift für Soziologie 32, S. 282–301.

Reeves, Scott; van Soeren, Mary; MacMillan, Kathleen; Zwarenstein, Merrick (2013): Medicine and nursing: a social contract to improve collaboration and patient-centred care, in: Journal of Interprofessional Care, 27(6), S. 441–442.
Reh, Sabine (2012a): Beobachten und aufmerksames Wahrnehmen. Aspekte einer Geschichte des Beobachtens, in: Sabine Reh & Heike de Boer (Hg.): Beobachtung in der Schule – Beobachten lernen, Wiesbaden: Springer, S. 3–25.
Reh, Sabine (2012b): Mit der Videokamera arbeiten, in: Heike de Boer & Sabine Reh (Hg.): Beobachtung in der Schule. Beobachten lernen, Wiesbaden: Springer, S. 151–172.
Reichertz, Jo (2013): Gemeinsam interpretieren. Die Gruppeninterpretation als kommunikativer Prozess, Wiesbaden: Springer.
Reichertz, Jo (2016): Qualitative und interpretative Sozialforschung. Eine Einladung, Wiesbaden: Springer.
Reichertz, Jo (2017): Wer erbringt hier die Leistung? Oder: Darf ein/e Autor/in von Qualifikationsarbeiten die Ergebnisse von gemeinsamen Daten-Interpretationen nutzen?, in: SozBlog (Blog der Deutschen Gesellschaft für Soziologie), http://soziologie.de/blog/-2017/06/wer-erbringt-hier-die-leistung-.de (14.02.2018).
Reilly, Carolyn (2001): Transplinary Approach: An Atypical Strategy for Improving Outcomes in Rehabilitative and Long-Term Acute Care Settings, in: Rehabilitation Nursing, Volume 26/6, S. 212–216.
Ribke, Juliane (1995): Elementare Musikpädagogik. Persönlichkeitserziehung als musikerzieherisches Konzept, Regensburg: ConBrio.
Rosenthal, Gabriele (1995): Erlebte und erzählte Lebensgeschichte. Gestalt und Struktur biographischer Selbstbeschreibungen, Frankfurt a. M.: Campus.
Rosenthal, Gabriele (2014): Interpretative Sozialforschung. Eine Einführung, 4. Auflage, Weinheim und München: Juventa.
Salamanca-Erklärung (1994): The Salamanca Statement and Framework for Action on Special Needs Education, http://www.unesco.org/education/pdf/SALAMA_E.PDF.
Sallat, Stephan (2008): Musikalische Fähigkeiten im Fokus von Sprachentwicklung und Sprachentwicklungsstörungen, Idstein: Schulz-Kirchner, http://schulz-kirchner.de/files lp/sallat_musikalische_faehigkeiten.pdf.
Sander, Alfred (2002): Von der integrativen zur inklusiven Bildung. Internationaler Stand und Konsequenzen für die sonderpädagogische Förderung in Deutschland, in: Perspektiven Sonderpädagogischer Förderung in Deutschland. Dokumentation der Nationalen Fachtagung vom 14.–16. November 2001 in Schwerin, Middelfart: European Agency, S. 143–164.
Schatt, Peter W. (2008): Musikpädagogik und Mythos: Zwischen mythischer Erklärung der musikalischen Welt und pädagogisch geleiteter Arbeit am Mythos, Mainz: Schott.
Schatzki, Theodore R. (2002): The Site of the Social. A Philosophical Account of the Constitution of Social Life and Change, Pennsylvania: Penn State University Press.
Schäfer, Hans (2007): Musikalische Förderung im FSP ganzheitliche Entwicklung. Grundsätzliche Gedanken, in: Lernen konkret. Unterricht bei geistiger Behinderung 3/2007, S. 2–8.
Schäfer, Gerd (2014): Bildungsprozesse in der frühen Kindheit unter besonderer Berücksichtigung der Musik, in: Michael Dartsch (Hg.): Musik im Vorschulalter. Dokumentation Arbeitstagung 2013, Kassel: Bosse, S. 106–127.
Schneider Armin (2014): Triangulation und Integration von qualitativer und quantitativer Forschung in der Sozialen Arbeit, in: Eric Mührel & Bernd Birgmeier (Hg.): Perspekti-

ven sozialpädagogischer Forschung. Soziale Arbeit in Theorie und Wissenschaft, Wiesbaden: Springer, S. 15–30.
Schnurr, Stefan (1997): Sozialpädagogen im Nationalsozialismus, Weinheim & München: Juventa.
Schütze, Fritz (1983): Biographieforschung und narratives Interview, in: Neue Praxis 13/3, S. 283–293, http://nbn-resolving.de/urn:nbn:de:0168-ssoar-53147 (14.02.2020).
Schütze, Fritz (1984): Kognitive Figuren des autobiografischen Stegreiferzählens, in: Martin Kohli & Günther Robert (Hg.): Biografie und soziale Wirklichkeit. Neue Beiträge und Forschungsperspektiven. Stuttgart: Metzler, S. 78–117.
Schütze, Fritz (2000): Schwierigkeiten bei der Arbeit und Paradoxien des professionellen Handelns. Ein grundlagentheoretischer Aufriss, in: Zeitschrift für qualitative Bildungs-, Beratungs- und Sozialforschung 1 (2000), S. 49–96.
Schwarting, Jutta (1979): Musik und Musikinstrumente zur Förderung des entwicklungsgestörten und des behinderten Kindes, Ravensburg: Otto Maier.
Scriven, Michael (1972): Die Methodologie der Evaluation, in: Christoph Wulf (Hg.): Evaluation. Beschreibung und Bewertung von Unterricht, Curricula und Schulversuchen, München: Piper, S. 60–91.
Seitz, Simone; Finnern, Nina-Kathrin (2012): Inklusion in Kindertageseinrichtungen – eigentlich ganz normal, in: Timm Albers, Stephan Bree, Edita Jung & Simone Seitz (Hg.): Vielfalt von Anfang an. Inklusion in Krippe und Kita, Berlin: Herder, S. 15–26.
Slavin, Robert E. (1983): Cooperative learning, New York: Longman.
Smeijsters, Henk (1999): Grundlagen der Musiktherapie. Theorie und Praxis der Behandlung psychischer Störungen und Behinderungen, Göttingen: Hogrefe.
Smilde, Rineke (2017): Wie ein Chamäleon! Musikerinnen und Musiker müssen sich heute flexibel den unterschiedlichsten Herausforderungen stellen, in: Üben & Musizieren 2/17, S. 6–11.
Soretz, Friedrich; Carstensen, Vivian (2008): Kita macht Musik. Evaluation des niedersächsischen Pilotprojektes. Schlussbericht, hg. von Dr. Friedrich Soretz Organisationsberatung, http://www.bertelsmann-stiftung.de/cps/rde/xbcr/bst/Evaluationsbericht_Kita-macht-Musik1.pdf (21.01.2014).
Spychiger, Maria (2013): Das musikalische Selbstkonzept. Wer ich bin und was ich kann in der Musik, in: Üben & Musizieren 30/6, S. 18–21.
Stadler Elmer, Stefanie (2002): Kinder singen Lieder. Über den Prozess der Kultivierung des vokalen Ausdrucks, Münster: Waxmann.
Stahl, Eberhard (2012): Dynamik in Gruppen. Handbuch der Gruppenleitung, Weinheim: Beltz.
Steffen-Wittek, Marianne; Frühwacht, Susanne; Gebler, Katrin (2010): Keine Angst vor schrägen Tönen – Musikalische Bildung als Beispiel für gelebte Inklusion, Vortrag auf der 6. Thüringer Sommerakademie „Demokratie lernen und leben", „Eine gute Schule für ALLE – Vielfalt als Qualitätsmerkmal – Leistung neu denken". https://www.schulportal-thueringen.de/demokratiepaedagogik/sommerakademie (12.04.2014).
Stegmann, Michael; Schwab, Jürgen E. (2012): Evaluieren und Forschen für die Soziale Arbeit. Ein Arbeits- und Studienbuch, Freiburg: Lambertus.
Stroh, Wolfgang Martin (2009): Der erweiterte Schnittstellenansatz, http://www.interkulturelle-musikerziehung.de/texte/stroh2009.pdf (11.11.2019).

Sturm, Tanja; Wagner-Willi, Monika (2015): Praktiken der Differenzbearbeitung im Fachunterricht einer integrativen Schule der Sekundarstufe. Zur Überlagerung von Schulleistung, Peerkultur und Geschlecht, in: Gender 1/2015, S. 64–78.

Sulzer, Annika; Wagner, Petra (2011): Inklusion in Kindertageseinrichtungen. Qualifikationsanforderungen an die Fachkräfte, Weiterbildungsinitiative Frühpädagogische Fachkräfte (WiFF): Frankfurt a. M.: Henrich Druck.

Tervooren, Anja (2000): „Wer ist denn der Vater?". Verque(e)re Gedanken zum Verhältnis von Geschlecht und Erziehung, in: Psychologie und Gesellschaftskritik 95/96, Heft 3/4, S. 199–210.

Theilen, Ulrike (2004): Mach Musik! Rhythmische und musikalische Angebote für Menschen mit schweren Behinderungen, München: Reinhardt.

Tischler, Björn (2006): Mit Musik und Bewegung in die Sprachförderung, in: Kita spezial, Kindertageseinrichtungen aktuell, Sonderausgabe 1/2006, S. 41–44.

Tischler, Björn (2013): Musik spielend erleben: Grundlagen und Praxismaterialien für Schule und Therapie, Mainz: Schott.

Tischler, Björn (2018): Inklusion – mehr als zwei Seiten einer Medaille. Über das Für und Wider in der Inklusionsdiskussion, in: Diskussion Musikpädagogik 3/2018, S. 8–17.

Tuschel, Sonja (2006): Teamteaching in Integrationsklassen. Fördernde und hemmende Faktoren, in: Erziehung und Unterricht, 156(1–2), S. 65–74.

UNESCO (2009): Inklusion: Leitlinien für die deutsche Bildungspolitik, 3. Auflage, Bonn, https://www.unesco.de/sites/default/files/201805/2014_Leitlinien_inklusive_Bildung.pdf (12.11.2019).

VdM (2007): Ergebnisse der Umfrage zur Kooperation von VdM-Musikschulen und Kindergärten bzw. Kindertagesstätten vom Frühjahr 2006, http://www.musikschulen.de/medien/-doks/kooperation (29.01.2020).

Vollmar, Sabine (1997): Körperwahrnehmung. Rhythmische Kurzspiele und Lieder in der Grund- und Sonderschule, in: Volker Schütz & Johannes Bähr (Hg.): Musikunterricht heute 2, Handorf: Lugert, S. 221–229.

Vollmer, Albert (2016): Die konstruktive Kontroverse in der interprofessionellen Zusammenarbeit, in: Michael Dick, Winfried Marotzki & Harald Mieg (Hg.): Handbuch Professionsentwicklung, Bad Heilbrunn: Klinkhardt, S. 370–375.

Wagner, Petra (2008): Gleichheit und Differenz im Kindergarten – eine lange Geschichte, in: Petra Wagner (Hg.): Handbuch Kinderwelten. Vielfalt als Chance. Grundlagen einer vorurteilsbewussten Bildung und Erziehung, Freiburg: Herder, S. 11–33.

Wahl, Diethelm (2006): Lernumgebungen erfolgreich gestalten. Vom trägen Wissen zum kompetenten Handeln, Bad Heilbrunn: Klinkhardt.

Warnecke, Wiebke (2012): Inklusion als Beitrag zur Chancengerechtigkeit – Diversity und Verschiedenheit in der Elementarpädagogik, in: Timm Albers, Stephan Bree, Edita Jung & Simone Seitz (Hg.): Vielfalt von Anfang an. Inklusion in Krippe und Kita, Berlin: Herder, S. 27–36.

Weber-Krüger, Anne (2014): Bedeutungszuweisungen in der Musikalischen Früherziehung. Integration der kindlichen Perspektive in musikalische Bildungsprozesse, Münster: Waxmann.

Wimbauer, Christine; Motakef, Mona (2017): Das Paarinterview. Methodologie – Methode – Methodenpraxis, Wiesbaden: Springer.

Woodruff, Geneva; McGonigal, Mary J. (1988): Early Intervention Team Approaches. The Transdisciplinary Model, in: June Jordan (Hg.): Early Childhood Special Education: Birth to Three, Reston: Council for Exceptional Children, S. 164–181.